Il teatro ‘pre-classicista’ nelle corti padane

COURT CULTURES OF THE MIDDLE AGES AND RENAISSANCE

PUBLICATIONS OF THE CENTRE FOR MEDIEVAL AND RENAISSANCE STUDIES, TRINITY COLLEGE DUBLIN

Series Editor

Professor Sarah Alyn Stacey

VOLUME 9

PETER LANG

Oxford · Bern · Berlin · Bruxelles · New York · Wien

Il teatro 'pre-classicista' nelle corti padane

Matteo Bosisio

PETER LANG
Oxford · Bern · Berlin · Bruxelles · New York · Wien

Bibliographic information published by Die Deutsche Nationalbibliothek
Die Deutsche Nationalbibliothek lists this publication in the Deutsche Nationalbibliografie; detailed bibliographic data is available on the Internet at http://dnb.d-nb.de.

A catalogue record for this book is available from the British Library.

Library of Congress Cataloging-in-Publication Data

Names: Bosisio, Matteo, author.
Title: Il teatro "pre-classicista" nelle corti padane / Matteo Bosisio.
Description: Oxford ; New York : Peter Lang, [2022] | Series: Court cultures of the Middle Ages and Renaissance, 2296-4118 ; vol 9 | Includes bibliographical references and index.
Identifiers: LCCN 2021000114 (print) | LCCN 2021000115 (ebook) | ISBN 9781789977219 (paperback) | ISBN 9781789977226 (ebook) | ISBN 9781789977233 (epub) | ISBN 9781789977240 (mobi)
Subjects: LCSH: Italian drama--To 1700--History and criticism. | Theater--Italy--Po River Valley--History. | Literature and society--Italy--Po River Valley--History.
Classification: LCC PQ4139 .B64 2022 (print) | LCC PQ4139 (ebook) | DDC 852/.209--dcundefined
LC record available at https://lccn.loc.gov/2021000114
LC ebook record available at https://lccn.loc.gov/2021000115

Cover image: Angelo Poliziano, *Orfeo* (Firenze: Tubini, d'Alopa e Ghirlandi, 1500 circa, ISTC ip00900700, c. C 6v).

Cover design by Peter Lang Ltd.

ISSN 2296-4118
ISBN 978-1-78997-721-9 (print)
ISBN 978-1-78997-722-6 (ePDF)
ISBN 978-1-78997-723-3 (ePub)

Published by Peter Lang Ltd, International Academic Publishers,
Oxford, United Kingdom
oxford@peterlang.com, www.peterlang.com

This publication has been peer reviewed.

Tempora, ut aiunt, inter digitos effluxerunt

Indice

Introduzione

Il volume propone una rilettura delle rappresentazioni teatrali profane scritte in volgare nelle corti padane tra la fine del Quattrocento e gli inizi del Cinquecento[1]. Vengono presi in considerazione i centri di Mantova, Ferrara e Milano che, dalla seconda metà del XV secolo, affidano alle pratiche celebrative un ruolo rilevante della propria politica culturale[2]. Lo studio isolato di un testo consente di arrivare solo alla superficie delle complesse influenze imitative e letterarie: per converso, l'esame complessivo permette di 'fare sistema', di delineare cioè una storia dotata di senso e di trame comuni. Pertanto, è sembrato necessario far dialogare le opere e le corti richiamando le divergenze, gli elementi di conformità, i rapporti di tensione polemica e competitiva.

Concentrarsi da vicino sulle dinamiche che caratterizzano la corte significa scegliere criteri stabili con cui definire il *corpus* delle opere; difatti, si sono inclusi soltanto i testi scritti per una particolare signoria. Abbiamo cercato prove per via congetturale, qualora non ci siano indizi sicuri e informazioni testuali esplicite: ad esempio, se l'ode al cardinale Gonzaga e altri elementi interni all'*Orpheo* servono a individuare il primo referente dell'opera polizianesca a Mantova, alcune lettere di Del Carretto a Isabella d'Este autorizzano ad assegnare al medesimo contesto la *Comedia de Timon*. Non abbiamo preso in considerazione opere come *Li sei contenti* e le *Noze de Psiche* del medesimo Del Carretto di cui non si possono avanzare attribuzioni attendibili.

Il criterio di selezione che abbiamo seguito chiama in causa il concetto stesso di 'opera rappresentativa': sono state accolte tutte le varietà tipologiche avvertite dai drammaturghi come 'teatrali', in quanto esibiscono

1 Si segnalano sull'argomento Pieri 1989; Rinaldi 1990, 554–572; Ferrone 1996, 909–1009 e Padoan 1996.

2 Si è scelto di non includere la corte di Bologna, perché la produzione teatrale presso i Bentivoglio risulta troppo esigua ed estemporanea. Cfr. Pezzarossa 1984, 35–113.

caratteristiche adatte alla scena. Per questo motivo vengono ammesse quelle egloghe che riportano 'didascalie' registiche, inviti a cantare e a danzare, cenni all'occasione di rappresentazione, riferimenti al pubblico[3]. L'escursione risulta davvero notevole: presso i palazzi gonzagheschi si assiste all'*Orpheo*, al *Certamen* di Lapaccini, che riprende un dialogo lucianeo, e al *Formicone*, ispirato a un racconto delle *Metamorfosi* di Apuleio. A Ferrara i volgarizzamenti delle commedie plautine si avvicendano con la *Historia* di Collenuccio, che recupera in chiave umanistica l'ipotesto delle sacre rappresentazioni, e con la *Commedia di Ippolito e Lionora* (rifacimento di una novella toscana). A Milano le egloghe di Bellincioni, Sanvitale, Da Correggio sono accostate alle messinscene più ambiziose di Gaspare Ambrogio Visconti e di Taccone.

L'ampia panoramica dà conto di un *corpus* definito, in passato, con incertezza: perciò, non useremo il termine 'genere' teatrale – che presuppone una codificazione, l'aderenza di un'opera a regole tassonomiche condivise – bensì preferiamo parlare di 'tipologia' per alludere a sperimentazioni eclettiche e sincretiche, a combinazioni polimorfe, dinamiche. Si badi che il pluristilismo, la polimetria e il plurilinguismo, la riscoperta dell'antico mediata da istanze di legittimazione ed encomio del *princeps*, l'inserimento del testo nell'articolato ambito della festa, il largo canone di autori e di fonti eterogenee mostrano una realtà assai differente da quella del maturo Cinquecento. Il teatro 'regolare' si fonda su parametri e modelli assai selezionati, su supporti, come quello della stampa, alternativi alla fruizione di corte. Il cambiamento è determinato dalla diffusione progressiva dei precetti della *Poetica* di Aristotele, tradotta in latino da Giorgio Valla (Venezia: Bevilacqua, 1498) e, in seguito, proposta nell'originale greco (Venezia: Aldo Manuzio, 1508)[4]. Inoltre, Machiavelli (1469–1527), Bibbiena (1470–1520), Ariosto (1474–1533), Trissino (1478–1550) succedono, nel volgere di pochi anni, alla generazione precedente di Cammelli (1436–1502), Boiardo (1441–1494), Da Correggio (1450–1508), Del Carretto (1455–1530), Visconti

3 Sul genere bucolico nel XV secolo si vedano, tra tutte, Tissoni Benvenuti 2017, 13–31 e Montagnani 2017, 33–45.

4 Si ricordano anche le traduzioni del 1504 (Venezia: De Vitali) e del 1515 (Venezia: Arrivabene). Sulla *Poetica*, cfr. Lohse 2015.

(1461–1499)[5]. In più, i signori che avevano promosso le prime rappresentazioni in volgare sono sostituiti, all'aprirsi del nuovo secolo, dai figli e da nuove classi dirigenti (caduta di Ludovico il Moro a Milano nel 1499; morte di Ercole I nel 1505 e di Francesco II Gonzaga nel 1519)[6].

Si impone, pertanto, la necessità di proporre una nuova definizione al 'teatro del Quattrocento': la precedente dicitura appare imprecisa, perché, in verità, la stagione del teatro delle corti padane non occupa l'intero secolo, ma ha come testi fondativi l'*Orpheo* (1478–1479) e il volgarizzamento estense dei *Menechini* (1486). Inoltre, il teatro continua ad assumere forme e peculiarità quattrocentesche anche nel primo Cinquecento[7]: ne sono conferma i rifacimenti plautini di Berardi (forse 1502–1503), la *Sophonisba* di Del Carretto (1502), il *Formicone* (1503), la *Historia* di Collenuccio (1504). È possibile porre una vera cesura, mai rigida e anzi da applicare in modo flessibile a ogni singola realtà, a partire dalle prove di Ariosto (1508–1509) e di Bibbiena (1513).

Proponiamo, dunque, di racchiudere le opere in una formula sintetica, che non vuole comprendere altri fenomeni letterari coevi al di fuori del nostro oggetto di studio; come tutte le definizioni può risultare parziale, ma offrire, se non altro, il vantaggio di indicare un'esperienza circoscritta. Chiamiamo tale stagione 'teatro di corte pre-classicista', rifacendoci alle acquisizioni storiografiche più recenti[8]: Élisabeth Crouzet-Pavan suggerisce di considerare il periodo compreso tra la seconda metà del XIV secolo e i primi decenni del Cinquecento come 'un lungo XV secolo', caratterizzato dalle scoperte umanistiche e dalla politica signorile[9]. Inoltre, la studiosa

5 La periodizzazione per 'generazioni letterarie' segue Dionisotti 1967, 66–67.

6 La netta cesura risulta perspicua nella dedica del *Cortegiano*, in cui il fulgido passato della corte urbinate è ormai segnato da lutti e crisi politiche.

7 Battistini 2000, 33: «se si volesse essere corretti fino in fondo con le nuove istanze, sarebbe anche opportuno mettere da parte le periodizzazioni per secoli, un tipo di scansione 'storicistico-unilaterale' che presuppone continuità e progresso indefinito, oltre che assenza di strutturazione e di punto di vista, cancellati dalla cronologia naturale che in quanto tale prescinde dagli eventi e dalla loro graduazione in ordine di importanza. Per comodità, o forse per indolenza, si insiste ancora nel conservare la ripartizione secolare, laddove le linee di distinzione temporale dovrebbero variare duttilmente secondo la prospettiva che si vuole assumere».

8 Per una rassegna dettagliata, cfr. Fantoni – Quondam 2008.

9 Crouzet-Pavan 2012.

ipotizza l'esistenza di tanti Rinascimenti a seconda delle istituzioni che dominano la cultura italiana[10]. Questa prospettiva va integrata con quella di Amedeo Quondam, per il quale il Rinascimento si struttura nei primi decenni del secolo XVI in «un sistema organico, stabile e forte, adulto e responsabile»: il Classicismo[11]. Fenomeno di lunga durata, ha avuto il compito, strategico e programmatico, di dare forma alla fluidità delle pratiche comunicative quattrocentesche. Con l'espressione 'pre-classicista' forniamo una doppia indicazione: temporale – ciò che precede immediatamente il Classicismo – e morfologica. La locuzione descrive un'esperienza a stretto contatto con gli esperimenti 'regolari', ma, di concerto, alternativa. Il teatro pre-classicista, presto condannato a una sorta di *damnatio memoriae*, non risulta funzionale a quello del maturo Cinquecento; insomma, non ricopre una posizione intermedia, non istituisce un anello di congiunzione. Si sviluppa in modo autonomo, da analizzare secondo categorie proprie. Nondimeno la definizione proposta, che non individua vincoli troppo stretti da un punto di vista diacronico e diatopico, non esclude possibili zone di tangenza o l'esistenza già *in nuce* di operazioni che imitano i testi antichi, ma con metodi non ancora normativi. La periodizzazione rimane aperta e non intende offrire una prospettiva cronologica rigida, un processo teleologico: la nostra classificazione si pone l'obiettivo di analizzare gli aspetti problematici della storia teatrale quattrocentesca cogliendone i trapassi lenti e progressivi.

L'oggetto in esame ha orientato la scelta degli strumenti interpretativi. Una prospettiva geografica e storica, che comprende e spiega i princìpi dialettici del policentrismo e della 'tendenza all'unità', sembra adatta alle corti di Mantova, Ferrara e Milano. Il nostro approccio critico non coglie il fenomeno letterario a partire dai suoi esiti, ma ne segue i continui cambiamenti, i conflitti, le contraddizioni; le rappresentazioni quattrocentesche non si configurano come anticipatrici aurorali di quelle del Cinquecento, poiché vengono programmaticamente superate dalla svolta ariostesca. Inoltre, le opere pre-classiciste si impongono in un'epoca in cui la drammaturgia viene riscoperta dopo secoli di scarsa considerazione. Il teatro, per citare Franco

10 Su questa linea si segnala anche Rinaldi 2010.
11 Quondam 2005, 86.

Ruffini, non nasce soltanto dal teatro, bensì scorge la propria sede elettiva nel contesto più vasto della corte, dei suoi complessi riti e meccanismi comunicativi[12]. La tipologia teatrale – porosa, incerta, priva di indicazioni stabili – risulta, quindi, naturalmente collegata alle esigenze e alle pratiche del singolo committente. In aggiunta, il teatro non gode di uno statuto autonomo dalla festa, di cui diviene comunque un momento significativo. Una prospettiva geografica e storica consente, pertanto, di illustrare i nessi tra letterati e politica, tra gruppi di intellettuali e istituzioni, tra opere e sistemi produttivi. La corte viene presa in considerazione quale centro di cultura, spazio sociale e politico: diviene il luogo in cui il *princeps* produce la propria immagine auto-promozionale attraverso il dispiegamento di supporti difformi, ma integrati nelle loro sottili finalità. Lo spazio signorile coincide altresì con la sede degli spettacoli e della festa[13]: quest'ultima può essere definita un'esperienza 'totale', che delinea un nucleo di senso unitario, ordina i singoli elementi originari[14].

Occorre poi evitare una lettura dispersiva: riconoscere le specificità di ogni centro non significa partire da punti di vista interpretativi opposti; sembra possibile, infatti, descrivere un panorama di sostanziale unità, pur all'interno di un contesto articolato. Tale prospettiva critica pare necessaria in un'epoca storica in cui le signorie competono sempre più tra loro, chiamano a sé scrittori e intellettuali da altre regioni e iniziano a individuare modelli di comportamento comuni[15]. Si aggiunga che la drammaturgia

12 Ruffini 1983.

13 Cfr. Ferroni – Quondam 1978, XXIX: «la corte [è una] specifica forma del potere che si manifesta, si mette in gioco [...] nella rappresentazione di sé come scena, sulla sua scena, come articolato / continuo manifestarsi di una complessiva ideologia della rappresentazione e del segno».

14 Cfr. Guthmüller 1997, 167: «le feste a corte nell'Italia del Rinascimento svolgono [...] una doppia funzione. Da una parte soddisfano il bisogno di raffinato divertimento e di prestigio nella società cortigiana, che nella festa partecipa dello splendore e dei privilegi del principe (la festa ha in questo senso una funzione integrativa), d'altra parte la festa serve ad accrescere il culto del principe, serve alla sua autorappresentazione, che vuole sempre essere – nello stesso tempo – dimostrazione della legittimità del suo potere».

15 Cfr. tra tutti Paoletti – Radke 2005.

pre-classicista non può essere disgiunta dalla particolare situazione politica e amministrativa entro cui è inserita. L'ideologia cortigiana, le esigenze di legittimazione e di confronto con le altre realtà limitrofe costituiscono parametri indispensabili per descrivere l'ambito nel quale il teatro pre-classicista trova i propri riferimenti costitutivi[16].

Il libro presta attenzione all'elemento festivo, inteso quale manifestazione in cui la corte celebra sé stessa; lo sfarzo profuso, i messaggi allegorici e politici sottesi si compenetrano con lo spettacolo e la scrittura dei testi da recitare. Il nesso forte tra teatro e corte spiega il ricorso alla poesia encomiastica, che si basa sull'elogio dei sovrani, sulla legittimazione del loro operato, sul ricorso a *tòpoi* collaudati, su un duplice intento (ludico e propagandistico). Queste precise rispondenze forniscono un dato ineludibile per analizzare le rappresentazioni, che definiscono la propria identità a partire da una materia mobile. Non si vuole con questo interpretare l'opera drammaturgica con criteri sociologici, in quanto l'autonomia del testo letterario si avverte in modo perspicuo là dove esso dialoga con la tradizione e si muove all'interno di modalità e convenzioni proprie. Dunque, riconoscere aspetti tanto complessi significa descrivere le strategie letterarie, il riuso delle fonti, i riferimenti storici e culturali[17]. Il nostro saggio opera così precise distinzioni tra opere di raffinata elaborazione – che hanno svolto un ruolo di paradigma imprescindibile (in particolare l'*Orpheo*, il *Cefalo*, il *Timone*, la *Pasitea*) – e altre meno significative da un punto di vista estetico, ma organiche al progetto cortigiano e al suo tessuto connettivo.

16 Reinhardt 2004, 14 individua l'elemento distintivo della corte rinascimentale italiana nell'«impiego sempre più massiccio della propaganda e dei mezzi di comunicazione di massa. In questo campo i prìncipi e le élite d'Italia si rivolsero non solo alla parola scritta di grande effetto propagandistico, ma anche, e in misura crescente, al potere di persuasione delle immagini, delle statue e degli edifici. Di pari passo la corte, organizzata in precedenza in modo ancora rudimentale, divenne ora un palcoscenico addobbato con grande sfarzo, per mezzo del quale il principe, circondato da un *entourage* sempre più esclusivo, non solo cercava di ottenere prestigio sia all'interno che all'esterno dello Stato, ma si prefiggeva altresì di mantenere sotto il proprio controllo la classe dirigente locale».

17 Si seguono le indicazioni metodologiche di Mineo 2008, 713–740, il quale propone di realizzare una 'storia di opere', inquadrata in precise cornici sincroniche – storiche e culturali – e inserita all'interno di linee di svolgimento predeterminate.

L'eterogeneità delle rappresentazioni e, in aggiunta, i diversi problemi ermeneutici che pongono hanno suggerito di impiegare differenti metodologie. Spesso più approcci si integrano e collaborano nell'analisi: il volume, che ambisce a delineare una storia unitaria, intende superare schemi astratti e onnicomprensivi a favore di una via flessibile, in grado di adattarsi a una prospettiva dalle molteplici implicazioni. Si è seguito un criterio prettamente storico-filologico, ad esempio, per esaminare i volgarizzamenti ferraresi. Lo stretto confronto tra le traduzioni estensi e l'edizione delle commedie plautine del 1473 mette in luce le caratteristiche comuni dei *Menechini*, dell'*Amphitruo*, della *Mustellaria*, della *Casina*. Le ipotesi formulate circa la collocazione temporale e geografica dell'*Orpheo* si fondano sull'indagine della produzione polizianesca del triennio 1478–1480, su riscontri tra la 'fabula' e alcuni indizi iconografici. Si guarda poi al sottofondo storico e politico per interpretare i testi milanesi. Il messaggio espresso in certe rappresentazioni viene sottoposto a una verifica in grado di chiarire i riferimenti nascosti: si propone, per esempio, di vedere nell'*Atteone* di Taccone un calibrato parallelismo tra le figure del Moro e il duca legittimo (Gian Galeazzo Maria). In altri casi prevale l'interesse all'ambito artistico e culturale: l'analisi del *Certamen* di Lapaccini va integrata con l'esame di alcune opere pittoriche di Mantegna; la passione per l'astrologia del marchese Francesco II fornisce una chiave di lettura degli *Acti scenici* di Serafino Aquilano. Infine, la competizione letteraria tra gli scrittori suggerisce di approfondire l'indagine intertestuale: per esempio, l'*Orphei tragoedia* e il *Timone* di Boiardo si confrontano con i modelli di Poliziano, dei *Dialoghi* lucianei e delle commedie latine.

Ora, la divisione geografica mira a inserire le opere all'interno di un contesto specifico: la possibilità di analizzare in sequenza il *corpus* dei testi entro un ambito ben definito – e di cui sono state tracciate le coordinate essenziali – permette di cogliere le caratteristiche delle singole rappresentazioni teatrali, ma anche di 'illuminarle' tra loro. Le messinscene mantovane, nonostante il loro carattere variegato, rispondono a due categorie (rifacimenti e opere di carattere encomiastico). L'analisi mostra alcune trame diegetiche e strutturali analoghe; si pensi all'esaltazione di Francesco II quale invitto uomo d'arme. L'esame del *corpus* ferrarese segnala altresì una serie di aspetti stilistici, strutturali e ideologici comuni: i volgarizzamenti tendono ad amplificare l'originale e ad attualizzarlo, a produrre modifiche di ordine moralistico in favore di un pubblico vasto[18]. Anche l'*Orphei tragoedia*, il *Timone* e il *Cefalo* provvedono agli stessi accorgimenti a vantaggio degli spettatori. A Milano il teatro esibisce una notevole compattezza, motivata dalla forte adesione dei drammaturghi sforzeschi alla causa del ducato. Le rappresentazioni in esame offrono così un'immagine edulcorata e mitica della società ludoviciana; la figura del Moro risalta come legittima, generosa, saggia a discapito di ogni evidenza storica. Infine, è esito di una programmazione calibrata l'innovativo messaggio trasmesso dai finali, convertiti da luttuosi a lieti nelle egloghe di Bellincioni e Sanvitale, nella *Danae*, nella *Pasitea*, nella *Silva*.

L'analisi 'per corti' coglie, nel contempo, la natura centripeta del teatro pre-classicista: il libro sottolinea le analogie tra opere provenienti da centri diversi, mentre rimarca le influenze reciproche, i rapporti di tensione polemica. Il modello dell'*Orpheo* di Poliziano suscita differenti soluzioni: a Ferrara è avviato un confronto imitativo (*Orphei tragoedia* e la riscrittura sperimentale del *Cefalo*). Il *Timone* di Boiardo è poi in rapporto con la mantovana *Comedia di Timon* di Del Carretto. A sua volta il *Cefalo* sembra incoraggiare la 'svolta' delle opere sforzesche, le quali rivisitano i miti di Danae, Atteone, Piramo e Tisbe sulla base di spunti innovativi.

Le rappresentazioni pre-classiciste impiegano altresì diverse tipologie letterarie e rispondono a sollecitazioni di natura politica, storica, artistica: la novellistica serve a Cammelli per dare forma alla propria tragedia; la ferrarese *Commedia di Ippolito e Lionora* utilizza lo schema di un racconto fiorentino. Le egloghe milanesi – autonome o inserite in opere più

18 Sebbene sia incerto e variabile il numero degli spettatori che assistevano alle rappresentazioni, non possiamo sottovalutare alcune testimonianze; anche se forse eccessive, offrono un ordine di grandezza di particolare importanza. Per esempio, l'ambasciatore ferrarese Pencaro sostiene, in una missiva spedita a Isabella d'Este nel 1499: «ad hore 20 la Ex. del S. et successivamente la corte, la nobiltà del populo et apresso la plebbe andò in sala grande. [...] El numero delle donne nell'altra giornata fu per me scripto, ma hoggi vedendo tanto populo cominciai a chieder varij iudicij quanti huomini esser puotevano: li quali variamente rispondendo, chi sei, chi septe, chi octomillia huomini vi extimava. [...] Questo ben vidi io, el populo tanto strecto che apena si puoteva uno mettersi la mano al naso se già le braccia non teneva sopra le spalle al suo vicino» (Luzio – Renier 1888, 184 e 186).

complesse – soddisfano un chiaro principio ideologico. Risulta nutrito anche il gruppo dei testi che punta a una certa uniformità: alludiamo al *Formicone*, alla *Panfila*, alla *Sophonisba*, alla *Pasitea*, che però esibiscono legami inscindibili con il potere signorile e con le specificità del teatro pre-classicista. Non mancano, infine, gli autori di riferimento: ad esempio, le opere di Luciano sembrano costituire un ipotesto polisemico. Nel *Timone* di Boiardo lo scrittore greco viene percepito come filosofo morale; in Lapaccini la sarcastica contesa tra Scipione, Annibale e Alessandro Magno celebra, di riflesso, Francesco II Gonzaga; nella *Silva* milanese di Da Correggio lo schema del dialogo infernale di stampo lucianeo si trasforma in un encomio.

Viste le premesse generali, è opportuno che il libro prenda avvio dal capitolo su Mantova: l'assoluta attrazione che l'*Orpheo* esercita sul teatro padano sollecita una precisa scelta storiografica; ciò segnala, al contempo, la novità delle corti settentrionali nello scacchiere del Quattrocento. Questa prospettiva si oppone a interpretazioni riduttive – 'neo-vasariane', avrebbe glossato Roberto Longhi – che individuano ancora ostinatamente nella stagione mediceo-laurenziana l'unico fulcro possibile della letteratura del XV secolo. Uno degli obiettivi del volume è, invece, presentare un panorama mosso nei suoi laboriosi tentativi, tra ibridismo e duttilità, di distinguersi dalla tradizione toscana; questa spinta ideale è determinata innanzitutto dall'utilizzo, costante e strategico, del volgare per le rappresentazioni profane. La 'linea' evolutiva *Orpheo* – *Cefalo* risulta così alla base di un'esperienza originale, che risponde a finalità del tutto radicate nelle signorie padane.

Avvertiamo che il volume ripensa nel profondo la mia tesi di dottorato *Il teatro di corte pre-classicista: geografia e storia, opere, ricezione* discussa a Milano nel 2015. Inoltre, al capitolo 2, sezione 3 e 8 del libro rifluiscono, rivisti e riorganizzati, i saggi 'Proposte per la Fabula di *Orfeo* di Poliziano: datazione, lettura tematica, occasione di rappresentazione', *Rivista di studi italiani*, XXXIII (2015), 112–151 e 'Fuggendo da lui fuggo la morte: libertà, vendetta, polemica anti-cortigiana nella *Panfila* di Antonio Cammelli', *Annali d'Italianistica*, XXXIV (2016), 121–140.

Un debito di sincera riconoscenza mi lega a Francesco Spera, che segue e incoraggia da tempo i miei studi; infine, sono grato a Sarah Alyn Stacey, che ha accolto questo lavoro presso la collana da lei diretta, e a Laurel Plapp per il paziente e operoso impegno redazionale.

Masciago Milanese, 27.XII.2021

CAPITOLO I

‘Dispersioni’ teatrali a Mantova

1 *‘Intermittenze’ gonzaghesche*

1.

La civiltà letteraria gonzaghesca, sebbene Mantova risulti un centro di rilievo nel Rinascimento, presenta problemi oggettivi nel contrapporsi con efficacia alle signorie settentrionali più influenti. La corte mantovana risente delle difficoltà della Ca’ Zoiosa dopo la morte del suo fondatore, Vittorino da Feltre (1378–1446)[1]. Gli studenti della scuola si trasferiscono progressivamente nelle grandi città italiane e internazionali; perciò, la corte lombarda diviene una meta di passaggio e non tanto un luogo in cui stabilirsi per ricercare fama e sicurezze economiche. La capacità di istruire gli allievi non è accompagnata dall’esigenza di trattenere gli intellettuali più promettenti, di cooptarli negli apparati diplomatici e amministrativi, di costruire una corte organica e funzionale.

Il panorama letterario mantovano, indagato di recente da nuove prospettive critiche, mostra caratteristiche analoghe a quelle riscontrate nel sistema di formazione e reclutamento degli umanisti[2]. Gli scrittori più significativi del secolo XV – in latino (Aldegati, Arrivabene, Spagnoli) e in volgare (Suardi, Nuvoloni, Ceresara) – non sembrano scorgere quasi mai nella città lombarda un approdo definitivo. Ad esempio, le opere celebrative

1 La Ca’ Zoiosa, edificio di proprietà dei Gonzaga, viene messa a disposizione dell’umanista Vittorino da Feltre per allestire una scuola-convitto. Frequentata ogni anno da trenta / quaranta allievi, si basa su un programma educativo molto vasto (lingue classiche, retorica, matematica, filosofia, musica, disegno, ginnastica). Sull’argomento, vd. da ultimo Zago 2008.

2 Canova 2017.

prodotte non rispondono a un progetto centripeto; l'unico motivo ricorrente è quello delle origini militari dei Gonzaga[3], sublimato altresì dalla vittoria a Fornovo di Francesco II sui francesi (1495). Sennonché, per un dominio stabile, governato dai medesimi signori dal 1328 e restio a elaborare politiche espansive, non potevano valere, e non servivano neppure, celebrazioni encomiastiche o legittimazioni apologetiche complesse. Si aggiunga che, in passato, sono stati contrapposti i risultati eccellenti conseguiti a Mantova da Pisanello, Mantegna, Leon Battista Alberti con i prodotti assai modesti ottenuti dagli scrittori locali[4]. Questo raffronto risulta utile per capire le strategie comunicative della corte gonzaghesca, che evidentemente investe con grande dispendio di risorse nel settore delle arti figurative e nell'architettura[5].

2.

Un segnale ulteriore circa l'intermittenza delle pratiche letterarie gonzaghesche viene sintetizzato dai dati in nostro possesso sulla produzione tipografica[6]: le prime stamperie si stabiliscono a Mantova dagli anni Settanta (quarantasei volumi escono dal 1472 al 1479); però, i tipografi riducono la propria attività già alla fine del decennio successivo (dodici libri editi dal 1480 al 1500)[7]. L'attività degli stampatori viene parzialmente

3 Il capostipite della dinastia, Ludovico Luigi (1268–1360), è capitano del popolo della città.

4 Faccioli 1962, 53.

5 Ricordiamo che Pisanello affresca il celebre *Torneo-battaglia di Louvezerp*, ispirato al *Roman de Tristant en prose*, presso l'ala della Corte vecchia del Castello di S. Giorgio (1436–1444); Alberti – chiamato da Ludovico III nel 1459, in vista del Concilio di Mantova – progetta la chiesa di S. Sebastiano e la basilica di S. Andrea; Mantegna, salvo brevi soggiorni a Roma e in Toscana, opera a Mantova dal 1457 sino alla morte (1506) dipingendo, tra gli altri, il ritratto di Francesco Gonzaga (1461), la *Camera degli sposi* (1465–1474), i *Trionfi di Cesare* (1486–1505), la *Madonna della Vittoria* (1496), le tele per lo Studiolo di Isabella d'Este. Cfr. in merito Furlotti – Rebecchini 2008.

6 Canova 2008, 75–105 e Canova – Di Viesti 2014.

7 La pubblicazione dei testi volgari costituisce, a parere di Dionisotti 1965, 367, «la svolta decisiva per cui a Mantova, come in quel giro d'anni in altre corti, la cultura

compensata dal lavoro dei primi librai cittadini. Alcuni inventari, consultati da Andrea Canova, permettono di conoscere i titoli più richiesti in volgare: spiccano il *Decameron*, il *Ninfale fiesolano*, il *Canzoniere*, i *Triumphi*, *L'Acerba*, i romanzi cavallereschi (*Danese*, *Troiano* e *Guerin meschino*), le *Canzoni* di Niccolò Lelio Cosmico.

In più, le biblioteche di valore e di grandi proporzioni dei Gonzaga sono «liberalmente apert*e* al prestito per ogni necessità di studio o di lettura, incrementat*e* d'anno in anno»[8]. Gli inventari in nostro possesso aiutano a svelare l'identità dei proprietari e i motivi delle loro collezioni: spiccano, nella fattispecie, gli elenchi dei volumi di proprietà di Gian Francesco Gonzaga (1444–1496) e di Isabella d'Este (1474–1539), consorte del marchese Francesco II. Tra i beni registrati alla morte di Gian Francesco si segnalano circa duecento libri, un numero cospicuo se rapportato al costo elevato degli incunaboli e dei manoscritti e alla professione di capitano di ventura da lui svolta[9]. La biblioteca di Gian Francesco risulta completa e diversificata, in quanto il gusto per le letture religiose, classiche e umanistiche non è disgiunto dall'apprezzamento per gli scrittori volgari. Questi ultimi sono rappresentati dalle tre corone, ma anche da autori contemporanei, soprattutto novellieri (Degli Arienti, *Porretane*, Masuccio Salernitano, *Novellino*) e poeti (Poliziano, *Stanze*; Da Correggio, *Cefalo*).

Dall'elenco degli oltre centotrenta libri posseduti da Isabella d'Este spicca l'interesse per le opere volgari[10]. Osserviamo la presenza di rappresentazioni (*Timone*; «*Comedia* senza titullo»; *Egloga* e *Giardino* di Niccolò da Correggio), di traduzioni («Apuleio vulgare scritto a mano»), di testi contemporanei («*Sforciada* volgare»; sonetti di Giovanni Bruni de' Parcitadi, di Lorenzo de' Medici, di Diomede Guidalotti; alcune miscellanee di «sonetti scripti a mano», opere di Mario Equicola; *Arcadia* di Sannazaro; *Le selvette* di Nicolò Liburnio; la *Cerva bianca* di Antonio Fregoso;

---

umanistica venne a patti con la tradizione trecentesca e si avviò a produrre nella nuova lingua una nuova letteratura cortigiana». Sull'uso del volgare a corte e presso gli apparati burocratici mantovani, cfr. Ghinassi 2006.

8 Faccioli 1962, 53. Sull'argomento, cfr. Canova 2010, 39–66.

9 Cfr. Chambers 2007, 33–97.

10 Albonico 2005, 273–277. Per la biografia e la cultura della marchesa, cfr. da ultimi Tamalio 2004, 625–633 e Villa 2006.

Asolani di Bembo) e dei classici trecenteschi («Dante in carta pergamena» e «stampato da Aldo»; *Filostrato* di Boccaccio; *Canzoniere* e *Triumphi* di Petrarca). Ciò conferma il profilo di una corte sensibile verso ogni manifestazione letteraria, ma incline a servirsene in modo indiretto: notiamo, se si prendono come riferimento le opere volgari stampate a Mantova e quelle di Isabella e Gian Francesco Gonzaga, che l'unico testo quattrocentesco di comprovata origine gonzaghesca – ossia prodotto all'interno della corte e per la corte – risulta il *Timone*, qualora si intenda, come probabile, la versione di Del Carretto. Mantova pare sì un crocevia culturale, eppure si configura quale centro di importazione e, per certi versi, periferico.

2 *An invisible partnership?*

I.

Un periodo di notevole fioritura culturale si registra a partire dal matrimonio tra Isabella d'Este e Francesco II Gonzaga (1490)[11]. La marchesa, che aveva studiato le lingue classiche, impara a Mantova a suonare il liuto, sotto la guida del maestro Girolamo da Sestola, mentre Giovanni Martini le impartisce lezioni di canto[12]. Già al 1492 rimontano i primi lavori per la decorazione dello Studiolo della marchesa, che contiene opere di Mantegna, Lorenzo Costa, Giovanni Bellini, Correggio; rimane poi famosa la sua collezione di statue, medaglie, cammei, vasi, bassorilievi, busti e marmi antichi[13].

Gli studiosi della 'scuola storica', soprattutto con i contributi di Alessandro Luzio e Rodolfo Renier, hanno consacrato Isabella a 'prima donna del Rinascimento', contrapponendola al marito con troppa approssimazione[14]. Il raffronto di comodo tra la marchesa, simbolo di virtù, raffinatezza e

11 Sulla storia mantovana di questo periodo, cfr. tra tutti Malacarne 2010.

12 Prizer 1999, 10–49.

13 Brown 2002.

14 Luzio – Renier 1899 a, 1–62.

sensibilità artistica, e il consorte, attento soltanto a guerre e tornei, sembra condizionare anche studi più recenti[15]. Non si vuole certo sminuire il ruolo di Isabella nella politica culturale di Mantova, anzi, proprio partendo dal riconoscimento dei suoi meriti, intendiamo segnalare la complessità del progetto da lei realizzato. La sua politica culturale, ideata insieme a Francesco II, segue uno sviluppo progressivo[16]. La storiografia anglosassone ha messo bene in luce l'apporto del marchese nel campo della committenza artistica. L'esame delle fonti e dei documenti d'archivio ha permesso a Molly Bourne di mostrare Francesco II da un'ottica inedita[17]: il marchese sollecita gli artisti, ordina motivi e soggetti da realizzare, organizza gli spazi abitativi, impone tempi, costi e scadenze.

Parimenti, Sarah Cockram ha concentrato la propria indagine sulla sfera politica e amministrativa[18]: dall'analisi emerge che, se Francesco II non è dedito solo alla guerra, ma anche alla politica culturale, Isabella, al contrario, non viene relegata a incarichi mondani e artistici, bensì è coinvolta in numerose attività governative. Insomma, i marchesi, condividono molte scelte e realizzano «an enduring power sharing, [...] an invisible partnership»[19]. Se, quindi, tali studi hanno svelato in modo persuasivo il mecenatismo della politica di Francesco II e della consorte, progressi minori sono stati compiuti sul versante letterario. A tutta prima, sembrerebbe che il 'mito' di Isabella d'Este quale munifica protettrice di letterati e intellettuali debba subire una revisione: è vero che la marchesa instaura legami con una galleria straordinaria di poeti e scrittori, tanto che Luzio e Renier distinguono i vari corrispondenti in ben sette gruppi, a seconda

15 Per es. Benzoni 1997, 772: «i due sposi [...] non possono essere più diversi. F. è grossolano di lineamenti e – indicativo in tal senso il ritratto mantegnesco – sensuale di temperamento, ingordo di piaceri (sistematiche le sue molte infedeltà coniugali), amante dei cavalli e delle giostre».

16 Non è da sottovalutare la descrizione del marchese che si legge in Castiglione 2002, IV, 36, 405. Egli diviene un simbolo di liberalità nel «far conviti magnifici, feste, giochi, spettacoli publici; aver gran numero di cavalli eccellenti, per utilità nella guerra e per diletto nella pace; falconi, cani e tutte l'altre cose che s'appartengono ai piaceri de' gran signori e dei populi».

17 Bourne 2008.

18 Cockram 2013.

19 Ivi, 194–195.

delle loro aree geografiche di appartenenza[20]. Tuttavia, bisognerebbe considerare ogni caso singolarmente e valutare quali testi siano maturati da collaborazioni effettive; in definitiva, occorrerebbe approntare un esame di ordine qualitativo che – come per i contatti di Francesco II con gli artisti – indichi la presenza delle richieste e dell'ideologia di corte nelle opere offerte alla marchesa. Da una prima analisi pare che i molteplici contatti di Isabella non siano così continui nel tempo né soddisfino un vero progetto culturale. Alcuni autori inviano sì i loro testi alla nobildonna, nondimeno le opere, a volte, sono oggetto di una riproposizione, di un recupero: per esempio, Niccolò da Correggio manda a Mantova la *Fabula de Psiche* dopo averla portata in scena a Milano; Galeotto Del Carretto produce numerosi drammi per la corte mantovana senza averla frequentata spesso[21].

2.

Il teatro, concepito inizialmente quale fenomeno di importazione, occupa un posto considerevole tra le pratiche letterarie dei Gonzaga. Il controllo esercitato a Mantova sulle rappresentazioni sembra andare oltre la semplice necessità di governare la politica culturale dello stato; né basta la propensione di Isabella per la musica e le arti a spiegare una passione tanto radicata, che coinvolge pure il marito[22]. Uno dei primi esempi che attesta l'interesse dei marchesi per i volgarizzamenti estensi proviene da una lettera di Battista Guarini a Isabella (3 gennaio 1498); l'umanista afferma di essere stato raggiunto dall'invito di rendere «la Fabula de *Trinummo* in vulgare»[23]. Pochi giorni dopo, il 7 gennaio, la medesima interlocutrice riceve una missiva di Niccolò Lelio Cosmico, il quale dichiara di essersi attenuto alle linee guida delineate[24]; il volgarizzatore si è limitato

20 Luzio – Renier 1899 b, 1–97; 1900 a, 193–257; 1900 b, 325–349; 1901 a, 201–245; 1901 b, 41–70; 1902 a, 195–251 e 1902 b, 289–334.

21 Dall'epistolario dello scrittore, per cui cfr. Turba 1971, 95–169, possiamo accertare queste visite: 22 luglio 1494; 20 settembre 1495; novembre 1496 – gennaio 1497; estate-autunno 1500 e primi mesi del 1503.

22 Bregoli Russo 1997, 7–21.

23 D'Ancona 1891, 372.

24 Sull'umanista, cfr. Ricciardi 1984, 72–77.

a «interpreta*re* le sententie, et adatta*rle* ad questo vulgare», riducendo le espressioni elevate secondo il «comune dire di questa parte»[25]. Lo scrittore, in seguito, si scusa se l'opera non risponde alle attese, ma il tempo concessogli si è rivelato troppo breve; Niccolò Cosmico addebita i motivi di insuccesso all'opera stessa, che «per essere solamente morale, non ha parte molto delectevole»[26].

Una lettera significativa viene inviata da Isabella il 17 febbraio del medesimo anno: la marchesa affida a Francesco Castelli, medico e letterato al servizio di Ercole I, un incarico complesso, ovvero spedire a Mantova l'*Amphitrione* e il *Menichino* «senza saputa dell'Ill.mo S. nostro padre»[27]. È nota la gelosia del duca Ercole I d'Este nei confronti delle opere prodotte all'interno della corte, segnale del prestigio letterario acquisito da Ferrara. La lettera a Castelli esibisce altre informazioni di rilievo, là dove Isabella afferma di desiderare le messinscene «rapresentate et stampate in rime; ma noi più dilecta la prosa da legere»[28]. L'attrattiva dei testi sembra prescindere dal loro allestimento; per di più è indicata una precisa distinzione tra le opere pensate per la scena, scritte in versi, e quelle in prosa (destinate alla lettura privata). La sollecitudine della marchesa viene evidenziata da un'altra lettera a Castelli (8 marzo), in cui sprona l'interlocutore a inviare le opere richieste: per affrettare i tempi la mittente consiglia di mandare tutto ciò che è stato copiato sino a quel momento nonché gli originali medesimi, promettendo di restituirli a stretto giro di posta. La regolarità con la quale Isabella contatta i letterati ferraresi è testimoniata, di nuovo, da una missiva di Guarini del 7 settembre 1499; l'umanista si dice pronto a soddisfare i «comandi» della marchesa e a volgarizzare lo *Pseudolo* di Plauto[29].

Isabella mantiene rapporti anche con gli attori: in una missiva del 24 gennaio 1498 Battista Stabellino, soprannominato Pignatta, declina l'offerta di «intervenire ad certa Comedia» a causa della sua salute precaria e delle pressanti mansioni da svolgere al seguito di Ferdinando d'Este. Alcune indicazioni preziose sono fornite poi dai resoconti riportati da Isabella al

25 D'Ancona 1891, 372.
26 Ivi, 373.
27 Ivi, 374.
28 Ivi, 373.
29 Ibidem.

marito; Francesco II, non di rado assente dalla corte per questioni politiche e militari, viene raggiunto dalle lettere della moglie, la quale descrive gli spettacoli con dovizia di particolari. Ad esempio, il 26 giugno del 1499 racconta al coniuge:

> la Exc.tia del S.r mio padre volse domenica dimostrarmi in triumpho una de le sue Comedie facte questo carnevale, che fo lo *Eunucho*. [...] Poi circa meza hora de nocte, fo principiata la Comedia, et al fine del primo acto, fo facto uno intermezo de la Fortuna cum gioveni, giovene et uno Matto, che seguivano a tempo de uno sono dicta Fortuna volendola pigliare, quale finalmente fo pigliata da dicto Matto, et condotta via cum acti de tristitia et de desperatione de li altri. Al secondo, furono alcune damiselle temptate de inamoramento de crti giovani et alcuni vecchj, li quali prima scazati da epse, poi cum dinari se condusserono a ballare cum loro: ma tirati le borse di dinari ad epse, furono spinti et abandonati, adherendosse al fine cun li dicti giovani. Al terzo acto, ne venne una musica de cinque persone, cantando in liuti un dolce et bello canto drecto a cinque damiselle. Al quarto, fo facto una morescha de XIII persone, cum torce longe circa 4 bracia, accese de ogni capo, che fo uno bello et mirabile vedere, per la destrezza de quelloro che li manegiavano l'uno contra l'altro, cum gesti assai belli et a tempo, senza lisione de alcuno. Et al quinto acto fo finita cum uno capitoleto recitato, tanto morale[30].

Spicca l'orgoglio di Ercole I per i propri allestimenti, tanto da voler offrire un saggio della loro magnificenza alla figlia, che, malgrado gli inviti di Francesco Castelli e Bernardino Prosperi, non partecipa al Carnevale ferrarese[31]. Osserviamo la predilezione di Isabella per rappresentazioni brevi, vivaci e dal messaggio etico riconoscibile: la marchesa non descrive la commedia, forse nota al marito, bensì preferisce indugiare sulle scene allegoriche, sugli intermezzi, sulle moresche[32]. Nel 1501 si ripete la medesima

30 Ivi, 376–377.

31 Cfr. Modena: Archivio di Stato, Particolari, b. 1115 e 1094. I documenti di archivio che riportiamo sono stati segnalati da vari studi di fine Ottocento e di inizio Novecento; tuttavia, abbiamo ricontrollato le fonti e adeguato le citazioni ai criteri di trascrizione odierni.

32 Lo scopo degli intermezzi non consisteva tanto «nel soddisfare la curiosità del pubblico con balli ricchi di figure, preziosi costumi e trovate ingegnose. Gli intermezzi – moresche, pantomime allegoriche e mitologiche – erano piuttosto il genere specifico di cui si servivano i principi per l'ostentazione del loro prestigio» (Guthmüller 1997, 173).

situazione: il 2 febbraio Isabella è presente alla messinscena dei *Captivi* e del *Mercadante*, mentre il 3 assiste all'*Asinaria* e all'*Eunucho*. La lettera della marchesa dà l'idea di una prassi teatrale consolidata; il resoconto non cela alcune perplessità, poiché se è vero che le rappresentazioni «sono state multo dilectevole et de riso et piacere assai, maxime per la voce accomodata et optimi gesti», ciò nonostante «sono state piene de parole vane et de qualche erubescentia»[33]. La donna accorda un giudizio positivo solo alla prestazione degli attori, mentre resta delusa dai drammi, troppo pretenziosi o, all'opposto, triviali[34].

Nel 1502 Isabella è spettatrice delle feste per il matrimonio del fratello Alfonso e Lucrezia Borgia. Il 29 gennaio racconta un particolare sopralluogo svolto insieme al padre, che evidenzia, di nuovo, la meticolosità di Ercole I nel curare le celebrazioni: «el signor mio padre me condusse veder la sala dove se farano le Comedie»[35]. Isabella, a seguito di una diligente descrizione della sala, degli apparati e degli spalti, prende congedo dal marito promettendogli che «quanto altro vederò a la giornata, ne farò partecipa». In effetti, il 3 febbraio la moglie si preoccupa di «rendere conto a la Excellentia Vostra di la giornata de hozi»[36]. Se il primo testo «de voci et versi non fu già bello», le moresche rappresentate tra gli atti «comparsero molto bene et cum grande galanteria». Le migliori sono riassunte con cura, mentre quelle meno riuscite vengono pressoché ignorate: «fu [...] così trista, che non merita adviso»[37]. Le feste proseguono nei giorni seguenti e il 5 febbraio «a le vintitre hore et meza si principiò la comedia de la *Bachide*, quale fu tanto longa et fastidiosa et senza balli intramezzi, che più volte me augurai a Mantua». Si ravvisa un fattore di debolezza nella lunghezza eccessiva dei testi, anche se le pur schematiche moresche non suscitano l'approvazione della marchesa né degli altri ospiti: «a l'ultimo non gli fu se non sbadacchi et querelle de li spettatori, perhocché erano quattro hore

33 D'Ancona 1891, 379–380.

34 Niccolò da Correggio, nella dedica a Isabella d'Este della *Fabula de Psiche et Cupidine*, ricorre a questa *captatio benevolentiae*: «le vergognose ed erubescente rime vengono adunque ala Excellenzia Vostra» (Da Correggio 1969, 50).

35 D'Ancona 1891, 383.

36 Ibidem.

37 Ivi, 384.

et meza»[38]. Infine, il giorno 9 la donna si lamenta per la *Casina*, definita «lasciva et disonesta quanto si possa dire»[39].

3.

L'attività di Francesco II Gonzaga risulta altrettanto significativa: il 5 febbraio 1496 il suocero Ercole I gli nega l'invio di alcune commedie richieste («in risposta gli dicemo che ne ricresce non potere satisfare al desiderio suo»)[40]; tuttavia, il duca non vuole deludere il genero e si impegna a far pervenire a Mantova «alcuna de dicte Comedie in prosa», dimostrando la netta difformità, qualitativa e valoriale, tra testo scritto per la lettura e composto per la recitazione (in versi). Da un'altra lettera dell'8 febbraio veniamo a sapere che le commedie in questione sono i *Captivi* e il *Mercadante*: la concessione sembra elargita in via straordinaria. Il marchese, che nel 1499 chiede il permesso a Ercole I di chiamare a Mantova il musico ferrarese «Michiol»[41], restituisce il favore due anni più tardi: il duca, infatti, aveva domandato la disponibilità dell'attore Manuccio Lucchese a recitare le commedie in onore della regina d'Ungheria. Nel 1502 Francesco II si prodiga per l'organizzazione delle feste del Carnevale: il 25 gennaio sollecita l'attore Rodolfo Casastro, perché si prepari in «certe comedie» che si stavano allestendo[42]; il 4 febbraio annuncia a Luigi Marcello il proposito di «representare alcune comedie et fare certe altre feste, de le più belle et honorevole, che ancor mai facessimo»; il 20 contatta la corte di Gazzuolo chiedendo tappeti e paramenti preziosi.

38 Ivi, 385.

39 Ivi, 386. L'impressione viene condivisa dal segretario Benedetto Capilupi, che, scrivendo a Francesco Gonzaga, sostiene: «ne la spurcissima comedia de heri fu notata tanta venustà et displicentia in lei [*scil.* Isabella] per ognuno, che la lauda d'essa è stata sua, et la vergogna del S.r Duca, certificando V. Ex. che la non volse che alcuna delle sue ancelle gli venesse».

40 Ivi, 369.

41 Coppo 1968, 53.

42 D'Ancona 1891, 387.

Le feste di quell'anno segnano uno spartiacque nella storia del teatro mantovano: Sigismondo Cantelmo, ambasciatore ferrarese, dà conto a Ercole I di spettacoli «sumptuosissim*i* et meritamente da essere equiparat*i* ad qual se voglia temporaneo theatro delli antiqui o moderni»[43]. Il mittente inserisce poi un appunto che dà l'idea dell'importanza dell'avvenimento: «non dubito V. Ex.a per più vie harà inteso l'essere del spectaculo quale sia stato: non di meno ancor mi non voglio mancare dal offitio della mia debita servitù». Il resoconto risulta esteso e particolareggiato, segnale che le celebrazioni presso la corte di Mantova avevano impressionato persino un addetto ai lavori: «certificandola scrivo la verità, quantuncha tanta magnificentia recerchasse chi sapesse meglio scrivere, et exprimendo pengere la nobiltà et excellentia del prefato spectaculo». La prima parte della lettera è dedicata alla descrizione delle sale, che «representavano alla mente un edificio eterno ed antiquo, pieno de delectatione», degli archi dalla «prospectiva mirabile» e dei pannelli realizzati dal «singulare» Mantegna[44]. Una sintesi degli spettacoli chiude la lettera: Cantelmo avvisa che «le recitationi sonno state belle et delectevole, [...] da persone docte recitate optimamente con grandissima voluptà et plausi de spectatorj». E soprattutto l'ambasciatore riporta i titoli delle opere messe in scena: non mancano i volgarizzamenti plautini (*Penulo*) e terenziani (*Adelphi*), in ossequio alla tradizione estense; nondimeno due opere (*Philonico* e *Hippolito*) spiccano per originalità rispetto al modello ferrarese. Non possiamo capire a quali testi l'ambasciatore stia alludendo: certamente, visto l'ampio pubblico, pare improbabile che le opere in questione fossero in latino; perciò, non è plausibile che il *Philonico* possa essere ricondotto, come ipotizza D'Ancona, alla commedia umanistica *Stephanium* di Giovanni Armonio Marso[45].

La recitazione del *Philonico* e dell'*Hippolito* fornisce un indizio sulla progressiva autonomia di Mantova rispetto alle consuetudini teatrali ferraresi. Oltretutto, il 24 dicembre dello stesso anno la corte gonzaghesca pare aver maturato un canale autoctono persino nei volgarizzamenti: Albertino

43 Ivi, 381.

44 Ivi, 382.

45 Ivi, 381. La commedia era stata rappresentata nel 1499 a Venezia; suddivisa in cinque atti, presenta situazioni e intrecci dall'*Aulularia* e dall'*Andria*. In merito cfr. Vecce 1995, 253–264.

Pavese traduce, grazie all'aiuto degli allievi della scuola cittadina, i *Menechini*, commedia «molto festevole et tutta piena de diletto», e il *Trinummo*, «non tanto piacevole quanto morale»[46]. Il che sembra soddisfare appieno le richieste della corte mantovana: i *Menechini* puntano all'intrattenimento, mentre il *Trinummo* si presta a un discorso di carattere etico. Si tenga presente poi la natura competitiva dell'operazione, poiché i *Menechini*, vanto di Ercole I, costituivano il primo volgarizzamento ferrarese portato in scena. La scuola gonzaghesca continua la propria attività nel 1503, in cui Isabella d'Este assiste insieme al figlio Federico a «una Comedia, che havevano cavata da Apuleio». Si tratta molto probabilmente del *Formicone* di Publio Filippo Mantovano[47], riconosciuto «bellin*o*» dalla marchesa. La valutazione, non certo entusiastica, potrebbe essere giustificata dal carattere sperimentale della messinscena, dagli elementi già 'regolari', dall'utilizzo di un *auctor* spregiudicato quale Apuleio. Francesco II risponde con acredine alla missiva della moglie, perché il figlio primogenito avrebbe dovuto ricevere un'educazione politico-militare e imparare «poche litere»[48]. È plausibile che la reazione scomposta nasconda altre motivazioni: è risaputa la scarsa dimestichezza del marchese con i docenti della Ca' Zoiosa[49]; si può ritenere che la creazione di un circuito culturale parzialmente indipendente preoccupasse Francesco II, abituato a servirsi di opere già collaudate e portate in scena a Ferrara. Inoltre, il governo della moglie sulla struttura scolastica – Isabella nomina nel 1502 il nuovo rettore contro il parere del marchese – desta un certo imbarazzo a corte: un gruppo di studenti aveva interpellato Francesco II per favorire la nomina di Giovanni de Cavalara, ma Isabella si era imposta preferendogli Francesco Vigilio. Questi forse si spinge troppo oltre con la ricerca teatrale, incorrendo nelle critiche pretestuose del marchese[50].

46 D'Ancona 1891, 388.

47 Luigina Stefani in Mantovano 1980, 9–30 offre prove convincenti.

48 Luzio 1886, 580.

49 Mantovano 1980, 10–19.

50 Si ricordi che Vittorino da Feltre, secondo la testimonianza del Platina, leggeva sì con passione le opere di Plauto e Terenzio, tuttavia «eorum lasciviam nocere ingeniis non bene constitutis affirmabat» (Garin 1958, 686).

Francesco II dimostra in altre situazioni di essere un committente esigentissimo; ciò viene attestato da una lettera del 28 gennaio del 1501, in cui contatta Niccolò da Correggio al fine di richiederne la collaborazione alle feste imminenti del Carnevale. Prima di tutto il marchese ringrazia il cortigiano per il servizio svolto in passato[51], ma gli comunica che l'opera scritta in precedenza non era stata portata in scena, probabilmente per problemi registici:

> quella Fabula di Calisto non m'è reuscita secundo credevimo, deliberamo non farla più: et perché il capitulo che mi fece la S. V. è pur bello, ma non può più venire a proposito, la pregamo che la vogli secider tutto quello che specta a quella Fabula et reimpire el capitulo de qualche altra inventione, sì che el se possi recitare.

Francesco II consiglia poi di apportare aggiunte e ritocchi a un altro testo: il che spiega in modo chiaro l'aspetto effimero delle rappresentazioni, pronte, come le scenografie, a essere riviste o letteralmente 'consumate' entro poche settimane a seconda dell'evenienza. Segnaliamo anche il tempo esiguo concesso allo scrittore, poiché nel 1501 l'ultimo giorno utile per festeggiare il Carnevale sarebbe stato il 23 febbraio (Martedì Grasso). In conclusione, il marchese ordina un testo conforme alle proprie esigenze, suggerendo la trama da sviluppare: «apresso, ne voressimo uno altro, nel quale fusse introducto Italia, Mantua et nui in qualche comparatione o disputatione insieme, a la guisa che in quella vostra festa che hora m'haveti mandata sono introducti li casi de tre persone generose in disputatione». La tematica politica, la *brevitas* e il carattere dialogato costituiscono prerogative, di gusto e valoriali, irrinunciabili. Avvertiamo, inoltre, uno stretto contatto tra la scrittura e le indicazioni drammaturgiche, che restringono lo spazio di manovra del poeta. La risposta dello scrittore, datata 5 febbraio, pare significativa, in quanto è tesa a chiedere al marchese qualche chiarimento; Da Correggio afferma che, prima di qualsiasi variazione, occorre conoscere «dopo quale comedia el vole fare recitare, o in mezo, o in che modo, a ciò ch'io sappia remetterli qualche

51 D'Ancona 1891, 380: «la S. V. si è tanto affaticata per noi, et tanto volenteri, in ciò che è bisognato per questa nostra festa, che la mi dà animo securamente di operarla di novo senza tema di affaticarla troppo».

cosa a proposito». Il cortigiano approntera una versione dell'allestimento «che la vole che parli de Italia» a seconda «se ha ad essere semplicemente uno Capitulo fuora de le comedie, o se pur ha ad intravenire o in prima o dopoi ne le feste».

La meticolosità di Francesco II viene ribadita da un'altra lettera. Se il marchese richiede il servizio di Niccolò da Correggio, rifiuta, nel medesimo periodo, qualsiasi intervento di Antonio Cammelli: il primo si era dimostrato un servitore affidabile, di contro, quest'ultimo non sembra godere di alcuna stima. Lo scrittore invia una lettera il 10 gennaio 1501 da Novellara, in cui sostiene di essere venuto a conoscenza dell'intenzione del marchese di «fare alcune comedie»[52]. Pertanto, ne manda una appena composta: «se vole la Exc. V. presentarla per quel medesimo spetaculo, senza far altra spesa, mandarne a diri, ch'io serò pronto, non con altro presente che dello amor suo, perché più di honore che d'oro avido sono. Sarà una amorosa, nova et piacevol comedia: quella l'accetti piacendoli»[53]. La risposta di Francesco II è carica di toni sdegnati e sprezzanti[54], spiegabili con l'irritazione per un'altra missiva, evidentemente troppo perentoria, in cui il poeta domandava al marchese di punire un medico a lui inviso[55]. A febbraio il poeta offre una «nuova Comedia amorosa *de Amicitia*», la quale sembra condividere caratteri simili con l'opera ordinata da Francesco II a Da Correggio, di cui il Pistoia era amico («dove per interlocutori paliatamente la vita di V. Ex.ia si parlerà, e conclusive si farano noze: che veramente sarà non solum grata a quella, ma a qualunque la noterà»)[56]. Spicca la qualità allusiva ed encomiastica del testo («paliatamente la vita di V. Ex.ia si parlerà»), elaborato per accompagnare un'eventuale festa. L'operazione suasiva di Cammelli continua nei passaggi seguenti, in cui viene individuato un punto di forza della commedia: «et in questa vi

52 D'Ancona 1891, 377.

53 Ivi, 378–379.

54 Ivi, 379: «Pistoja, essendo tu nel loco ove sei, non potresti farmi offerta de cosa che fosse bona, né che mi piacesse: sì che tienti pure la tua Comedia per te». Ricordiamo che Francesco II era da tempo in contrasto con Giampietro Gonzaga, conte di Novellara, presso cui Cammelli trova protezione.

55 Rossi 2008, 66–67.

56 D'Ancona 1891, 375.

mostrarò che la poterete fare e con poca e con assai spesa; e in uno e in l'altro, grande honore ne nascierà». Il motivo economico assume un certo peso nella programmazione festiva; perciò, il poeta si apre alla possibilità di organizzare uno spettacolo discreto o, nel caso, di puntare su maggiori artifici scenici. Inoltre, si dichiara disponibile ad anticipare al marchese il contenuto del testo, al fine di correggerlo in tempo: «or quella si degni o del sì o del no farmi una risposta, perché, piacendo alla Ex.ia Vostra, alla sua venuta gliene legerò dui atti, e dove parerà che quella manchi o troppo dichi, la emenderò». Non possediamo la risposta di Francesco II, ma forse il silenzio calato sulla commedia e la richiesta a Niccolò da Correggio possono essere spie indicative sull'esito della 'trattativa'.

4.

Le proprietà della letteratura mantovana – che si potrebbero riassumere nelle locuzioni chiave 'importazione' ed 'eterogeneità' – sembrano altresì contraddistinguere il teatro[57]. A Mantova le rappresentazioni sceniche costituiscono la tipologia di maggior successo: il contributo di Isabella, che da Ferrara porta con sé un gusto preciso per i volgarizzamenti, non va separato dal ruolo di Francesco II; questi, sebbene non ancora sposato, potrebbe aver promosso la scrittura della *Representazione di Febo e Feton* dopo aver assistito alla messa in scena in suo onore dei *Menechini* del 1486[58]. Si ricordi poi che, secondo la cronaca di Federico Amedei, il 15 febbraio 1490, giorno dell'arrivo a Mantova di Isabella, «viddersi in tale congiuntura ricchi apparati per le strade, con ingegnose rappresentazioni delli sette pianeti celesti, ed altrettanti fanciulletti vestiti da angioli, i quali recitarono erudite poesie italiane, accompagnati da armoniosi musicali concerti, felicitando gli sposi novelli»[59]. Inoltre, numerosi

57 Faccioli 1962, 53–150 e 213–271 e Bregoli Russo 1997.

58 Zambotti 1937, 171, 25–27: «a dì 24, il marti. Lo illustrissimo duca nostro andò incontra con tutti li soi cortexani a l'illustrissimo marchexe de Mantoa, il quale venne a Ferrara per vedere representare una comedia, la quale fa la Excellentia del duca».

59 D'Arco 1842, 233.

testi teatrali – le opere di Serafino Aquilano, il *Certamen* di Lapaccini, la *Sophonisba* di Del Carretto – chiamano direttamente in causa il marchese e soddisfano l'avito amore dei Gonzaga per le imprese belliche, non tanto la passione di Isabella per la mitologia e il mondo antico[60].

In più, Francesco II sollecita due volte, tra il 1490 e l'anno successivo, la rappresentazione a Mantova dell'*Orpheo*: Girolamo Stanga, in una missiva al Gonzaga datata 29 ottobre 1490, dichiara di aver affidato i versi del testo teatrale a Ercole Albergati (detto Zafarano), attore e scenotecnico bolognese, e a «Lapacino», affinché ricerchino attori «consueti a tale exercitio»[61]. Alcuni ostacoli di natura tecnica, oltre all'indisponibilità del musicista Atalante Migliorotti, fanno fallire l'impresa. Si registra un nuovo tentativo nel 1491 per festeggiare la visita di Ercole I d'Este. Il 30 maggio Francesco II scrive al segretario Matteo Sacchetti, detto Antimaco: «vogliamo che subito mandati per Zaffrano nostro e li direti, per parte nostra, ch'el metta ad ordine la demonstratione o sia fabula de *Orpheo et Euridice* et ch'el facia imparare a mente quelle stanze a tuti quelli putti ch'el scia et li bisognaranno, perché facemo pensiere a la venuta del prefato illustrissimo signor duca»[62]. Il giorno seguente Antimaco informa il marchese di aver conferito l'incarico a «Zaffrano ancora et a Lapazino [...] per la representatione de *Orpheo et de Euridice*. Loro hanno resposto essere apparichiati di fare el possibile, ma dicono el tempo essere tanto breve che molto se diffidano de potere fare cosa bona né bella et tanto più che male trovarano el modo de avere uno Orpheo»[63].

Un'altra caratteristica del teatro mantovano consiste nell'ampia tipologia di opere prodotte: non mancano certo i volgarizzamenti, richiesti direttamente a Ercole I e ai letterati ferraresi («*Trinummo* in volgare» e *Pseudolo* di Battista Guarini nel 1498 e nel 1499). Nei primi anni del nuovo secolo notiamo però una novità, giacché la competizione con Ferrara

60 Si veda, in merito, il progetto dello Studiolo analizzato in Campbell 2004.

61 D'Ancona 1891, 359.

62 Mantova: Archivio di Stato, AG b. 2904, c. 57*v*.

63 Mantova: Archivio di Stato, AG b. 2440, c. 17*r*. Il 4 giugno il marchese comunica al segretario Antimaco che «la representatione de *Orpheo et Euridice* non si può mettere ad ordine in manco termine che de quindece dì» e, quindi, «non se curamo più che la si facia» (Mantova: Archivio di Stato, AG b. 2904, c. 60*r*).

determina il coinvolgimento della scuola. Se Ercole I si avvale del servizio di singoli cortigiani, a Mantova la collaborazione pare più dinamica: Francesco Vigilio, direttore della Ca' Zoiosa nel 1502, allestisce le rappresentazioni facendo partecipare gli allievi alla scrittura drammatica e alla recitazione. Possiamo poi distinguere, oltre ai volgarizzamenti, almeno un altro filone tematico: a Mantova sono composte opere dall'impianto cortigiano, che rispondono a specifiche esigenze celebrative e ricreative; ne sono testimoni il *Certamen* di Lapaccini, che equipara Francesco II a Scipione attraverso un calibrato confronto, i due *Acti scenici* e la *Representatione allegorica* di Serafino Aquilano.

La commistione di gusti e di istanze è data dall'eterogeneità degli autori coinvolti e dall'attrazione di Mantova verso Milano. Come ha osservato Remo Ceserani, nel XV secolo «a Ferrara e Mantova troviamo una situazione molto diversa. Fra le due città, e le due corti, c'è un intenso scambio di esperienze, e tuttavia ci sono anche differenze: mentre Ferrara è orientata a tener conto delle esperienze emiliane, fiorentine, venete o addirittura romane, Mantova guarda più verso la Lombardia»[64]. I rapporti culturali tra Milano e Mantova meritano perciò di essere esplicitati: nel 1491 Isabella partecipa alle nozze tra la sorella Beatrice e il Moro, mentre Francesco II giunge solo a celebrazioni iniziate per prendere parte al torneo cavalleresco del 28 gennaio[65]; tra agosto e settembre del 1492 Isabella soggiorna a Vigevano, Milano e Pavia, dove assiste alle feste organizzate dal Moro in onore di Ercole I[66]; nel gennaio del 1495 la marchesa fa visita a Beatrice, in attesa di dare alla luce il secondogenito Francesco; il 3 marzo Isabella informa la cognata Chiara Gonzaga di Montpensier di essersi recata a una festa in casa di Niccolò da Correggio per vedere «quella fabula che se lege in lo *Innamoramento de Orlando* de Ippolito, Theseo et Florida, quale fu conducta cum gran ordine»[67]. È ovvio che la presenza diretta della marchesa a

64 Ceserani 2007, 693.

65 Luzio – Renier 1890, 81–95.

66 Ivi, 349–358.

67 Ivi, 622. I nomi dei personaggi, evidentemente di fantasia, non corrispondono a nessuno di quelli del poema boiardesco; è probabile che l'episodio messo in scena sia da identificare con la novella di Prasildo, Iroldo e Tisbina (I, 12). Non sono da escludere elementi autobiografici, poiché nelle *Rime* di Da Correggio Teseo e Florida sono i *senhals* del poeta e dell'amata. Cfr. Longhi 1989, 385–398.

Milano abbia incentivato i rapporti con gli scrittori ambrosiani: Bernardo Bellincioni, per esempio, ironizza sulla disputa sorta a corte tra Isabella e Gian Galeazzo Maria Sforza circa la supremazia di Orlando o Rinaldo[68]; nel 1493 Da Correggio invia a Isabella i *Rithimi* di Visconti, ricevendo in risposta un sincero apprezzamento («ne piaceno più che de alcun altro che adesso dica in rima»)[69]; lo stesso Niccolò dedica alla marchesa la *Psiche*, mentre Galeotto Del Carretto, che collabora nel contempo con il Moro, scrive per la corte gonzaghesca il *Timon* e la *Sophonisba*.

5.

L'attività teatrale mantovana non si esaurisce entro il perimetro della corte e della Ca' Zoiosa, poiché viene promossa in parallelo a Gazzuolo da Ludovico Gonzaga[70]. Quintogenito del marchese Ludovico III e di Barbara di Hohenzollern, diventa vescovo di Mantova nel 1483; sul finire del 1487 viene coinvolto, insieme ai fratelli Gian Francesco e Rodolfo, in una presunta congiura contro il nipote Francesco II. In conseguenza di ciò, il vescovo si trasferisce lontano dal centro cittadino: dal 1489 al 1496 risiede presso la dimora di Quingentole, intraprendendovi costosi lavori architettonici e raccogliendo attorno a sé una corte sfarzosa, frequentata da Giovanni Muzzarelli, Niccolò Cosmico, Giovanni Bonavoglia, Antonio Tebaldeo. Dal 1501 sposta la residenza a Gazzuolo. Matteo Bandello così si esprime nella dedica della novella I, 8: «l'illustrissimo e reverendissimo monsignore Lodovico Gonzaga, vescovo di Mantova, qui in Gazuolo abitava, che egli sempre vi tenne una corte onoratissima di molti e vertuosi gentiluomini, come collui che si dilettava de le vertù e molto largamente spendeva»[71]. La singolare magnificenza della corte spicca nell'*Amorosa opra* di Giovanni Muzzarelli[72]:

68 Bellincioni 1493, c. K 8*r*.

69 Renier 1886, 75.

70 Tamalio 2002, 801–803.

71 Bandello 1992.

72 Sul poeta, cfr. Russo 2012, 626–629.

> Gazuolo, non d'antiche mura circo(n)dato, ma dal divo Lodovico Gonzaga novamente fondato, da gli habitatori suoi illustrato, è un castello posto ne l'estremità de i campi cremonesi, un lato dil quale Olio, fiume dividente quelli da i mantuani, bagna con l'onde sue non impetuose. [...] O ben aventurato castello, fondato da sì famoso signore, habitato da tanti e sì excellenti habitatori, honorato di tre dèe, di tre Gratie, quanto ti dèi fra gli altri gloriare, poi ch'el ciel tanto favor t'ha concesso[73]!

Grazie ai documenti raccolti da Umberto Rossi siamo in grado di farci un'idea sui gusti teatrali del signore: il 25 gennaio 1501 scrive a Pietro de Viteliana pregandolo di mandargli «per lo presente nostro corero uno Plauto cum comento illis noviter stampati, che adoperato ve lo remanderemo e charicamovi ce lo mandiati omnimodo»[74]. Il 5 marzo, invece, il vescovo si rivolge direttamente alla cerchia di Ercole I, allorché chiede a Timoteo Bendedei di fargli avere «due delle comedie di Plauto traducte per m. Baptista Guarino». Il mittente incalza il destinatario, sostenendo che «ne siamo de quelle in expectatione; perhò vi charicamo ce le mandiati cum più presto porreti, aut che ne cavati de expectatione ita che non possendosi havere a fine procuramo haverle per altra via». Il 27 marzo una nuova missiva raggiunge Bendedei: «rendemoni certi non siati manchato di exacta diligentia per farmi havere la traductione delle comedie et dato che usque nunc non habeati potuto conseguire, non restareti però di solicitare opportune et forsi hareti megliore fortuna». Il Gonzaga cambia poi strategia e il 20 aprile invita Bendedei a rivolgersi direttamente a Ercole I[75]. Nello stesso giorno il religioso decide di commissionare il rifacimento dell'*Asinaria* a un interlocutore rimasto anonimo. Dalla missiva si comprende che l'opera non era destinata alla recitazione: «ve dignarati adunque per amor nostro tradurne la *Assinaria* di Plauto in terzo vulgare cum la solità facilità vostra, aciò habiamo che lezer questa invernata et exercitare lo inzegno de molti sotto il nome vostro».

73 Muzzarelli 1986, 23–24.

74 Rossi 1889, 309.

75 Ivi, 310: «sel vi piacerà expedito, vorressimo che vi exhibessive in nome nostro cum la alligata dala Excellentia del S. Duca, supplicandoli che la sia contenta compiacerne de Minichino et che ben ne havemo visto de questi traducti in sonetti, ma che molto ne saria a caro haverlo nel mo' et forma è stà traducto per Baptista Guarino».

Il 29 maggio il vescovo interpella Paride Ceresara, cui affida il volgarizzamento di un'altra commedia; dopo aver lodato il poeta per i suoi sonetti, prega di «tradurme la *Ullularia* comedia di Plauto da presentare, secondo il stilo della alligata traducta per il conte Matheo Maria Bojardo, e mandarmela traducta»[76]. Il 22 giugno il lavoro risulta già inviato a Ludovico, il quale non manca di esprimere la propria gratitudine: «la traduction de la *Aulularia* mi è tanto grata ut non supra: tanto mi è piaciuto il principio suo, qual o cominciato a lezer, sperò mi piacerà ancor il mezo, il fine, né dubito puncto trovarli cosa mutanda. [...] Seguitarò in lezerla et al tempo ch'io la vorò representare, invitarovi, aciò piliati anchora vui piacer et fructo delle fatiche vostre». La collaborazione riprende nei mesi successivi, tanto che il 7 settembre il vescovo scrive così a Ceresara: «mandovi el libro me ricerchati qual preghovi me rimandiati anchor lui cum qualche adiuncta qual sia quella comedia grecha traducya perché questa mia infirmità me ha lassato in tale desiderio di bevere et darmi piacere, ch'io non penso se non a vino e representar comedie»[77]. I frutti dell'alacre occupazione sembrerebbero colti durante il Carnevale del 1502, in cui si allestiscono due commedie (forse l'*Aulularia* e la misteriosa «comedia grecha»). Sappiamo anche che erano stati fatti arrivare da Mantova abiti per gli attori e arazzi, in nome di una collaborazione assidua[78]. Non è forse episodico che il periodo più fulgido del teatro mantovano e l'anno di maggiore attività di Gazzuolo coincidano. Le due corti esibiscono una sensibilità teatrale affine: i volgarizzamenti di marca ferrarese, che vengono poi affiancati da soluzioni originali, ne sono un esempio perspicuo.

6.

È opportuno, prima di analizzare i drammi mantovani, fare chiarezza sul *corpus* dei testi in esame: limiteremo l'indagine alle opere che, allo stato attuale degli studi, risultano messe in scena o progettate per essere fruite

76 Ivi, 311.
77 Ivi, 312.
78 Ibidem.

all'interno della corte gonzaghesca. Ci si avvale, al fine di soddisfare tali criteri, di elementi interni al testo ed esterni (per es. lettere, dediche): in base alle informazioni contenute in due corrispondenze, è sicuro che le rappresentazioni di Serafino Aquilano siano riconducibili all'ambiente mantovano; il medesimo ragionamento si estende alla *Panfila* di Cammelli, proposta a Isabella d'Este in una lettera del 1499. Invece, le uniche trascrizioni del *Certamen* di Lapaccini e della *Representazione* di Della Viola sono inserite, insieme all'*Orpheo* di Poliziano, all'interno di una miscellanea di poesia 'mantovana', il ms. 124 (A. IV. 30) della Biblioteca Comunale Teresiana di Mantova[79]. La recitazione della *Representazione* è poi confermata da una missiva del 1489 di Della Viola al marchese, che richiedeva «quelli vostri versi li quali altra volta componesti»[80]:

> Ò inteso per una lettera di V. S. come quella mi richiede la Festa de Lauro. È più tempo fa che persi el libretto lì a Mantova, il quale non stimavo, per aver animo ricomporla e fiorirla in altra maniera, perché simili versi feci molto presto et mal misurati, che ora mi vergognerìa che di me uscissi simili versi; ma quando ultimamente mi partii da la S. V., quella mi disse che voleva presto mandare per mi, e che io la rifacessi: onde io li detti alcuno principio, in modo che quando la S. V. la volessi rifarla, in poco tempo li darei fine, non già per dare el nome ad altri, che non è honesto che altri atribuisca le cose mie a sé, come fu facto de l'ultima che feci lì[81].

79 Il codice cartaceo – allestito, in base ad alcune spie interne ai testi, sicuramente dopo il 1488 – è mutilo delle prime trentaquattro carte. Le restanti settantaquattro riportano una silloge 'teatrale' (*Orpheo*, cc. 32*r*-36*v*; *Representatione*, cc. 37*r*-43*v*; *Certamen*, cc. 46*r*-50*v*) e vari componimenti lirici, spesso di elogio verso Francesco II (Giovanni Cieco da Parma, cc. 1*r*-4*r*, 30*v*-32*r* e 57*r*-58*v*; Serafino Aquilano, cc. 15*r*-22*r*; Tebaldeo, cc. 22*r*-30*v* e 51*r*-52*v*; Iacopo Corsi, 43*v*-46*r* e 59*r*-61*r*; Niccolò da Correggio, cc. 52*v*-55*v*; Bernardo Bellincioni, cc. 61*r*-64*v*; Antonio Cornazzano, cc. 64*v*-65*v*; Matteo Maria Boiardo, cc. 65*v*-66*v*; Buonaccorso da Montemagno il Giovane, cc. 66*v*-67*v*; Pandolfo Collenuccio, cc. 67*v*-69*v*; Andrea Magnani, c. 69*v*; frate Francesco, il musico, cc. 70*r*-70*v*). Si badi che alle cc. 55*v*-57*r* è trascritto un capitolo ternario con protagonisti «Silvano et Orpheo pastori». Cfr. Perini 2012, 194–199.

80 Mantova: Archivio di Stato, Copialettere marchese Francesco, 133.

81 D'Ancona 1891, 351–352. È ipotizzabile che la dicitura *Festa de lauro* richiami la *Representazione* (nell'*explicit* del ms. 124 a c. 43*v* definita *Representazione di Dafne*).

Se poi sul *Formicone* di Filippo Publio Mantovano non rimangono perplessità – oltre alla missiva di Isabella d'Este del 1503, sappiamo che nel 1506 Francesco Vigilio informa il proprio signore circa l'allestimento della «commedia di Formicone» – maggiori problemi suscitano le *Noze de Psiche e Cupidine* e *Li sei contenti* di Galeotto Del Carretto[82]. Il cospicuo epistolario dell'autore, formato da ottantasette lettere indirizzate ai signori mantovani, può essere utile e fuorviante allo stesso tempo[83]. Invero, lo scrittore si riferisce molto genericamente a una «nova comedia» (17 agosto 1497); a una «comedia» mandata a Beatrice d'Este prima che morisse (24 novembre 1498); alla «comedia de Beatrice, quale altre volte mandai a la S. V., et ne li acti di quella cantaranno certe cancione nove per me fatte» (23 giugno 1499); a una «comedia nova, quale ho fatta da doi mesi in qua, ma per mandar ortiche, dove se coglie el lauro» (11 novembre 1499); a una «comedia» richiesta da Isabella, ma non ancora «degna» (17 dicembre 1499); a una «comedia» già spedita da una settimana alla corte gonzaghesca (29 gennaio 1500). È possibile che gli ultimi tre testi menzionati da Del Carretto alludano a una sola opera, peraltro di difficile identificazione; giova esprimere un giudizio prudente anche per la «nova comedia» del 1497 e per la commedia «de Beatrice» (1498–1499). I critici hanno cercato di associare comunque *Li sei contenti* e le *Noze* alle commedie di cui si fa cenno nelle lettere. Un'operazione simile, però, è opinabile, giacché ignora le missive e le opere andate certamente perdute[84].

L'ultima studiosa ad aver avanzato un'ipotesi attributiva è stata Marzia Minutelli, che propone di associare *Li sei contenti* al dramma del 1499–1500 e le *Noze* alla «comedia de Beatrice»[85]. Le *Noze* sarebbero state elaborate in onore di Beatrice d'Este tra il 1494–1495; il decesso della duchessa milanese

82 Sulla *Sophonisba*, dedicata a Isabella nel 1502, non si avanzano riserve; parimenti, l'invio della *Comedia de Timon* alla marchesa tra il 1497–1498 è attestato con chiarezza.

83 Turba 1971, 95–169.

84 Per es. risulta irreperibile il «capitulo in dialogo de uno che parla cum uno spirto», composto su indicazione di Francesco II per la morte di Girolamo Negrisolo (Turba 1971, 145–146).

85 Minutelli 2004, 123–178.

nel 1497 determina l'ipotetica sostituzione della dedicataria. Invece, il prologo sarebbe stato adeguato alla nuova situazione: l'accenno in sede incipitaria a recenti lutti e sciagure induce la studiosa a collegare la situazione descritta alla morte di Beatrice[86]. La presenza di riferimenti sfumati, e non certo di prove sicure, impone, invece, estrema cautela. Su *Li sei contenti* è altrettanto arduo sbilanciarsi: Marzia Minutelli, di contro, identifica l'opera nella «comedia nova», servendosi delle dichiarazioni di modestia e di prudenza del poeta («per mandar ortiche, dove se coglie el lauro» e «anchora che non sia degna»). Le espressioni sarebbero rispondenti al «complesso d'inferiorità di un intellettuale di provincia» per aver prodotto un testo in prosa e «al modo dei latini»[87]. La pretesa poi di ricondurre i generici «tempi di guerra» richiamati nel prologo dell'opera all'occupazione di Alba da parte delle truppe francesi guidate da Gian Giacomo Trivulzio nel 1499 non pare coerente con un'eventuale rappresentazione mantovana. Pertanto, le incertezze sulla datazione e l'impossibilità di rintracciare altri indizi consigliano di non includere le *Noze* e *Li sei contenti* all'interno del *corpus*: riconoscere un'opera avvalendosi esclusivamente di lettere vaghe ed ellittiche genera solo forzature interpretative.

86 Del Carretto 1983, 611, vv. 1–6: «anime illustre, e voi notabile umbre / che tanto tempo in gran travaglio fusti, / tempo è ch'ognun de voi dal petto sgumbre / i lunghi affanni e qualche gaudio gusti, / e che de requie e refrigerio adumbre / da penser duri i spiriti combusti».

87 Minutelli 2004, 167. Invero, non è possibile un'identificazione certa, perché Del Carretto si serve di un *tòpos* di modestia assai codificato: cfr. *Decameron*, Concl Aut, 18 in Boccaccio 2013, 1663 («niun campo fu mai sì ben coltivato, che in esso o ortica o triboli o alcun pruno non si trovasse mescolato tra l'erbe migliori»).

3 *L'*Orpheo*, una pedagogia d'amore*

1.

La *Fabula de Orpheo* di Poliziano presenta una struttura criptica, per alcuni addirittura «sconcertante»[88]; i problemi di decodificazione consegnano un'opera «indecifrabile nei significati manifesti e latenti»[89]. Le questioni cruciali – la datazione, il genere letterario, la morale di cui i personaggi si fanno portatori – rimangono aperte. Un gruppo di studiosi inserisce l'*Orpheo* all'interno della civiltà letteraria fiorentina: in particolare, se Mario Martelli suggerisce di leggere l'opera «con l'ausilio degli strumenti ermeneutici che erano allora in voga, a Firenze, tra gli uomini di cultura e, segnatamente, tra quelli che facevano capo al circolo laurenziano», per Paolo Orvieto la fabula prosegue «il grande mistero d'iniziazione cominciato con le *Stanze*»[90]. Stefano Carrai collega la rappresentazione alla bucolica toscana quattrocentesca e identifica i pastori Mopso, Aristeo e Tirsi con personaggi della Firenze del tempo[91]. Per Francesco Bausi «Orfeo è l'uomo che fallisce nel suo tentativo di passare da un livello inferiore ad un livello superiore di vita, dall'imperfezione alla perfezione: la sua è una fallimentare stagione all'Inferno, una *nékuia* negativa, una discesa agli Inferi non coronata dal successo, a differenza di quelle di Ulisse, di Enea e di Dante, che sperimentarono il 'male', ma seppero poi superarlo una volta per sempre, risalendo purificati sulla terra»[92].

Tali giudizi entrano in conflitto con la prospettiva dei critici che inseriscono l'*Orpheo* nel contesto della festa signorile, alquanto diverso – per tradizioni, modalità, obiettivi ricreativi e ideologici – da quello della Firenze medicea[93]. Si badi che lo stesso Poliziano, nella celebre lettera a

88 Orlando 1966, 513.

89 Borsellino 1984, 61.

90 Martelli 1988, 19 e Orvieto 1979, 95; quest'ultimo è poi tornato sulla questione in Orvieto 2007, 27–58 e 2009.

91 Carrai 1990, 9–23.

92 Poliziano 1997, XXII.

93 Per il teatro, sacro e profano, fiorentino, cfr. almeno Ventrone 2016 e Newbigin 2021.

Carlo Canale, identifica il destinatario dell'opera nel cardinale mantovano Francesco Gonzaga: appare arduo prescindere da questo dato, che impone agli studiosi di interrogarsi su come il pubblico legato al Gonzaga potesse apprezzare un testo intriso di filosofia neoplatonica, di riferimenti al mondo e ai protagonisti della politica e della cultura fiorentina. Poliziano sostiene di aver scritto l'opera «in stilo vulgare perché dagli spettatori meglio fusse intesa»[94]. La disponibilità nei confronti di un pubblico vasto ed eterogeneo sembra un elemento ineludibile, per giunta, programmaticamente esplicitato. Inoltre, occorre meditare sulla reale adesione di Poliziano alla corrente neoplatonica, aspetto che potrebbe comportare qualche ripensamento[95]; non è escluso che la componente filosofica possa affiorare in alcuni singoli passaggi, pur tuttavia non può esaurirsi in essa l'intera 'chiave' del testo[96].

Tra i contributi più autorevoli dell''opzione cortigiana' – che non respingono a priori possibili rimandi alle teorie di Ficino – figurano quelli di Nino Pirrotta, Emilio Bigi, Antonia Tissoni Benvenuti, Francesco Tateo, Bodo Guthmüller. Se tra questi studiosi è comune il punto di partenza, ovvero la collocazione del testo nel *milieu* di corte, le conclusioni non risultano altrettanto coincidenti: Pirrotta intravede nell'*Orpheo* l'evoluzione delle «'fabulae' inserite nel corso di un banchetto», esempio della «tradizione delle rappresentazioni di corte» che alternano «declamazione puramente verbale e canto»[97]; il mero divertimento sottrarrebbe all'opera ogni ambizione etica[98]. Bigi, che si sofferma sul complesso ordito intertestuale, osserva che «l'*Orfeo*, anche per quanto riguarda gli aspetti formali, presenta una sua fisionomia specifica, che si può indicare in una vistosa accentuazione della componente letteraria e retorica, ulteriormente

94 Si cita da Poliziano 2000; si tiene conto anche dell'edizione curata da Bausi di Poliziano 1997.

95 Orvieto 1996, 510: «è infatti più che probabile che Poliziano sia stato, e non solo dal 1480, antificiniano (nonostante la sua difesa della poesia in quanto *furor* platonico)».

96 Guthmüller 1997, 160–161: «molte moderne interpretazioni dell'*Orfeo*, sovraccaricate di sensi profondi e oscuri, sono improbabili già per il semplice fatto che non tengono conto del particolare tipo di ricezione a cui il testo era destinato».

97 Pirrotta 1969, 14 e 20.

98 Di contro, una visione dell'*Orpheo* come opere 'impegnata' è sostenuta da Garin 1961, 339–340 e 356 e Doglio 1977, 148–170.

rafforzata dagli elementi spettacolari»[99]. Tissoni Benvenuti evidenzia l'aspetto filologico della ricerca di Poliziano, intesa quale «lotta per il recupero del mondo antico», dei suoi miti, valori, simboli e generi letterari[100]; l'*Orpheo* paleserebbe il tentativo di rifondare il dramma satiresco, di cui il *Ciclope* di Euripide costituisce l'ipotesto[101]. Tateo invita a cogliere il senso dell'opera su due livelli: il primo, di condanna verso il rifiuto dell'amore, è recepito dal pubblico meno dotto; il secondo, più profondo e allegorico, fa leva sull'elogio «dell'amore efebico come forma sublimata d'amore»[102]. Guthmüller insiste sulla collocazione cortigiana del testo asserendo che la «*Fabula* [...] possa essere compresa adeguatamente soltanto sullo sfondo della festa cortigiana, della tradizione della festa drammatica di corte, dell'encomiastica, dell'arte su commissione e dell'occasionalità»[103].

2.

In questa selva di ipotesi, in apparenza inestricabile, si annidano problemi ardui da risolvere. Partiamo da un solido presupposto: la fortuna del testo, documentata dalla *recensio codicum* di Antonia Tissoni Benvenuti per la sua edizione critica, è evidente. La studiosa classifica ben dodici codici (quattro *descripti*) e un testo a stampa, la nota *princeps* delle *Cose vulgare* (Bologna: Benedetti, 1494). I testimoni sono suddivisi in due gruppi (settentrionale e fiorentino), ognuno dei quali si caratterizza per diversi assetti delle didascalie e per l'inserimento o meno di tre brani (ode saffica in elogio del cardinale Gonzaga; ottava pronunciata da Minosse ai vv. 238–245; due distici latini intonati da Orfeo a seguito della liberazione di Euridice). Il numero delle redazioni e dei manoscritti, rilevante di per sé per il Quattrocento volgare, deve essere messo a raffronto con la storia della trasmissione, a testimone unico e spesso casuale, di tutte le altre

99 Bigi 1982, 189.

100 Poliziano 2000, 84.

101 Secondo Branca 1980, 467–482, l'*Orpheo* discende dalle 'momarie' veneziane, conosciute dal poeta durante il suo soggiorno in Laguna (1480).

102 Tateo 1990, 184. Sul tema dell'omosessualità, cfr. Dionisotti 1962, 198.

103 Guthmüller 1997, 164.

rappresentazioni teatrali pre-classiciste[104]. Oltretutto, l'*Orpheo* diventa presso le corti padane un modello riconosciuto, capace di riscoprire un genere inedito, di formare un canone[105].

Sembra che la strada verso una comprensione più corretta del testo debba passare dall'eliminazione di ogni opacità e interferenza tra la fortuna della fabula, la sua destinazione originaria, il genere letterario imitato e il messaggio ideologico. Occorre affrontare innanzitutto la questione della datazione dell'*Orpheo*, da tempo lasciata in sospeso. La specificazione nella lettera a Canale del committente, il cardinale Francesco Gonzaga, non basta ad attribuire all'*Orpheo* una destinazione mantovana. Il personaggio, come si vedrà meglio, dimora in modo sporadico nella città lombarda, in quanto spesso impegnato a Roma e a Bologna. In passato si è ritenuto che Poliziano avesse scritto la fabula nell'inverno-primavera del 1480, periodo in cui soggiorna brevemente presso la corte gonzaghesca[106]; l'avvenimento è registrato nella lettera del 21 aprile spedita a Carlo Canale da Giovan Pietro Arrivabene, segretario del cardinale[107]. L'antefatto del soggiorno mantovano è costituito dal dissidio, mai chiarito del tutto, che si verifica tra il poeta e Clarice Orsini, moglie di Lorenzo de' Medici[108]. Poliziano, in seguito alla Congiura dei Pazzi (26 aprile 1478), dimora con Clarice e figli a Pistoia e poi presso la villa medicea di Cafaggiolo; nel maggio del 1479 si trasferisce da solo a Careggi e a Fiesole, in cui traduce l'*Enchiridion* di Epitteto, i *Problemata* dello pseudo Alessandro di Afrodisia e le plutarchiane *Amatoriae narrationes*. Il distacco da Firenze non dura a lungo, poiché Poliziano già il 19 marzo del 1480 invia a Lorenzo una missiva, nota con il nome di *Apologia*, mediante la quale chiede di essere riammesso a Firenze[109]; il poeta torna nella tarda primavera, mentre ad agosto ottiene la

104 Berisso 2001, 493–544.

105 Tissoni Benvenuti 1970, 397–416; Pyle 1976 e Doglio 1977, 148–170.

106 Lo studio più approfondito che sostiene questa ipotesi è quello di Picotti 1955, 87–120; dello stesso parere risulta Branca 1980, 467–482.

107 Picotti 1955, 95–96.

108 L'episodio è parso abbastanza pretestuoso, in quanto sembra cagionato dalle critiche di Clarice verso i metodi pedagogici sperimentati da Poliziano. Cfr. Bigi 1960, 691–702.

109 La lettera può essere letta in Picotti 1955, 73–82.

cattedra di eloquenza latina e greca presso lo *Studium* cittadino[110]. Quindi, Poliziano, lasciata la Toscana, vive per alcuni mesi tra Bologna, Padova, Verona, Venezia e, soprattutto, a Mantova; durante questo periodo avrebbe composto l'*Orpheo*, commissionato da Francesco Gonzaga, che rimane in città per circa un anno (22 dicembre 1479 – 3 dicembre 1480)[111].

L'ipotesi è stata confutata da Antonia Tissoni Benvenuti[112]: secondo la studiosa l'*Orpheo* non sarebbe stato composto nel 1480, perché la corte mantovana si trovava in lutto a causa della morte di Margherita Gonzaga, moglie del marchese Federico (12 ottobre 1479). Inoltre, la circostanza «comportava per la corte, secondo la consuetudine, l'assoluto divieto di dare feste, balli, spettacoli teatrali per un intero anno»[113]. La prova giunge dal commento di Francesco Peregrino Ariosti, ambasciatore ferrarese al seguito di Isabella d'Este, che giustifica con la scomparsa della marchesa l'assenza di feste pubbliche per l'arrivo in città della padrona[114]. Tissoni Benvenuti fornisce altri termini precisi: il 21 ottobre 1483, giorno della morte del cardinale, risulta l'*ante quem*; il 12 giugno 1478 scompare il padre del cardinale, il marchese Ludovico III, motivo per cui il lutto si sarebbe protratto sino all'anno successivo; in aggiunta, dopo la Congiura dei Pazzi «anche il cardinale Gonzaga era considerato un nemico», motivo per cui Poliziano si sarebbe astenuto dal collaborarvi[115]. Viene riportato, infine, un indizio testuale: l'ode latina stesa da Poliziano in onore del cardinale risulta imitata in diversi passaggi da Girolamo Benivieni (egloga II). La partenza alla fine del 1479 da Firenze di Giovanni Pico della Mirandola, dedicatario del testo, costituisce un *terminus ante quem* di composizione ancora più stringente. L'*Orpheo*, pertanto, doveva essere conosciuto a Firenze già

110 Il poeta, in base a una *subscriptio* da lui posta su un antico codice di Svetonio, si trovava sicuramente a Firenze già a giugno. Cfr. Tedeschi 1925, 59.

111 Chambers 1992, 35.

112 Tissoni Benvenuti 1981, 368–383 e Poliziano 2000, 58–70.

113 Poliziano 2000, 62–63.

114 Tissoni Benvenuti 1981, 374: «ac quoniam illustris quondam marchionissae carissimae principis consortis curati funeris annus nec dum exactus erat, a publicis choreis festivisque diebus abstinere par visum fuit».

115 Si ricordi che papa Sisto IV scomunica Lorenzo dopo la sanguinosa repressione della congiura, culminata con l'esecuzione dell'arcivescovo Salviati (1°giugno 1478).

negli ultimi mesi del 1479 e sarebbe stato elaborato prima del viaggio a Mantova[116].

Le segnalazioni dalla studiosa, accolte da quasi tutta la critica[117], hanno rimosso ricostruzioni imprecise e parziali; eppure, una griglia così fitta di impedimenti ha avuto l'effetto, evidentemente involontario, di sconsigliare proposte alternative. Ci limitiamo, però, a segnalare un punto passibile di revisione: è vero che il cardinale Gonzaga, a seguito della Congiura dei Pazzi, parte alla volta di Bologna con il compito di impedire a Firenze di allearsi con i Bentivoglio (18 giugno 1478)[118]; nondimeno il personaggio era stato in rapporti di familiarità e cooperazione con i Medici negli anni precedenti[119]. La stessa Tissoni Benvenuti ipotizza che, sulla base del soggiorno dello scrittore a Mantova (primavera del 1480), sussistesse già tra il cardinale e Poliziano «una certa consuetudine, se non addirittura un precedente rapporto di tipo mecenatizio»[120]. Si osservi poi che Mantova è alleata di Firenze nella guerra contro Sisto IV: la situazione politica, molto aperta e fluida, non giustifica un'inimicizia personale verso il Gonzaga. La tesi, dunque, secondo cui l'opera non possa essere stata composta dopo la Congiura dei Pazzi non si rivela convincente.

3.

Consideriamo un arco cronologico – qualora l'*Orpheo*, noto sicuramente a Firenze nel 1479, sia stato scritto a seguito della Congiura dei Pazzi – da fissare tra la primavera del 1478 e l'ottobre del 1479 (morte di Margherita Gonzaga). È inverosimile, stando alle osservazioni riportate, che il cardinale abbia contattato Poliziano per commissionargli l'opera dopo la scomparsa della madre. Questa prima ipotesi sembra trovare alcuni

116 Poliziano 2000, 66–68.

117 Fa eccezione Bettinzoli 1993, 112: «rimane tuttavia non sufficientemente chiaro fino a che punto un tale divieto non tollerasse eccezioni, non potesse nei fatti in qualche modo essere eluso».

118 De' Medici 1977 b, 121.

119 De' Medici 1977 a, 311–312.

120 Poliziano 2000, 60.

appigli nella lettera a Carlo Canale e nell'ode a Francesco Gonzaga. La missiva è rivolta a una personalità assai intima del cardinale, che conosceva direttamente Poliziano nonché le tappe di stesura del testo[121]. La lettera non riporta riferimenti cronologici precisi e deve essere analizzata con cautela, in quanto intessuta di allusioni e *tòpoi* raffinati: è stato dimostrato come il ripudio dell'opera, in quanto imperfetta, e l'insistenza intorno alla fretta di composizione siano espedienti di nobilitazione, ripresi dall'epistola dedicatoria del primo libro delle *Silvae* di Stazio[122]. Il poeta latino, in base al commento che ne fa Poliziano nell'*Oratio super Fabio Quintiliano et Statii Sylvis*[123], si sarebbe servito di un accorgimento simile per esaltare la propria capacità di improvvisazione. È probabile che gli stessi intenti programmatici siano confluiti nella lettera a Canale, di cui riportiamo il testo[124]:

> Solevano i Lacedemonii, humanissimo messer Carlo mio, quando alcuno loro figliuolo nasceva o di qualche membro impedito o delle forze debile, quello exponere subitamente, né permettere che in vita fussi riservato, giudicando tale stirpa indegna di Lacedemonia. Così desideravo ancora io che la fabula di Orpheo, la quale a requisizione del nostro reverendissimo Cardinale Mantuano, in tempo di dua giorni, intra continui tumulti, in stilo vulgare perché dagli spectatori meglio fusse intesa havevo composta, fussi di subito, non altrimenti che esso Orpheo, lacerata: cognoscendo questa mia figliuola essere qualità da far più tosto al suo padre vergogna che honore, e più tosto apta dargli maninconia che allegrezza. Ma vedendo che e voi e alcuni altri troppo di me amanti, contro alla mia volontà in vita la ritenete, conviene ancora a me havere più rispetto allo amor paterno e alla voluntà vostra che al mio ragionevole instituto. Havete però una giusta excusazione della voluntà vostra, perché essendo così nata sotto lo auspizio di sì clemente Signore, merita essere exempta da la comun legge. Viva adunque, poi che a voi così piace; ma bene vi protesto che tale pietà è una expressa crudelità, e di questo mio iudizio desidero ne sia questa epistola testimonio. E voi che sapete la necessità della mia obedienza e l'angustia del tempo, vi priego che

121 Canale, nato a Mantova da nobile famiglia, entra dopo il 1472 al servizio di Francesco Gonzaga, di cui diventa commensale e cameriere. Cfr. Zapperi 1974, 686–687.

122 Poliziano 1978 a e 2000, 1–10.

123 Poliziano 1553, cc. 492–498.

124 È significativo che i manoscritti fiorentini della fabula – due miscellanee di testi medicei, il cui allestimento viene controllato molto da presso da Poliziano – non riportino l'ode. Si noti che i due codici sono gli unici a presentare la lettera a Canale.

> con la vostra autorità resistiate a qualunche volessi la imperfezione di tale figliuola al padre attribuire[125].

Spiccano due riferimenti di rilievo alla fretta di composizione («in tempo di dua giorni») e al contesto in cui l'*Orpheo* sarebbe stato concepito («intra continui tumulti»). Il primo dato non deve essere preso alla lettera, anche se è logico che l'iperbole indichi una gestazione veloce, scandita da incombenze precise. Il secondo, invece, potrebbe fornire un'informazione spesso trascurata. Stefano Carrai ha proposto che il termine 'tumulto' designi il Carnevale, nella fattispecie «il chiasso dei giorni che precedono il martedì grasso»[126]. È davvero insolito che la festività potesse essere descritta con un termine così impegnativo, accentuato, del resto, dall'aggettivo 'continui'[127]. Il richiamo temporale va poi riferito, come Poliziano sostiene, all'intero percorso di scrittura, durato 'dua giorni': quindi, fuori dall'espediente retorico, è ragionevole credere che i 'tumulti' si fossero protratti per almeno qualche settimana.

Cerchiamo di scandagliare, attraverso una rapida rassegna, l'utilizzo del vocabolo 'tumulto' all'interno del *corpus* polizianesco. Lo scrittore, che non lo impiega nel significato di 'vocio festoso e chiassoso', ne fa un uso sporadico. E ciò costituisce già in partenza un indizio significativo: Poliziano vi ricorre nella traduzione dei libri II-V dell'*Iliade* (1469–1474) per descrivere l'agitazione dell'assemblea degli Achei (II, 94), lo strepito dell'esercito troiano (II, 826–828), il fragore delle armi in battaglia (IV, 371 e 506)[128]. Il raffronto più persuasivo sembra da istituirsi con il *Coniurationis commentarium*, compendio propagandistico vergato da Poliziano sulla congiura fiorentina. Lo scrittore, in seguito al racconto dell'uccisione di Giuliano e al ferimento di Lorenzo presso il Duomo, glossa in questo modo: «videre erat tumultuantem populum, viros mulieresque, sacerdotes, pueros, fugitantem passim quo pedes vocarent. Omnia fremitu plena et gemitu, nihil exaudiri tamen expressae vocis: fuere et qui crederent templum corruere»[129].

125 Poliziano 2000, 136.

126 Carrai 1990, 9.

127 Cfr. Battaglia – Barberi Squarotti 2002, XXI, *ad vocem* «tumulto».

128 Citeremo da Poliziano 1867, 431–523.

129 Poliziano 1958, 33, 7–10.

Il punto di maggior *pàthos* del *Commentarium*, in cui la disperazione e la paura vengono trasferite nelle reazioni irrazionali e ingovernabili della popolazione, è marcato da *tumultuans*.

Se la gravità storica dell'avvenimento provoca nel poeta, non ancora ventiquattrenne, un comprensibile *tumultus* interiore[130], risultano confermati nella sua corrispondenza gli effetti 'continui' di tale crisi. Diamo saggio, attraverso le lettere stesse di Poliziano, dei travagli, materiali e psicologici, affrontati nel periodo intercorso tra il trasferimento con Clarice Orsini e i figli presso la villa di Cafaggiolo (estate 1478) e l'allontanamento a Careggi e a Fiesole (maggio 1479)[131]. Il 24 agosto del 1478 Poliziano scrive a Lorenzo, cui non nasconde la frustrazione e la profonda irrequietudine per l'incerto futuro: «io aspetto con desiderio novelle che la moria sia restata, per il sospetto ho di Voi, e per tornare a servire Voi»[132]. Il 18 dicembre lo scrittore confessa le proprie inquietudini a Lucrezia Tornabuoni: alla malinconia per una condizione di isolamento forzato subentrano la «paura dell'avvenire», dovuta a «morìe e guerre, e dolore del passato», e il sospetto di non ricevere informazioni veritiere da Firenze («tuttavia dubitiamo, e d'ogni cosa»)[133]. La rottura con Clarice Orsini si consuma nel maggio del 1479[134]. Il giorno 6, il poeta si affretta a comunicare l'accaduto al suo signore: «Magnifice mi Domine, Io sono qui a Careggi, partito di Cafaggiuolo per comandamento di madonna Clarice. La cagione et il modo di questa mia partita, desiderrei, anzi vi chieggio di grazia, di potervela dire a bocca; perché è cosa pur lunga. Credo, quando m'avete udito, vi accorderete che io non abbi tutto il torto»[135].

L'auspicato confronto con Lorenzo, stando ai fatti non molto positivo, avviene solo a giugno; intanto Poliziano vive mesi di solitudine, interrotti

130 Si ricordi che Poliziano è testimone della morte di Giuliano e dei drammatici giorni a essa seguiti.

131 Nell'autunno del 1479 il poeta ritorna a Firenze sino ai primi mesi del 1480.

132 Poliziano 1867, 58.

133 Ivi, 67–68.

134 La donna sottrae a Poliziano la cura del figlio Giovanni per essere avviato, contro il parere del poeta medesimo, «ad psalterii lectionem» (Picotti 1955, 71).

135 Ivi, 70. Il 22 scrive a Lorenzo affinché intervenga presso Clarice e la sproni a restituirgli i suoi libri, rimasti a Cafaggiolo. Cfr. Poliziano 1909, 9–11.

l'anno seguente dal viaggio nel nord Italia. Il poeta durante il periodo di isolamento attende a varie traduzioni, tra cui quella di Epitteto: Poliziano, nella dedica rivolta al medesimo Lorenzo, sottolinea l'importanza di studiare un filosofo «animi perturbationibus tutu*s* inviolabil*isque*»[136]. La conformità dell'opera alla stagione di incertezze viene esplicitata al termine dell'argomentazione[137]. L'unico argine a tale minaccia – definita, quasi come nell'*Orpheo*, «temporum turben» nella lettera introduttiva a Bartolomeo Scala – è garantito dallo studio della filosofia e della letteratura (c. 409)[138]. Ebbene, il vocabolo 'tumulto / *tumultus*' è evocato in contesti ben definiti: Poliziano nella traduzione omerica e nel *Commentarium* ne fa un utilizzo specialistico, settoriale. L'eventualità che pure il termine riscontrato nell'*Orpheo* sia da ascrivere alla Congiura dei Pazzi suggerisce di collegare il 'tumulto' a un campo semantico preciso; la specificazione aspettuale ('continui') potrebbe proprio riferirsi agli sconvolgimenti politici e personali occorsi nel biennio 1478–1479.

4.

Queste suggestioni preliminari devono essere messe a raffronto con l'ode latina, che Tissoni Benvenuti riconosce come «sicuramente polizianesca»[139]. Il componimento, formato da tredici strofe saffiche, è posto alla fine dell'inseguimento di Euridice da parte di Aristeo (v. 140). L'inserto encomiastico in favore del cardinale anticipa strategicamente un momento drammatico dell'opera, ossia l'annuncio della morte della donna (vv. 141–148). Inoltre, l'ode, che vale da intermezzo, aumenta la

136 Poliziano 1553, c. 393.

137 Ivi, c. 394: «hic enim unus est liber, nisi me opinio fallit, qui et naturae isti tuae ad magna quaedam semper atque ardua excitatae, et his tam duris temporibus, quibus te undique fortuna exercendum accepit, maxime omnium conveniat».

138 Bausi 2020, 523–524 connette invece le traduzioni dei *Problemata* dello pseudo-Alessandro di Afrodisia (tarda primavera del 1479) e delle *Amatoriae narrationes* di Plutarco alla *Fabula* e alle *Stanze*, cui lo scrittore «stava lavorando in quello scorcio finale degli anni Settanta».

139 Poliziano 2000, 43.

tensione narrativa tra due sezioni distinte della rappresentazione. Il componimento è tràdito soltanto da tre dei sei codici settentrionali che trasmettono l'opera, mentre viene omesso dai manoscritti appartenenti al gruppo fiorentino. Nella *princeps* il testo è accompagnato da una didascalia accurata, che recita: «Orpheo cantando sopra il monte in su la lyra e' seguenti versi latini li quali a proposito di messer Baccio Ugolino actore de dicta persona d'Orpheo sono in honore del Cardinale Mantuano, fu interrotto da uno pastore nunciatore della morte de Euridice»[140]. La presenza dell'ode ha suscitato in Tissoni Benvenuti due motivi di perplessità, che meritano qualche chiarimento: è sembrato contraddittorio inserire una poesia latina così estesa (52 versi) e definire poi l'opera composta «in stilo vulgare». L'elogio del Gonzaga, inoltre, avrebbe reso «inopportuna la recita sulla scena, in casa dello stesso Cardinale (tanto più se lo spettacolo avveniva, come d'uso, per festeggiare ospiti importanti)». Sicché la studiosa ritiene che l'*Orpheo* con l'ode integrale e quello che riporta solo due stanze siano nati in due circostanze differenti; l'idea di proporre la versione scorciata del componimento latino sarebbe sorta tra i famigliari del cardinale, i quali, «prevedendone solo un'iniziale citazione allusiva, pensavano di richiamare in questo modo tutto il contenuto adulatorio del testo senza offendere la *bienséance* del padrone di casa o meglio le sue politiche cautele»[141].

Ci limitiamo, per ora, ad affrontare la questione linguistica: le saffiche occupano uno spazio minimo e circoscritto della fabula, che comprende oltre trecento versi in volgare; ciò basta a segnalare l'*Orpheo* quale novità assoluta all'interno del panorama letterario, in quanto in precedenza le opere rappresentative erano composte e recitate in latino. Pertanto, è comprensibile che Poliziano rivendichi tale primogenitura. Inoltre, l'uso del latino avrebbe potuto soddisfare un particolare intento: ad esempio, Guthmüller sostiene che l'ode serva innanzitutto a «collegare il principe che assiste allo spettacolo con il mondo della *Fabula* e del mito»; la celebrazione del cardinale è valorizzata proprio dal «fatto particolare che Orfeo-Poliziano

140 Ivi, 42. Baccio Ugolini improvvisatore e musico fiorentino, è legato ai Gonzaga dal 1459 e poi, in particolare, al cardinale Francesco. Accademico ficiniano, diventa un uomo di fiducia di Lorenzo de' Medici dal 1472.

141 Poliziano 2000, 44.

comunica con Francesco Gonzaga nella solenne lingua latina, incomprensibile alla maggior parte degli spettatori»[142]. Ferroni spiega che «questa saffica è l'unico luogo della *Fabula* in cui si cita direttamente il luogo, la corte, il signore per cui essa viene messa in scena; oltre a sottolineare la natura classica del lavoro dell'autore-umanista, essa fissa la corte signorile nella posizione di un simulacro raddoppiato, scena di un'altra lingua più nobile (il latino) entro la scena già finta della favola volgare»[143].

Prima di rispondere all'altra questione, soffermiamoci sulle strofe II-IV, VIII-IX e XII che – a differenza delle altre, generiche e attraversate da riferimenti mitologici e retorici consueti[144] – si concentrano sulla persona del cardinale. Nella seconda strofa si afferma che il «novum [...] carmen» punta a rasserenare il religioso, ad alleviargli le preoccupazioni (vv. 3–4). L'intenzione, evidenziata ai vv. 6–7 («frontem domini serenet, / et levet curas»), sembra alludere a un episodio concreto e non tanto a un vago bisogno di riposo. Francesco Gonzaga (1444–1483), cardinale dal 1461, è legato pontificio di Bologna, Romagna e Ravenna dal 1471 e vescovo di Bologna dal 1476[145]. Non mancano momenti di tensione in cui il personaggio deve esercitare la propria autorità: si ponga mente ai disordini causati dalla guerra dello Stato Pontificio contro Firenze, che sconfina in territorio romagnolo (1478) e, infine, alla complicata gestione dell'insurrezione della città di Cento, dove viene assassinato il vescovo suffraganeo (1479). Non è da escludere che il testo dell'ode alluda a tali episodi, motivo di elogio per le qualità diplomatiche del personaggio.

Nella terza strofa Francesco Gonzaga è menzionato nella doppia veste di mecenate (v. 10: «qui colit vates citharamque princeps»; ma si vedano anche i vv. 29–32 dell'ottava strofa) e di cardinale (vv. 11–12: «ille cui sacro rutilus refulget / crine galerus»). Sono noti, invero, i rapporti intensi e proficui da lui intrattenuti con artisti (Mantegna) e letterati (Giovan Pietro

142 Guthmüller 1997, 164.

143 Ferroni 1980, 546.

144 Sono state riscontrate affinità tra l'ode e il carme di Poliziano in endecasillabi faleci indirizzato a Niccolò da Piacenza, collaboratore del cardinale dal 1474; il testo è pubblicato in Del Lungo 1897, 342. Per un commento puntuale sulla trama intertestuale dell'ode, cfr. Poliziano 1997, 175–177.

145 Chambers 1992 e Lazzarini 2001, 756–760.

Arrivabene, Giovan Maria Filelfo, Pietro Marsi, Marcantonio Aldegati, Niccolò Lelio Cosmico). Il religioso si distingue anche come ospite e promotore di banchetti[146]: ad esempio, nel febbraio del 1473 Arrivabene informa la madre del cardinale che «da Roma non se ha altro di nove se non che in questo tempo là non se fa altro se non sonare, cantare e ballare, e tutta la corte sta occupata in maschere e feste»[147].

La quarta strofa è incentrata su una profezia, come viene chiarito al v. 17 («Phoebe, quae dictas rata fac, precamur!»), che prevede la prossima elezione del cardinale al soglio pontificio. Ora, è impossibile che Poliziano, per ovvie ragioni anagrafiche, faccia riferimento al conclave del 1471; d'altronde, era plausibile che la successione di Sisto IV, cinquantasettenne al momento dell'elezione, non si sarebbe fatta attendere a lungo. Dalla nona strofa inizia una sezione dedicata ai Gonzaga e alla città di Mantova. Un *excursus* tanto esteso, che occupa sei delle tredici strofe, costituisce un elemento da tenere in debita considerazione: le gesta insigni dell'«aemulus haeres» consentono di superare i «fastos avitos» (vv. 35–36). La solidità della stirpe gonzaghesca viene comprovata ai vv. 37–40 attraverso un'immagine pindarica (*Ol* II, 19–20 e XIII, 13; *Pyth* VIII, 44–45) e oraziana (*Carm* IV, 4). Sono poi citati il fiume Mincio (vv. 41–48) e il fondatore di Mantova, Ocno, figlio del dio Tiberino e dell'indovina Manto (vv. 49–52).

L'analisi dell'ode ha rilevato alcuni elementi preziosi: non è certo prudente ricavarne indicazioni cronologiche precise, eppure la data del 1478–1479 che abbiamo ipotizzato per la composizione dell'*Orpheo* non risulta incompatibile con il contenuto delle saffiche; il cenno alle «curas» che il cardinale avrebbe dovuto alleviare si addice al biennio menzionato, mentre la profezia sull'elezione papale pare espressa in anni ben successivi al 1471. Ora, riprendiamo le considerazioni di Tissoni Benvenuti che abbiamo lasciato in sospeso: la studiosa si dice scettica circa la rappresentazione dell'ode in casa del cardinale, perché l'elogio eccessivo sarebbe parso inopportuno. Pertanto, crede che la messa in scena dell'*Orpheo* con l'ode ridotta sia stata proposta dai membri della cerchia di Francesco Gonzaga

146 Cruciani 1983, 166–171.

147 Mantova: Archivio di Stato, AG b. 1141, c. 291*r*. Si osservi che nel 1476 il cardinale organizza a Roma un *certamen* allegorico tra le Virtù e i Vizi (Milano: Archivio di Stato, Potenze estere, Roma, c. 80*r*).

ai fini di un allestimento mantovano. Si badi, però, che testi altamente adulatori potevano essere proposti anche dinanzi a un pubblico proveniente da corti diverse[148]. È vero che la versione recitata da Ugolini rispecchia, come sostiene la studiosa, una diversa occasione rispetto a quella pensata in origine da Poliziano; sennonché, sembra alquanto più probabile che l'ode integrale sia stata redatta in vista di una rappresentazione a Mantova. Non si spiegherebbe, altrimenti, lo spazio concesso alle lodi della città e della casata dei Gonzaga. La profezia, se ascoltata all'interno di un contesto intimo e amicale, sarebbe stata accolta senza particolari imbarazzi. E, di contro, l'*Orpheo* con l'ode ridotta potrebbe essere stato allestito lontano dal dominio lombardo, forse a Bologna o a Roma, dove il cardinale soggiorna più volte a partire dal dicembre 1480. In tali sedi l'ode completa avrebbe potuto mettere in cattiva luce il cardinale a causa della profezia, segnale di indelicatezza al di fuori dei confini mantovani, e dell'elogio troppo esteso della propria famiglia e del marchesato di provenienza.

Ipotizziamo, quindi, che Poliziano sia stato contattato dal cardinale – forse complice la crisi con Lorenzo – qualche mese prima del 12 ottobre 1479, giorno del decesso di Margherita Gonzaga, affinché componesse una rappresentazione teatrale per l'anno successivo. Del resto, la richiesta dell'*Orpheo* gli viene addebitata per ben due volte all'interno della lettera a Canale: «a requisizione del nostro reverendissimo Cardinale Mantuano [...] essendo così nata sotto lo auspizio di sì clemente Signore». Se è difficile immaginare un contatto diretto tra Poliziano e il cardinale, almeno nella fase iniziale della collaborazione, risulta ammissibile individuarne il tramite in Giovan Pietro Arrivabene, segretario del Gonzaga. Ciò viene suggerito da una lettera suggestiva del 1491, in cui Poliziano elogia l'umanista, appena nominato vescovo di Urbino, e lo ringrazia poiché la sua «auctorias et humanitas» lo hanno sostenuto in passato «durissimis etiam

148 Citiamo solo due casi: il 25 gennaio 1487 viene celebrato il matrimonio tra Annibale Bentivoglio e Lucrezia d'Este; per l'occasione è rappresentato l'*Amphitruo* di Pandolfo Collenuccio al cospetto della famiglia Bentivoglio e di oratori giunti da tutta Italia. Il testo si conclude con un esteso elogio dell'eroe mitologico Ercole, che rimanda al signore di Ferrara. Nel 1492 è messa in scena la *Ripresentazione di Pavia* di Bellincioni alla presenza della corte sforzesca e di Ercole I; l'opera si distingue per l'encomio profuso nei confronti di Ludovico il Moro.

meis temporibus»[149]. Il collegamento di questa fase dolorosa con i 'continui tumulti' non è più forse frutto di una semplice congettura. Il periodo di elaborazione proposto – dalla tarda primavera del 1478 all'ottobre del 1479 – non deve sorprendere: bisogna considerare, oltre al tempo necessario per la stesura, anche quello di revisione del testo, di allestimento delle coreografie e di preparazione degli attori. Il lutto impedì l'effettiva messa in scena dell'*Orpheo*, ma non il viaggio di Poliziano a Mantova, opportunità da cogliere per cercare protezioni alternative e ottenere il riconoscimento del lavoro svolto[150].

5.

Illustriamo, dunque, la struttura dell'*Orpheo* spiegando in che modo l'opera si adatti alla cultura mantovana e alle specificità della festa di corte. Il prologo recitato da Mercurio orienta la comprensione degli ascoltatori, esibisce le fonti utilizzate, mostra i temi attorno a cui ruota la vicenda (vv. 1–14)[151]. Il dio non nomina per primo Orfeo, bensì Aristeo, che prova uno «sfrenato ardore» per Euridice (v. 3); il comportamento dell'uomo viene indicato come «cagion» del «caso acerbo e reo» della protagonista (v. 4). Orfeo riscatta la moglie dagli Inferi, però la sua incapacità di rispettare la «legge data» determina la perdita definitiva di Euridice (v. 9); egli, allora, inizia a non voler più «amar donna» e perciò è punito dalle «donne» stesse (vv. 13–14). La storia appare subito conseguenza di un'originale *contaminatio* dei classici: il richiamo ad Aristeo dichiara la dipendenza della rappresentazione dalla fonte virgiliana. Nondimeno, il ruolo centrale concesso al personaggio travalica il cenno che si può leggere

149 Poliziano 1553, c. 112.

150 Il poeta nell'*Apologia* definisce il suo viaggio una scelta inevitabile dopo la rottura con Lorenzo; Poliziano indica le tappe effettuate, sostiene di aver soggiornato più a lungo a Mantova, riporta i nomi dei personaggi presenti. Infine, confessa opportunisticamente di essere stato oggetto di forti lusinghe, ma di aver preferito il ritorno presso i Medici. Vd. Picotti 1955, 81–82.

151 La presenza del dio non è da collegare affatto all'angelo delle sacre rappresentazioni, ma a precedenti classici. Cfr. il commento ai vv. 1–14 in Poliziano 2000, 137.

nelle *Georgiche* (IV, 457–459). Per giunta, nel modello i tormenti di Aristeo sono descritti da Proteo; egli riporta al pastore il motivo per cui gli dèi sono adirati (scomparsa di Euridice). Inoltre, se in Virgilio è concessa ad Aristeo l'opportunità di espiare la propria colpa, in Poliziano l'opzione non viene contemplata. La vicenda si colloca all'interno di un contesto di *docta varietas*, che ha subìto già in origine un processo di modifica (vv. 149–260): la missione presso gli Inferi non viene preceduta dal racconto sulla forza incoercibile del canto di Orfeo (cfr. invece Ovidio, *Met* X 86–739 e Virgilio, *Georg* IV, 464–480). L'attributo più famoso del personaggio è posto in secondo piano, come denuncia il prologo; spiccano, invece, i temi del sacrificio d'amore e, nel contempo, dell'incapacità di rispettare le norme imposte dagli dèi.

La morte del personaggio viene commentata da Mercurio con chiarezza (vv. 261–342): il cantore tracio è condannato a causa del disprezzo delle donne e del matrimonio. Le fonti del testo subiscono una nuova rilettura, risultato dell'applicazione della nota teoria emulativa della *mellificatio* propugnata da Poliziano: è posta così in subordine la versione di Virgilio, il quale giustifica la scelta di Orfeo di non amare più le donne quale forma di lutto e di fedeltà nei confronti della moglie[152]. Il personaggio mantiene per mesi il suo voto sino a quando non viene fatto a pezzi dalle Menadi; tuttavia, anche dopo la morte, la voce di Orfeo continua a chiamare a sé l'amata[153]. Poliziano, che nel testo menziona gli amori omosessuali del personaggio e il suo rifiuto del genere femminile (vv. 268–276), si serve in questo frangente di Ovidio, salvo poi proporre una morale antitetica. Nelle *Metamorfosi* l'assassinio di Orfeo appare un sacrilegio inaudito, tanto che le Baccanti vengono punite da Bacco per la loro empietà, laddove Euridice e il marito si ricongiungono nei Campi Elisi. La lira e il capo del cantore sono trascinati in mare sino ad arenarsi sulle coste di Lesbo, dove sono raccolti e posti in salvo da Apollo (XI, 1–84). In Poliziano non vi è traccia di questo episodio, che avrebbe fornito un finale lieto alla rappresentazione;

152 *Georg* IV, 517–522.

153 Petrarca segue tale interpretazione a *TC* IV, 13–15: «vidi colui che sola Euridice ama, / e lei segue a l'inferno, e, per lei morto, / con la lingua già fredda ancho la chiama». Si cita da Petrarca 1996.

la fabula si conclude, invece, con il trionfo delle Baccanti, che festeggiano la morte violenta di Orfeo tra canti, balli, vino.

6.

Il prologo, quindi, espone una struttura ternaria, incardinata sulle storie di Aristeo (vv. 15–140), di Orfeo e di Euridice (vv. 141–260), di Orfeo e delle Baccanti (vv. 261–342). Disposte in una serie paratattica di scene, sembrano trovare un fondamento tematico nell'amore, come del resto viene riportato da Mercurio. Le storie, giustapposte tra di loro, possiedono un'armonia, una sorta di circolarità grazie al nucleo diegetico comune. Il sentimento di Aristeo si configura quale pulsione priva del 'freno' della ragione, motore luttuoso dei successivi sviluppi. Non a caso, la prima parte si affida alla poesia bucolica, che tramanda una visione inappagabile dell'amore; i dialoghi tra i pastori Aristeo, Mopso e Tirsi sono tramati di *tòpoi*, di situazioni fisse dalle egloghe di Teocrito, di Virgilio, di Calpurnio Siculo. Aristeo svolge il ruolo del giovane pastore inesperto, entusiasta per ogni novità, impaziente di mettersi alla prova. La vista della donna amata provoca nel personaggio una reazione tipica nella poesia pastorale (vv. 32–34): «io non sento, Mopso, più dilecto / ma sempre piango, e 'l cibo non mi piace, / e senza mai dormir son stato in letto». L'interlocutore, saggio e paziente, esorta Aristeo ad abbandonare i suoi propositi sulla scorta dei *Remedia amoris* di Ovidio. Il pastore rifiuta i consigli di Mopso e decide di intonare una ballata in onore della donna (vv. 54–87). I modelli del testo, alquanto codificato, sono rintracciabili nelle preghiere di Polifemo (Teocrito, XI) e di Coridone (Virgilio, II) alle rispettive ninfe: il pastore invita le «selve» a prestare ascolto, espone il motivo del canto, descrive la ritrosia dell'amata, la invita a non perdere tempo, invoca i «venti» perché portino il messaggio alla destinataria (vv. 54 e 80). La scena prosegue con l'arrivo di Tirsi, che confessa ad Aristeo di aver notato Euridice su un monte: il pastore, noncurante dei suggerimenti di Mopso, stabilisce di inseguire la donna. Quest'ultima, come comunica un pastore a Orfeo, muore a seguito del morso di un serpente mentre cercava di sfuggire dall'«amante Aristeo» (v. 143). Questi diviene l'*exemplum* della passione sfrenata, dell'amore sensuale che non sa rispettare il 'giusto mezzo'.

La seconda parte mostra il lato positivo dell'amore, in quanto forza capace di indurre gli uomini a osare sfide impossibili (vv. 149–244). Orfeo infatti – dopo un iniziale momento di disperazione, marcato da anafore, *geminationes*, esclamazioni, interrogative (vv. 149–156)[154] – decide di liberare Euridice ricorrendo alle proprie qualità poetiche. La fedeltà con cui lo scrittore segue la fonte ovidiana di *Met* XI è trasgredita in alcuni passaggi salienti; in particolare, si avverte l'originalità del testo nei punti in cui Orfeo professa il proprio amore per la moglie (vv. 155–156 e 197–200). Il sentimento di Aristeo viene connotato in modo negativo, in quanto frutto del *furor*; l'amore del protagonista, invece, esprime la profondità e la ricchezza del rapporto coniugale. Tuttavia, la violazione delle 'leggi' volute da Plutone, che imponevano a Orfeo l'obbligo di non voltarsi a ricercare l'amata sino all'arrivo sulla terra, determina la scomparsa definitiva di Euridice. Il personaggio commette all'improvviso lo stesso errore di Aristeo, giacché non rispetta le regole che delimitano il confine tra lecito e illecito, tra virtù e vizio.

La terza parte mostra come il rifiuto dell'amore non sia comunque una soluzione praticabile. Orfeo recita alcuni versi che risalgono alla tradizione satirica, del tutto estranei al racconto di Virgilio e di Ovidio (per es. Giovenale, *Sat* VI). Spicca un'ottava misogina ai vv. 277–284, che recupera senza particolari modifiche *Stanze* I, 14[155]. L'intervento delle Menadi si colloca a seguito di tale passaggio (vv. 293–308); è stata sottolineata in passato la sconvolgente crudeltà dell'uccisione di Orfeo, che imita la scena finale dello *sparagmòs* di Penteo riportato nelle *Baccanti* euripidee[156]. Nondimeno, la

154 Per Ventrone 1997, 170–171 la natura elegiaca di questi versi si accorda, nel contenuto e nello stile, con l'*Epicedion in Albieram* che Poliziano scrive nel 1473; l'analisi e il commento del più recente editore dell'opera non propongono, invece, congiunzioni stringenti. Si veda Poliziano 2003.

155 Anche questo passaggio dell'ottava da un'opera all'altra potrebbe costituire un indizio testuale per la datazione dell'*Orpheo*. È più plausibile, infatti, che Poliziano abbia ripreso i versi delle più elevate e impegnative *Stanze* (1475–1478) a fini nobilitanti e non viceversa.

156 Orlando 1966, 503–517.

violenza perpetrata non sembra di origine tragica, bensì svolge una funzione catartica, esplicita un insegnamento etico: Orfeo, simbolo «scelerato» del rifiuto dell'amore coniugale, viene sacrificato proprio perché ripudia le donne e la «teda legittima» (vv. 300, 301 e 307). La punizione risulta ammissibile, anzi necessaria al fine di ristabilire l'ordine, restaurare la morale condivisa: la critica inequivocabile dei valori di Orfeo vale, per converso, da celebrazione dell'amore coniugale. Il mito classico viene sapientemente trasformato, affinché la morte del protagonista sia intesa quale giusta conseguenza del suo comportamento inaccettabile. Inoltre, l'ultimo coro delle Baccanti (vv. 309–342) – che si avvale di un ritmo concitato, di parole in rima monosillabiche, di settentrionalismi (per es. «mi», «ti»), di inviti a ballare, cantare, bere e di allusioni oscene[157] – non può certo inserirsi in un contesto tragico[158]. È verosimile – come avviene spesso nel teatro preclassicista – che il «baccanale non [sia] soltanto la scena conclusiva dello spettacolo di Poliziano, ma [sia] contemporaneamente l'inizio dei festeggiamenti in sala che seguono subito dopo»[159].

7.

L'*Orpheo*, dunque, approfondisce «la tragica irrazionalità dell'amore»[160]: il sentimento è esaminato in ogni sua conseguenza attraverso un percorso scandito da varie tappe, da una dimostrazione graduale, da

157 Cfr. v. 311: «chi vuol bevere, chi vuol bevere» ('accoppiarsi'; cfr. Poliziano, *Rime* CXVIII, 86); v. 313: «imbottate» e «pevere», ('imbuto', ma utilizzato anche per indicare l'apparato genitale femminile; cfr. *Decameron*, V Concl 11); v. 315 «vino» (riferimento al piacere sessuale; cfr. le ballate polizianesche *Canti ognun*, vv. 11–12 e *I' son, dama*, vv. 21–22); v. 332 «succi» (senso osceno in Poliziano, *Rime* CXVII, 34).

158 Cfr. Carrai 2002, 24: «è superfluo dire che occorre integrare mentalmente la lettura con gli aspetti performativi che, anche nelle intenzioni dell'autore, dovevano costituire il necessario complemento del testo. La gestualità della corifea e degli altri cantanti [...] avrà reso ancora più comico l'effetto del capogiro, della sonnolenza, dell'incapacità di reggersi in piedi delle Baccanti».

159 Guthmüller 1997, 146–147.

160 Bigi 1982, 195.

un'indagine progressiva (amore sensuale, amore coniugale, rifiuto dell'amore). Francesco Tateo ha ascritto questa tematica alle 'questioni d'amore' che venivano dibattute a corte[161]; si potrebbe parlare persino di una 'pedagogia d'amore', che ne svela i rischi, le potenzialità positive, gli errori da non commettere. Il sentimento, qualora non venga disciplinato dalla 'legge', dalla *mediocritas*, può trasformarsi in strumento di morte.

La prima attestazione del lessema, prologo escluso, si registra al v. 31, là dove Aristeo manifesta a Mopso le proprie sensazioni («mie mente d'amor divenne insana»); la situazione viene descritta dal confidente come pericolosa e da reprimere quanto prima (vv. 47–49 e 114–115). Aristeo non si accorge dell'impraticabilità del suo desiderio (vv. 26–28: «hier vidi sotto quello ombroso speco / una nympha più bella che Diana, / ch'un giovane amatore havea seco») né di «quanta vergogna gli fa questo amore» (v. 123). Il binomio 'vergogna' / 'amore' è evidenziato durante l'inseguimento di Euridice: Aristeo non si avvede del rifiuto della donna, non capisce che il suo atteggiamento può seriamente recarle danno (vv. 128–130, 133–135, 140). Invece, l'amore di Orfeo per Euridice appare ambivalente: è sì la straordinaria forza che permette al personaggio di valicare i confini oltremondani e di convincere gli dèi a restituirgli la moglie; eppure, si tramuta presto in elemento distruttivo. Il protagonista, come Aristeo con Mopso, non ascolta i consigli di Plutone (vv. 241–242): «dunque el tuo gran disire, Orfeo, correggi, / se non, che tolta subito ti fia». I versi, estranei alle fonti classiche, anticipano gli sviluppi conclusivi, proclamano il passaggio impercettibile, ma fatale, da *èros* a *thánatos*: Euridice scorge nel «troppo amore» e nel «gran furore» le ragioni della «disfatt*a*» (vv. 245–247); Orfeo non può che confermare ai vv. 251–254 («oimè, se' mi tu tolta, / Euridice mie bella? O mie furore, / o duro fato, o ciel nimico, o Morte! / O troppo sventurato el nostro amore!»). L'ultima sequenza spiega come l'amore debba essere ricercato in modo corretto; al contrario, le scelte di Orfeo sono dettate da una polemica ideologica, da un tentativo di superare il dolore rifiutandone gli effetti. L'amore efebico è chiamato «più dolce e più soave», mentre quello per le donne viene rigettato con nettezza (vv. 268, 272, 276 e 292): «non voglio amar più donna alcuna.

161 Tateo 1990, 169–185.

[...] Di femminile amor non mi ragioni [...] Ciascun fugga el femminil consorzio». Il rapporto con i giovani «leggiadretti e snelli» è legittimato da una serie di episodi mitologici, come quelli di Giove, stretto dal «dolce amoroso nodo» di Ganimede, o di Ercole, legato dal «santo amore» per Ila (vv. 271, 286 e 289).

Questa concezione sembra inammissibile per la morale cortigiana del tempo; pertanto, la punizione delle Baccanti verso colui che «l'amor nostro disprezza» si manifesta in un gesto estremo e violento, ma consentito (v. 293). Orfeo – che, a differenza dei modelli classici, oltraggia la «teda legittima» (v. 307; cfr. *Stanze* I, 51, 4) – è condannato a una morte terribile, giacché risulta un dispregiatore delle fondamenta stesse su cui si basa l'organizzazione sociale. Il mito è, quindi, riletto sotto la veste cortigiana, in modo da motivare l'uccisione del cantore con il disprezzo delle nozze. Come sostiene Guthmüller, «se Orfeo viene punito come nemico del matrimonio, questo fine non ha nulla di tragico, può al contrario essere inteso come la vittoria di una buona causa ed essere festeggiata in modo adeguato»[162].

8.

Tali scelte si inseriscono all'interno di un progetto stilistico assai calibrato: con la scrittura dell'*Orpheo* Poliziano sembrerebbe prefiggersi lo scopo archeologico di recuperare il genere del dramma satiresco[163]. Nel *Commento* alle *Selve* di Stazio – redatto, forse poco dopo la stesura della fabula, per il corso universitario del 1480–1481 – il poeta sostiene: «tragoedia luctus et fletus habet tantum, satyrice autem poesis ilaritatem luctibus admiscet atque a luctu in gaudium desinit. Differunt etiam inter se comoedia ac tragoedia, quod tragoedia quidem dissolvit vitam, comoedia autem constituit»[164]. Il dramma satiresco, proprio come l'*Orpheo*, appare intermedio, fonde elementi luttuosi e comici, ma alla fine mira a

162 Guthmüller 1997, 159.

163 Poliziano 2000, 70–115 e Orvieto 2007, 27–58 e 2009.

164 Poliziano 1978 a, 54.

una conclusione positiva della vicenda. Lo scrittore riflette altresì sui personaggi di Stazio, affini per statuto e natura a quelli dell'*Orpheo*: «satyrice vero a satyris vocata, qui ipsam invenerunt, idest a rusticis et humilibus personis» (55). Aristeo e i suoi compagni sono pastori, Orfeo vive a loro contatto; Euridice viene contemplata in un mondo bucolico, «sotto quello ombroso speco», mentre «va cogliendo fiori intorno al monte» (vv. 26 e 105)[165]. Anche il baccanale conclusivo assume una funzione filologica precisa, poiché imita il *Ciclope* di Euripide[166]. Nel drammaturgo greco l'episodio fa da sfondo alla scena in cui Odisseo e i suoi compagni riescono a far ubriacare Polifemo e, in seguito, ad accecarlo. Il ferimento del Ciclope e l'uccisione di Orfeo sono atti brutali in sé, necessari, pur tuttavia, a sciogliere lietamente la rappresentazione. Il cambiamento della struttura diegetica, che oscilla di continuo da versanti tragici a comici, è comune al *Ciclope* euripideo: il dramma (il Ciclope uccide e sbrana alcuni amici di Odisseo) e la sua soluzione (fuga dall'antro di Polifemo) si alternano a scene comiche e luttuose (baccanale e accecamento del Ciclope). Nella rappresentazione polizianesca i motivi di riuso si esplicano nella scena bucolica, in quella della morte di Orfeo, esemplata sull'ipotesto delle *Baccanti*, e nel baccanale, «che non ha niente di sacro o di sacrificale [...] ma vuole essere semplicemente una vivace scena di ebbrezza conviviale, non priva di note comiche»[167].

L'architettura ad ampie volute coinvolge pure l'ordito retorico e l'*elocutio*: Poliziano nel *Commento* a Stazio afferma che il dramma satirico è così denominato «quod ex variis poematis constaret» (57). Nel *Commento* alle *Satire* di Persio (circa 1484–1485), invece, individua nuove peculiarità nella scenografia e nel lessico ibrido[168]. Non occorre indugiare sulle rispondenze

165 Al capitolo XXVIII della seconda centuria dei *Miscellania* si legge: «veteres igitur Graeci fabulas fecerunt quae mediae ferme inter tragoediam comoediamque fuerunt (nam personae inerant deorum sed rusticorum), ridiculo argumento, talesque nunc satyros aut satyrum nunc satyricam fabulam vocabant» (Poliziano 1978 b, 42).

166 Poliziano 1978 a, 56–57: «huius generis adhuc extat exemplum apud Graecos: nam Cycolps ille Euripideus nihil profecto est aliud quam satyrice poesis, in qua Satyri etiam Silenusque introducuntur».

167 Poliziano 2000, 100. Sul tema, cfr. Barberi Squarotti 2000 a, 9–52.

168 Poliziano 1985, 12.

con la scrittura dell'*Orpheo*, celebre per l'aspetto polimetrico[169], pluristilistico[170], plurilinguistico[171]. L'assetto umanistico dell'opera, è bene precisarlo, non ammette collegamenti diretti con il teatro religioso fiorentino: il reperimento di labili affinità non tiene conto delle analogie che già le sacre rappresentazioni intrattengono con le commedie e le tragedie antiche (es. prologo, coro finale)[172].

9.

Rimane da valutare la possibile circostanza di rappresentazione. Gli studiosi, prima delle scoperte di Tissoni Benvenuti, si dividevano su tre date: alcuni sostenevano che la più plausibile fosse il Martedì Grasso del

169 Il testo, ben lontano dalla regolarità metrica delle sacre rappresentazioni, risulta formato da ottava rima (vv. 1–16, 88–127, 141–244, 261–308); terza rima (vv. 17–43); ballate di endecasillabi (vv. 54–87), di ottonari (vv. 309–342); stanze di settenari ed endecasillabi (vv. 128–140); strofe di settenari (vv. 245–260).

170 Bigi 1982, 211: «le strutture sintattiche dell'*Orfeo* appaiono [...] rapide, sciolte, talora perfino un po' cascanti, e in concreto caratterizzate da periodi brevi o comunque costruiti in modo prevalentemente paratattico, e da frasi esse pure brevi, spesso coincidenti col verso (e quindi raramente sospese da forti *enjambements*), e prive in genere di sensibili inversioni. Ma a disciplinare e stilizzare questa agile e rapida scioltezza interviene, come e più che nella *Stanze*, una fittissima serie di procedimenti retorici con valore ritmico, quali ripetizioni, anafore, riprese, parallelismi, chiasmi, antitesi, dittologie, gradazioni, annominazioni, allitterazioni».

171 Rocca 1984, 257–285 ha proposto di interpretare le sequenze che compongono l'opera in base alla tripartizione della *Rota Vergilii*: la prima ('bucolica o pastorica') è intessuta di diminutivi, frasi proverbiali, rime sdrucciole, termini dialettali e appartenenti al mondo agreste; la seconda ('eroica o grave') si caratterizza per latinismi e vocaboli aulici; l'ultima ('bacchica') spicca per un registro quotidiano.

172 È palmare la *petitio principii* che emerge dall'argomentazione di Ventrone 1997, 142: «lo schema drammaturgico della sacra rappresentazione, unico nella produzione italiana del momento per l'originalità e la funzionalità delle sue caratteristiche strutturali, rimase infatti per lungo tempo il solo modello da seguire fino a quando, nel Quattrocento avanzato, si avviarono le prime prove di imitazione della commedia classica. Non fu per caso, quindi, che Poliziano, pur conoscendo tanto i testi del teatro greco e latino quanto molti dei loro commentatori, preferì tuttavia il prototipo del dramma religioso in volgare per la sua *Fabula* mitologica».

15 febbraio 1480[173]; altri giudicavano più appropriata la visita a Mantova degli ambasciatori di Ludovico il Moro allo scopo di rinnovare gli accordi di alleanza del 1472 (marzo-aprile)[174]; altri ancora proponevano la formalizzazione del fidanzamento di Chiara Gonzaga con Gilberto di Montpensier (17–21 giugno)[175]. L'interpretazione tematica che abbiamo fornito si adatta all'ultima circostanza, fissata a un anno effettivo dalla morte di Ludovico III (12 giugno 1478) e di grande rilievo politico per il debole stato gonzaghesco[176].

Ci chiediamo, utilizzando le argomentazioni di Antonino Musumeci, «quali potrebbero essere le ragioni della scelta di questo specifico contenuto mitologico? Perché la storia del mito di Orfeo ed Euridice, e non quello invece di Narciso ed Eco, Glauco e Scilla, Dafne e Apollo, – altri ancora tramandati dal patrimonio culturale classico?»[177]. La domanda si accorda con l'idea di Tissoni Benvenuti, secondo cui «non possiamo neppure accantonare completamente la possibilità che la scelta del mito sia stata suggerita se non imposta dal cardinale Gonzaga o dai suoi *familiares*: cosa che accadeva spesso nella committenza teatrale dell'epoca»[178]. Non disponiamo certo di documenti utili per dirimere problemi così affascinanti e complessi. Tuttavia, avanziamo una minima suggestione: il mito del cantore tracio appare duttile, perché si presta a elaborare il 'dramma satiresco' e, nel contempo, soddisfa il gusto e l'ideologia di corte. Inoltre, occorre domandarsi quale significato potesse esprimere la figura di Orfeo presso i Gonzaga: è vero che il mito appare, per sua definizione, polisemico, aperto a diversi valori e contenuti; sennonché, nella cultura di corte tende a cristallizzarsi, a proporre un messaggio codificato.

Potremmo trovare una risposta nella Camera degli sposi, realizzata da Mantegna tra il 1465–1474: nelle vele delle quattro pareti, sullo sfondo di un simulato mosaico d'oro, sono raffigurati i miti di Orfeo, di Arione e di Ercole[179]. Ad Arione sono dedicate tre scene, riguardanti il famoso

173 Vitalini 1969, 245–251.
174 Tedeschi 1925, 47–74 e Pirrotta 1969, 5–44.
175 Picotti 1955, 87–120.
176 Vissière 2001, 153–168.
177 Musumeci 1990, 3.
178 Poliziano 2000, 74.
179 Signorini 1985.

episodio del viaggio per mare, in cui alcuni marinai avevano complottato di uccidere e derubare il personaggio. La prima scena vede il poeta intento a cantare e a trarre a sé un delfino, che lo salverà dall'agguato; la seconda rappresenta Arione sul dorso del cetaceo; nella terza Periandro, tiranno di Corinto ed estimatore di Arione, fa giustiziare i marinai. Ercole, invece, viene ricordato per l'uccisione di Nesso, del leone nemeo e di Anteo. Orfeo è raffigurato in tre episodi: nel primo suona la lira mentre è ascoltato da un leone e da due donne; sullo sfondo due alberi di agrumi sono protesi verso il cantore. Nel secondo è intento a placare i latrati di Cerbero e ad ammaliare una delle tre Furie; nell'ultimo si trova a terra colpito dalle Menadi. Le storie sono tra loro affini e trattano i temi della giustizia e della condanna: i marinai vengono uccisi per il tentativo di omicidio di Arione; Ercole libera il mondo da tre mostri feroci. E così Orfeo, proprio come nella rappresentazione polizianesca, viene punito dalle Baccanti. La ragione della pena sembra da ravvisare nelle lunette sottostanti alle vele. Nella prima, partendo da sinistra, è rappresentata l'impresa della tortora, in araldica simbolo dell'amore coniugale[180]; in quella centrale si scorge un troncone avvolto da flutti con una tortora, su cui è inciso il seguente motto «vrai amor non se chiange»; nell'ultima sono raffigurati alcuni pendagli con l'impresa del sole raggiato, che indica fama ed eternità[181]. Pertanto, il significato del mito di Orfeo nella cultura della corte mantovana sembra coincidere con quello emerso dall'opera polizianesca, che, in base alle ipotesi esposte, potrebbe essere stata scritta «intra [i] continui tumulti» del 1478–1479 in vista dei festeggiamenti, poi ridimensionati dopo la scomparsa di Margherita Gonzaga, per il fidanzamento di Chiara Gonzaga con Gilberto di Montpensier.

180 Guelfi Camajani 1940, 557.

181 Ivi, 509–510.

4 Febo e Feton: *virtù guerriere, abilità diplomatiche*

1.

La *Representazione di Febo e di Feton* del fiorentino Gian Pietro Della Viola, la cui biografia resta oscura, potrebbe iscriversi in un momento cruciale della storia del teatro pre-classicista: Francesco II Gonzaga partecipa alle feste ferraresi del gennaio 1486, in cui sono recitati i *Menechini*, e probabilmente intende rispondere alla corte estense con un'opera adeguata. L'ipotesi sulla prima messa in scena, le celebrazioni mantovane per l'Ascensione (4 maggio 1486), è formulata da Alessandro D'Ancona. Infatti, Della Viola nel novembre del 1489 scrive una lettera circostanziata al suo signore, che gli domandava il testo della *Representazione*, già allestita in precedenza:

> è necessario che subito quella mandi qui tutti quelli che sono li deputati a detta festa, altrimenti non seria possibile condurla al ditto termine. I tribunali sono fatti, e certo riuscirà una bella cosa [...] La moresca che va drieto, la S. V. la comise a Lorenzo ballerino: io già n'ò ricordato più volte: lui se n'è venuto lì (a Ferrara) e non intendo l'animo suo; che quando lui non la volessi fare, si troverà altri, che non voglio a posta di nessuno restare svergognato[182].

L'opera di Della Viola, composta, quindi, tra il 1486 e il 1489, è contrassegnata da 'tribunali' e da 'moresche', che avevano distinto la rappresentazione del volgarizzamento estense; anche la 'festa', come viene chiamata da Della Viola, è messa in scena sopra un palco costruito per l'occasione, fronteggiato dalle gradinate in legno che ospitano il pubblico. Dal punto di vista letterario la *Representazione* non ricerca un confronto diretto con i *Menechini*, bensì sembra recuperare il palinsesto dell'*Orpheo*: ne sono testimoni l'argomento mitologico, ripreso da Ovidio (*Met* I, 416–567); l'estensione ridotta (342 versi l'*Orpheo*, 475 la *Representazione*); la struttura, priva di divisioni in atti e scene; la scansione metrica (alternanza di ottava a terza rima); l'apparizione di Mercurio nel prologo; il riuso

182 D'Ancona 1891, 351.

di alcuni versi ed espressioni[183]; il collegamento tra la fuga di Euridice e quella delle ninfe e di Dafne (vv. 265–307); la ritrosia di Apollo verso i legami amorosi.

I cambiamenti apportati rispetto alla fonte, in alcuni punti seguita alla lettera[184], consistono in diverse amplificazioni: viene concesso uno spazio significativo allo scontro tra Apollo e Pitone (vv. 41–104), risolto con un passaggio succinto in Ovidio (vv. 439–444); parimenti, sono valorizzati il dialogo tra Venere e Cupido, volto a ordire una vendetta ai danni di Apollo (vv. 145–184), e il concilio degli dèi finale (vv. 332–475). Una scena di notevole impatto riguarda la preparazione di Apollo alla sfida con Pitone; la vicenda risponde non solo a esigenze sceniche e di intrattenimento, ma anche alla volontà di celebrare i codici militari cari a Francesco II. Il concilio degli dèi, inoltre, risulta di esclusiva prerogativa di Della Viola, anche se lo scrittore si ispira latamente all'*Eneide* (X, 1–117); lo scopo di quest'ultima sequenza è garantire un finale lieto all'opera, che altrimenti si sarebbe conclusa con il triste episodio di Dafne. L'invenzione del concilio, invece, permette di celebrare la rappacificazione tra Apollo e Venere, esaltando, di riflesso, le virtù, politiche ed etiche, di Giove.

Il combattimento con Pitone viene anticipato da crescenti segnali di paura e sgomento: l'ambiente bucolico, costituzionalmente protettivo, è minacciato da «un mostro orrendo, mai del mal satollo» (v. 43). Il *pàthos* viene garantito dalla reazione scomposta dei pastori, che si affannano in scena e invitano il protagonista ad affrettarsi (vv. 41–42 e 44): «fa triegua ormai co' cervi, o biondo Apollo, / corri a veder quel ch'ha fatto la Terra. [...] Vien presto, e contro a ·llui l'arco diserra». L'impresa è stimolata poi dalla possibilità di liberare il mondo da una creatura terribile. L'intervento

183 Per es. cfr. solo *Orpheo*, v. 1 («silenzio. Udite. E' fu già un pastore») con *Representazione*, v. 1 («signori attenti: el fu già un serpente»). Per il testo seguiamo Della Viola 1983, 47–73.

184 Si ponga mente ai vv. 121–128 («che farestu, fanciul, con le forte armi? / Queste convengon solo agli omer mei, / che posso col mio arco gloriarmi / di dar certe ferite e colpi rei. / Posso dare al nemico e vendicarmi / che da Feton sicro il mondo fèi, / al qual die' morte cum saette al passo / e poco men ch'io non vota' 'l turcasso»), che traducono *Met* I, 456–460. Per l'edizione delle *Metamorfosi* si segue Ovidio 1977.

di Apollo precede l'arrivo sul palco di un'altra ninfa, la quale, atterrita, esorta gli avventati pastori ad accorrere presso la grotta di Pitone; di contro, Apollo agisce in modo equilibrato e non a caso ai vv. 73–88, consapevole del pericolo cui andrà incontro, si rivolge a Giove con una preghiera. L'invocazione del «sommo Giove, padre onnipotente», inteso con attributi tipici del Dio cristiano, mira a ottenere dalla divinità la «grazia» e il «gran valore», presupposti indispensabili per sconfiggere il nemico (vv. 81, 82 e 85). L'esito del combattimento, che non si svolge davanti al pubblico, viene annunciato direttamente da Apollo durante l'invocazione a Giove.

2.

Dopo la vittoria, il dio intrattiene una disputa con Cupido, di cui disconosce le qualità; per dirimere la contesa è indetto un concilio tra Giove, Apollo, Marte, Giunone. L'episodio risulta innovativo rispetto alla fonte latina: Giove, dopo la supplica di Apollo perché abbia riguardo di Dafne (trasformata in alloro), si dimostra turbato dalla lite del figlio con Cupido. Il padre degli dèi, maestoso e autorevole, predica la concordia, che è pronto a far rispettare anche ricorrendo all'uso della forza. Il primo intervento, in favore di Apollo, viene pronunciato da Marte, che sostiene le ragioni del valoroso guerriero contro l'irascibilità di Cupido (vv. 372–378). Anche Giunone risulta dello stesso parere: il successo di Apollo viene segnalato, come suggerisce la didascalia, dal lancio dei fulmini di Giove. L'eccezionalità del passaggio, che lascia presagire adeguate misure sceniche e musicali, è evidenziata dall'impiego, unico nella *Representazione*, di parole-rima sdrucciole. Il ruolo centrale di Giove non si esaurisce in questa scelta, ancorché significativa; egli ordina a Mercurio di recarsi presso Venere, Cupido e Nettuno – notiamo che la sua presenza al posto di Vulcano non è canonica – al fine di stipulare la «pace» tra gli dèi (v. 408). L'ambasciata di Mercurio presso le tre divinità insiste sul tema della mediazione accennato da Giove, tanto da parlare di «clemenzia», di «mal» che «oltre non si spanda», di pace «ferma sempre e salda» (vv. 413, 416, 418). Nettuno, portavoce di Venere e del figlio, condivide la soluzione di Giove, di cui viene riconosciuto il primato indiscutibile[185]. Il padre degli dèi, una volta che i personaggi convocati giungono al suo cospetto, si dimostra affabile e generoso, poiché decide di cedere parte della propria sovranità; l'episodio non rispecchia il racconto mitico, bensì viene utilizzato dall'autore con finalità politiche. Perciò a Nettuno è affidato l'imperio sul mare, a Venere e Cupido è concessa la possibilità di «legar li amanti a mille nodi» (v. 439), mentre si assegna ad Apollo il compito di cantare e di suonare la cetra. In più, l'ultimo verso dell'ottava sigilla ed esemplifica il senso dell'intero concilio (v. 443): «vivendo in pace insieme tutti quanti».

I passaggi finali del dramma celebrano l'accordo tra Venere, Apollo e Nettuno: l'omaggio a Giove, la cui importanza viene di nuovo ribadita, è associato all'impegno di «por giù lo odio» (v. 446), di formare tra le divinità «un voler solo, / dove non entri mai sospetto o duolo» (vv. 450–451) e di mantenere un rapporto di «amicizia eterna» (v. 453). L'ultima ottava recitata da Giunone serve da giustificazione, da raccordo tra la festa e il dramma (vv. 468–475):

> Di tanta guerra, di tanti odi e sdegni
> convien che nasca una tranquilla pace;
> facciasene festa e lieti segni,
> dappoi ch'a Giove in terra e 'n ciel piace;
> ognun può contentarsi de suo' regni
> senza esser più di Giove contumace.
> Ciascun si allegri, e 'l sommo Giove invochi,
> facendo festa giubilando e giuochi.

Il concilio segnala un obiettivo ideologico abbastanza scoperto, che si bilancia con la prima parte dell'opera[186]: se l'uccisione di Pitone esalta la

185 vv. 420–425: «egli è ben giusto d'inclinarsi a Giove / e sempre star subiecti al suo volere, / perché per vento foglia non si muove / senza su' opra e sanza il suo volere; / da ·llui tutto procede e tutto piove, / quel volge e regge le superne spere».

186 Nell'*Eneide*, per converso, il concilio si risolve in uno scontro acceso e senza mediazioni: Giove è adirato per lo scoppio delle ostilità tra Troiani e Rutuli; Giunone addossa la colpa a Enea, laddove Venere ne difende le scelte e pretende che Iulo venga risparmiato da Turno. Alla fine, Giove, constatata l'impossibilità di raggiungere un accordo tra gli eserciti in guerra, lascia che gli avvenimenti abbiano libero corso.

virtù militare di ogni buon sovrano che ricerchi la gloria personale e si adoperi per la patria, il concilio dischiude una dimensione complementare. La necessità che un *princeps* governi con fermezza e, di concerto, con prudenza risulta una prerogativa imprescindibile per assicurare la concordia tra i popoli. In aggiunta, l'esaltazione della guerra e la figura irenica di Giove non possono non essere rapportate all'instabile clima politico della Mantova degli anni Ottanta: la *Representazione*, quindi, si dimostra un dispositivo efficace al servizio delle esigenze del committente, un'*institutio* e, al contempo, un manifesto, a carattere ludico e recitativo, per un giovane appena salito al potere.

Infatti, occorre osservare che il diciassettenne Francesco II succede al padre Federico I nel luglio 1484: il 7 agosto Mantova è costretta a restituire i territori occupati di Asola, Remeldello e Casaldolo durante la Guerra di Ferrara (1482–1484). Solo nel luglio del 1485 l'imperatore Federico III concede l'investitura a legittimo signore di Mantova a Francesco II, in precedenza seguito da un tutore (il vescovo Ludovico Gonzaga); nonostante ciò, nell'inverno del 1487 gli zii del marchese, Ludovico, Gian Francesco e Rodolfo, sono accusati di aver tramato una congiura contro il nipote. Questi continui fattori di insicurezza sono esorcizzati nella *Representazione*, tanto che la 'tranquilla pace' e il bene comune passano per un 'voler solo': Francesco II, al pari di Giove, rappresenta un baricentro politico indispensabile, un *primus inter pares* capace di fare sintesi tra varie forze centripete.

5 «*Con temperanza, ordo e misura*»: *il* Certamen *di Lapaccini*

I.

Il riuso di Virgilio e di Ovidio assume un aspetto essenziale nell'*Orpheo* e nella *Representazione*; tuttavia, non va dimenticato che anche la riscoperta umanistica di Luciano di Samosata influenza la trama e la struttura di varie opere gonzaghesche[187]. Una tappa importante del recupero della

187 Cfr. in generale Forni 2010, 65–80.

tradizione lucianea è segnata dalla *Comparatio de praecedentia Alexandri, Hannibalis et Scipionis*, traduzione latina di Giovanni Aurispa (1425), a sua volta volgarizzata e messa in versi da Filippo Lapaccini. La *Comparatio* di Aurispa – tramandata da più di quaranta manoscritti e comparsa a stampa nella *princeps* romana di Georg Lauer del 1470 – conosce un notevole successo[188]. L'aspetto più significativo della trasposizione consiste nella sua infedeltà, poiché la disputa tra Annibale e Alessandro non termina con la vittoria di quest'ultimo, come nel testo greco, bensì viene assegnata a Scipione, sacrificato a poche e marginali battute nell'originale. Questa scelta trova giustificazione nelle parole del personaggio, che si fa campione di rettitudine, di amore per la patria, di disprezzo della mondanità e del lusso. La modifica del finale segue un proposito già attuato da Petrarca, che – nel *Triumphus famae* (I, 22–26) e in passaggi celebri dell'*Africa* e della *Collatio inter Scipionem, Alexandrum, Hanibalem et Pyrrum* – elabora abilmente le fonti in favore di uno Scipione «tra l''umanistico' e il cristiano, specchio diretto dei valori della riconquista morale classica e specchio indiretto, allusivo, di un'irrelata, più alta, definitiva verità»[189]. Le intenzioni di Aurispa si fanno scoperte nella lettera dedicatoria al podestà di Bologna Battista Capodiferro (cc. 42*r*-42*v*)[190]: il dialogo prova come i romani abbiano da sempre prevalso «apud Graecos» per le innumerevoli gesta e per le qualità intellettuali ed etiche. Pertanto, la traduzione perde l'aspetto beffardo dell'originale e risponde, attraverso un processo di risemantizzazione, a nuove esigenze culturali, pedagogiche e politiche, che verranno poi recepite nel volgarizzamento.

La particolare collocazione dell'opera di Lapaccini (inserita nel ms. 124 con l'*Orpheo* e la *Representazione di Febo e di Feton*) e l'adesione ai valori della corte gonzaghesca certificano la provenienza mantovana del *Certamen*[191].

188 Cast 1974, 157–173. Per la vita e le opere di Aurispa rimandiamo a Bigi 1962, 593–595.

189 Fenzi 1971, 488–489.

190 Leggiamo il testo dal Pluteo XC sup. 52 (Firenze: Biblioteca Medicea Laurenziana, cc. 42*r*-47*v*).

191 Si avverta che, come afferma Montagnani 2006, 10–11, «i codici miscellanei [...] difficilmente sono isolati nelle loro scelte, e tendono piuttosto a costituire galassie, a fondare letture di gruppo della tradizione. [...] Il travaso di blocchi interi di testi, la scelta di puntare sempre su un ristretto gruppo di autori crea un orientamento

Siamo in possesso di scarse e vaghe notizie circa l'autore del testo, nato a Firenze nella prima metà del XV secolo: una lettera indirizzata nel 1474 a Lorenzo de' Medici prova i legami di Lapaccini con l'ambiente laurenziano[192]. Alla sua produzione appartengono una canzone encomiastica dedicata a Giovanni II Bentivoglio (*L'excelsa fama tua pel mondo sparsa*), un manipolo di sonetti[193] e un poemetto in capitoli ternari del 1464, che celebra l'armeggeria di Bartolomeo Benci per Marietta Strozzi[194]. Lapaccini pare essersi trasferito a Mantova negli anni Ottanta, in cui diventa «rectore» della chiesa di S. Stefano[195]. Viene poi creato canonico della Cattedrale cittadina e svolge alcune missioni diplomatiche per conto di Francesco II. Partecipa attivamente alla vita culturale della corte e nel 1490–1491 è coinvolto nel tentativo di mettere in scena l'*Orpheo*. Inoltre, da una lettera del 5 febbraio del 1492, si apprende la disponibilità di Lapaccini a comporre, nel tempo di quindici o venti giorni, una «magna fantasia», che Alessandro D'Ancona ha proposto di identificare con il *Certamen*[196].

2.

Giova mettere in luce un aspetto culturale e sociale di rilievo: in epoca umanistica la figura di Scipione viene adattata in modo libero per soddisfare diverse esigenze. Come ha chiarito Gabriele Pedullà, tale ricchezza di significati non è avvertita come contraddittoria da parte del potere cortigiano[197]. Infatti, qualsiasi personaggio del passato – purché portatore di una morale edificante, di un'occasione di legittimazione culturale e dinastica – può essere evocato durante sfarzose sfilate e feste. Non conta,

---

critico, e quindi, ancora una volta, non trasmette semplicemente un canone, ma lo crea, o quantomeno contribuisce a definirlo».

192 Flamini 1891, 565.

193 Gabriele Baldassari in Amico del Boiardo 2012, 46–52 ha individuato in Lapaccini il destinatario di tre sonetti inclusi nel *Canzoniere Costabili*.

194 La datazione è fissata in Ivi, 48.

195 Falzone 2004, 693.

196 D'Ancona 1891, 363.

197 Pedullà 2010, 350–351.

quindi, se Scipione sia stato protagonista della Roma repubblicana; renderlo un proprio precursore significa realizzare un piano politico ben preciso, fondato su un'appropriazione identitaria. Nel contesto culturale mantovano scrivere un dramma incardinato sulle vicende di tre grandi generali serve a competere con la corte ferrarese, centro di riferimento per il teatro, i volgarizzamenti e la letteratura cavalleresca[198]. Il *Certamen* partecipa a un mondo in cui le opere degli umanisti e degli storici danno materia per i trionfi principeschi, per ogni genere di spettacolo teatrale o per decorare fondali, arazzi, armature, donativi nuziali. Le storie, i miti, gli eroi, gli dèi, i condottieri della classicità costituiscono delle icone – continuamente replicabili, sovrapponibili, riproducibili – che occupano tipologie comunicative disparate.

Non possiamo non menzionare i *Trionfi di Cesare in Gallia* (London: Hampton Court Palace), nove tele dipinte da Mantegna a Mantova (l'idea risale agli anni Settanta, ma l'inizio dei lavori è da collocarsi intorno al 1486) – cui si aggiungono i perduti *Trionfi di Alessandro Magno*, affrescati nel 1491 presso la residenza gonzaghesca di Marmirolo. Il progetto rappresenta, secondo Amedeo Quondam, uno dei «manifest*i* paradigmatic*i* dell'economia produttiva che governa e connota la rinascita nella cultura umanistica italiana del Quattrocento»[199]. Mantegna non prende solo ispirazione dalle vicende più note della storia romana, perché «the model for triumphal practice adopted for the eight and ninth canvases was not the stern account of the triumph of Aemilius Paullus given by Plutarch but the much more jovial narrative of the triumph of Scipio Africanus which appears in Appian»[200]. Il profondo connubio tra le rappresentazioni teatrali e la produzione di Mantegna viene esplicitato in varie missive: il 23 febbraio del 1501 Sigismondo Cantelmo, ambasciatore estense di servizio a Mantova, rende edotto Ercole I circa il «sumptuosissimo e meritamente [apparato facto da questo illustrissimo signor marchese] da essere equiparato ad qual voglia temporaneo theatro delli antiqui o moderni»[201]. In particolare, la

198 Per i Gonzaga, casata di origini non nobili, la rievocazione antiquaria di grandi personaggi e imprese assume un significato speciale di legittimazione.

199 Quondam 2003, 74–75.

200 Halliday 1997, 193.

201 Modena: Archivio di Stato, Cancelleria ducale, Ambasciatori, Mantova, b. 1, 48*r*.

messinscena del *Filonico*, del *Poenulus* di Plauto, dell'*Ippolito* e degli *Adelphoe* terenziani – recitati «optimamente con grandissima voluptà et plauso de spectatori» – è accompagnata da una scenografia d'eccezione, ossia da «panni d'oro et alcune verdure, sì como le recitationi recercavano. Una delle bande era ornata delli sei quadri del *Cesareo triunpho* per man del singulare Mantegna. [...] D'intorno alla scena al frontespizio da bassa erano i *Triumphi* del Petrarca ancor loro penti per man del prefato Mantegna». Nel 1505 il maestro di camera Antonio Maria Regazzi, detto il Milanese, chiede il permesso a Francesco II di trasportare le tele di Mantegna dalla residenza di Gonzaga in vista di una rappresentazione al Palazzo della Ragione[202]. Il 31 dicembre del 1506 Francesco Vigilio domanda al marchese se «li piace che si manda per li triumphi che so fuori di qui, parte a Marmirolo e parte lì a Gonzaga, per ornar el loco» in cui si sarebbe messo in scena il *Formicone*[203]. Un anno dopo, il 20 maggio, frate Mariano Fetti scrive a Francesco II da Roma allo scopo di riferire il successo conseguito dai «triomphi de Andrea Mantegna» e da uno sconosciuto «quadretto che ci stava derimpetto quando se davano alla comedia»[204].

3.

Occorre prendere in considerazione la struttura del *Certamen* alla luce del gusto storico-artistico maturato presso la corte di Francesco II: il testo si apre con la contesa tra Alessandro e Annibale, i quali discutono su chi di loro sia stato il «più degno in vita» (I, 1)[205]; l'intervento di Minosse, che Alessandro propone quale giudice, riporta l'ordine tra i contendenti (I, 25–27), poiché i generali sono invitati a intervenire uno per volta a perorare la propria causa. Annibale inizia per primo e, dopo aver sostenuto di non essere stato inferiore al comandante macedone da un punto di vista culturale (I, 31–36), presenta le proprie gloriose vittorie ottenute in Spagna, in Gallia, in Italia (I, 37–60). Segue un'invettiva contro Alessandro,

202 Mantova: Archivio di Stato, AG b. 2465, c. 24*r.*
203 Mantova: Archivio di Stato, AG b. 2470, c. 474*r.*
204 Mantova: Archivio di Stato, AG b. 857, c. 432*v.*
205 Si cita da Lapaccini 2014, 125–165.

reo di aver ereditato un regno già esteso, accresciuto, per giunta, a spese di nemici poco evoluti, e di essersi abbandonato subito agli ozi e ai divertimenti (I, 61–90). Annibale, nell'ultima parte dell'intervento, ritorna a esaltare sé stesso e a dimostrare la devozione provata per la patria (per es. I, 91–99). Alessandro risponde al contendente ricordandogli di aver vendicato da giovane il padre Filippo II, ucciso da alcuni congiurati, e di aver sottomesso Tebe (II, 13–24); descrive poi la campagna trionfale condotta in Asia, soffermandosi sulla battaglia del Granico e sulle conquiste della Cilicia, della Siria, della Cappadocia (II, 31–42); confuta, infine, le critiche di Annibale e celebra le proprie qualità umane e militari (II, 84–117). Scipione, una volta conclusa l'orazione di Alessandro, si inserisce all'improvviso nel discorso: il generale, che pianifica l'argomentazione in netta antitesi rispetto ai due interventi precedenti, mantiene volutamente un tono umile e privo di polemiche (per es. cfr. III, 1–3). Scipione rievoca le tappe della vittoria su Annibale, le cariche istituzionali ricoperte e i successi conseguiti (III, 37–87). Uno spazio non esiguo è riservato all'esposizione della propria vita da privato cittadino (III, 88–99): il che viene giustificato dall'esigenza di mostrare la supremazia dei Romani e, nella fattispecie, della loro civiltà (III, 100–114). Il testo termina con il giudizio di Minosse, il quale, ammirato dai nobili propositi di Scipione, assegna il primato a quest'ultimo (III, 115–127).

Un'analisi approfondita mostra la conformità del testo alle richieste dell'utenza mantovana. Il *Certamen* è suddiviso in scene di estensione pressoché analoga (I: 127 versi, II: 124, III: 127), che restituiscono il confronto tra i condottieri attraverso una discreta immediatezza: ne sono prova la terzina perentoria, rafforzata dall'inarcatura, in cui viene condensata la presunzione di Alessandro (I, 22–24); i versi che spiegano la maturità precoce e l'ardore del giovane Scipione (III, 40–45) e il v. I, 52, che restituisce la ferocia di Annibale mediante il «dente» con cui ha morso la «piana Italia». I continui contrasti tra Annibale e Alessandro danno vita a scene animate ed energiche: Annibale a I, 83–84 condanna l'avversario nel corso di un passaggio sentenzioso («ritenne / quel ch'al'huomo è il fuggir più necessario»); a I, 111 l'ambientazione selvaggia riassume la ferinità del cartaginese («in parte aprica o luogo aspro e silvestro»); la brama di potere del generale macedone trova compimento a II, 25–26 («cercai de l'universo haver dominio, / perché l'Asia assali' per farmi eterno»); la pervicacia di Alessandro si riscontra a II, 38–39 («si tenea / un caldo sole e m'è solubel neve»), laddove la sua superbia viene icasticamente racchiusa a II, 78 («onde l'anima è qui, la fama altrove»).

Il *Certamen* pare rispettare l'orizzonte d'attesa e le indicazioni fornite da Isabella per il teatro mantovano: il testo è breve e semplice nel linguaggio, proprio come auspicato più volte dalla marchesa[206]. L'approfondimento descrittivo dei personaggi è supportato da un preciso «materiale retorico-formale dell'emotività»[207]: le endiadi valorizzano la condotta impavida dei comandanti (per es. II, 58: «passai agl'Indi e agile e leggero» e III, 98: «incorruptibil fui, constante e fermo»); la preterizione di Alessandro a II, 56 delinea il carattere orgoglioso del generale («andai e vinsi, che tractar non spero»); le litoti sono funzionali a rappresentare la falsa modestia di Annibale (I, 104–105: «fui / d'ogni greca doctrina non fallace») e di Alessandro (III, 66: «vinsi di Scithia gli homeni non vili»), che controbatte all'accusa di essersi misurato con popolazioni arretrate; infine, il poliptoto del verbo 'tenere' insiste sulla morigeratezza di Scipione (III, 54: «tenni che per buono homo privato tiensi»). Si aggiunga che alcune simmetrie, estranee ad Aurispa, fanno risaltare le figure in tenzone: la prima battuta di Alessandro (I, 1–3) – costruita mediante una proposizione causale che ne giustifica la supremazia, una principale in cui si dichiara meritevole della vittoria e, di nuovo, una causale – è speculare alla risposta del contendente (I, 4–6)[208].

Ovviamente un obiettivo del *Certamen* è *delectare*. Non a caso, Isabella d'Este in una missiva dell'8 marzo 1498 richiede le traduzioni di

206 Si badi che, in una lettera del 1502, dopo aver riportato al consorte il resoconto di alcuni allestimenti, biasima le *Bacchidi* perché «lung*he* e fastidios*e*», il *Soldato glorioso* – benché «argut*o*, ingenios*o* e piacevole molto» – risulta un «fastidioso spectaculo» a causa della «lunghezza de li versi», di contro, l'*Asinaria* raccoglie i suoi favori in quanto non «troppo lunga». Vd. Mantova: Archivio di Stato, AG b. 2993, c. 13*r*.

207 La definizione, impiegata da Cabani 1988, 79 per connotare alcuni cantari quattrocenteschi, si adatta alle caratteristiche del *Certamen*.

208 Cfr. Pluteo XC sup. 52, c. 43*r*: «*A*: me, o Libice, proponi decet, melior equidem sum. *H:* immo vero me».

tre commedie plautine, chiarendo così la sua fretta: «non havemo altro spasso». In più, la corte, secondo un'abitudine invalsa, interviene agli spettacoli non solo per osservare una rappresentazione gradevole, ma pure per essere a sua volta ammirata, concretamente e idealmente, e trasmettere un messaggio estetico e politico di inequivocabile pregnanza. Il seguente brano, tratto da una lettera del 24 dicembre 1502 inviata a Francesco II Gonzaga da Albertino Pavese, insegnante presso la scuola cittadina, sembra rispondere a una doppia finalità: «per satisfare al desiderio et voluntà di la Ex.tia V. [...] habiemo posti in ordine due comedie: quella di *Menechini* qualle è molto festevole et tutta piena di dilecto, l'altra quella che si domanda il *Trinummo* che è non tanto piacevole quanto morale et molto piacerà alla S. V.ra.»[209].

Il *Certamen*, che esalta per interposta persona la dimensione pubblica e militare di Francesco II, coglie altresì l'esigenza celebrativa della corte; nella messinscena sono elencati i popoli sconfitti dai personaggi, vengono descritte con attenzione le varie fasi dei combattimenti (per es. I, 46–60 e II, 13–78)[210], mentre la competizione verbale tra Annibale e Alessandro raggiunge punte di violenta acredine[211]. L'adesione ai princìpi umanistici e la passione per le rappresentazioni teatrali sembrano trovare un accordo efficace nel *Certamen*: il volgarizzamento risulta maggiormente sviluppato, rispetto al testo base, nei passaggi in cui Scipione sottolinea l'affetto per i concittadini e l'importanza di aver seguito comportamenti virtuosi (III, 13–36)[212]. Quest'ultimo aspetto confluisce nell'orazione funebre pronunciata dall'umanista Francesco Vigilio per la morte di Francesco II (1519)[213]. Gli spettatori, pertanto – come davanti alle tele di Mantegna o all'interno della *camera picta* – avrebbero potuto accostare facilmente il marchese al generale romano, campione delle istanze repubblicane che, per l'occasione, è

209 Luzio – Renier 1888, 184.

210 In particolare, III, 46–54 costituiscono una riscrittura amplificata di Aurispa (Pluteo XC sup. 52, cc. 46*r*-46*v*).

211 Non sembra casuale che tra i lessemi più ricorrenti nel *Certamen* figurino 'vincere' (23 occorrenze) e poi 'gloria' (11); 'patria' (9); 'fama' (7); 'degno' e 'giusto' (6); 'fortuna' e 'virtù' (5).

212 I versi a III, 105–114 enfatizzano il testo di Aurispa (Pluteo XC sup. 52, c. 47*r*).

213 Bourne 2008, 295.

investito di qualità adatte a un'efficace metamorfosi cortigiana[214]: insomma, lo Scipione di Lapaccini, grazie ad alcune aggiunte al testo di Aurispa – particolare di rilievo, se pensiamo al sostanziale rispetto nei confronti del modello[215] – sembra assumere i connotati essenziali del perfetto sovrano rinascimentale[216], che amministra i propri guadagni con «libertade» (III, 92) e si comporta secondo la regola aurea del giusto mezzo, cardine del sistema, etico ed estetico, della virtù[217].

6 *Serafino Aquilano in scena*

1.

I tre componimenti di Serafino Ciminelli, detto Aquilano[218], si situano entro un arco cronologico preciso: la *Representatione allegorica* viene riportata a Isabella d'Este in una missiva di Giovanni Gonzaga, fratello minore del marchese (25 gennaio 1495)[219]. Invece, ipotizziamo che l'*Acto*

214 Francesco Vigilio non manca di assimilare il proprio signore ai grandi condottieri romani, tra cui Scipione, e addirittura di mostrarne la superiorità. Cfr. Ivi, 297–298.

215 Rati 2012, 184.

216 Il passaggio a III, 28–36 amplifica il Pluteo XC sup. 52 a c. 46*r*.

217 Si noti l'insistenza sul concetto, rimarcato a III, 31: «con temperanza, ordo e misura».

218 Nato a L'Aquila nel 1466, è al servizio come paggio del conte di Potenza Antonio de Guevara. Si trasferisce nel 1486 a Roma, al seguito del cardinale Ascanio Maria Sforza. Apprezzato per le sue doti di improvvisatore, soggiorna con il cardinale a Milano nel biennio 1487–1488; rientrato a Roma, frequenta il circolo umanistico che fa capo al segretario apostolico Paolo Cortesi. Dal 1493 è attivo presso molte corti (Napoli, Urbino, Mantova, Ferrara, Milano) sino al suo ritorno a Roma nel gennaio del 1500; ammalatosi gravemente, muore nell'agosto del medesimo anno. Sullo scrittore, cfr. almeno Rossi 1980 e Bosisio 2018, 391–417.

219 Nella lettera sono descritti con cura i carri trionfali e le comparse. Inoltre, viene messo in risalto il significato politico e allegorico della rappresentazione: «l'uno de li quali [*scil.* carri] era per lo illustrissimo signor Duca di Calabria, et l'altro rapresentava la persona de l'excellentissimo signor Marchese; et essa

scenico del Tempo, che forse si riferisce nelle prime ottave alla battaglia di Fornovo, e l'*Acto scenico dell'Oroscopo*, messo in scena per festeggiare il genetliaco del marchese Francesco II Gonzaga (9 o 10 agosto), siano stati composti intorno al 1497–1498; in questo biennio, invero, si verificano le difficoltà politiche adombrate in alcuni riferimenti allusivi[220].

Ora, la *Representatione allegorica* è caratterizzata da un impianto elementare, poiché si fonda sull'intervento di tre attori che personificano la Voluptà (interpretata dal poeta medesimo), la Virtute (Maso Antonio Manzone, ambasciatore aragonese) e la Fama (non specificato). Scopo del testo risulta l'elogio di Francesco II Gonzaga e di Ferdinando II d'Aragona. L'impianto si regge su alcuni parallelismi formali: ai tre personaggi sono concessi rispettivamente sessantaquattro versi (Voluptà e Fama) e cinquantuno (Virtute); la Voluptà e la Fama recitano in capitoli ternari, la Virtute in endecasillabi con rimalmezzo misti a settenari, secondo uno schema seguito nelle farse aragonesi[221]. Il componimento sottolinea il ruolo intermedio che la Virtute svolge tra la Voluptà e la Fama; sicché, la struttura dei *Triumphi* petrarcheschi viene semplificata secondo una linea 'cortigiana', in cui non è previsto, per ovvie ragioni, l'ingresso della Morte né quello di carattere morale e religioso della Pudicizia[222].

Fama decentissimamente ornata cum l'ale e due trombe in mano, cum li pennoni aragonesi e gonzagheschi [esaltava i due signori]» (D'Ancona 1891, 366).

220 Cfr. *Tempo*, II, 3–5 e *Oroscopo*, vv. 2, 7–9, 15. Il 23 giugno 1497 Francesco II è rimosso dalla carica di capitano generale della Repubblica di Venezia, perché accusato di cospirazione filofrancese; il che costituisce un grave danno di immagine ed economico. Cfr. Benzoni 1997, 776.

221 Lo schema metrico e la celebrazione di Ferdinando II d'Aragona palesa l'influenza napoletana del componimento: il poeta frequenta la corte aragonese nel 1493–1494 e stringe amicizia con Sannazaro e Pontano. Sull'argomento, vd. Addesso 2012, 75–109 e Bosisio 2019, 29–43.

222 Un altro modello petrarchesco è costituito dalla canzone *Una donna più bella assai che 'l sole*, all'interno della quale spicca il binomio Virtù-Fama: la prima è da considerarsi causa e la seconda effetto da cui scaturisce in Petrarca la condizione di subalternità della Gloria (v. 99: «i' per me sono un'ombra»); ciò viene ribadito, del resto, da Serafino Aquilano (v. 179: «ché Fama senza te nulla non vale»). Citiamo da Petrarca 2004.

La Voluptà sostiene di essere scesa sulla terra al fine di partecipare a un'«onorata festa» (v. 2)[223]. Il personaggio, dopo essersi proclamato «monarca» della terra, svolge un'invettiva contro la Virtute, definita «vana e miserabel [...] noiosa» (vv. 22, 28 e 30). Infatti, bisogna scegliere un «delitioso e dolze [...] camino», utile strumento contro la presenza incombente della morte (vv. 35 e 39). La figura, dunque, invita gli uomini a trascorrere il proprio tempo (vv. 40–45):

> [...] in el tranquillo porto
> tra fructi, fronde, fior, tra canti e balli,
> in un bel regno amen pien di conforto.
> Lì 'l troverem mille fiorite valli
> pien d'uceletti, ove lieto si dorme
> al murmurar di liquidi cristalli.

La Virtute risponde sconsolata all'avversaria e deplora la propria condizione: un tempo la virtù era molto seguita, mentre adesso «non h*a* più ardir, più possa né vigore» (vv. 75 e 83). Le argomentazioni si protraggono in modo ripetitivo lungo l'intero intervento. La Fama – che entra in scena «cum li penoni aragonesi e gonzagheschi» insieme ai carri trionfali di Ferdinando II d'Aragona e di Francesco II – impiega i primi quindici versi per sostenere la «lizadra e diva» sorella (v. 116); la visione pessimistica della Virtute viene mitigata, poiché, grazie al valore di Francesco II, «tornerà in prezo il verde aloro» (v. 122). L'attenzione si trasferisce in seguito sui personaggi illustri da celebrare, che hanno permesso alla Fama di riscattarsi (vv. 152–163):

> L'un disciesʾè de l'inclita Aragona,
> Farando duca è suo nome beato
> che mia tuba di lui tanto resona;
> qual sarà presto inclito re chiamato,
> e scio che senza errar si potrà dire
> non manco de Virtù che del suo stato.
> Francisco è l'altro, in valoroso ardire,
> marchese mantuan preclaro e digno,
> de qual convien che 'l mondo e 'l ciel s'amire.

223 Serafino Aquilano 2005, 423–435.

Questo è de tuoi filiol fermo sostegno,
per questo l'arme certo ogi son chiare,
questo in donar non serva alcun ritegno.

A ognuno dei due signori vengono concesse due terzine di presentazione: Ferdinando, chiamato anche Fernandino per la giovane età, è incoronato il 23 gennaio del 1495. Francesco II, invece, appare un guerriero coraggioso, «degno» del titolo di marchese. Tali attributi cercano di ovviare ad alcuni problemi di legittimazione: Francesco II, prima della nomina a governatore generale delle milizie veneziane (6 giugno 1495), ricopre un ruolo politico e militare di secondo piano. Come scrive David Chambers, «one of the most serious problems of the Mantuan regime remained Francesco's sheer lack of distinction, and particularly his slight record in the military tradition of his father, grandfather and great-grandfather»[224]. Allora, accostare un sovrano potente a un marchese di scarsa fama significa esaltare quest'ultimo contro ogni evidenza storica: il tema encomiastico si sviluppa per via indiretta attraverso un confronto scaltro, mediato; la strategia retorica della *comparatio* serve nella misura in cui uno dei due personaggi brilla grazie alla luce riflessa dall'altro. Il resto del componimento ribadisce così la necessità di elogiare il marchese con un canto che non sarà mai «ròc*o*» (vv. 171 e 172): infine la Fama – sicura di essere «in odio al mondo tutto», eccetto che a Mantova (v. 174) – decide di trasferirsi presso i Gonzaga.

2.

L'*Acto scenico del Tempo*, formato da oltre centoquaranta versi, descrive una stagione politica e culturale differente[225]: se la matrice petrarchesca dei *Triumphi* rimane sottesa, è altrettanto perspicuo il cambiamento ideologico in atto. La figura edonistica della Voluptà viene sostituita dal Tempo – anziano personaggio che, insieme alla Penitentia, invita gli spettatori a riflettere sul tema della morte – laddove la pratica della Virtute e

224 Chambers 1995, 219.
225 Serafino Aquilano 2002, 64–75.

il raggiungimento della Fama non rappresentano più le qualità necessarie per ottenere l'eternità; sono preferiti così gli insegnamenti della Prudentia, della Constantia, della Forteza, della Providentia. Inoltre, è vero che il cenno a I, 2 può alludere alla battaglia di Fornovo, eppure l'avvenimento non viene più ripreso e approfondito all'interno della rappresentazione; il presupposto celebrativo pare essersi attenuato come se, al momento della scrittura del testo, vi fossero tematiche più gravi da sviluppare. La suggestione è fornita all'ottava II, in cui il Tempo interviene in favore del marchese contro l'iniquità della Fortuna.

Nella prima ottava il personaggio esprime «admiration» per un suo «figliol», il cui profilo viene delineato progressivamente (v. 1). In particolare, l'interlocutore è sorpreso dall'animo «intrepido e gagliardo», che gli ha permesso di vincere il «cielo irato» e di sopravvivere, in seguito, a una «grave torto» (vv. 2 e 4)[226]. Il riferimento al cielo si attaglia con precisione a un episodio accaduto durante la battaglia di Fornovo (6 luglio 1495): Guicciardini racconta che Francesco II aveva rischiato di morire a causa del nubifragio abbattutosi sulla località emiliana[227]. L'ottava si chiude con un *makarismós* di ordine generale: è definito «felice» colui che, secondo una nota metafora, riesce a condurre la nave in porto dopo aver affrontato un «mar furioso o tardo» (v. 5). La seconda ottava poggia su una domanda retorica, che occupa i primi sei versi: il Tempo chiede se il personaggio esaltato sia simile a «quel Philonio» capace di domare il «furore» della Fortuna e sopravvivere all'«oscura tomba» (vv. 5 e 6)[228]. La forza e le capacità incredibili del Tempo sono ribadite nelle ottave successive[229]. Si

226 Questi riferimenti emergono pure nel capitolo ternario in onore del duca dal titolo *Non furo ingrate le mie voglie prime* (vd. vv. 43–60). Vd. Serafino Aquilano 2005, 386–394.

227 Vd. Guicciardini 1981, II, 9, 211–212.

228 Il poeta si riferisce a Quinto Publilio Filone (IV sec. a.C.). Tito Livio critica il personaggio, il quale, benché avesse ottenuto il trionfo dopo la vittoria su alcune tribù latine, si occupò soprattutto degli interessi della propria *gens* (*Hist* VIII, 12). La descrizione ben si adatta alle accuse di tradimento mosse nel 1497 da Venezia a Francesco II.

229 Cfr. per es. IV, 1–2: «benché io para uno om di poca possa, / lento, vecchion, decrepito e da poco» e VIII, 1–2: «né con altre armi la mia presa faccio / che con doi cani mordenti, un nero un bianco».

succedono poi versi riempitivi, che variano la descrizione del personaggio mediante diverse strategie retoriche: per esempio, la sesta ottava impiega la struttura dell'*ubi sunt* per affermare la caducità della vita; la settima si avvale dello schema della *Priamel* al fine di dischiudere l'inesorabilità del Tempo; nella decima e undicesima viene proposta l'immagine tipica della 'ruota della Fortuna', definita «inreparabil corso omnipotente» (XI, 8). Infine, il Tempo, prima di abbandonare il palco, introduce la personificazione della Penitentia (XIV, 5–8 e XV):

> ma chi mentre far può vive ocioso,
> donna vien poi che subito l'accora,
> qual segue me per divina sententia,
> feroce assai, chiamata Penitentia.
> Questa è collei che tucti li mei inganni
> discopre poi con onta e gravi scorni,
> questa è collei che 'l fiore de li persi anni
> al fin recorda e li mal spesi giorni,
> questa è collei che sol te porge affanni
> monstrando a te che a nascer più non torni;
> sì che nota, figliol, tu hai inteso el tucto,
> ormai sei chiaro e del mio motto instructo.

Il personaggio femminile, di cui un allievo di Mantegna realizza un celebre affresco nel 1500 circa (Mantova: Museo della Città di Palazzo San Sebastiano)[230], esordisce rassicurando il destinatario: la dipartita del Tempo ha sì provocato un forte turbamento presso la corte mantovana, ma è indispensabile, nel solco dei *Triumphi*, per determinare la maturazione decisiva del Gonzaga. Il Tempo, infatti, «per farte mutar costume e sorte» ha affidato al marchese quattro «virtù celeste, alme e divine» (vv. 5 e 7). Le entità sono ovviamente la «Sacra Prudentia», raffigurata, secondo la fonte evangelica di *Mt* X, 16; la Providentia, in grado di interpretare e capire «'l futuro» (XVII, 3); la Costantia, simile al pellicano quando nutre i propri piccoli; la Fortezza, equiparabile, come da tradizione, al leone (v. 7). Il testo si conclude con un verso icastico, «ché a ciascun senza

230 Il soggetto deriva probabilmente da un epigramma di Ausonio, intitolato *In simulacrum Occasionis et Peonitentiae*.

voi la vita è morte», il quale sigilla il messaggio solenne dell'*Acto* (v. 8). Il componimento, a confronto con la *Representatione*, omette qualsiasi facile elogio, anzi dimostra la necessità di farsi ispirare da nuovi valori. Inoltre, se nella *Representatione* Francesco II sembrava aver già raggiunto uno stato di perfezione, nell'*Acto* viene spinto a una crescita ulteriore.

3.

L'*Acto scenico dell'Oroscopo*, più estemporaneo e ridotto (venti terzine), sviluppa alcune tematiche espresse nel testo precedente[231]. L'Oroscopo entra in scena e inizia a rivolgersi a un «figliol de fortuna, alto e verace», evidentemente Francesco II, che ha sofferto in passato un «gran peso» (vv. 1 e 2); il personaggio, che si presenta come «fin d'ogni mondana guerra», si propone di sostenere l'interlocutore (v. 6). Il passaggio successivo spiega le motivazioni per cui gli affanni hanno abbandonato il marchese (vv. 7–9): «vinte son le perfidie che in te forno, / vinte le stelle infeste e rebellanti, / ne l'amplo cielo»[232]. Il ragionamento dell'Oroscopo rimane vago, involuto e oscilla da asserzioni apodittiche a dimostrazioni generali. Il «figliol», epiteto utilizzato anche nell'*Acto* precedente per identificare Francesco II, deve rallegrarsi (v. 13): difatti, la Fortuna non esercita più la sua «tenace briglia», grazie alla «costante vita e "forza"» del marchese (vv. 14 e 15)[233]. I toni minacciosi del componimento precedente sembrano trovare una collocazione più chiara alla luce dell'*Acto*

231 Il componimento è edito in Serafino Aquilano 1965, 101–117.

232 Forse la messinscena è scritta a seguito del giugno del 1498, allorché il marchese viene assoldato da Ludovico il Moro dopo la destituzione veneziana dell'anno precedente. Ricordiamo che, nel capitolo ternario *Non furo ingrate le mie voglie prime* dedicato a Francesco II, Serafino Aquilano parla di «effecti e maligne opre, / insidie, falsità [...] voglie perverse» (vv. 46–47, 58).

233 In *Non furo ingrate* si legge (vv. 133–138 e 146–150): «così se impaccio alcun te dà Fortuna, / è che conosce arresti un dì ardimento / da subgiogar quanto è socto la luna. / Ma non curar, segnor, vivi contento, / in van contra de te se ordisce e trama, / ché sol col nome hai tucto el mundo vénto. [...] ma però non temer, ché virtù sola / è quella dea che a lei turba ogni pace. / La tua syncera fè, ch'oggi al ciel vola, / te farrà sopra ogn'altro triumphante, / fè che più ch'altro ogne mal nome invola».

dell'Oroscopo, che si pone come sua prosecuzione: Francesco II dimostra di padroneggiare le quattro virtù donategli dal Tempo, che, non a caso, sono nominate all'inizio del testo[234]; il marchese ha ascoltato i suggerimenti dell'anziano personaggio e utilizza con saggezza i doni della Penitentia. È ipotizzabile, quindi, che le due opere, rappresentate a distanza ravvicinata all'interno di una festa o di un banchetto, siano da affiancare direttamente.

Dal v. 19 inizia l'interpretazione dell'oroscopo del marchese, in base ai dati astrologici del suo giorno di nascita[235]. La prima informazione concerne gli anni di vita di Francesco II, che si preannunciano numerosi, in quanto in cielo splende «un lume, alchocodem chiamato, / cioè dator degli anni suoi maggiori» (vv. 20–21). La stella in questione è il Sole, che, secondo il matematico arabo Alcabizio, «est significator vitae, idest dominus annorum»[236]. Segue una complessa lettura astrologica: le costellazioni dello Scorpione, che ha raggiunto lo zenith, e del Toro, posta nella quarta casa (*Imum coeli*), renderanno Francesco II «glorioso [...] più ch'altro» (v. 36). Il «capo del Dracon», ossia il punto in cui la Luna interseca il piano dell'eclittica, si unisce al Capricorno nella seconda casa (v. 37): ciò comporta una notevole fortuna economica[237]. L'Oroscopo, terminato il proprio vaticinio, conforta gli spettatori mantovani; il signore ha raggiunto ormai un elevatissimo grado di maturazione e consapevolezza, motivo per cui è bene abbandonarsi ai festeggiamenti. L'apprensione è così dissipata all'interno di una cornice fittizia, che non punta tanto al monito etico o filosofico, quanto alla dissoluzione catartica di qualsiasi paura, al trionfo rasserenante dell'*hic et nunc* (vv. 55–61):

234 Cfr. vv. 13–18: «però, figliol, hormai teco te appiglia, / ché tua constante vita e tua forteza / posto ha a Fortuna una tenace briglia. // Tua providentia, in nel futur sì aveza, / promette a te, figliol, diversi honori, / et la prudentia una superna alteza».

235 In *Non furo ingrate* appaiono numerosi riferimenti astrologici. È nota la passione dei signori mantovani per tali pratiche: cfr. Signorini 2007.

236 Alchabitius 1491, c. 20*v*.

237 c. 8*v*: «secunda domus est domus substantiae ac virtus ac ministrorum et auxiliatorum». Si osservi che la fine della collaborazione militare con Venezia determina un taglio netto delle entrate del marchesato di circa quarantamila ducati annui; l'ingente stipendio viene poi recuperato nel 1498 grazie all'accordo con Milano.

et voi figlioli qui del chiaro Sole,
che haveti tutti el bel spectacul visto,
et ben notato el son delle parole.
Allegrative hormai, ché ha il ciel provisto
al vostro ben, ch'è nel stellato chiostro:
e qual farà contra di voi conquisto
se tutto el ciel si tien col signor nostro?

7 Timon: *la versione mantovana*

1.

La *Comedia de Timon greco* è probabilmente una delle prime opere teatrali scritte da Galeotto del Carretto (1497–1498)[238]. La rappresentazione, divisa in cinque atti con prologo, argomento e commiato, è composta in ottava rima (in capitoli ternari sono soltanto l'argomento, l'epilogo e i vv. 1–70 del primo atto)[239]. Il dialogo di Luciano, che torna a ispirare i poeti

238 Figlio di Teodoro, marchese di Millesimo e consigliere dei Paleologhi di Monferrato, nasce a Casale poco prima del 1455. Ricevuta una buona educazione letteraria, collabora con il ducato di Milano; nel giugno del 1494 e nel biennio 1496–1497 soggiorna presso la corte mantovana. Negli anni successivi diventa altresì feudatario di vari possedimenti nel Monferrato, proconsole e magistrato a Casale. Sullo scrittore, cfr. almeno Ricciardi 1988, 415–419 e Scrivano 1993, 181–192.

239 L'attenzione singolare per la rispondenza dell'opera alle ultime volontà autoriali è testimoniata da una lettera del 14 gennaio 1498, in cui la dedicataria, Isabella d'Este, viene interpella al fine di ovviare a una svista nella trascrizione. La sollecitudine dello scrittore esalta la disponibilità nei confronti della committenza. Vd. Turba 1971, 109: «a li dì passati mandai a la S(ignoria) V. per uno mio famiglio una mia comedia de Timon, et perché non ebbi tempo de rivederla per haverla fatta trascrivere da uno novo scriptore, trascorrendo poi l'exempio mio originale che ho appresso di me, ho trovato uno errore nel capitulo che recita Timon lamentandosi di Giove, che è nel principio de la comedia. El principio del capitulo comincia: 'O re del ciel che a noi già fosti pio'. L'errore che è in esso capitulo è in quel tercietto dove dice: 'Altre fiate davi morte dura col fier tuo dardo ai validi giganti', et deve dir: 'col fier tuo dardo ai perfidi viventi' et non 'ai validi giganti' perché già l'ha detto sopra; e poi la desinentia sarebbe falsa, per il che prego la S(ignoria) V. che se

della corte gonzaghesca, è imitato con rigore per quanto riguarda la successione dei personaggi e l'ordine delle battute; sono ridotti i monologhi troppo estesi, mentre vengono ampliati i passaggi meno dettagliati dell'originale.

L'analisi di Antonia Tissoni Benvenuti ha consentito di individuare la possibile edizione latina di riferimento (Venezia: Bevilacqua, 1494)[240]. La commedia propone una modernizzazione accentuata del dialogo: sono espunti i cenni ai luoghi greci e a particolari circostanze legate agli usi antichi; in altri casi l'autore modifica il testo inserendo nomi ed episodi utili ad attualizzare la rappresentazione. L'epiteto rivolto a Giove «o re del ciel, che a noi già fusti pio» assimila la divinità pagana a quella cristiana (I, 1)[241]; il rimando a Salmoneo, figura minore della mitologia, viene sostituito con il più noto Capaneo (I, 8); subisce una chiara modifica la critica lucianea contro coloro che svolgono riti religiosi soltanto durante i Giochi olimpici[242]; le notazioni geografiche sono omesse a I, 71–74, mentre in Luciano si legge a c. 94*v* «quis est hic o Mercuri qui ex Attica ad Hymeti radices vociferatur totus sordidus [...]»[243]; a I, 95–110 è eliminato l'elenco ridondante dei falsi amici che si sono approfittati della ricchezza di Timone (c. 95*r*); nel secondo atto la similitudine tra il cavallo da corsa e Richeza, estranea in Luciano, fornisce un'immagine quotidiana e insiste sulla passione del marchese per le gare equestri (vv. 11–16); in Luciano, Timone consacra a Pan una zappa («bidens») e un mantello («endromis»), diventato una «gonna» in Galeotto del Carretto (c. 101*v*); inoltre, nella *Comedia* lo scrittore evita qualsiasi accenno alla divinità agreste (IV, 39). Di contro a

degni farlo racconciare per uno de li soi et mi perdoni de l'error commesso perché è stato per non riveder questa comedia, ché non ho auto tempo».

240 Luciano 1494, cc. 93*r*-104*r*. Per le osservazioni di Tissoni Benvenuti, cfr. Del Carretto 1983, 562–563.

241 Del Carretto 1983, 559–609.

242 Cfr. c. 93*v*: «teque o divum atque hominum rex sublato paulatim honore Saturnium esse dicunt. Quotiens iam templa tua expolarunt nonnulli quoque tibi in olympiadibus violentas iniecere manus» con I, 40–42: «alcun far voti al nume tuo non vegio, / se non sol qualche vechie a antica usanza / et ogi è senno a far un sacrilegio».

243 La medesima strategia viene impiegata a II, 1–3 (c. 99*v*: «iam Atticam devenimus?»).

IV, 105–106 non manca un inciso sull'ambiente mondano frequentato dagli spettatori: «sempre ti piacque el mottegiar di corte, / e delegiar li amici a securtate». A IV, 126–127 viene aggiunta una condanna contro gli avari. In Luciano, Demea, rivale di Timone, lusinga il protagonista, ricordandogli di aver vinto alcune competizioni sportive; in Del Carretto, invece, si ravvisa una trasposizione cavalleresca (V, 22–24: «Timon in Francia vinse già la giostra! / Timon ben canta balla salta e corre / et a luctar è forte come torre»). A V, 142, infine, il «porro e l'aglio» sono preferiti al meno comune «cardamum» di c. 103*v*.

Il primo atto si apre con Timone, ridotto in miseria a causa della nota prodigalità; egli si rivolge a Giove con continui lamenti e richieste. La divinità, serena e generosa, ascolta le ragioni del personaggio e chiama perciò Mercurio, cui viene ordinato di convocare la Richeza. Il serrato confronto tra i tre personaggi si chiude alla fine del I atto con la decisione di restituire a Timone le sostanze dilapidate (vv. 144–278). La scena risulta animata, in quanto all'insistenza di Giove, che vorrebbe favorire Timone, corrisponde il parere opposto di Richeza. Le argomentazioni addotte, estremizzate rispetto al testo originale, mirano al divertimento del pubblico: se la Richeza paragona il comportamento di Timone a quello di un marito infedele, Giove accosta il personaggio a Tantalo e a Fineo (vv. 223–238 e 247–262). Il ritmo del dialogo appare veloce e incalzante grazie all'impiego ricorsivo del polisindeto, che rende il fervore e l'ansia di Giove[244].

Il secondo atto è incentrato su un nuovo dialogo tra Mercurio e la Richeza, in cui i personaggi si accordano sul comportamento da osservare con Timone. Nel terzo Mercurio fa accettare al protagonista il dono di Giove: solo l'idea di diventare oggetto di invidia da parte dei conoscenti convince Timone a cambiare idea. Questi, dopo aver trovato un grande tesoro nel suo campo, viene visitato da Gnato, Filiade, Demea e Trasicle, che vogliono arricchirsi a spese del protagonista. Il finale, con l'intervento del poeta sulla scena, chiarisce il significato ironico dell'opera (V, *finis comedie*: 1–31): bisogna pregare Dio di diventare ricchi, asserisce il personaggio,

244 vv. 251–254: «e fugon sempre e non può gustar loro e fame e sette sempre in corpo tene, / e mai spenger non può sua fame o sete / e far non può già mai sue voglie liete».

perché nessuno frequenta i poveri; di contro, le persone facoltose sono stimate da tutti.

2.

Rimane aperta la questione relativa alla dipendenza della versione di Del Carretto da quella di Boiardo, che analizzeremo al capitolo 2, sezione 9. Antonia Tissoni Benvenuti non nutre dubbi: «nessun rapporto esiste tra i due *Timoni*, anzi il Dal Carretto sembra ignorare il precedente»[245]. Però, Marzia Minutelli ha avanzato alcune congetture suggestive[246]. Le osservazioni delle studiose meritano di essere verificate attraverso un confronto tra le due opere. Innanzitutto, occorre richiamare l'elemento di novità della *Comedia* in rapporto ai due precedenti: se Luciano e Boiardo mettono in scena un personaggio irascibile, sconsiderato e gretto, Del Carretto sceglie una soluzione di compromesso, che salvaguarda le ragioni rappresentative del testo. Già il monologo iniziale del personaggio, che pure non manca di avanzare una dura reprimenda contro Giove, rifugge dagli esiti irriverenti di Luciano (per es. I, 10–18):

> Che val la toa possanza, che già feo
> bassar sì presto ai validi giganti
> el vano orgoglio temerario e reo;
> e che mandò il diluvio a tutti quanti
> excepto a Pirra cum Deucalïone
> che sopra i monti andàro in nave erranti?
> Tu più non teni a noi qua giù ragione
> e teni de pietà chiuse le porte
> e d'ogni mal del mondo sei cagione.

245 Del Carretto 1983, 563.

246 Minutelli 2004, 153: «ci si potrebbe spingere a ipotizzare che appunto la signora [*scil.* Isabella d'Este], per giunta dedicataria del dramma, avesse sollecitato per interposta persona l'affezionato cliente a porre mano a un'opera scenica capace di surclassare quel *Timone* che Ercole d'Este aveva anni prima commissionato a Boiardo [...] o quantomeno di rivaleggiare con quei volgarizzamenti in rima di commedie classiche di cui il padre le si mostrava irrimediabilmente avaro».

Il tono e l'argomentazione del testo latino di riferimento indicano alcune divergenze sostanziali: viene omessa la descrizione delle pene inflitte agli uomini ed è tralasciato l'episodio del seme della malizia, conservato da Giove per recare danno al genere umano qualora fosse sopravvissuto al diluvio universale (cc. 93*v*-94*r*). Da una parte l'operato del dio – figura che in ambito cortigiano viene, non di rado, equiparata al *princeps* – appare meno negativo; dall'altra lo stesso Timone risulta misurato. Le idiosincrasie del protagonista sembrano ricondotte nell'alveo di un ambito comico, anche perché lo scrittore si astiene dal sarcasmo pungente di Luciano. Nel terzo atto la Richeza e Mercurio si recano dal personaggio per restituirgli le sostanze perdute: Timone non si dimostra ospitale, al punto che in Luciano viene sottolineata la sua misantropia[247]; in Galeotto del Carretto, invece, la reazione scomposta del protagonista è giustificata dal riconoscimento della Richeza, che Timone non intende incontrare (III, 63–64: «o temerario audace omo, che vòi? / E tu, ria ceca, che la gente pianti?»). Dal dialogo emerge poi un Timone saggio, che analizza la situazione sulla base delle dicotomie 'città' / 'campagna' e 'ricchezza' / 'povertà' (vv. 117–132):

> Perché la fu cagion de mei gran danni,
> ponendomi in le man d'adulatori
> e cum insidie false e occulti inganni
> grandi odii ha suscitati e gran rancori;
> et in invidie cum mortal mei danni
> m'ha posto, sempre in man de detractori;
> et in delicie et ocio m'ha nutrito
> e come falsa sempre m'ha tradito.
> Ma l'optima mia sozia Povertade
> sempre in viril fatiche m'ha nutrito,
> e m'ha soccorso in la necessitade
> cum ferma fede e patto stabilito;
> e mentre ho lavorato in egestade
> m'ha sempre mai soccorso e favorito,
> mostrandomi spreciar tutto 'l soperchio
> sì che ancor porto di bon nome il merchio.

247 c. 100*r*: «qui estis, o maledicti, quid quaerentes huc venistis viro agricolae molestiam illaturi?».

Tali spunti, assenti nel testo latino, spiegano l'atteggiamento di Timone, che – oltre ad abbandonarsi a momenti di ira e sconforto – è capace nella *Comedia* di ragionare con pacatezza; ciò contribuisce, a tutta prima, a delineare un personaggio assennato, che non incolpa mai le divinità, anzi scorge la causa delle sventure nella sua mancanza di equilibrio[248]. In seguito, si intuisce che l'insolita caratterizzazione è funzionale a connotare comicamente l'atteggiamento del protagonista. All'inizio dell'atto successivo Timone trova il tesoro promesso da Mercurio: il divario con il testo lucianeo sembra di rilievo. La felice scoperta spinge il personaggio a elogiare Giove; il che non si riscontra, per ovvi motivi, né in Boiardo, né nel modello antico (IV, 19–20: «or vedo ben che Giove è grato e pio, / il qual m'ha restaurato il ben c'ho perso!»). Inoltre, viene inserita un'ottava in cui sono esaltati gli straordinari benefici dell'oro e delle ricchezze (IV, 25–28). In questo passaggio spicca l'incongruenza comportamentale del protagonista, che, a seconda della circostanza, si scaglia contro la divinità e poi la magnifica; biasima la ricchezza, salvo celebrarla in seguito. Le numerose critiche sembrano perciò solo di maniera e tratteggiano il profilo di un personaggio grottesco e ridicolo, come molti servi della commedia latina. La volubilità è manifestata, per esempio, ai vv. 11–12, in cui Timone sostiene «o voi amici in ch'i' ho fidanza, / venite qua a veder: ohimè quanto oro!»; nondimeno, nel volgere di poche battute, egli cambia prospettiva in modo repentino (per es. vv. 49–52). In Luciano i propositi di Timone raggiungono le estreme conseguenze sino alla definizione orgogliosa e programmatica di misantropo (c. 102*r*: «echecratides»); Del Carretto, di contro, evita il riferimento, tanto che Timone passa da figura controversa a stravagante.

248 Cfr. c. 101*r* («persuasum iri mihi crede Mercuri iterum fieri dives cupio. Quid enim pateretur qui cum diis vim inferat. Sed vide quaeso in quas res me trudas infelicem ut hactenus beate vixi tantum repente aurum quum nulli iniuriam fecerim accipiam tantarumque curarum mole praemendus sim») con III, 189–196 («Mercurio, i' voglio far quel ch'a te piace / e d'esser ricco già mi vien desio; / e stolto è in tutto, temerario e audace / colui che vòl andar contra de Dio; / ma dammi cossa tal ch'io viva in pace / perché contento fina qui vixi io, / che se me desti più, non mi bisogna: / a me faresti danno, a te vergogna»).

Quindi, le semplificazioni e gli sforzi di modernizzare il testo sul piano diegetico, contenutistico, formale vanno ricondotti al tentativo di temperare il carattere e le azioni del protagonista. Gli intenti corrosivi, polemici e sarcastici dell'opera greca sono trasposti all'interno di una diversa tipologia letteraria, che richiede – seppur non ancora soggetta a norme precise – almeno una linea di tendenza data dalla prassi, dalla *convenientia*: la *Comedia*, destinata a celebrare un evento lieto o a fare da corredo a una festività, non può proporre tematiche impegnative, giacché ha il compito di *delectare*. Il confronto con Boiardo, se mai è avvenuto, si registra proprio nella totale distanza della prova di Del Carretto da quella ferrarese, nel voluto, e dovuto, rigetto di un modello colto ed elaborato. Del resto, anche la brevità dell'opera (1060 versi contro i 1909 del *Timone*), la continua e sistematica disponibilità verso il gusto del pubblico di corte palesano una strategia compositiva in linea con le indicazioni della committenza. Tali princìpi sono enunciati sin dal prologo del testo, in cui il poeta domanda agli spettatori di ascoltare in silenzio la «comedia», pronta a regalare loro momenti di «letizia, contenteza, gaudio e pace» (vv. 1 e 7).

8 *Scrivere una «tragedia scura»*

1.

Informazioni preziose circa le origini della *Panfila* vengono fornite dell'autore in una lettera del 18 giugno 1499 alla marchesa Isabella d'Este. Antonio Cammelli le comunica l'invio di un «libretto della Tragedia nominata *Pamphila*» – finita di comporre nel corso della «quaresima passata» – nonché un «nuntio delli Sonetti faceti»[249]. La circolazione dell'opera presso la corte gonzaghesca risulta storicamente provata, mentre non è sicura la sua diffusione a Ferrara; invero, la *princeps* del 1508 reca la dedica a Ercole I d'Este in modo vago e succinto[250]. Nell'impossibilità

249 D'Ancona 1891, 375–376. Sulla *Panfila* è fondamentale Boillet 2021, 53–150.

250 Cammelli 1508.

di determinare se la *Panfila* sia stata pensata in principio per il ducato estense, è preferibile collegare la tragedia al contesto mantovano, cui sicuramente venne proposta[251]. Le indicazioni aggiunte da Cammelli escludono poi una rappresentazione sulla scena, in quanto sembrano chiari gli inviti a leggere il testo durante l'estate[252]. Il consiglio – comune a quello che darà nel 1502 Galeotto Del Carretto con un'altra 'tragedia', la *Sophonisba* – viene giustificato dall'eccezionalità dell'opera, che si incarica di restituire lo schema, la struttura, le forme della tragedia classica[253]. La trama e l'ambientazione dell'opera sono riprese dalla celebre novella IV, 1 del *Decameron*[254]: l'azione si trasferisce dalla Salerno medievale alla Tebe antica (città simbolo della tragedia greca); Tancredi diventa Demetrio, mentre i due amanti sono chiamati Panfila e Filostrato; sono poi aggiunti altri personaggi, come il consigliere del re Pandero e Tindaro (servo di Filostrato in Boccaccio).

2.

Il dramma si discosta dalla novella soprattutto per l'inserimento di una tematica inedita, ossia la riflessione intorno alla vita cortigiana: inautentica, frutto di ipocrisie e sopraffazioni. L'amore non può essere coltivato a corte né si possono manifestare atti di lealtà, di giustizia, di saggezza. Il ruolo del cortigiano è inutile, perché i consigli ragionevoli di Pandero non vengono recepiti dal sovrano; Tindaro, invece, palesa come la frustrazione e il risentimento possano scatenare pericolose idee di vendetta.

251 Antonio Cammelli, detto il Pistoia, è attivo a Ferrara prima della guerra tra il ducato estense e Venezia (1482–1484). I testi encomiastici a Ludovico il Moro e la conoscenza di personaggi della cerchia ludoviciana provano una collaborazione con la corte sforzesca. Sono continui nel tempo anche i legami con Isabella d'Este, cui dedica vari sonetti. Sullo scrittore rinviamo a Rossi 2008.

252 D'Ancona 1891, 376: «questa basti per legierla talvolta la Excell.ia Vostra in villa per fuggire, o per il troppo caldo o per le noiose piogge, lo otio».

253 Si osservi che Cammelli divide il testo in cinque atti e inserisce i cori al termine degli stessi.

254 Sulla fortuna della novella nella letteratura e nell'iconografia quattrocentesca, cfr. Poletti 2004, 101–139 e 2007, 239–302.

Il personaggio coglie l'occasione di rivalsa sulla casata regnante, riferendo a Demetrio la storia d'amore tra la figlia e il servo Filostrato. Ciò che nel *Decameron* Tancredi scopre per puro caso, nella tragedia è determinato dal freddo raggiro di Tindaro.

Il discorso del re, in apertura, introduce gli argomenti principali dell'opera[255]: Demetrio confessa alla figlia che la morte sarebbe la soluzione più auspicabile per porre fine alle sue sofferenze (I, 1–6). La paura dei tradimenti, delle congiure e delle guerre fa rimpiangere a Demetrio di non essere un comune cittadino. Il sovrano, dopo le parole di conforto di Panfila, delinea un elogio del servo ideale, incarnato da Filostrato (I, 105–141). Nel secondo atto compare sulla scena Tindaro, il quale espone le sue osservazioni circa l'inadeguatezza dei potenti (II, 89–242). Il discorso affronta anche le questioni della sfortuna dei servi e dell'ingiustizia della vita di corte, in cui si sperimentano odio, adulazioni smaccate, superbia (II, 104–133). Il terzo atto è formato da due scene speculari: nella prima Filostrato confida a Tindaro, che si servirà del giovane quale mero strumento di rivincita, di essere innamorato di Panfila (III, 1–132); nella seconda Demetrio – che, con un veloce passaggio narrativo, è stato già informato da Tindaro – comunica a Pandero la punizione capitale da infliggere a Filostrato (III, 133–223). Nel quarto atto si giunge allo scontro dialettico tra gli amanti e il re, mentre il quinto, che segue in parte il *Decameron*, si distingue per i dubbi di Pandero sulla condotta del sovrano. Tuttavia, nell'ultima scena il servitore torna a sostenere Demetrio (V, 363–368). Si badi che i poli antitetici in conflitto non risultano due, come in Boccaccio: alla contrapposizione che separa amore e giovinezza da onore e vecchiaia si aggiunge la prospettiva di Tindaro. Di conseguenza, viene messo in scena uno scontro fatale, una «tragedia delle corti»[256]: l'amore dei due giovani viene osteggiato dal re, il quale subisce l'ostilità, occulta e maligna, di Tindaro.

255 Si cita da Cammelli 1983, 403–468.

256 Aurigemma 1968, 17.

3.

L'inserimento nella *Panfila* di questioni impegnative, l'ambientazione signorile, la vicenda funesta, la vittoria impunita del servitore Tindaro sulla tirannia di re Demetrio nonché il genere stesso praticato da Cammelli dovevano trovare valide giustificazioni, tali da consentire un'operazione ardita e sperimentale. Innanzitutto, alcuni temi sono ammissibili grazie a calibrati accorgimenti: le responsabilità del sovrano vengono attenuate dalla sua vecchiaia e dall'irrompere della Fortuna nella storia; all'infedeltà di Tindaro si contrappone l'atteggiamento leale di Pandero e di Tinolo; alle rivendicazioni di Panfila circa l'autenticità dei propri sentimenti fanno da contraltare le incertezze di Filostrato. In aggiunta, lo scrittore legittima il proprio testo a partire dalla fonte boccacciana e dall'inserimento di un 'argumento' pronunciato da Seneca. Il filosofo – che collega *lato sensu* la storia alla propria esperienza presso la corte neroniana – dichiara di aver scritto la tragedia da giovane e di essere tornato sulla terra su invito di Plutone. L'espediente della comparsa di Seneca, la sua *auctoritas*, la finzione della composizione del dramma sotto dettatura permettono a Cammelli di motivare le scelte diegetiche e strutturali del testo. La presenza del tragediografo, infatti, non è dettata da una reale imitazione delle sue opere, ma soltanto da una necessità apologetica[257]. L'espediente mette comunque in luce l'originalità della *Panfila*: le tragedie dello scrittore latino non avevano ancora goduto di una grande eco[258]. In più, le parole di Seneca e l'episodio stesso del ritorno sulla terra ricalcano i prologhi del *Timone* di Boiardo, recitato da Luciano di Samosata, e della *Pasitea*, in cui Cecilio Stazio lascia i Campi Elisi per suggerire la trama a Visconti[259]. Il tentativo di competere con due modelli, che si erano posti

257 L'unico legame potrebbe essere istituito con l'*Octavia*, che mette in scena la feroce tirannia di Nerone; la paternità senecana della tragedia, negata dalla critica recente, non viene messa in discussione ai tempi di Cammelli.

258 La *princeps* risale agli anni Settanta (Ferrara: Belfort); seguono tre stampe veneziane (Soardi, 1492; Capcasa, 1493 e Tacuino, 1498). Cfr. Capirossi 2020, 49–68.

259 La scelta potrebbe derivare anche dal *Tieste* e dall'*Agamennone*: le ombre di Tantalo e Tieste, lasciati gli Inferi, tornano sulla terra per recitare il prologo agli spettatori.

il compito di rivisitare la commedia antica, rientra nel progetto ambizioso della *Panfila*.

4.

Dopo aver inquadrato l'opera, occorre soffermarsi sui passaggi salienti del testo, in cui spicca il conflitto tra amore, onore e vendetta. Il primo atto, che non deriva dalla novella del *Decameron*, viene occupato dal confronto tra re Demetrio e Panfila. Il sovrano, che afferma di avere «septanta anni», medita sulla condizione degli uomini di alto lignaggio (v. 25). Demetrio sostiene che la sua vita sia contrassegnata da «affanni» e dal «dubio» (vv. 23 e 26). Egli teme spesso l'insorgere di qualche «ascoso inganno» a causa dei servitori corrotti (v. 30). Il re appare pronto ad abdicare: soltanto l'«onor», termine chiave che marca la caratterizzazione del personaggio, lo trattiene dal portare a termine i suoi propositi (v. 45)[260]. Segue una considerazione, che chiama in causa Panfila, di inaudita contravvenzione alle leggi della società cortigiana (vv. 52–57):

> E creder dèi che una maritata
> stia molto peggio, figliola, di te,
> la quale è serva e tu sei liberata.
> O quante già ne furno e quante ne è
> che vivon serve, e 'l marito hanno seco
> qual non gli observan né patto né fé!

L'affermazione pare una sorta di controcanto della morale di corte: Panfila non risponde nel merito e si limita ad augurare al re di dilettarsi con «canti suoni balli feste e giochi» (v. 75). Vengono progressivamente tratteggiati due piani incompatibili: Demetrio è gravato dall'età avanzata e dalle responsabilità, laddove la giovane, che non può capire la prospettiva del padre, risponde con argomentazioni ingenue. Demetrio, in seguito, elogia le virtù eccelse del suo miglior servitore, Filostrato, che si dimostra

260 Le considerazioni riprendono un dibattito ferace, che si era sviluppato a partire dal *De infelicitate principum* di Poggio Bracciolini (1440); il trattato rappresenta il potere come strumento di corruzione, fonte di ansie e turbamenti.

sempre «fidele e obediente», «prudente», «gentile» (vv. 109, 111, 130). Panfila, una volta uscito il padre di scena, incolpa Demetrio di non essersi accorto dei suoi sentimenti; la ragione di questa insensibilità va rintracciata nella vecchiaia del personaggio, incapace di comprendere i reali desideri della figlia[261].

All'inizio del secondo atto Filostrato confessa di essersi innamorato di Panfila. Le sensazioni ambivalenti del personaggio, che prova nel contempo «vergogna [...] desìo e paura», fanno spazio all'amore incondizionato per la principessa (v. 4). Tuttavia, il servo promette di dimostrarsi prudente, di dissimulare i propri sentimenti, perché «bono è guardarse de fugire / la crudeltà dei patron che son vecchi» (vv. 40–41). Nella scena successiva compare Tindaro, contrassegnato da un linguaggio sentenzioso; questi, anziano al pari del re, si dispera per la propria condizione (v. 97: «pazzo è colui che se invecchia alla corte»). Il personaggio offre poi uno spregiudicato ritratto dell'indole dei sovrani (vv. 98–99): «tra' grandi è morta la discrezione: / non cognosce un signore amore o fede». In aggiunta, Demetrio gratifica soltanto i cortigiani «adulatori» che «ben san simular mal del compagno» (vv. 105–106); l'amore dei servi non viene ricompensato, la virtù risulta un valore «stracciat*o* e vilipes*o*», giacché l'attività di governo è gestita da «ignoranti» (vv. 108 e 110). La descrizione della cerchia di Demetrio è approfondita da un elenco di vizi che costituiscono le vere basi della vita cortigiana (vv. 113–120): «nequizia [...] odio extremo [...] certa perfidia [...] invidia [...] adulazione [...] accidia [...] ambizïon, nemica del diletto [...] superbia». Viene così tratteggiato un mondo alla rovescia, iniquo, paradossale, che «i più tristi alcia, e i magior precipizia» (v. 115). Perciò, Tindaro – che si sente «tradito» da Demetrio, «re aspro e crudele» – è pronto a vendicarsi (vv. 131 e 132). La condotta del personaggio viene sigillata da una terzina icastica e radicale, secondo cui uno «iusto sdegno» porta naturalmente a «divenir crudeli» (vv. 173 e

261 vv. 188–190: «ma gli è de' vecchi un lor commune errore: / crescendo el tempo, el cervel tanto scema / che per loro il tacer serìa migliore». La caratteristica è già in Boccaccio (IV, 1, 3): «Tancredi, prencipe di Salerno, fu signore assai umano e di benigno ingegno, se egli nell'amoroso sangue nella sua vecchiezza non s'avesse le mani bruttate».

174)[262]. L'ingresso in scena di Filostrato permette poi a Tindaro di venire a conoscenza della storia d'amore tra i due protagonisti. Alla fine, Tindaro – che finge di interessarsi ai problemi del giovane e giura di non riportare ad alcuno le sue confidenze – si comporta alla stessa stregua dei cortigiani sleali da lui disprezzati. Filostrato, di contro, non sembra un personaggio tragico, giacché risulta portatore dell'evanescenza e dell'ingenuità tipiche dell'innamorato della commedia classica.

L'atto seguente si apre con un monologo di Tindaro, indeciso se realizzare sino in fondo il proprio piano. Il desiderio di riscatto risulta, però, superiore (vv. 13–22):

> Perché gli è bono a far patir chi erra;
> e bono è a tempo far la sua vendetta;
> et a quel che vòl guerra, dargli guerra.
> L'offeso che ha l'ingiuria in petto stretta,
> non se la scorda mai; e lo offensore
> ne porta pena el dì che non l'expetta.
> Or così gli avess'io cavato il core,
> come io l'ho questo giorno vergognato,
> che ancor gli parerà morte l'errore!
> Trionfa alle sue spese Filostrato.

L'ultimo verso, contraddistinto da una cieca bramosia di rivalsa, è preceduto da un lessico preciso, a volte persino crudo («patir»; «erra»; «vendetta»; «guerra»; «ingiuria»; «pena»; «cavato il core»; «vergognato»; «morte»; «errore») e da frequenti anadiplosi, che esprimono la ritrovata risolutezza del personaggio («è bono [...] bono è»; «guerra [...] guerra»). All'improvviso riappare Filostrato, soddisfatto per i «tempi [...] felici» (v. 74); l'ironia amara della battuta viene ribadita dalla risposta di Tindaro, il quale suggerisce all'interlocutore di «parlar poco», di guardarsi dall'«invidia cortigiana» (vv. 95 e 99). La sequenza successiva presuppone un brusco salto narrativo, poiché Demetrio è già

262 Lo scrittore nella sua silloge poetica, composta da oltre cinquecento sonetti, si sofferma spesso sulle nefandezze della corte. Cfr. Cammelli 1908, §§ 44, 45, 49, 50, 51, 73, 184, 233, 281, 283, 302, 357, 358, 369, 379.

stato informato da Tindaro circa la storia d'amore tra la figlia e il servo[263]. Il re si trova così a colloquio con il segretario Pandero al fine di prendere un adeguato provvedimento nei confronti dei due protagonisti. Lo sdegno del personaggio è condensato da numerose frasi esclamative e interrogative retoriche: il sovrano sembra in questo frangente un corrispettivo di Tindaro, poiché invoca a sua volta «vendetta» (vv. 169 e 183). Il lessico impiegato riflette i pensieri del re, che giudica la figlia «iniqua» e «disleale»; perciò, la «macchia» sarà punita con la morte, evocata cinque volte nell'arco di pochi versi (vv. 160–177). Intanto, Tindaro fugge, prendendo congedo dalla «morte» e dall'«insidia» che albergano a palazzo (v. 225).

Il quarto atto inizia con il discorso, enfatico e dolente, di Pandero, che si scaglia contro l'«infamia» del sovrano e la «Fortuna crudel» (vv. 2, 23); nondimeno, il personaggio ammette di non essere in grado di soccorrere il protagonista. Il contesto sommesso e lugubre è restituito con uno stile eterogeneo, che comprende ora battute consone alla situazione e al genere tragico, ora espressioni proverbiali e appartenenti a un registro diafasico più basso[264]. La scena successiva è dedicata al dialogo tra Pandero e Demetrio, che si incardina su alcune parole d'ordine e concetti precisi: il re intende fornire un «exempio» tangibile attraverso la punizione dell'«excesso», del «grave errore» compiuto dai due amanti (vv. 34, 38, 39). Il bisogno di «vendetta», definita «acerba e dura» al v. 89, è motivato dalla «vergogna», dalla perdita dell'«onor» (vv. 48 e 49). Pandero, invece, tenta di placare il re, riportandogli le possibili conseguenze dell'uccisione di Filostrato sulla famiglia reale. Demetrio si dimostra, però, irremovibile e ordina di condurre la figlia al proprio cospetto. Il dialogo tra i due personaggi riflette il modello boccacciano:

263 Di fatto Tindaro e il re, i due veri nemici dell'opera, non si incontrano mai in scena.

264 Per es. cfr. vv. 25–27 («così il mondo pasce / sempre l'uom de fatiche, e ben si po' / chiamar felice quel che more in fasce») con vv. 13 e 21 («la carne è stata troppo apresso l'osso» e «lavorar poi coi ferri del maestro»).

Decameron (IV, 1, 26–28)	*Panfila* (IV, 90–122)
«Ghismonda, parendomi conoscere la tua vertù e la tua onestà. [...] Di che io, in questo poco di rimanente di vita che la mia vecchiezza mi serba, sempre sarò dolente di ciò ricordandomi. E or volesse Idio che, poi che a tanta disonestà conducer ti dovevi, avessi preso uomo che alla tua nobiltà decevole fosse stato; ma tra tanti che nella mia corte n'usano eleggesti Guiscardo, giovane di vilissima condizione, nella nostra corte quasi come per Dio da piccol fanciullo infino a questo dì allevato. [...] Di Guiscardo, il quale io feci stanotte prendere quando dello spiraglio usciva, e hollo in prigione, ho io già meco preso partito che farne; ma di te sallo Idio che io non so che farmi».	«Panfila, a me cognoscer parse già / esser in te non pur sola virtù, / ma prudenzia infinita et onestà [...] / Deh! che in questo poco rimanente / che vecchiezza mi serba, a tanto male / pensando ognora viverò dolente. / Almen volesse Idio, doppoi che a tale / disonestà giongesti, avesti preso / un ch'al tuo sangue fusse stato equale. / Ma in fra tanti qui de nobil peso, / un tolto n'hai de più vil condizione, / come n'hai sempre pel passato inteso: / alevato da noi picol garzone / in fino a questo dì, come quel angue [...] / Di te non so che partito pigliare; / de Filostrato ho già partito a pieno / qual feci questa notte impregionare».

Cammelli tende a preservare il ritmo del racconto mediante esclamazioni e interrogative retoriche, ma senza diluire la tensione della novella[265]. Il rispetto sostanziale del testo del *Decameron* viene trasgredito in due passaggi, che evidenziano le ragioni di Panfila: nel primo è marcata la polemica antinobiliare già *in nuce* in Boccaccio (vv. 187–195; cfr. con *Dec* IV, 1, 40–41); nel secondo Demetrio riconosce il valore della giovane[266].

265 Non mancano alcune cadute di stile per cui Aurigemma 1968, 31 ravvisa talora un «tono da lite casalinga».

266 La glossa del *Decameron* inserita dal narratore (IV, 1, 46: «conobbe il prenze la grandezza dell'animo della sua figliuola») viene attribuita direttamente a Demetrio (vv. 230–235).

5.

L'ultimo atto recupera l'inizio del precedente, poiché un nuovo monologo di Pandero commenta l'«accerba pena» prevista da Demetrio (v. 2). Questi si comporta con tanta «crudeltà» a causa della «vecchiezza», che spiega l'astio verso la «gioventute» (vv. 4, 5 e 8). Pandero, malgrado la critica al re sia profonda, non sceglie di ribellarsi, anzi proclama la necessità di assecondare le indicazioni dei regnanti (vv. 22–27). L'ingresso in scena di Tinolo e Pinzia interrompe il monologo del personaggio, il quale dà ordine ai servi di uccidere Filostrato. Persino questi ultimi si mostrano restii a portare a termine il «mallefizio» (v. 46); pur tuttavia non possono esimersi dal compito, giacché si devono ascoltare sempre le disposizioni dei padroni. Inoltre, i servitori riducono le responsabilità del proprio signore, poiché la colpa di quanto accaduto è da addebitare soprattutto alla «Fortuna [...] invidiosa» (vv. 185 e 186)[267]. Tinolo e Pinzia, terminato il triste compito, portano a Demetrio il cuore del personaggio, di cui descrivono l'uccisione. Il racconto accurato dell'episodio – contraddistinto da particolari macabri e senecani – viene completato, come da tradizione, dalla sintesi delle ultime parole pronunciate dell'amante. La giovane, dopo aver visto il cuore dell'amato, rivendica le proprie scelte e decide di suicidarsi in nome dell'amore eterno che la lega al protagonista. La sua tenacia emerge nella scena successiva, in cui definisce il padre «contento» e «causa» di quanto accaduto (vv. 305 e 306). Pandero, a seguito della morte di Panfila, cerca di consolare Demetrio; questi ordina di seppellire Panfila accanto a Filostrato. Però, il commento finale, affidato a Pandero in sostituzione del coro, dischiude una versione tendenziosa: il dolore del padrone cancella, in qualche modo, gli errori commessi. Infatti, vengono individuati nell'«Amor» e nel «mondan piacere» i motivi per cui si è «dismembrata» la casata regia (vv. 372, 373 e 375).

La «tragedia scura», come è definita al penultimo verso, termina non senza alcune contraddizioni, motivate dalla novità dell'operazione

267 L'attenuante è smentita con forza da Panfila (IV, 181–183): «tu [*scil.* Demetrio] in questo segui la gente vulgare / la Fortuna incolpando quale abassa / gli iusti, e gli iniusti fa regnare».

di Cammelli: il lessico non si mantiene sempre uniforme, poiché ricorre a proverbi, frasi gnomiche, espressioni quotidiane tipiche della commedia[268]; l'impianto diegetico, se, da una parte, offre scene di elevata tensione emotiva con personaggi colpevoli e crudeli, dall'altra, riabilita la figura di Demetrio. L'Amore, forza positiva e legittima nei primi atti, diviene poi un sentimento pericoloso, da rifuggire; parimenti, il peso della Fortuna aumenta sino a ricoprire un ruolo pervasivo. L'unica figura coerente, a differenza di Filostrato, che sembra pentirsi delle sue scelte, è Panfila, la quale si difende sino alla fine; il suicidio, come quello di Ghismonda in Boccaccio, appare un estremo sacrificio teso ad affermare i suoi valori di riferimento. Però, le frequenti rettifiche non distolgono l'attenzione da un espediente, forte e innovativo, con cui è bene misurare l'esito dell'opera di Cammelli: per quanto la 'causa' sia attribuita alla Fortuna, all'Amore, all'impeto giovanile di Filostrato, alla ferocia del vecchio sovrano, Tindaro, il vero colpevole, risulta impunito e vittorioso senza mai essere sospettato da altri personaggi.

9 *Scipione (e Sofonisba)*

I.

Del Carretto, che manda la *Sophonisba* a Isabella d'Este nel marzo del 1502, si rivolge alla marchesa asserendo che sia «lodevole cosa [...] l'accomodarsi a' tempi, e secondo l'occorrenza de' casi, hor lieti, hor tristi, saper dispensare il vivere nostro con qualche esteriore segno» (c. 5*r*)[269].

268 Per es. cfr. 'argumento', v. 3 («la ragion dice e tace l'appetito»); I, 39 («dove è più roba son più guai»); I, 173–174 («vattene, fia, a cibarte, perch'io / conosco, essendo l'ora, el tuo appetito»); II, 103 («sempre pensa mal un che mal sède»); II, 125 («piccoli solfanelli accendon foco»); IV, 19–21 («sta male al pedestro / a cui doce l'artefice, s'el vole / lavorar poi coi ferri del maestro»).

269 Citiamo il testo dalla *princeps* giolitiana di Del Carretto 1544, poiché l'edizione moderna di Del Carretto 1982 è viziata da non poche criticità filologiche, come osserva Maria Luisa Doglio in Del Carretto 1985, XV. Sulla *Sophonisba* si vedano Arbizzoni 1991, 37–59 e Gigante 2019, 41–54.

Lo scrittore sostiene che, in un periodo di «guerre, di travagli e di mestitia e di mille altri infortuni pien*o*», non si possano tralasciare gli argomenti d'attualità. La scrittura di una tragedia si spiega con la propensione del poeta a sperimentare; fa fede, in questo senso, il numero cospicuo di schemi metrici impiegati (strofe saffiche e di canzone, capitoli in ottava e terza rima, endecasillabi con rimalmezzo e sciolti, sonetti). La scelta della tragedia – o meglio, dell'«opera continuata», come genericamente è definita a c. 5*v* – si spiega con l'indicazione di Del Carretto alla marchesa di leggere l'opera «quando averete oportunità», senza fare cenno alcuno alla rappresentazione; come per la *Panfila*, le tematiche proprie della tragedia sono ammesse purché la ricezione rimanga chiusa.

La nota storia della nobile cartaginese viene mutuata da numerose fonti: in particolare si avvertono riferimenti alla terza decade liviana[270]. Tuttavia, a dispetto del titolo e del riassunto fornito nel prologo[271], la protagonista eponima compare sulla scena a metà dell'opera (c. 29*v*) e interviene solo in quattro delle cinquantadue sequenze che compongono la tragedia (cc. 29*v*, 32*r*-32*v*, 39*r*-40*v* e 47*v*-48*v*; 136 versi su 2283 totali, pari al 6 % circa): il personaggio è marginale e non assurge a simbolo di lotta per l'indipendenza del proprio popolo. La scena – che si sposta vorticosamente dalla Spagna, all'Africa, alla Sicilia, all'Abruzzo coprendo un lasso di tempo di circa due anni – è dominata da Scipione; egli cerca insieme al fidato collaboratore Gaio Lelio di conquistare la Numidia di Siface (marito di Sofonisba, coalizzato con Cartagine). Sofonisba, dopo la cattura del coniuge, si sposa con Massinissa, sovrano berbero della popolazione dei Massili; ciò nondimeno Scipione, sobillato da Siface, teme che la regina possa convincere l'alleato a ribellarsi contro il suo esercito e, perciò, ne ordina la cattura. Sofonisba, allora, si suicida bevendo una coppa di veleno per evitare l'onta di essere tradotta in catene a Roma.

270 Non si dimentichi la *Sofonisba* di Mantegna dipinta tra il 1495 e il 1500 (London: National Gallery); l'eroina, ritratta nell'atto del suicidio, è inserita in un ciclo che comprende Giuditta, Didone e Tuccia.

271 c. 6*v*, vv. 1–4: «Melpomene mi sprona a sonar versi / con mesti accenti e tragico boato / e dir di Sophonisba i casi aversi / et il suo acerbo e miserabil fato».

2.

Le dinamiche principali della tragedia coinvolgono Sofonisba in modo indiretto; invero, risultano particolarmente approfonditi i temi dell'amicizia e della *fides* tra uomini politici; nella fattispecie, vengono indagati i meccanismi psicologici che motivano la disonestà di Siface, pronto a tradire Scipione dopo aver raggiunto un accordo segreto con Asdrubale. Pure Massinissa viene meno al patto siglato con il generale romano a causa dell'innamoramento per la regina della Numidia, oggetto passivo del meccanismo ideologico-diegetico della tragedia. Il protagonista, pertanto, sembra proprio Scipione, da contrapporre a Siface e a Massinissa. L'attenzione conferita ai personaggi maschili, ai loro intrighi politici, alle fasi decisive dalla guerra soddisfa la nota propensione di Francesco II Gonzaga per i soggetti di argomento bellico. Sicché Scipione assomiglia a quello di Filippo Lapaccini: non è opportuno stabilire contatti diretti tra le due opere, poiché Del Carretto dimostra di aver ricavato informazioni su Scipione da fonti ben più qualificate. Tuttavia, non mancano analogie interdiscorsive tra la *Sophonisba* e il *Certamen*. Innanzitutto, in Del Carretto il personaggio è descritto secondo le qualità consuete di coraggio e morigeratezza, tanto che alle cc. 8*r*-8*v* Massinissa introduce Scipione in questo modo (I, 1–8):

> La ben sonora e gloriosa fama
> a nostre orecchie vien da molti canti
> del gran roman, che Scipion si chiama,
> qual col valor de suoi gran gesti tanti
> vinto ha la Spagna, tal che con gran brama
> ogniun il segue e, per suoi modi santi,
> i vinti Hispani tengonsi felici
> d'esser di Roma sudditi e amici.

Spicca la commistione di motivi classici con elementi cristiani del tutto anacronistici (v. 6: «modi santi»). La prima apparizione di Scipione viene commentata dalle parole del sovrano berbero, che esalta la magnanimità del generale romano. Questi, a colloquio con Lelio, mostra alcuni aspetti evidenziati già nel *Certamen*: le vittorie conseguite in Spagna non sono sollecitate dalla ricerca di prestigio personale, bensì dall'esigenza di rafforzare il «poter del roman stato» (c. 8*v*, III, 4); l'apparente sconfitta di Cartagine non ha illuso il generale, pronto a combattere sino alla vittoria decisiva. Scipione si distingue grazie al suo acume strategico: siccome tra Siface e i Cartaginesi corre «qualche invidia», appare giusto agire mediante l'«ingegno» (c. 9*r*, II, 8)[272]. Insomma, il personaggio mette in pratica la proverbiale strategia del *divide et impera*, esercitata con sapienza nel corso della tragedia; non a caso, il generale ordina a Lelio di liberare Massiva (nipote di Massinissa, imprigionato dai Romani dopo la battaglia di Baecula). Il protagonista sostiene di non aver rilasciato l'ostaggio per ottenere un lauto riscatto, bensì come forma di rispetto (III, 7–8: «non le gemme splendido né l'oro / rendono l'huom, ma l'immortal lavoro»); il fine dell'uomo consiste nel «procacciarsi amici / e non guardar a quel che vien servito / e ne' miseri casi e infelici / dar braccio a chi si trova a mal partito» (IV, 1–4)[273]. Contemporaneamente, Lelio si reca da Siface per sondare la sua disponibilità a schierarsi contro Cartagine. In più, il confronto tra Scipione e Massinissa si risolve in un monologo esteso, in cui il generale romano espone un preciso programma di alleanze, fondato sulla *fides* e sul reciproco riconoscimento[274]; in seguito, i due politici concludono un accordo, che, nel contempo, viene raggiunto anche da Lelio con Siface. La debolezza di questi patti viene presto intuita da Lelio, che sospetta di Asdrubale, invidioso della «gran gloria» di Scipione (c. 16*v*, III, 2); Inoltre, Siface decide di avviare un negoziato con Asdrubale, convinto di far cambiare idea al sovrano numida offrendogli in moglie la figlia Sofonisba; la nobildonna, nominata per la prima volta, sembra in grado di cambiare il corso degli eventi.

L'accordo tra i due personaggi, in cui risalta l'ambivalenza di Siface e l'abilità retorica di Asdrubale[275], è fatto seguire da un sonetto, che sviluppa

272 Cfr. il testo in Lapaccini 2014, III, 13–15: «ne l'età mia più verde ogni lavoro, / ogni cura, ogni studio, ogni pensiero / puosi in seguir virtù, fido thesoro».

273 Cfr. Lapaccini 2014, III, 58–60: «le richeze e' thesori co' buoni giudici / non ne l'oro stimai, ma in fare acquisto / di huomini casti, sobrii e pudici».

274 Il coro, a c. 12*v*, III, 1–5, anticipa i temi trattati: «un beneficio di sua sponte fatto / da un nobil spirto liberal, cortese / al misero da lui non conosciuto / è degno e gentil atto / e il donatore è d'ogni lode degno».

275 Si vedano rispettivamente i seguenti passaggi a c. 25*v*, II, 1–4 («non creder ch'in me sia cotanto poco / antiveder d'ingegno e così unico / che prender deggia il

il tema dell'invidia. Il generale cartaginese conduce poi la figlia presso il futuro marito, esplicitando il ruolo strumentale del personaggio femminile (c. 29*r*, III, 1–2 e 5–7): «tu sarai la possente calamita / che il voler di Siphace a te trarrai. [...] Tu sarai la catena ben gradita, / onde il suo cuor con noi legato homai / fia sempre nostro e non giamai d'altrui». Sofonisba, infine, interviene per una sola ottava manifestando devozione verso il padre. La rinnovata concordia tra Cartagine e la Numidia occupa le riflessioni del coro: se la prima parte del ragionamento espone i benefici della fedeltà in modo rigido e macchinoso – ogni terzina, in sé conclusa e avulsa dalle altre, approfondisce una caratteristica della «fede» – la seconda si appunta sui limiti degli uomini. L'andamento dell'argomentazione ricorda il discorso della Virtute di Serafino Aquilano (cc. 33*r*-33*v*, 25–26 e 1–11):

ver'è che molta gente la conquassa
con varii crolli per mandarla al fondo,
ma non è forza che la tenga bassa.
E 'l tempo è tal che, a dirlo io non m'ascondo,
ov'è il suo nome di nequitia privo,
poco s'appregia nel perverso mondo.
E tutto avien ch'abominata a schivo
è la virtù dal secol corrotto,
u' 'l vitio de' viventi è l'idol divo.
Se l'appetito la ragion tien sotto,
se l'alma fede e si baratta e vende,
a che lagnarsi s'alcun patto è rotto,
poi che l'infamia per honor si spende?

La vicenda prosegue con i preparativi della guerra da parte dei due schieramenti: la contrapposizione risulta accentuata dal confronto tra Scipione e Annibale. Il generale romano sprona il proprio esercito facendo ricorso alla «fè», che ne ha sempre contraddistinto la condotta (c. 36*r*, I, 4)[276],

mal futuro in gioco / di voi, de' quai fui sempre e sono amico») e a c. 26*v*, I, 1–8 («pensato ho fra me, dunque, ove ti piaccia, / darlati in sposa e non senza effetto, / perché l'amor, che i nostri cuori allaccia, / più gli restringa in un medesimo petto. / Che questa è la catena che più abbraccia, / come si vede, e che più tien ristretto / l'amor tra noi mortali e ne fa insieme / sembrar gli usciti d'un istesso seme»).

276 La fedeltà politica è rivendicata da Scipione come sua prerogativa: cfr. vv. 4–8 («amica / fu sempre a' valorosi e ch'io pregai / dal dì ch'io nacqui; né perché

mentre Annibale, pronto a «spregiar di fortuna ogni disdetto», si caratterizza per la consueta superbia (c. 36*v*, II, 8)[277]. La sconfitta definitiva di Siface causa la disperazione di Sofonisba, la quale, nel corso di quattro ottave piuttosto involute, prova a convincere il sovrano vincitore a non consegnarla ai Romani (cc. 37*r*-39*v*). Massinissa, commosso dalla determinazione di Sofonisba e colpito dalla sua avvenenza, sceglie di rompere il patto con Scipione e di prendere la donna in sposa. Il proposito viene subito stigmatizzato dal coro tramite una topica precisa[278]. Il personaggio non si esime, infine, dal contrapporre il «casto e pudico» Scipione a Massinissa e al suo «stimolo d'amor, vitio impudico» (c. 41*v*, III, 2 e 4). Gli astuti ragionamenti del geloso Siface convincono Scipione a intimare un *ultimatum*. La tragedia – che, da un punto di vista tecnico, sembra iniziare solo ora – prosegue con il monologo di Massinissa. Questi è preda di incertezze e paure, rappresentate da domande retoriche, invocazioni, proteste (per es. cc. 46*r*-46*v*, IV, 1–3 e I, 1–5):

> Dolce e iocondo, ohimè, fu 'l cominciare,
> fu l'amor mio, ma ben amaro è 'l fine.
> Che farò dunque? Se rimedio oprare
> potrò dove io m'attenga, ov'io m'inchine?
> Debbo la fede rompere o serbare
> a Sophonisba? Ahi, luci mie meschine,
> ahi, no 'l consenta il ciel! Prima in me cada
> folgor dal ciel, ch'a l'altrui man ne vada.

---

vel dica / vi paia ch'io lodar voglia me stesso / che per giovar altrui gli è ben permesso»). In Lapaccini 2014, III, 100–105 si legge il medesimo attestato di modestia.

277 L'*excursus* non sembra episodico, perché nella tragedia non mancano sintesi storiche (per es. cc. 8*v*-9*v*), resoconti di battaglie (per es. cc. 37*r*-39*v*), di ambasciate (per es. cc. 10*r* e 34*v*-35*r*), biografie dei generali e dei sovrani (Asdrubale, cc. 10*v*-11*v*; Massinissa, cc. 21*v*-22*v*; Scipione, cc. 27*v*-28*v*). Le digressioni sono poco efficaci da un punto di vista drammaturgico e risultano in linea con le modalità narrative dei poemi in ottave. Si badi che Del Carretto scrive nel 1493 una *Cronica del Monferrato*, studiata in Fumagalli 1978, 391–425.

278 cc. 40*r*, II, 1–5 e 41*v*, I, 1–3 e 8: «misere e infelici» [...] «rio fine» [...] «aspra morte» [...] «picciol riso» [...] «lagrimosa pioggia». Di rincalzo, Lelio descrive l'unione prospettata come «furor cieco» [...] «voglia lassiva» [...] «error» [...] «pregion d'una cattiva» [...] «mortal vergogna».

Alla fine dell'intervento il sovrano convoca un servo, cui affida il compito di consegnare alla moglie un calice di «rio velen» (c. 46*v*, IV, 2). Sofonisba interviene così per sette ottave, sviluppando il suo discorso più esteso. Nel corso della prima stanza accetta virilmente la soluzione presa dal marito, riconosciuta «ben condecente» (c. 47*v*, II, 2). Nella seconda ottava, l'alternanza di sensazioni positive e negative rispecchia un tipico meccanismo tragico, che sottolinea la crisi e il disorientamento del personaggio. Nella quarta ottava viene evocato un altro *tòpos*: Sofonisba sostiene che sarebbe stato meglio morire a Cartagine ancora «libera e disciolta» che trascorrere la «vita in tante doglie» (c. 48*r*, I, 2 e 4). I versi conclusivi valgono da testamento spirituale[279]: nondimeno, l'eroina – molto lontana dall'alta caratterizzazione petrarchesca (*TC* II, 79–84) – è oscurata dalla figura di Scipione. A ben guardare sostiene i medesimi valori difesi dal generale (contegno, amor patrio, fedeltà) e si pone, seppur debolmente, quale sua *altera ego*. Insomma, la donna non spicca quale antagonista credibile, perché condivide la stessa mentalità del nemico e finisce per avallarne le scelte: la tragedia non poggia su antinomie, conflitti ideologici, risentimenti personali, ma è tutta orientata verso un'unica direzione centripeta. In più, le ultime scene ribadiscono la vittoria indiscussa di Scipione, che – messo a confronto con l'ambiguo Massinissa, incerto se togliersi la vita come la moglie (c. 51*v*, II, 1–2) – viene icasticamente raffigurato in una posa trionfale, ieratica (c. 52*v*, vv. 7–8: «indi hoggi ei [*scil.* Massinissa] fia da Scipion locato / seco in gran trono standogli da lato»)[280].

279 cc. 48*r*-48*v*, IV, 1–3 e I, 1–2: «qui giace Sophonisba, ch'ebbe a vile / questa vita mortal per gire a morte / e per spogliarsi l'habito servile / bevve il veleno, sì che la sua sorte / sia esempio a qualunque animo gentile».

280 Si badi che la centralità politica di Scipione corrisponde a quella di Francesco II durante le Guerre d'Italia: nel settembre del 1501 il marchese è nominato capitano generale dell'esercito imperiale in Italia.

10 *Verso la commedia 'regolare'*

Se la *Sophonisba* rappresenta, insieme alla *Panfila*, un primo tentativo di misurarsi con il genere tragico, il *Formicone*, messo in scena nel 1503, precorre alcune direttive proprie della commedia classicista; l'opera, divisa in cinque atti, non viene prodotta secondo le dinamiche consuete e la dialettica tra committenza e cortigiano, perché è elaborata all'interno della Ca' Zoiosa. Ricordiamo che, al cadere del XV secolo, il docente Pietro Marcheselli da Viadana aveva promosso un sistema pedagogico fondato sulla traduzione e la messa in scena delle commedie di Plauto e Terenzio[281]. Alla sua morte, nel 1502, Francesco Vigilio prosegue i metodi e le strategie educative del predecessore: il *Formicone* è scritto, se ci si attiene all''argumento', da uno scolaro rimasto sconosciuto, ossia «Publio Filippo adolescente»[282]. La commedia mostra numerose peculiarità stilistiche: ad esempio risulta in prosa, a differenza dei testi che formano il *corpus* drammatico pre-classicista; tale aspetto, già di per sé singolare, è spiegabile con la definizione di «essercitazione» fornita all'inizio dell''argumento' (33, 4). Evidentemente non conta che l'allievo dimostri particolari capacità poetiche e versificatorie; importa piuttosto la conoscenza degli elementi tipici della commedia latina. In più, la corte non costituisce l'interlocutore da soddisfare: il *Formicone*, benché messo in scena al cospetto di Isabella d'Este e Sigismondo Gonzaga, va interpretato innanzitutto quale esercizio didattico.

La trama è ricavata da un'esile storia presente nel IX libro delle *Metamorfosi* di Apuleio (§ 4–7)[283]. La vicenda di un fabbro, tradito dalla moglie davanti ai suoi occhi, è rivista dall'autore attraverso una serie di variazioni e ampliamenti: viene introdotta la figura del servo Formicone, utile non solo ad aggiungere un personaggio principale a un episodio altrimenti troppo ridotto, ma pure a ricondurre la trama apuleiana alla tradizione comica

281 Cfr. Davari 1876.

282 Mantovano 1980, 33, 3. Sull'opera si vedano Mallamaci 2018, 60–70 e 2019, 77–85.

283 Sulla fortuna dell'opera in area padana si rinvia a Fumagalli 1988 e 2008, 233–286. Si ricordi, in più, che Niccolò da Correggio offre la *Psiche* a Isabella d'Este nel 1491, mentre Galeotto del Carretto compone le *Noze de Psiche e Cupidine*.

latina. Oltretutto, sono inseriti *ex novo* altri 'tipi' assai connotati: il più riuscito è il parassita Licopino, il quale incoraggia Filetero a conquistare la giovane Polifila. Non si dimentichino altri personaggi minori, come i servi Geta e Dromo, necessari a formare divertenti situazioni comiche. In aggiunta, se in Apuleio il protagonista è un fabbro, Barbaro svolge la professione di mercante ad Ancona, dove vive insieme alla concubina Polifila: questi accorgimenti sembrano funzionali a spostare l'azione comica da un passato classico piuttosto vago al mondo contemporaneo; il ruolo del mercante, se si pensa al genere novellistico, si presta a una descrizione caricaturale e soddisfa le esigenze diegetiche che vogliono Barbaro a lungo fuori scena. La sostituzione della moglie in favore della concubina evita poi un intreccio inopportuno dal punto di vista morale: il *Formicone* è memore delle commedie latine, che escludono l'adulterio femminile dalla topica narrativa; il tema è privilegiato, invece, nella novellistica (per es. nelle giornate VII e VIII del *Decameron*).

La commedia inizia subito a connotare i personaggi nei loro ruoli canonici: Barbaro è anziano, inconsistente, ampolloso e si rivela sciocco, perché crede che la concubina sia disperata per la sua partenza imminente (34, 1–4): «orsù, la mia Polifila, cessa ormai de piagnere, che certo queste lagrime, che da li tuoi occhi cascano, me paiono del mio sangue e tutti questi gemiti sono saette al mio cuore»[284]. Formicone rispetta il profilo del *servus callidus*, che deride il padrone e ordisce inganni contro di lui; la prova viene fornita durante la seconda scena del I atto, in cui il personaggio, attraverso doppi sensi e giochi di parole arguti, spiazza il mercante attribuendogli intenzioni non sue. A Barbaro, che si raccomanda con il servo di proteggere Polifila da eventuali pretendenti, risponde:

F: Anzi, padrone, non la abandonarò mai né dì né notte.
B: Non mi curo che la notte tu stia seco. Fa pur che tu la custodisci bene il giorno, che de notte conserverassi bene da sua posta. Fa che nanti ch'el sole tramonti la porta sia chiavata.
F: Farò che la serà chiavata da uomo de bene.
B: E tutte le finestre sian serrate. Non voglio che vi entri pure una mosca.

284 Il tema dell'inconsolabilità fittizia delle donne è antico: si pensi alla favola della Matrona di Efeso del *Satyricon*.

F: Mo, padrone, qualcuno potrebbe forse romper la finestra e intrar drento. Meglio è che io vi stia ancor la notte.

Formicone, gravato dalle pressanti richieste del padrone, possiede anche le proprietà del *servus currens*, che si agita in scena in modo irrazionale; nel primo atto il dialogo del personaggio con un'ancella poggia proprio su tale requisito, poiché il vorticoso movimento sul palco di Formicone è accompagnato da una sapida critica contro gli ordini eccessivi di Barbaro[285]. Ciò viene replicato nella scena successiva, in cui il protagonista perquisisce chiunque cerchi di avvicinarsi alla padrona, compresi i membri della servitù.

Nel secondo atto Filetero incontra in piazza il parassita Licopino: quest'ultimo ricalca la figura cinica dell'approfittatore, che sfrutta qualsiasi occasione pur di arricchirsi. Egli è altresì contraddistinto da una voracità implacabile, che giustifica comicamente il suo continuo bisogno di procurarsi da mangiare. Filetero, invece, rispecchia in avvio l'immagine dell'innamorato inconcludente delle commedie latine, che deve giovarsi del sostegno di altri personaggi, senza i quali non risolverebbe alcun problema[286]. Licopino si dice disponibile ad aiutare il giovane, a patto di ricevere dieci ducati in anticipo; tuttavia, Formicone non cede alla richiesta di far incontrare Filetero con Polifila. Lo stallo si sblocca nell'atto seguente, in cui un fanciullo racconta a Formicone che l'amata Sirisca sta per essere venduta dal padrone per cinque ducati. Il panico del servo determina la vigorosa presa di posizione dell'interlocutore (52, 63–65), che si esprime come il Periplectomenus del *Miles gloriosus* (II, 226–228): «cerca, rubba, scaca, assassina, fingi qualche fallacia, inganna el tuo padrone, se altrimenti non puoi fare». La comicità di queste fasi si appunta sul comportamento di

285 I, 3, 39, 54–60: «voi sapete ben dire 'Formicone fa così, Formicone sta qui, Formicone va in là, Formicone va in qua', ma non dicete mai 'Formicone accetta questo', se non fussero qualche bastonate. Alora bene el diresti! Più presto me caveresti gli occhi con le ditta».

286 II, 1, 43: «già gran tempo ho amato questa Polifila e, mentre lei era con sua madre, sempre son stato in piacer seco. Ma da poi che per povertà è stata data a costui, mai non ho avuto commodità de parlare. So' ben certo che lei seria contenta de compiacermi, secondo che posso comprendere per li cenni e atti che ella spesse fiate mi fa stando alla finestra».

Formicone, poco tempo addietro fermo e incorruttibile, ma ora costretto ad accordarsi con Filetero e il parassita. Con tutto ciò, la scaltrezza di Licopino – il quale finge che ormai Filetero non sia più interessato alla donna (III, 2, 54, 49–53) – mette in crisi il servo e lo costringe ad accettare solo cinque dei dieci ducati promessi in precedenza.

Nel quarto atto Barbaro torna ad Ancona prima del previsto, a causa delle condizioni atmosferiche proibitive che ne avevano impedito il viaggio; Formicone cerca in ogni modo di tergiversare (IV, 1, 58: «non ritruovo la chiave. [...] Non ritruovo el bugio»). Dall'altra parte, Filetero si accorge dell'arrivo del mercante e fugge, senza essere visto, grazie a una circostanza propizia: difatti, i servi Geta e Dromo distraggono tutti i personaggi in scena con i loro continui schiamazzi. La scarsa lucidità e la confusione generata dai loro divertenti litigi, che restituiscono lo stato di confusione e di torpore dei due servitori ubriachi[287], allietano il pubblico tenendolo in sospeso prima dell'agnizione finale.

L'ultimo atto si apre con un efficace colpo di scena, poiché Barbaro ha intuito dal comportamento insolito di Formicone che il servo non ha rispettato le sue disposizioni. Il padrone medita, quindi, di flagellarlo «da capo a piedi» (63, 2); il truce proposito è sventato da Filetero, che sopraggiunge in casa all'improvviso e accusa Formicone di avergli rubato le scarpe presso i bagni pubblici. Il servo si incolpa prontamente del furto e afferma che le calzature si trovano «su la banca del letto sane e salve» (64, 27); questo episodio futile distoglie Barbaro dalla punizione che aveva predisposto e consente a Formicone di uscire indenne da una circostanza davvero rischiosa. La commedia si conclude con la gioia del servo e di tutti i personaggi dell'opera (66, 1–6):

> O Dio, quanto bene oggi m'è accaduto! Io non credea mai più uscir di tanti affanni, ma Filetero con suo ingegno pulitamente me ha liberato. Adesso la madonna è allegra e Barbaro in tutto è uscito di sospetto e io ancor sono allegro.

287 IV, 2, 61, 96–104: «*G*: io te n'incaco e non te ne sarò ubligato. *D*: Poco me curo de questa tua ubligazione. *G*: Orsù, va. Deh, non cianciar più. *D*: Cianciano li poltroni come tu sei tu. *G*: Tu devi essere imbriaco. *D*: Sì tu sei imbriaco! *G*: Orsù, caricati *D*: Càricati tu, che sei uno asino. Non voglio fare cosa che tu me comandi».

Ebbene, l'espediente escogitato da Publio Filippo Mantovano appare innovativo, in quanto a un certo punto si invertono le funzioni tradizionali svolte dal servo pronubo e dal padrone: in questa circostanza il servitore, insolitamente in pericolo e impacciato, viene soccorso da una brillante soluzione di Filetero. Cosicché, l'amore è interpretato come una forza che impedisce di agire con intelligenza e distacco: Barbaro non si avvede di ciò che accade in scena né comprende le reali intenzioni di Polifila; Filetero deve ricorrere all'ausilio di vari personaggi, anche se, nell'ultimo atto, riesce a risolvere l'intreccio; Formicone ha bisogno dei consigli di un fanciullo – inesperto, ma furbo – per riscattare Sirisca. Si noti infine che le figure femminili svolgono sì un certo ruolo, ma, di fatto, non compaiono quasi mai sulla scena[288]. Le potenzialità delle donne, astute e volitive, verranno colte e portate alle estreme conseguenze soltanto con la rivoluzione del teatro cinquecentesco.

11 *Conclusione*

Il teatro mantovano dischiude uno scenario piuttosto coerente, nonostante le opere recitative siano spesso frutto di importazioni da differenti realtà culturali. L'eterogeneità del panorama gonzaghesco è comprovata dal contributo di Gazzuolo e della scuola, da cui escono diversi volgarizzamenti e il *Formicone*. Malgrado il carattere discontinuo e ibrido, è possibile classificare i testi entro due categorie: si pensi ai rifacimenti (*Comedia de Timon*, *Panfila*, *Sophonisba*, *Formicone*) e alle opere di carattere encomiastico (*Acti*, *Representazione di Febo e Feton*, *Certamen*). L'insieme mostra trame e caratteristiche comuni (per es. argomenti di attualità politica; esaltazione di Francesco II quale invitto uomo d'arme).

Il marchese sembra, a dispetto del 'mito' invalso di Isabella d'Este, il vero referente e promotore di molte opere pre-classiciste sin dall'allestimento dell'*Orpheo* nei primi anni Novanta; e non si dimentichi che i

288 Sirisca esiste solo nei vagheggiamenti di Formicone, laddove a Polifila è concessa la parola esclusivamente a I, 1.

Menechini ferraresi del 1486 sono portati in scena in suo onore. L'attività di mecenate e di prode guerriero conferisce un fattore di uniformità alle rappresentazioni e invita, perciò, a guardare sotto una diversa ottica la produzione letteraria e teatrale a Mantova. Infatti, il contributo dei due Gonzaga appare sinergico e complementare: mentre Francesco II bada soprattutto al contenuto delle opere (si vedano le critiche al *Formicone* e l'episodio eloquente della commedia richiesta a Da Correggio), la consorte è attenta al loro assetto linguistico e all'insegnamento morale.

CAPITOLO 2

Ercole I e le 'discontinuità' teatrali ferraresi

1 *Il mito fondativo*

1.

Il 2 ottobre 1841 viene inaugurato il Teatro comunale di Modena, i cui lavori, patrocinati dal duca Francesco IV d'Austria-Este, erano iniziati tre anni prima sotto la direzione dell'architetto Francesco Vandelli. Il sipario, realizzato dall'artista Adeodato Malatesta, ritrae Ercole I d'Este in visita al teatro da lui fatto costruire a Ferrara nel 1486 in occasione della messa in scena dei *Menechini* (volgarizzamento dei *Menecmi* di Plauto)[1]. Nella piazza dinanzi al Castello di S. Michele, che si staglia sullo sfondo, si scorgono, sulla destra, un monumento equestre bronzeo e, sulla sinistra, una scena corale. Ercole I a cavallo incede al centro della composizione, mentre intorno alla figura del duca si raccoglie un gruppo di cortigiani, letterati, artisti; tra questi spiccano un architetto, che presenta il progetto del teatro, e un poeta con in mano la pergamena della traduzione dei *Menecmi*. Il sipario istituisce una sorta di continuità tra Ercole I, fondatore della drammaturgia in volgare sotto l'esempio degli antichi, e Francesco IV; la scena sottolinea altresì come lo spettacolo teatrale sia un momento culturale di incontro, di pubblico riconoscimento tra sudditi e classe dirigente.

L'avvenimento, dopo più di trecentocinquant'anni, alimenta un mito di lunga durata e di notevole fortuna[2]. Un simile processo di legittimazione

1 In realtà non si tratta di un teatro stabile, bensì, meno enfaticamente, di tribune, allestite presso il Cortile nuovo della corte ducale. Cfr. Zambotti 1937, 171, 28–29 e 172, 1–10.

2 Sul teatro ferrarese, cfr. Arbizzoni 1994, 266–295; Falletti 1994, 131–167 e Villoresi 1994.

sembra approntato già da Battista Guarini nel componimento in distici elegiaci dal titolo *Ludi scenici ducis Herculis in quibus Plauti fabula Menaechmi acta fuit* (1496)[3]. Ercole I, sostiene lo scrittore, ha fatto rivivere le opere antiche (v. 4: «Herculea vobis scena revixit ope») e ha promosso l'edificazione di nuovi teatri; inoltre, l'eccezionalità dell'accaduto viene enfatizzata dall'utilizzo di alcuni verbi ed espressioni quali *renovare*, *detrahere Averno*, *restituere*. Infine, gli spettacoli permettono di riunire in un'unica sede esponenti di strati sociali diversi, ma tutti concordi nel sostenere il duca (v. 20: «hinc plebs, hinc equites plauserunt»)[4].

Di segno opposto risulta la critica ai volgarizzamenti ferraresi del poeta sforzesco Bernardo Bellincioni, il quale, in un sonetto scritto dopo aver assistito a Ferrara alla rappresentazione dell'*Amphitruo* (forse nel 1487), polemizza con la pedante imitazione di Plauto e di Terenzio difendendo il modello drammaturgico alternativo della corte ambrosiana[5]. Tuttavia, se la testimonianza di Guarini, interna alla corte estense, fa leva su alcuni elementi di facile presa, quella di Bellincioni finisce per confermare l'imprescindibile esperienza del teatro ferrarese.

Il paradigma dei volgarizzamenti si basa su un'opera fondativa (*Menechini*), un artefice indiscusso (Ercole I), una data precisa di recupero del teatro antico (25 gennaio 1486), tanto da esprimere un luogo comune, che concentra su di sé una storia drammaturgica altrimenti complessa[6]. Non è un caso che gli strali di Bellincioni si concentrino sul volgarizzamento dell'*Amphitruo*; lo scrittore non considera affatto il *Cefalo* di Niccolò da Correggio, rappresentato nello stesso anno, che diviene ipotesto fondamentale della

3 Guarini, figlio dell'umanista Guarino Veronese, nasce a Ferrara nel 1434; dal 1460 ricopre presso lo *Studium* di Ferrara l'incarico di docente, in precedenza svolto dal padre. Si ricordano le sue traduzioni perdute dell'*Aulularia* e del *Curculio* (1479), del *Trinummus* e dello *Pseudulus* (1499). Cfr. Pistilli 2003 b, 339–345.

4 Guarini 1496, cc. K 3*v*-4*r*. Cfr. in merito Franzoi 1984, 191–198.

5 Bellincioni 1493, c. L 5*r*.

6 Cfr. per es. Ferrone 1996, 489–490: «a Ferrara il grande successo degli allestimenti dei classici tradotti sembrano esercitare a lungo un'azione frenante sugli autori e sul pubblico, nella generale convinzione della insuperabile eccellenza del modello drammaturgico antico rispetto alle altre forme drammatiche 'romanze'». Di contro, si veda Pieri 2011, 58 secondo la quale i «festival plautini» sono «a torto assunti come la punta di diamante di una vicenda ben più articolata».

drammaturgia milanese. Proprio il *Cefalo* è menzionato nel *Divi Herculi Ludovicus Carrus amoris et ingeniorum exercitationis causa*, poemetto in esametri di Ludovico Carri[7]. I temi encomiastici espressi in favore di Ercole I, affini a quelli esposti da Guarini, ruotano attorno alle opere architettoniche della città di Ferrara (cc. 2*v* e 4*v*), alle imprese militari compiute dal duca (cc. 3*r*-4*v*), alle sue doti politiche (cc. 5*v*-6*v*) e, appunto, al teatro da lui rifondato (cc. 4*v*-5*r*)[8]. Il testo stimola alcune considerazioni: la celebrazione delle nuove pratiche teatrali non spetta a un volgarizzamento, bensì a un'opera che sviluppa il mito di Cefalo e Procri in modo sorprendente[9]. In aggiunta, l'intero percorso elativo tracciato da Carri punta a un unico fine, ossia onorare il duca in quanto benefattore della popolazione. Le numerose costruzioni fatte erigere sotto il suo controllo e gli spettacoli teatrali hanno lo scopo di ammaestrare i sudditi (c. 5*v*, v. 10): «nam tibi subiectos teneat concordia cives». La *concordia* diventa l'obiettivo da perseguire attraverso un preciso piano politico, che comprende, in modo organico, anche le rappresentazioni teatrali.

Questo progetto è esposto con chiarezza negli *Spectacula* di Pellegrino Prisciani[10]. Il trattato in volgare, scritto tra il 1486 e il 1502, fornisce nozioni operative per realizzare strutture teatrali stabili sull'esempio di quelle classiche. L'esordio definisce le rappresentazioni un *instrumentum regni*, una valvola di sfogo sociale, un mezzo di propaganda:

> Quelli vechioni et sapientissimi Greci prima, et doppo li Itali, instituireno li spectaculi in le citate non solamente per festegiare et dare piacere a li populi, ma per utilitate ancora, et non picola certamente, de le loro republice[11].

7 Nato verso la metà del secolo XV, è docente di medicina presso lo *Studium* cittadino. Cfr. Galli 1977, 744–5.

8 Modena: Biblioteca Estense Universitaria, Lat. 70 = α. P. 7. 14.

9 Vd. c. 5*r*, vv. 3–12: «undique spectandi studio venere remotis / finitimisque locis gentes: *comoedia* magnis / sumptibus et cultu cum renovata decore / saepius his agitur: mira messenius arte / dum loquitur superans reliquos aurora canendo / cum *Cephalum* mulcet lacrimas miserabilis anni / dum movet et *Procris* populo de more canentes / cum fauni in scena saliunt satyrique biformes / ore nonos eduntque sonos cannaque palustri».

10 Sul personaggio e l'opera, cfr. Folin 2006, 295–316 e Liboni 2011, 119–132.

11 Prisciani 2010, 14. Una riflessione affine è presente nel *Cortegiano* di Castiglione a II, 45, 187.

In più il riferimento incipitario alle pratiche antiche serve a presentare il duca di Ferrara come restauratore del teatro; non pare casuale il successivo rimprovero di Prisciani agli «illustrissimi signori nostri passati», rei di aver posto «in oblivione cusì notabile et utile instituto». L'importanza civile degli spettacoli si ravvisa nella natura stessa degli uomini, «sopra tuti li altri gregali animali maximamente nasciut*i* a la societate»; le rappresentazioni drammatiche sono progettate per la «delectatione dela pace et ocio» e accrescono l'«ingeno», il «vigore de mente» e la «forza de intellecto». Quindi, gli *spectacula* non solo giovano alla popolazione, finalmente pacificata e istruita, ma pure allo stato.

In aggiunta, Prisciani evoca il precedente di Mosè, che ha insegnato al suo popolo l'uso di riunirsi per socializzare. Ercole I, associato così al personaggio biblico, incarna la figura del *princeps* perfetto[12]. L'elogio è arricchito da altri accostamenti: Ercole I, che ha riportato alla luce le pratiche agonali e drammatiche, ha anche promosso la scrittura di testi teatrali al pari dell'«Hercule» mitologico[13]. Le rappresentazioni sono in grado di indirizzare la pubblica opinione a seconda degli orientamenti culturali dominanti, perché fungono da «visorio, nel quale stando grandissima turba dala longa ancora senza impedimento alcuno vedesse et potesse anche esser vista»[14]. Il popolo dei sudditi si trasforma in pubblico protagonista e, insieme, fruitore dello spettacolo; sicché, i cittadini si riconoscono come appartenenti a una stessa comunità. Insomma, il mecenatismo degli *spectacula* si evolve nel dispositivo attraverso cui si consente (o meglio, si finge di consentire) a ogni singolo individuo di realizzare appieno la propria naturale dimensione politica.

12 Il collegamento tra il duca e Mosè è suggerito anche dal dipinto di Ercole de' Roberti sulla *Raccolta della manna* (London: National Gallery, 1485–1490). Per una sua interpretazione si rimanda a Lipani 2010, 256–278.

13 La tradizione attribuisce all'eroe mitologico Ercole la fondazione dei Giochi olimpici. Sul parallelismo in ambito estense, cfr. almeno Ferrari 1988, 695–710; Tissoni Benvenuti 1993, 773–792 e Matarrese 1999, 191–202. Si noti che un'altra fonte del mito vuole che Ercole sia il fondatore dei Giochi nemei: sul riuso a Ferrara di tale episodio, cfr. Guthmüller 2009, 55–70.

14 Prisciani 2010, 16.

2.

Temi simili sono espressi da Pandolfo Collenuccio nell'apologo *Specchio di Esopo*[15]: il favolista greco domanda a Ercole di poter essere scortato dinanzi a un Re saggio e potente, il quale, al momento dell'arrivo a palazzo dei protagonisti, è intento a conversare con Plauto e Luciano. Torneremo a breve sulla seconda parte del racconto: ora, ci limitiamo a richiamare alcune affermazioni formulate da Ercole, che, durante il cammino intrapreso con Esopo, racconta di provenire da una «cità nova, la qual mi edificano, ove molti templi hanno costrutti»[16]. Il riferimento allude alla nota 'Addizione erculea', opera urbanistica realizzata da Biagio Rossetti a partire dal 1492, grazie alla quale Ferrara si estende verso nord, raddoppiando la propria superficie[17]. Esopo è stupito che in Italia si consacrino tanti «templi, [...] anfiteatri e circhi e ginnasi e ippodromi e teatri e simili lochi illustri» in onore di Ercole[18]. Appare scontato il processo di assimilazione tra il duca e l'eroe della mitologia, ribadito anche nell'atto finale dell'*Amphitruo* del medesimo Collenuccio[19].

All'importanza culturale del teatro estense si affianca un chiaro obiettivo politico, volto a favorire la *concordia* interna tra cittadini[20]. Ricordiamo

15 Fiorenza 2001, 63–87.

16 Collenuccio 1998, 42.

17 Il progetto secondo Provasi 2011, 98 ridefinisce i rapporti sociali della città: «oltre alle suggestioni, c'erano finalità dichiarate: predisporre, per la prima volta, uno spazio interno alla città esclusivamente identificabile in chiave signorile; un enorme quartiere residenziale per il patriziato fedele a casa d'Este».

18 Collenuccio 1998, 43.

19 La commedia plautina si conclude con il parto gemellare di Alcmena, che dà alla luce Ificle ed Ercole. L'elenco delle imprese dell'eroe, protratto per quarantadue terzine, viene amplificato rispetto al breve cenno dell'originale; la ripresa del mito è volta così a illustrare le scelte politiche del duca mediante un articolato sistema di corrispondenze tra *fictio* e realtà. Vd. Collenuccio 1530 a, cc. 61*v*-63*v*.

20 Cfr. Mengaldo 1963, 5: «la corte esercita sulla cultura ferrarese de secondo '400 una funzione così determinante quale non è forse possibile ritrovare in nessun altro centro politico-culturale italiano dell'epoca, [...] assorbendola quasi interamente e plasmandola secondo gusti e necessità di un dato ambiente cortese e di una determinata politica culturale».

che nel 1482–1484 Ferrara perde la guerra con Venezia: la cessione del Polesine, le migrazioni di massa da Modena e da Reggio, le carestie, i debiti, la crescita dell'inflazione, l'aumento della criminalità segnano una situazione drammatica. A seguito di questi episodi, il ducato è costretto a rinsaldare le alleanze matrimoniali e a trovare forme, come il teatro, di prestigio e di consenso[21]. Le rappresentazioni offrono altresì l'occasione al duca di consolidare la propria autorità[22]: ad esempio nel 1487, durante la seconda recita dell'*Amphitruo*, il *princeps* assiste alla commedia su un 'tribunale' posto al livello del palco[23]. La particolare collocazione, come si legge negli *Spectacula* di Prisciani, sancisce la centralità del signore, identificato con l'Ercole mitologico di cui si parla in scena.

2 *Le traduzioni e la 'praticità' del volgare*

1.

I volgarizzamenti teatrali diventano uno strumento concreto per sostenere il complesso sistema politico ferrarese. Il principio della praticità, così rilevante nella cultura estense[24], costituisce la caratteristica essenziale delle

21 Nel 1487 Ercole I concede la figlia Lucrezia ad Annibale Bentivoglio; nel 1490 si festeggia il matrimonio tra Isabella e Francesco II Gonzaga; l'anno seguente si celebrano le doppie nozze tra Beatrice e il Moro, tra Alfonso d'Este e Anna Sforza.

22 Rosenberg 1980, 534–535: «whatever the precise reason for the decision to revive classical comedy, it could not have failed to communicate two messages: to the Ferrarese populace in general, it would have presented a startling and impressive departure from the norm, as the detailed accounts of the event in the various Ferrarese chronicles indicate, as indication of the stability of the state. To the more sophisticated aristocratic peer group who actually attended the performance, or learned about it second-hand, it would also have created a cultivated image for Ercole and his court, who had chosen to stage not simply a traditional allegorical theatre-piece, but rather a genuine Plautine comedy».

23 Maione 2011, 147–155.

24 Matarrese 1998, 611: «i prodotti più elevati [*scil.* della letteratura estense], ragguardevoli quanto i campioni figurativi, non si spiegherebbero senza quel fervore

traduzioni stesse: a tal proposito, Franco Ruffini ha messo a confronto il teatro di Ercole I, che «esiste nel presente», con quello romano della fine del Quattrocento; quest'ultimo, di contro, è proteso verso una ricostruzione filologica del passato. Ebbene, se lo studio dell'antico a Roma viene «evocato per criticare il presente e cambiarlo», presso gli Este «esalt*a* il presente», lo «conferma nella sua continuità»[25]. La stessa composizione sociale degli intellettuali spiega certe scelte mirate: per Boiardo (signore di Scandiano), per Niccolò da Correggio (feudatario nel contado di Reggio Emilia) e per Guarini (professore dello *Studium*) l'esercizio delle lettere è complementare al governo delle proprie terre o all'insegnamento. L'*officium* civile, quindi, è inscindibile dalla pratica della letteratura (da intendere nella sua accezione *activa*, di pubblica utilità)[26]. Secondo Pier Vincenzo Mengaldo prevale tra gli scrittori ferraresi «un atteggiamento di difesa del tutto pragmatico ed episodico, in cui è esaltata del volgare la funzionalità pratica e l'affermazione *de facto*»[27].

Il passaggio epocale dall'utilizzo esclusivo e nobilitante del latino durante il governo di Leonello (1441–1450) a un uso sempre più intenso del volgare con Borso (1450–1471) e poi con Ercole I (1471–1505) soddisfa una forte esigenza comunicativa[28]. La critica ottocentesca e primonovecentesca ha contrapposto un signore dotto, Leonello, agli incolti Borso

---

di divulgazione che ha come centro propulsore la corte. Assistiamo a uno sforzo molto prammatico di ampliamento e adeguamento del volgare, in un clima di confronto con l'umanesimo che non scoraggia commentatori e volgarizzatori grandi e piccoli, messi al lavoro da un committente come il duca Ercole».

25 Ruffini 1994, 171–172.

26 Gundersheimer 1988, 88–89: «i fecondi umanisti della nobiltà, che avevano posizioni di rilievo nello stato [...] riflettevano più o meno direttamente il loro ambiente cortigiano. Sono radicati nella storia e nel destino di Ferrara, e profondamente devoti agli Estensi. [...] Ognuno di questi autori avrebbe avuto una posizione sicura e una identità ben definita all'interno della corte anche se non avesse scritto nulla. Scrivevano per soddisfare esigenze più profonde. La loro sussistenza non dipendeva dall'attività culturale che svolgevano ed erano liberi rispetto all'umanesimo accademico e latineggiante».

27 Mengaldo 1963, 9.

28 Sulla questione si vedano, tra tutti, Tissoni Benvenuti 1994, 389–404 e 2007, 267–291; Pantani 2002, 161–243; e Zanato 2007, 719–745.

ed Ercole I, ignari delle lingue e delle letterature classiche[29]. Bisogna, tuttavia, aggiungere qualche chiarimento: sotto il governo di Borso non si esaurisce la spinta del latino, come testimonia l'attività encomiastica di Tito Vespasiano Strozzi, che scrive il poema *Borsias*, di Michele Savonarola (*De felici progressu Illustrissimi Borsi Estensis ad Marchionatum Ferrariae*), di Ludovico Argenteo (*Oratio de laudibus Borsi Estensis triumphus*)[30]. L'Università cresce per numero di laureati da una media di sette all'anno nell'epoca di Leonello a trentuno[31]. La biblioteca è arricchita di nuovi volumi[32]: se poi Borso non leggeva le opere latine, ciò non significa che disdegnasse la letteratura[33]. L'apertura nei confronti del volgare palesa una discontinuità rispetto alla chiusura di Leonello e della sua cerchia: nel ponderoso trattato in sette libri del *De politia litteraria* Angelo Camillo Decembrio afferma che qualsiasi autore in italiano – persino le 'tre corone', che «grammatice scripsere»[34] – non è degno di essere accolto nella biblioteca di un umanista[35]. Il cambiamento impresso da Borso e da Ercole I assume così una diversa connotazione, in quanto spicca per la sua carica innovativa, per l'allontanamento dalle rigide posizioni precedenti[36].

29 Per es. cfr. Bertoni 1903, 95–132.

30 Tateo 1994, 16–55 e Pasquazzi 1994, 100–156.

31 Folin 2001, 223–232.

32 Natale 2007.

33 Nel 1461 richiede ai suoi collaboratori di procurargli «una Bibbia in gallico» e un «Lanzaloto in vulgare» insieme a un altro «Lanzaloto in franzese»; nel 1466 porta spesso con sé un «Theseo [...] in volgare». Quattro anni dopo domanda al conte Ludovico di Cunio di mandargli un «carico di quanti più libri francisi vuj poteti». Cfr. Bertoni 1918–1919, 19 e 1926, 706–707.

34 Decembrio 2002, I, 6, 3. Sull'argomento in questione, cfr. Pantani 2002, 111–160.

35 L'opera per Biondi 1982, 649 si propone sin dal titolo di «creare il nuovo attraverso l'antico. Riconquistare l'antico vuol dire in primo luogo riappropriarsi di una lingua che permette un contatto con la realtà lucido, elegante, prensile. [...] Pure colpisce la consapevolezza del fatto che operare sul linguaggio è preludio di operazioni sulla realtà: la *pulizia del mezzo linguistico* (questa è poi la *Politia literaria* del titolo) non è un obbiettivo da esaminare in giochi di corte o da salotto, bensì la costruzione di uno strumento di intervento sulla realtà».

36 Tissoni Benvenuti 1987, 18. Cfr. anche Bentivogli 1994, 174–213.

2.

Temi simili confluiscono nelle prefazioni delle traduzioni di Boiardo[37]: ad esempio, la senofontea *Pedìa de Cyro* segnala le somiglianze tra il satrapo persiano ed Ercole I. Nel prologo viene espresso in modo palese lo scopo dell'opera, che reca una «lectione de hystoria», un «exemplo» utile al lettore e a tutta la corte[38]; l'«arte del governo de la pace e de la doctrina de la guerra» non è mai disgiunta dalla «prudentia» e dall'«amore» che il duca manifesta agli «amici» e ai «subditi» (§§ 123 e 131). La *Historia imperiale* – traduzione di un'opera che non ci è pervenuta di Ricobaldo da Ferrara – nasce con obiettivi pragmatici. Nel prologo Boiardo afferma che la storiografia serve da «magistra de tute le cose di pace e di guerra»[39]; occorre, perciò, lodare le gesta encomiabili del passato e soprattutto coloro i quali – Cesare, Ottaviano, Adriano – hanno raggiunto «gloriosa fama»[40]. Ercole I è posto al fianco di tali personalità, giacché stimola la scrittura di nuove opere. Infine, la *Vita de alcuni electi Capitani*, traduzione da Cornelio Nepote, nella prefazione accosta le biografie dei condottieri antichi alla carriera militare del duca, laddove l'*Hystoria*, volgarizzamento erodoteo, pone l'esercizio della traduzione di un testo antico sul piano della riscoperta[41].

37 Looney 2005, 123–136. Ai numerosi volgarizzamenti noti dello scrittore devono essere aggiunte le traduzioni teatrali perdute. Ad esempio, il 23 maggio 1493 sappiamo, grazie a una testimonianza di Silviero Silvieri, che Boiardo stava attendendo alacremente alle commedie da rappresentare a Pavia in agosto: «dreto disnare et maxime dopo l'hora di vespro». La «grave infermitade» che aveva costretto a letto lo scrittore all'inizio del mese gli impedisce di recarsi a Ferrara; allora, Ercole I decide di raggiungere Boiardo a Scandiano, dove «ordinare» e «aconzare» i testi dei *Captivi*, del *Mercator* e del *Penulo*. Cfr. Monducci – Badini 1997, 282 e 278.

38 Boiardo 2014, 131.

39 Boiardo 2008, 3.

40 Il concetto trova un riscontro puntuale negli insegnamenti di Guarino e, in specie, nella lettera del 1446 all'allievo Tobia Borghi, storiografo ufficiale dei Malatesta. Cfr. Guarino 1915–1919, 796, 458–465.

41 Boiardo 1937, 724: «antiquissimo costume fu sempre e dura anchora tra gli huomini eccellenti di porre a publica utilità quelle cose che ritrovate avessero».

In questo contesto, giova richiamare il prologo in terza rima del *Formione*, contenuto nel manoscritto Riccardiano 1616[42]. I primi quarantadue versi celebrano le traduzioni delle commedie antiche promosse da Ercole I: i Greci mostrano nelle loro rappresentazioni «i vitii da li qual son gli omin presi» (v. 10). Conoscere l'indole degli uomini risulta, infatti, un presupposto necessario di chi aspiri a vivere in modo «corepto» (v. 2). Segue un esteso elenco dei benefici che le commedie possono recare al pubblico (vv. 13 e 15: seguire il «bene» e l'«onesto» ed evitare il «male»). Ercole I, «amator del viver recto», si pone in continuità con i grandi politici del passato, poiché consente che «l'usanza antiqua se rinove» (vv. 31–33); se le pratiche rappresentative classiche sono rimaste neglette per molti secoli, ora hanno raggiunto persino una «gloria magiore» (v. 35). La «fama» e l'«honore» del duca derivano poi dall'affetto provato dai sudditi (v. 39)[43]; non a caso Ercole I ha fatto «tradur [...] in stil vulgare» le opere plautine e terenziane, affinché «i dotti et indocti e tucte genti / possin gli antiqui exempli qui imparare» (vv. 40–42).

42 Il volgarizzamento tràdito risulta mutilo di numerose carte. Il codice riporta all'inizio una *Favola di Orfeo e Aristeo* che sembra gareggiare con l'*Orpheo* di Poliziano; l'opera, suddivisa in cinque atti, amplifica la vicenda polizianesca, in quanto mette in scena l'intera storia di Aristeo, raccontata per oltre mille versi. L'intento di confrontarsi con l'*Orpheo*, secondo modalità diverse dall'*Orphei tragoedia* e dal *Cefalo*, nonché la trasmissione della messinscena, accostata a un volgarizzamento di ambito estense, hanno suggerito in passato di associare la *Favola* alle pratiche teatrali ferraresi. Tuttavia, la mancanza di elementi sicuri che ne denuncino la provenienza nonché le caratteristiche linguistiche dell'opera, contraddistinta da fenomeni tipici di area toscana, impongono maggiore prudenza. Il testo e il prologo del *Formione* sono pubblicati da Guido Mazzoni in *La favola* 1906; l'editore attribuisce il volgarizzamento ad Ariosto, ipotesi che non è possibile suffragare con dati certi.

43 Cfr. vv. 76–79: «e se im pace starete ad ascoltare, / la commedia è di Therentio aphricano, / di molti exempli porrete pigliare / che util sono al vivar nostro humano». Il tema è espresso pure nel prologo della *Historia de Iacob e Ioseph* di Collenuccio.

3 *Il dramma religioso: circolarità tematiche e sincretismi*

1.

Il concetto così insistito di *renovatio* diventa elemento imprescindibile con cui misurare le proposte estensi: tuttavia, le traduzioni non esauriscono affatto la storia del teatro ferrarese. Sono la tipologia di punta; eppure, un ruolo significativo viene ricoperto, nel contempo, dalle rappresentazioni religiose[44]. L'argomento, benché non sia di nostra stretta competenza, non può essere eluso per una ragione di ordine metodologico[45]. In più, sarebbe difficile comprendere il senso di un'opera quale la *Historia di Iacob e Ioseph* di Pandolfo Collenuccio (1504) – che, come denuncia il titolo vulgato dagli stampatori cinquecenteschi (*Comedia*)[46], si pone a metà strada tra il racconto biblico e la particolare sensibilità umanistica del suo autore – senza averne ricostruito i presupposti[47].

44 Cfr. Lipani 2017.

45 Cfr. Cremonini 2010, 105 («è possibile rilevare una sintonia e una continuità tra la 'grande passione' di Ercole d'Este per i volgarizzamenti di Plauto e Terenzio [...] e il patrocinio da lui offerto alle rappresentazioni sacre, inserite spesso in un complesso cerimoniale nel quale lo stesso duca rivestiva un ruolo centrale») e Maione 2011, 147 («la distinzione tra teatro sacro e teatro profano si presenta di per sé fuorviante, da un punto di vista lessicale, antropologico e culturale. Ma lo è soprattutto in un ambito come quello della corte estense in cui è definita una cultura omogenea dove gli eventi rappresentativi – tornei, giostre, danze, banchetti, feste, entrate trionfali, cerimonie religiose – si configurano come veri e propri organismi espressivi che riuniscono in sé arti, emblemi, tradizioni e capacità»).

46 Siccome non siamo a conoscenza del titolo scelto dall'autore, è preferibile usare la dicitura *Historia di Iacob e Ioseph*, e non *Comedia*, in quanto attestata nelle cronache coeve.

47 Curti 2010, 129–144.

2.

È nota la scenografica devozione di Ercole I, utile per dimostrare la propria vicinanza al popolo. Egli, sin dal Giovedì Santo del 1471, istituisce la prassi di servire personalmente il pasto a oltre un centinaio di bisognosi; e durante la ricorrenza pasquale provvede a lavare i piedi ai commensali, a donare loro abiti e danaro[48]. Tali pratiche, mutuate dalla vistosa devozione di Alfonso V nel Regno di Napoli[49], trovano una forma espressiva ideale nelle rappresentazioni: in questo caso Ferrara non si pone quale modello da imitare, bensì dipende dalla tradizione festiva fiorentina. Lo spettacolo estense, soprattutto per quanto concerne le scenografie e gli effetti scenici, poggia su contributi eterogenei e sincretici, che si combinano tra loro. Non si dimentichi che le rappresentazioni religiose e quelle plautine condividono i medesimi allestitori, le stesse macchine sceniche e le scenografie; rimane altresì comune, tra teatro sacro e profano, il proposito di esaltare il potere del duca. Il 16 giugno del 1476 i cronisti Ferrarini e Zambotti riportano la notizia di una rappresentazione[50]. Forniamo la sintesi di Ferrarini, più attenta e dettagliata:

> a dì domenega 16 zugno uno fiorentino insieme cum altri de la cità avendo facto fare e parare uno tribunale longo dal lato de le bolete de la cità nostra de Ferrara, fece una rapresentatione de uno el quale non poteva avere fioli, quale fece vodo al sancto Iacobo, se ne aveva de andare a visitare la giesia sua e così per vodo la dona sua se impregnò et ne ebeno uno qual fiolo, poi andagando a sancto Iacobo fu apicato perché lo osto diceva che aveva robato una taza e la fiola sua inamorata de epso l'aveva messa in le sue tasche[51].

Lo spettacolo viene organizzato direttamente da 'uno fiorentino' ed esibisce alcuni punti in comune con leggende di carattere sacro (la più nota delle quali viene tramandata dal poemetto in ottave *Miracolo dei*

48 L'osmosi tra aspetto sacrale e potere è evidente nell'arazzo della *Pietà* del 1475 di Rubinetto di Francia, in cui il duca si fa ritrarre nelle vesti dell'apostolo Giovanni (Madrid: Colección Carmen Thyssen-Bornemisza).

49 Cappelli 2016, 50–53.

50 Sulle cronache ferraresi, cfr. Folin 2000, 459–492.

51 Modena: Biblioteca Estense Universitaria, It. 178, c. 275*v*.

tre pellegrini); sennonché è possibile intravedere nella vicenda un riferimento alla vita personale del duca, il quale, a fine luglio, sarebbe diventato padre per la prima volta. La rappresentazione offre, quindi, un pretesto di immedesimazione, un motivo benaugurale e di elogio immediato.

Il 20 aprile del 1481 è predisposta una rappresentazione sulla Passione di Cristo, messa in scena nella cappella ducale[52]. Ercole I dà prova di *magnificentia* dinanzi agli occhi degli ospiti (Ascanio Maria Sforza e gli ambasciatori milanesi). Otto anni dopo lo spettacolo della Passione si trasferisce nella piazza davanti all'ufficio delle Bollette; sul palco, stando alla testimonianza di Ferrarini, è proposta una sfilata condotta da Anna e Caifa (cc. 277*r*-277*v*). I personaggi si sistemano in scena e vengono raggiunti sul palco da Giuda, che riconsegna i trenta denari e si impicca: la morte del personaggio viene provocata dal diavolo, che strangola il traditore salendogli sulle spalle; cosicché, la sua anima è condotta da vari demoni all'Inferno. Nella scena successiva, Cristo è portato dinanzi a Pilato, il quale emette la sentenza di condanna; la recita si chiude con la deposizione di Gesù e la liberazione dei patriarchi dall'Inferno.

Possediamo notizie di spettacoli religiosi anche per gli anni successivi. In particolare, nel 1503 viene proposto un fitto calendario: a Carnevale sono predisposti i volgarizzamenti dell'*Aulularia*, della *Mustellaria*, dell'*Eunuco* e dei *Menechini*; in primavera vengono rappresentate nella Cattedrale cittadina la *Passione* (Venerdì Santo, 14 aprile)[53], l'*Annunciazione* (20)[54], l'*Adorazione dei Magi* e la *Strage degli innocenti* (30)[55]. La scelta della Cattedrale stimola alcune considerazioni: il ruolo della corte e di Ercole I è tanto pervasivo da occupare lo spazio sacro. Invero, il rito, privato della sua intima sacralità, viene riletto in chiave personale; la parola cristiana risulta svuotata di senso, perché al servizio dell'autocelebrazione del duca. Non a caso, l'anno successivo viene rappresentata la *Historia di Iacob e Ioseph* di Collenuccio presso la Cattedrale. Rimandiamo l'analisi del testo alla fine del capitolo e ci limitiamo a un'osservazione: l'opera sembra porsi in posizione

52 Zambotti 1937, 88, 1–18.

53 Ivi, 348, 22–33.

54 Ivi, 349, 4–7. Una descrizione è contenuta in una lettera di Isabella d'Este a Francesco II Gonzaga, per cui cfr. D'Ancona 1891, 390–391.

55 Zambotti 1937, 349, 15–17.

intermedia tra gli spettacoli religiosi e quelli profani; pertanto, mira alla realizzazione di «un nuovo genere teatrale d'argomento devoto, [...] ma letterariamente superiore ai testi fiorentini»[56]. L'idea è suffragata da una missiva spedita a Ercole I dal frate Girolamo Berardi (forse volgarizzatore a corte della *Casina* e della *Mostellaria*)[57]. Egli accompagna la lettera a «certe representationi a stampa» non perché il duca «impari da Fiorentini de ordinare et fare representazioni», ma semplicemente per riscontrare quanto sia perspicua la «differentia [...] delle cose di S. V. e le loro, li quali tra le cose devote misciano bufonerie»[58]. La comunicazione, datata 13 ottobre 1503, risulta successiva al festival teatrale dei mesi di marzo-aprile: è probabile che l'esperienza abbia rafforzato la consapevolezza, non priva di adulazione e autocompiacimento, della supremazia teatrale estense[59].

4 *Il calendario degli spettacoli (1473–1509)*

1.

L'elenco degli spettacoli realizzati a Ferrara, dai primi anni di governo di Ercole I (1473) a quelli del figlio Alfonso I (1505–1509), aiutano a

56 Vecchi Calore 1980 b, 518.

57 Mazzacurati 1966, 761–762.

58 La lettera è citata in Vecchi Calore 1980 a, 182.

59 Per Falletti 1994, 26 il teatro religioso palesa «la decisa volontà di Ercole I di costruire eventi teatrali di eccezione, sondando le possibilità offerte dalla cultura teatrale contemporanea. [...] Il teatro sacro a Ferrara non si determin*a* in tradizione di forme ma piuttosto cerca modernamente di ripetere l'eccezionalità dell'evento, cambiando, interrelando, mescolando gli elementi (luogo, scene, forme, tecniche) che lo compongono. La sua specificità è allora non nel suo essere 'sacro' ma nel suo essere 'spettacolo', non nel fondarsi in tradizione ma nel suo essere voluto, progettato; e nel riprendere gli elementi di rappresentazione da culture diverse (o spettacoli precedenti, religiosi o profani che siano) servendosi delle competenze presenti (cantori, musici, pittori, artigiani, letterati) per fonderli nello spettacolo unico ed eccezionale. Nella specificità ferrarese, cioè, della cultura teatrale al tempo di Ercole I».

individuare un contesto assai articolato. I dati, attinti dalle cronache ferraresi e dai documenti del tempo, sono stati proposti in altre occasioni[60]. Per quanto parziali, possono fornire indicazioni significative, che non vanno troppo generalizzate:

Data	Spettacolo – avvenimento – rappresentazione
3–11 luglio 1473	Ingresso di Eleonora d'Aragona; balli, cene, maschere e giostre per le nozze con Ercole I
16 giugno 1476	*Leggenda di S. Giacomo* in piazza del Vescovato
16 giugno 1478	Giostra dell'Amore
4 luglio 1480	Giostra dell'Amore
20 aprile, Venerdì santo 1481	*Passione* nella Cappella ducale
25 gennaio 1486	*Menechini* nel cortile di Palazzo ducale
21 gennaio 1487	*Cefalo* di Niccolò da Correggio nel cortile di Palazzo ducale
25 gennaio	*Amphitruo* di Pandolfo Collenuccio nel cortile del Palazzo (rappresentazione sospesa per pioggia)
5 febbraio	*Amphitruo* (replica)
10 febbraio 1490	Ballo e rappresentazione in Sala grande (forse del *Curculio*) per le nozze di Isabella d'Este con Francesco II Gonzaga
8 aprile, Giovedì santo	*Rappresentazione della Cena degli apostoli* in S. Domenico
9 aprile, Venerdì santo	Rappresentazione di alcuni atti della *Passione* in S. Domenico
13 febbraio 1491, domenica di Carnevale (matrimonio tra Anna Sforza e Alfonso d'Este)	*Menechini* in Sala grande
14 febbraio	*Andria* in Sala grande
15 febbraio, Martedì Grasso	*Amphitruo* in Sala grande

60 Coppo 1968, 37–38 e Falletti 1994, 164–167.

Data	Spettacolo – avvenimento – rappresentazione
20 aprile, Venerdì santo 1492	Rappresentazione della *Passione* in S. Francesco
6 maggio	*Commedia di Ippolito e Lionora,* nel cortile di Schifanoia
21 maggio	*Commedia di Ippolito e Lionora* a corte, nel salotto di Eleonora
1493	Ariosto scrive la perduta *Tragedia di Tisbe*
10 maggio	Opera drammaturgica di Ercole Strozzi presso i suoi alloggi
22 maggio	Replica della rappresentazione di Ercole Strozzi, nel giardino di corte di Eleonora
24 maggio	*Menechini*, nel giardino di corte di Eleonora per Ludovico il Moro e Beatrice d'Este
27 agosto	*Captivi*, allestiti da Ercole a Pavia
28 agosto	*Mercator*, a Pavia
29 agosto	*Penulo*, a Pavia
11 ottobre	Morte di Eleonora d'Aragona (anno di lutto)
28 marzo, 1494 (Venerdì santo)	*Passione* in S. Francesco
3 settembre	Inizia la discesa in Italia di Carlo VIII
1497	Muoiono Beatrice d'Este (2 gennaio) e Anna Sforza (30 novembre)
7 febbraio, Giovedì Grasso 1499	*Eunuco* in Sala grande
10 febbraio	*Trinummo* in Sala grande
11 febbraio	*Penulo* in Sala grande
12 febbraio, Martedì Grasso	*Eunuco* (replica)
20 febbraio	*Trinummo*, in privato per Isabella d'Este
21 febbraio	*Eunuco*, in privato per Isabella
22 febbraio	*Penulo*, in privato per Isabella
24 febbraio	*Eunuco* (replica pubblica)
23 febbraio 1500	*Eunuco* in Sala grande

Data	Spettacolo – avvenimento – rappresentazione
27 febbraio, Giovedì Grasso	*Captivi* in Sala grande
1 marzo	*Asinaria* in Sala grande
3 marzo, Martedì Grasso	*Mercadante* in Sala grande
8 marzo	*Asinaria* (replica)
31 gennaio 1501	*Captivi* in Sala grande
1 febbraio	*Mercadante* in Sala grande
2 febbraio	*Asinaria* in Sala grande
3 febbraio	*Eunuco* in Sala grande
21 febbraio	*Pseudolo* in Sala grande
23 febbraio, Martedì Grasso	*Menechini* in Sala grande
2 febbraio 1502	Ingresso a Ferrara di Lucrezia Borgia, sposa di Alfonso d'Este
3 febbraio	*Epidico* nel Palazzo della Ragione
4 febbraio	*Bacchidi* nel Palazzo della Ragione
6 febbraio	*Miles gloriosus* nel Palazzo della Ragione
7 febbraio	*Asinaria* nel Palazzo della Ragione
8 febbraio, Martedì Grasso	*Casina* nel Palazzo della Ragione
19 febbraio 1503	*Aulularia* in Sala grande
21 febbraio	*Mustellaria* in Sala grande
23 febbraio, Giovedì Grasso	*Eunuco* in Sala grande
27 febbraio	*Menechini* in Sala grande
14 aprile, Venerdì santo	Rappresentazione della *Passione* nel Duomo
20 aprile	Rappresentazione dell'*Annunciazione* nel Duomo
30 aprile	Rappresentazione dell'*Adorazione dei Magi* e *Strage degli innocenti* nel Duomo
28 marzo 1504	*Historia di Iacob e Ioseph* (I parte), di Pandolfo Collenuccio nel Duomo
31 marzo, Domenica delle Palme	*Historia di Iacob et Ioseph* (II parte) nel Duomo

Data	Spettacolo – avvenimento – rappresentazione
25 gennaio 1505	Muore Ercole I d'Este
1 febbraio 1506	*Festa de pastori*, egloga di Niccolò da Correggio messa in scena nel Castello presso la Sala del camino
22 febbraio	Commedia di tre innamorati, ordinata dal vescovo di Ferrara
24 febbraio, Martedì Grasso	*Transito del Carnevale* di Gaspare Ambrogio Visconti
13 febbraio 1508	*Egloga*, di Ercole Pio, organizzata dal vescovo, in Sala grande
Marzo (settimana di Carnevale)	Egloghe e 'commedie' in Sala grande di Antonio dall'Organo, di Antonio Tebaldeo e di Ercole Strozzi
6 marzo	*Cassaria* di Ludovico Ariosto in Sala grande
2 febbraio 1509	*Tragedia de Hyppolito e Phedra* in Sala grande
6 febbraio	*Suppositi* di Ariosto in Sala grande
13 febbraio	*Pseudolo* in Sala grande
17 febbraio	*Formione* in Sala grande

L'abitudine di allestire gli spettacoli non manca certo sin dagli anni Settanta: ad esempio, il corteo di Ercole I e della moglie, predisposto durante il loro primo ingresso in città, percorre una strada scandita da sette tappe e da altrettanti carri trionfali, che simboleggiano i pianeti del sistema solare[61]; invece, nel 1478 e nel 1480 le Giostre d'Amore si caratterizzano per la partecipazione di figure allegoriche, che scandiscono i diversi momenti della festa[62]. Il volgarizzamento dei *Menechini* del 1486 non offre subito un forte impulso al teatro profano, che viene affiancato almeno sino ai primi anni Novanta da testi sacri. Dal 1491 i rifacimenti delle commedie trovano una loro collocazione stabile nel periodo del Carnevale; eccezionali sembrano le rappresentazioni del 1492 (maggio e agosto). I lutti per la morte della duchessa Eleonora d'Aragona (1494), della moglie di Alfonso, Anna Sforza, e di Beatrice d'Este, figlia di Ercole I (1497), sospendono gli appuntamenti degli anni successivi. Il quadriennio 1499–1503 si distingue

61 *Diario ferrarese* 1928, 89, 4–12.

62 La cronaca della Giostra del 1478 si legge in Zambotti 1937, 51, 22–28 e 52, 1–5.

per un calendario fitto di rappresentazioni, mentre la scomparsa di Ercole I nel 1505 pone uno spartiacque fondamentale: nel 1506 è messa in scena soltanto un'egloga di Niccolò da Correggio; gli spettacoli religiosi – distintivi della politica erculea – non vengono più proposti; ai volgarizzamenti sono preferite egloghe[63], drammi di importazione (*Transito del Carnevale* del milanese Visconti) e soprattutto le commedie di Ariosto. Notiamo poi che i volgarizzamenti non sono solo di derivazione plautina o terenziana, ma risultano anche ricavati dalle tragedie di Seneca. Il panorama, già piuttosto vario, va completato con i testi ideati per una cerchia ristretta (*Commedia di Ippolito e Lionora*)[64] e con la perduta opera ariostesca di origine mitologica e tragica (*Tisbe*)[65].

La stagione del teatro pre-classicista ferrarese traccia, quindi, un percorso cronologico abbastanza definito: se l'inizio è da collocare negli anni Ottanta, la fine pare di poco successiva alla morte del duca Ercole I (1508–1509). Il nuovo impulso fornito dalle commedie di Ariosto, il restringimento dell'offerta dei volgarizzamenti, la concorrenza delle egloghe e di opere estranee alla tradizione ferrarese segnano l'avvio di un'epoca diversa. Inoltre, le guerre sempre più pressanti sul suolo italiano e le ripetute assenze del duca da Ferrara determinano un ridimensionamento del programma teatrale: le cronache avvisano che negli anni 1510–1520 vengono organizzate feste abbastanza semplici con moresche e intermezzi[66]. Infine, dagli anni Ottanta cambiano i luoghi deputati alle rappresentazioni: dal contesto religioso del convento e della Cattedrale, si passa alle sedi del potere (Palazzo della Ragione, cortile, Sala grande, Sala del camino, Schifanoia) sino all'esportazione dei volgarizzamenti in altre corti (Pavia).

63 Interessi encomiastici sono testimoniati dall'egloga del 1508 composta da Ercole Pio. Descritta da Bernardino Prosperi in una lettera inviata a Isabella d'Este, ha per protagonisti tre pastori, che elogiano a turno le straordinarie virtù di Lucrezia Borgia, Isabella d'Este ed Elisabetta Gonzaga. Cfr. Falletti 1990, 301–310.

64 Una lettera di Francesco Bagnacavallo a Isabella d'Este del 21 maggio 1492 informa che la rappresentazione viene messa in scena il 6 maggio nel cortile di Schifanoia e, poche settimane dopo, nel salotto di Eleonora d'Este; gli attori risultano membri della corte e, alcuni di essi, della famiglia ducale.

65 Catalano 1930, 116–126.

66 Sugli intermezzi, cfr. l'ancora utile Niggestich-Kretzmann 1968.

2.

A tale prospetto vanno aggiunte le opere non segnalate dalle cronache, che sappiamo scritte presso la corte estense. Il loro apporto costringe a modificare l'immagine stereotipata del teatro ferrarese quale produttore di traduzioni. I volgarizzamenti non sono solo di matrice plautina o terenziana (per es. Boiardo nel *Timone* riprende ed elabora il palinsesto lucianeo); né bisogna tralasciare le opere in competizione con la *Fabula* di Poliziano (*Orphei tragoedia* attribuibile a Boiardo e composta negli anni 1485–1486, *Cefalo* di Correggio del 1487). Inoltre, la recente scoperta della *Commedia di Ippolito e Lionora* movimenta il variegato contesto estense[67]. Ferrara – lungi dal mostrarsi chiusa, avulsa dal circuito teatrale padano – è ricettiva verso gli stimoli esterni: proprio dal confronto con l'opera di Poliziano scaturisce una commedia capitale per il teatro preclassicista come il *Cefalo*.

I personaggi dello *Specchio di Esopo* di Collenuccio riassumono tale aspetto sincretico e articolato: Plauto e Luciano sono i confidenti del saggio Re che Esopo intende incontrare. I due scrittori antichi sembrano in completa sintonia tra loro, giacché raccontano un'unica realtà, seppur con accenti diversi. Plauto e Luciano, a seguito dell'arrivo di Esopo e di Ercole presso il palazzo del Re, introducono il favolista a corte. Plauto si dice suo epigono: «e io, e Luciano qui insieme con me (benché in altro abito) abbiamo le sue vestigie seguitato, come po' ancor lui testificare». Luciano, parimenti, sostiene che Esopo abbia «trovato una nova via breve et expedita, per la quale pigliando argumento di cose umili e naturali, con dolci esempli dimostra quello che a li omini sia utile. E Plauto e io soi amici e compagni de la medesima setta siamo»[68]. L'istanza pedagogica comune e i temi analoghi trattati esibiscono un possibile connubio tra le opere plautine e quelle lucianee, di cui il teatro ferrarese si fa interprete.

Invece, un altro testimone della varietà degli spettacoli ferraresi è rintracciabile nell'elegia dell'umanista Tito Vespasiano Strozzi che descrive i festeggiamenti per le nozze tra Anna Sforza e Alfonso d'Este (13–15 febbraio 1491). Il poeta si sofferma sull'allestimento del palco in vista della

67 Crespi 2013, 29–92.

68 Collenuccio 1998, 51–52.

messinscena dei *Menechini* (c. 128*v*, v. 2: «multiplici surgunt celsa theatra gradu») e passa in rassegna gli invitati[69]. Spicca la presenza degli sposi, di Ludovico il Moro e di Ercole I, definito «maximus heros» al fine di identificare il duca con il personaggio mitologico (v. 9). Strozzi parla poi succintamente dei *Menechini*, dell'*Andria* e dell'*Amphitruo*: lo scrittore sintetizza gli episodi salienti di quest'ultima commedia, anche se si concentra di più sulle quattro moresche che la accompagnano. Nella prima alcuni giovani vestiti con foglie di edera costruiscono un portico verdeggiante, che distruggono in fretta dandosi alla fuga. A questo punto compare Apollo, che intesse le lodi dei coniugi. Il dio, sul punto di elogiare il duca, è poi costretto a interrompere il canto, perché Ercole I non gradisce l'utilizzo di toni troppo solenni in suo favore davanti al pubblico (c. 130*v*, vv. 27–30: «sed tibi ne proprias aliquis te forte putaret / arbitrio laudes instituisse tuo, / quid cuperes vultu ostendis, gestuque modesto / fatidicus licet id noscere ante Deus»)[70]. La seconda moresca fa perno sulla danza pantomimica degli attori travestiti da contadini, che si interrompe con la comparsa sulla scena di alcune divinità. Nel terzo intermezzo un gruppo di satiri fugge da un uomo armato di clava. Infine, l'ultima moresca sintetizza una lotta tra i centauri, il giudizio di Paride e la relativa vittoria di Venere. Gli intermezzi documentano una realtà sfaccettata, che si può solo ricostruire approssimativamente con l'ausilio di fonti indirette e di brevi resoconti.

5 *Il teatro prima del teatro: l'officina ferrarese*

1.

Ora, se occorre riconoscere l'aspetto multiforme delle rappresentazioni, non bisogna limitare l'attenzione al ducato di Ercole I. Un'analisi

69 Strozzi 1513.

70 Il brusco diniego del *princeps* rafforza – e non mortifica – la sua assoluta centralità: del resto, Strozzi afferma che il duca assiste agli spettacoli da una posizione strategica per ribadire la propria *maiestas* (c. 128*v*, vv. 15–16: «tu quoque prospiciens alta de sede theatri / aspectu reddis cuncta serena tuo»).

diacronica, incentrata sulle epoche di Leonello e di Borso, fornisce un quadro completo, che spiega gli esiti successivi. È vero che i *Menechini* del 1486 possono essere indicati quale opera fondativa di un certo gusto, di una particolare ricerca; nondimeno, giungono alla fine di complesse riflessioni, avanzate presso il circolo umanistico guariniano, e di prove, in latino e in volgare, che rimontano agli anni Quaranta-Settanta del secolo. La civiltà del teatro estense, dunque, matura progressivamente e manifesta i suoi esiti migliori sotto la spinta di Ercole I; eppure, i prodromi vanno rintracciati nei decenni precedenti[71]. Come ha segnalato Mengaldo, la letteratura ferrarese nel Rinascimento è attraversata da continue fasi di «discontinuità», da «parentesi» che possono chiudersi o riaprirsi all'improvviso[72], mentre Riccardo Bruscagli ha individuato un insieme di varie 'stagioni' intimamente collegate[73]. Il teatro sembra costituire un campo privilegiato su cui verificare la tenuta di tali giudizi critici.

2.

È noto l'impatto straordinario avuto da Guarino Veronese sulla cultura estense (1429–1460)[74]. In particolare, risulta celebre l'importanza – educativa, etica, letteraria – conferita dall'umanista ai comici latini: Guarino nel 1426 tiene un corso a Verona su Plauto, di cui restano gli appunti presi da un suo allievo a margine del codice Vat. Lat. 1631; sei anni dopo, riesce a portare a Ferrara il Codice orsianiano (Vat. Lat. 3870), scoperto a Colonia nel 1425 da Niccolò da Cusa[75]. Dal 1457, invece, si aggiunge un volume

71 Villoresi 1994, 64–65: «durante la signoria di Ercole I, che pure va ritenuta a ragione la stagione decisiva per la rinascita del teatro antico, non si fece che recuperare, irrobustire e sviluppare il germoglio di una passione per la commedia che era già ben piantato nel retroterra culturale ferrarese».

72 Mengaldo 1963, 2–17.

73 Bruscagli 1983.

74 Su Guarino e il suo circolo, vd. Bertoni 1921; Tateo 1994, 16–55 e Pistilli 2003 a, 357–369.

75 Il manoscritto contiene dodici commedie plautine sino a quel momento sconosciute. Cfr. Sabbadini 1886.

imprescindibile alla biblioteca estense, ricercato da Guarino sin dagli anni Quaranta, cioè il *Commento* terenziano di Elio Donato[76].

Nel 1450 l'intenso studio di Terenzio e, nello specifico, le letture dell'autore proposte ai giovani studenti danno adito alle critiche di frate Giovanni da Prato[77]. La risposta dell'umanista, distesa e circostanziata[78], merita di essere rivista in un passaggio essenziale[79]: Terenzio, definito in altre occasioni «comicus noster», non offre solo esempi di lingua e di stile da imitare, ma propone anche indicazioni morali e pedagogiche[80]. Segnaliamo, infine, la predilezione di Guarino Veronese per un altro autore, Luciano di Samosata, significativo per le sorti del teatro ferrarese[81]. In più, tra i libri di Borso d'Este esisteva un piccolo codice di quattordici carte indicato «Lutianus ex greco translatus per Bertholdum»; una cospicua raccolta di testi lucianei tradotti in volgare è poi testimoniata dal manoscritto Vaticano Chigiano L. VI. 215, allestito per Ercole I prima del 1480[82].

Una parte delle riflessioni sorte all'interno della scuola guariniana si legge nel *De politia litteraria*[83]. L'opera, a imitazione delle *Noctes Atticae* di Gellio e dell'*Institutio oratoria* di Quintiliano, registra varie discussioni erudite, che toccano questioni grammaticali, linguistiche, retoriche, ortografiche, storico-letterarie. Nei capitoli iniziali del primo libro gli umanisti classificano i volumi della letteratura classica che non possono mancare in

76 Sabbadini 1893.

77 Piana 1982, 249–289.

78 Guarino 1915–1919, 823, 519–532. La controreplica del frate, dal titolo *Defensio fr. Iohannis Pratensis contra Guarinum atque impudicos auctores*, è pubblicata in Ivi, 824, 532–534.

79 Nel *De politia litteraria* (V, 63) è raccontata una polemica analoga, in questo caso iniziata da un monaco di nome Agostino; questi, che ritiene pericoloso frequentare i comici latini, viene rintuzzato da Leonello e Guarino Veronese.

80 Guarino 1915–1919, 512, 10, 18–19 e 529, 331–338. L'importanza di Terenzio per i giovani lettori è ribadita da Battista Guarini nel *De ordine docendi ac studendi* (Guarini 2002, 68). Il commediografo risulta altresì prezioso per gli uomini di governo: si pensi alla raccolta di sentenze terenziane, dal titolo *Comici praestantissimi deflorata carptim ad memoriae sustentaculum dicta*, esemplata da Tommaso da Vicenza per Leonello (Ferrara: Biblioteca Comunale Ariostea, Classe I, Cl. I. 2, Lat. 2).

81 Marsh 1994, 419–444.

82 Acocella 2016.

83 Decembrio 2002, 7–136.

una perfetta biblioteca. Se sul primato di Virgilio non ci sono dubbi tra gli interlocutori, il secondo posto, assegnato a Terenzio, appare sorprendente; lo scrittore è scelto perché il genere comico dispensa istruzioni valide per affrontare la vita quotidiana (I, 3, 18). Plauto e Terenzio sono poi citati spesso nel corso del trattato per diverse ragioni: le storie raccontate dai comici si prestano a interpretazioni «multiplici» (II, 17). Inoltre, se Plauto appare più divertente, in quanto muove al riso attraverso espedienti «laxiores» e «lasciviores», Terenzio punta su «sales» e «ioc*i*» raffinati (I, 3, 27). Per tale motivo, «Plauti vocabula non sunt imitanda, quae decentius comico quam communi stilo conveniunt. Terentius ad imitationem aptior est».

3.

L'analisi delle opere recitative scritte durante il governo di Niccolò III, di Leonello e di Borso mostra un rapporto già assiduo e maturo con il testo teatrale. Nello specifico, le rappresentazioni manifestano un gusto spiccato per il riuso sperimentale di fonti, di supporti, di stili eterogenei. Nel 1433 l'umanista Giovanni Marrasio organizza una mascherata mitologica a palazzo[84]; lo spettacolo è descritto minutamente in una lettera di Nicolò Loschi, indirizzata al fratello Francesco[85]. Il festeggiamento si situa ai primi giorni di febbraio: alcuni umanisti sfilano per la città vestiti da Bacco (impersonato dallo stesso Marrasio), Marte, Mercurio, Ercole, Venere. Loschi riporta con precisione gli indumenti di ogni personaggio[86]. Cupido recita poi un'elegia, scritta da Marrasio, dinanzi al marchese Niccolò III; segue un componimento di Guarino, che propone una discussione dotta sull'origine delle maschere teatrali[87].

Nel 1437 si verifica un altro episodio significativo: il poeta parmense Ugolino Pisani si reca presso la corte estense al fine di presentare la commedia *Repetitio magistri Zanini coqui*, recitata a Pavia durante il Carnevale

84 Tramontana 2008, 706–711.

85 Sabbadini 1890, 182–183.

86 Ivi, 183.

87 I testi sono entrambi editi in Guarino 1915–1919, 611 e 612, 149–153.

del 1435[88]. L'opera, *lusus* goliardico tipico della commedia umanistica, ironizza sulle procedure accademiche della *repetitio* e del conferimento della laurea. Il giudizio del circolo guariniano, come testimonia il *De politia litteraria* di Decembrio (V, 60), risulta sprezzante sin dalla presentazione del personaggio, definito «Plauti fabularum comicique stili strenuus imitator». Prima giunge la stroncatura di Leonello, che ravvisa le improprietà linguistiche dell'opera e la scarsa fedeltà al modello comico; poi è la volta dell'ironica critica di Guarino, il quale, non appena inizia la lettura, non nasconde un atteggiamento «subridens». Pisani chiede, allora, spiegazioni a Tommaso da Rieti, che reagisce con veemenza. All'aspro giudizio dell'umanista seguono le sarcastiche battute di Tito Vespasiano Strozzi: Pisani, imbarazzato per la pessima figura, è invitato ad andarsene. Oltre al gusto narrativo di Decembrio per una scena 'teatrale' dal sicuro effetto comico, spicca il processo con cui il gruppo guariniano svela la propria identità: da una parte, il meccanismo poggia sulla derisione di un personaggio stravagante, portatore di valori antitetici e, perciò, da screditare in modo catartico; dall'altra, i termini sui quali si fonda questo programmatico riconoscimento sono da rinvenire nella corretta interpretazione e nel giusto riuso dei drammaturghi antichi.

4.

Negli anni successivi, a riprova dell'interesse degli umanisti per il teatro, viene scritta da Ziliolo Zilioli una curiosa opera dal titolo *Comediola Michaelida*[89]. Lo scrittore è figlio di Giacomo, segretario di Niccolò III e amico di Guarino Veronese. Il 17 gennaio del 1434 Giacomo e il figlio, allora capitano di Reggio, vengono imprigionati per ordine del marchese. Non si sanno le motivazioni precise dell'arresto di Zilioli e della lunga detenzione, durante la quale è composta la 'commedia': difatti, l'opera prende il nome dalla torre di S. Michele del Castello Vecchio di Ferrara in cui il personaggio era stato rinchiuso.

88 L'opera si legge in Pisani 1982. Sull'episodio si rinvia a Perry 1986, 613–643.

89 Zilioli 1975. Sull'opera si rimanda a Villoresi 1994, 77–107.

Il testo, in prosa e dedicato al carceriere Petto de Baisio, è suddiviso in diciassette scene, alcune delle quali brevi (per es. I, IV e VIII), altre molto estese (XII); la vicenda, che si svolge nell'arco di tre giorni, è ambientata in carcere e, nel finale, nella dimora del guardiano Fanio[90]. L'opera – pur palesando una forte componente autobiografica e una marcata tendenza all'uso di materiali eterogenei (spunti bucolici, elegiaci, riflessioni di stampo giuridico, filosofico) – mantiene una propria identità comica: ne sono prova il ricorso a Terenzio, Plauto, Luciano. Certo, il linguaggio e lo stile della *Comediola* risultano ibridi, laddove la struttura appare squilibrata (si pensi che la scena XII occupa circa un quarto dell'intera opera); le tematiche sono altresì estranee alla tipologia letteraria che si vorrebbe imitare. Pur tuttavia, la commedia terenziana è utilizzata quale riferimento imprescindibile al fine di caratterizzare i personaggi: Fanio è introdotto quale *alter ego* di Trasone dell'*Eunuchus*; Giustizia si serve talora delle espressioni di Sosia dell'*Andria* e, per cercare di placare l'ira del carceriere, è costretta addirittura a comportarsi come Gnatone[91]; quest'ultimo diviene il modello dichiarato del servo Cirino; Fanio, allorché viene convinto dalla Giustizia a perdonare Thimo, si appella alla celebre battuta di Cremete «homo sum: humani nihil a me alienum puto» (*Heaut* I, 1, 25; cfr. *Comediola*, 316). Plauto, invece, è meno presente, in linea con la gerarchia stabilita dalla scuola guariniana[92].

5.

Nel 1444 si registrano due avvenimenti di rilievo: il 24 aprile sono celebrate le nozze tra il marchese Leonello e Maria d'Aragona, figlia di Alfonso

90 Riassumiamo la trama: Thimo giace incatenato da più di un anno in fondo a una cella tetra. Un giorno la Giustizia, richiamata dalle invocazioni del protagonista, promette a Thimo di indurre il carceriere Fanio ad ascoltare le sue ragioni; nonostante notevoli difficoltà, alla fine la Giustizia convince Fanio a liberare Thimo.

91 Zilioli 1975, 142: «numquam enim recta capietur, ni Gnatonica via novoque circumveniatur aucupio. Quo circa malo mutare ingenium, quam tantis infelicem meum persistere miseriis».

92 Ci limitiamo, però, a osservare che nel proemio Thimo viene introdotto con gli stessi attributi di Filocrate nei *Captivi*. Cfr. Ivi, 112.

V. La cronaca anonima che ne racconta i passaggi salienti descrive l'entusiasmo della popolazione, riporta i nomi degli ambasciatori presenti a Ferrara per l'occasione e provvede all'elenco delle ingenti spese sostenute dal marchese per festeggiare il matrimonio[93]. Il testo non manca di menzionare gli spettacoli allestiti, che comprendono «molti pallii», una «caccia, in Piazza, de bovi, manzi, porzi et caprioli» e soprattutto una «festa de Sancto Georgio, come l'amazète il dragone, et era in Piaza facto a modo uno bosco con rovere spesse» (27, 28–31).

Tre mesi prima, il 23 gennaio, era stato rappresentato a corte un dramma di Francesco Ariosto, intitolato *In Isidis religionem elegia*[94]; l'opera racconta la storia edificante di Iside, che decide di convertirsi dopo aver udito il discorso caloroso e intenso di un sacerdote[95]. Dedita in precedenza solo ai divertimenti e ai piaceri mondani, passa a condurre una vita pudica e devota. Il testo risulta composto da un prologo, dall'argomento in prosa, da due versi in cui un personaggio di nome Miseno invita gli spettatori a prestare attenzione, dall'intervento di Carino (102 versi), dalla risposta della protagonista e, infine, dalla conclusione in prosa di Miseno; segue una didascalia che riporta il periodo di composizione, il nome dei personaggi e un succinto elogio di Leonello. L'*Isis* è incardinata sul contrasto a due voci dei personaggi: Carino, nome forse tratto dal protagonista del *Mercator*, si duole per lo stato di abbandono in cui si trova la dimora di Iside, luogo un tempo di aggregazione, di feste e di balli. Iside – forse interpretata da Beatrice, sorella di Leonello – spiega i motivi della conversione. L'opera non esibisce molti caratteri tipici della commedia antica – come, del resto, denuncia il metro stesso impiegato – ma si serve di alcuni elementi paratestuali (prologo, argomento, epilogo), dei monologhi e del messaggio etico di matrice terenziana per rendere 'rappresentabile' un testo altrimenti estraneo alle direttive del genere.

93 *Diario ferrarese* 1928, 27, 26–28.

94 Francesco Ariosto, allievo di Guarino, si addottora in diritto nel 1440. L'attività di funzionario ducale e di podestà impegna il personaggio in molti centri del dominio estense. Scrive varie elegie, l'*Oratio ad Leonellum Estensem* e un componimento encomiastico *ad Borsium*. Sull'autore cfr. Quattrucci 1962 a, 169–171.

95 Sull'*Isis*, trascritta in Stendardo 1936, 114–122, si vedano Mele 2013, 103–125 e Petoletti 2016, 127–137.

Parimenti, il fratello di Francesco Ariosto, Malatesta, è autore di un componimento in volgare in onore di Borso d'Este[96]. Quest'ultimo nel 1452 aveva ottenuto dall'imperatore Federico III il titolo ducale; perciò, durante l'estate del 1453, vengono organizzati due ingressi trionfali nelle città di Modena e di Reggio. Le carte che mostrano l'elaborata preparazione dei festeggiamenti reggiani sono contenute nel registro delle 'Riformagioni del comune di Reggio' e nel 'Carteggio del Reggimento'[97]. Le testimonianze risultano di eccezionale valore per comprendere la complessità delle rappresentazioni di metà secolo.

Sin dai primi giorni di maggio – ricordiamo che l'ingresso avviene il 4 luglio – il Consiglio degli anziani di Reggio si riunisce per occuparsi dei preparativi. L'entrata di Borso a Modena spinge i reggiani a competere con la città vicina: sicché, Malatesta Ariosto viene ingaggiato con il compito di predisporre le scene da recitare nel corso dell'ingresso del duca. Il 22 giugno lo scrittore invia agli Anziani e al Capitano di Reggio il componimento per riceverne un giudizio; inoltre, aggiunge molti accorgimenti scenici, indispensabili per rendere più gradevole e sorprendente la rappresentazione. L'ingresso di Borso a Reggio è seguito in ogni dettaglio da una cronaca in latino di autore anonimo edita da Adolfo Levi. Essa riporta anche i componimenti poetici volgari di Malatesta Ariosto, che fanno da cornice a nove 'scene': la prima si svolge all'uscita del duca dalla chiesa di S. Barnaba; il corteo di Borso si imbatte in un baldacchino, che ospita tre attori travestiti da angeli. La seconda scena ha per protagonista S. Prospero (patrono della città), che celebra Borso con le consuete formule elative. Nella terza compare la Giustizia, cui sono dedicati trentanove versi: esiliata alla fine dell'Impero Romano, è pronta a ritornare in Italia perché il duca le ha restituito il coraggio perduto. Il corteo si volge poi presso la chiesa di S. Pietro, dinanzi alla quale un angelo dona al signore un serto d'alloro. La sesta scena risulta assai significativa, in quanto la Fortuna recita un sonetto pressoché

96 Malatesta Ariosto nasce a Ferrara al primo aprirsi del XV secolo; discepolo di Guarino, ricopre numerosi incarichi politici. Oltre alla rappresentazione in volgare di cui ci occuperemo, scrive vari epitalami in distici elegiaci. Nello specifico, cfr. Quattrucci 1962 b, 188–190.

97 Sono pubblicate in Levi 1899. Sull'episodio cfr. anche Pari 2005, 33–63.

identico a quello pronunciato nel 1443 dallo scrittore fiorentino Piero de' Ricci durante il trionfo napoletano di Alfonso V d'Aragona:

Piero de' Ricci (1443)	Malatesta Ariosto (1453)
Eccelso re, o Cesare novello, Giustizia con Fortezza e Temperanza, Prudentia, Fede, Carità e Speranza, ti farà trionfar sopr'ogni bello. Se queste donne terrai in tu' ostello, questa sedia fia fatta per tua stanza; ma ricòrdasi a te, tu sarai sanza, se di Giustizia torcessi 'l suggello. E la Ventura, che ti porge il crino, non ti dar tutto a lei, ch'ell'è fallace, che me, che trionfai, misse in dechino. El mondo vedi che mutation face! Che sia voltabil, tienlo per distino: e questo vole Iddio perché li piace. Alfonso Re di pace, Iddio t'esalti e dia prosperitate, in libertate[98].	Excelso *principe*, o *duca* novello, Iusticia con Forteza, Temperantia, Prudentia, Fede, Carità et Speranza te faranno triumphare sopra ogne bello. Se queste donne tu terà in tuo *stillo*, questa sedia hanno facta per tua stantia *ricordati che farai senza* se ala Iusticia torgiesse el suggello. E la *Fortuna*, che te porgie el creno non te *fidare in lei*, che la è falaze che mi che triumphai, messo al dechino tu vedi il mondo che muttatione faze. Voltabile et *tolo* per distino et questo vole Idio perché li piaze *Borso duca* di pace, *Christo* te exalta in tua prosperitade Questo *tuo Regio tu mantegni in libertade*.

L'operazione di riuso risente di superficialità, poiché se De' Ricci fa recitare il sonetto a Giulio Cesare, Ariosto lo attribuisce alla Fortuna: ciò crea un effetto involontariamente parodico ai vv. 9–10, in cui il personaggio consiglia al duca di non fidarsi delle lusinghe della Fortuna medesima. Si noti anche il cambiamento apportato nell'ultimo verso, che punta a includere nella lode la città di Reggio: equiparare Borso ad Alfonso V nel momento della sua massima affermazione politica – il trionfo grandioso per aver sottratto il trono di Napoli agli Angioini[99]– significa celebrare il valore del duca e, per traslato, mettere a raffronto le straordinarie feste

98 Il sonetto è edito in Croce 1992, 18. Il corsivo, che segnala le differenze principali, è da noi introdotto.

99 Cfr. su tutti Delle Donne 2015, 103–144.

napoletane del 1443, allestite dall'umanista Antonio Beccadelli (il Panormita), con quelle reggiane[100].

Torniamo a seguire gli spostamenti del corteggio: la settima 'scena' si svolge alla fine della messa. Una giovane afferma che Borso farà rivivere le imprese dei Romani e offre così al personaggio il simbolo di un unicorno[101]. Nel corso della penultima 'scena' S. Prospero svolge un'estesa orazione in volgare, che mostra la superiorità politica e filosofica del potere principesco su quello repubblicano[102]. Il patrono cittadino sprona poi il signore, specchio di ogni virtù, a punire i nemici e a esaltare i buoni sudditi. Infine, sul lato opposto della piazza si apre un tabernacolo, innalzato sul palazzo del podestà, in cui è posta una scenografia a forma di Paradiso, «ubi erant multi et diversi representantes, unus videlicet personam Yeshu Christi, alius Virginis Marie et alii diversorum sanctorum». Tra questi personaggi spicca un angelo, che dà avvio alle danze (vv. 13–16): «questa terra arecommandata te sia / in pace tenendolla, sempre et in unione / altro a dire ormai non ce resta / senò che ogni homo crida: 'festa festa'».

6.

Il confronto con Napoli torna nella tragedia di Laudivio Zacchia. Possediamo notizie imprecise sul personaggio: formatosi a Ferrara durante il governo di Leonello, si trasferisce a Roma e a Rodi, dove è capitano di presidio; nel 1465 scrive la tragedia *De captivitate ducis Iacobi* forse con l'intento di ritornare presso il dominio estense[103]. L'opera ruota attorno all'uccisione del capitano di ventura Iacopo Piccinino su ordine di Ferdinando I; l'episodio aveva creato un certo scalpore nelle corti italiane,

100 Per una panoramica esaustiva si veda Addesso 2012, 29–37.

101 L'impresa dell'unicorno – allusione alle bonifiche delle paludi del contado estense e dell'area del Polesine promosse da Borso – viene dipinta nella Bibbia miniata da Taddeo Crivelli (Modena: Biblioteca Estense Universitaria, Lat. 422–423) e incisa sul portale di Palazzo Schifanoia.

102 Questo passaggio è spia dell'accesa polemica del 1435 tra Guarino e Poggio Bracciolini sulla superiorità di Cesare o di Scipione. Vd. Canfora 2001.

103 Sul personaggio e la sua opera, vd. Doglio 1980, 241–260. Si citerà da Zacchia 2013.

soprattutto a Ferrara[104]. Ciò offre l'occasione a Zacchia di elaborare una tragedia con Borso nel ruolo di protagonista: il *De captivitate* nobilita il duca da un punto di vista morale sfruttando l'alone mitico che ammantava la sua figura. Non sembra casuale, quindi, che le prove teatrali promosse sotto il suo governo indichino in Borso un protagonista assoluto; la strategia è percorsa, del resto, da Tito Vespasiano Strozzi con la *Borsias* e da Matteo Maria Boiardo (*Pastoralia*, *Carmina*, *Epigrammata*).

L'opera di Zacchia viene introdotta da una *Praefatio* di trentadue distici elegiaci, dedicati al duca estense. Il primo atto inizia con un esteso monologo di Borso, definito *Rex*, sulla situazione storico-politica degli anni Sessanta: la pace finalmente sembra giunta in Italia, anche perché Piccinino si è riconciliato con Francesco Sforza e Ferdinando I. Tuttavia, l'incertezza che contrassegna gli equilibri militari e le alleanze tra gli stati inducono Borso a interpellare un veggente; questi prevede varie sciagure, tra cui la morte di Piccinino. Il secondo atto è composto da poco più di cento versi: nella prima scena l'oracolo di Apollo conferma i presagi[105]; nella seconda il coro celebra le gesta di Piccinino. Il terzo atto, ambientato a Napoli, risulta ridotto: un ambasciatore si reca presso Ferdinando I per comunicargli che Piccinino è in procinto di raggiungerlo a palazzo. Il personaggio, ormai pronto a sposare la figlia del duca di Milano, si presenta con intento pacifico. Il re giura di aver dimenticato l'ostilità che lo aveva contrapposto al capitano di ventura; il coro chiude l'atto introducendo il tema della concordia. Il quarto atto risulta il più movimentato: il re aragonese rivolge alcune preghiere di ringraziamento a Giove per aver sedato la rivolta dei baroni ordita contro di lui; in seguito, entra in scena un ministro di Ferdinando I, che consiglia di uccidere il sedizioso Piccinino. Al termine del confronto, avviene un colpo di scena, in quanto il sovrano rivela che Piccinino si trova

104 *Diario ferrarese* 1928, 46, 27–30. Piccinino nel 1463 si lega al ducato estense e, nel contempo, è al servizio del Regno di Napoli, dopo aver prestato il suo aiuto a Giovanni d'Angiò e ai principi di Taranto e di Rossano (ostili a Ferdinando I); il sovrano aragonese, non fidandosi della lealtà di Piccinino, lo fa arrestare con l'inganno e lo uccide.

105 Gli elementi esoterici riflettono la passione di Borso e della corte ferrarese per le pratiche magiche e astrologiche, come si può osservare nel Salone dei Mesi di Palazzo Schifanoia. Cfr. tra tutti Vasoli 1977, 469–494.

già «revinctus in carcere» (v. 64). L'esecuzione del personaggio è descritta con toni macabri, consoni al modello delle tragedie senecane. L'ultimo atto, di nemmeno cento versi, riporta l'azione a Ferrara: un nunzio si precipita a corte e racconta a Borso il terribile episodio. La reazione del duca è, in principio, impetuosa, perché vorrebbe vendicare l'amico; poi prevale la ragion di stato, che impone di non aggravare l'ostilità tra le corti italiane. L'opera termina così con l'esaltazione dell'«unica virtus aeterna» di Borso, garanzia di stabilità nella Penisola (v. 91).

7.

Si è osservato come la complessa stagione del teatro estense si sostanzi di molteplici apporti. I volgarizzamenti, che soddisfano un'esigenza di *renovatio* e di praticità, non sono sufficienti a spiegare una storia articolata. Gli spettacoli religiosi, le giostre allegoriche e le opere messe in scena dinanzi a un pubblico selezionato soddisfano una domanda di teatro spesso sorprendente per qualità degli allestimenti e quantità numerica dei testi prodotti. Le rappresentazioni, che la critica moderna tende a classificare e a distinguere, venivano in realtà concepite in modo abbastanza univoco: le reciproche influenze, le osmosi stilistiche e ideologiche sono perciò frequenti. Il panorama teatrale di fine Quattrocento, però, non può essere colto appieno senza considerare il contesto letterario e culturale precedente: il gusto per gli spettacoli e per gli autori comici latini era già maturo con l'attività di Guarino Veronese e dei suoi allievi. Si osservi, ancora una volta, l'importanza di Borso per la promozione della letteratura in volgare, che verrà proseguita dal fratello.

Mostrare la sottile linea di continuità che collega le stagioni teatrali estensi sembra necessario al fine di comprendere la vera innovazione di Ercole I: ciò che il duca presenta come fondazione *ex nihilo* e recupero di un mondo antico da secoli perduto sembra piuttosto uno scarto rispetto alla prassi preesistente. Il teatro erculeo si muove in un ambito definito, ma bisognoso di essere riformato, di trovare indicazioni operative più aggiornate (es. uso del volgare e recupero della commedia plautina).

Un fattore di distinzione dal recente passato si può riscontrare nella predilezione per Plauto; la scelta di tradurre e di mettere in scena i drammi plautini sovverte la scala di valori fissata dal circolo guariniano[106]. Terenzio, il *comicus noster* inferiore solo a Virgilio, è posto in secondo piano. Ciò riflette una precisa scelta estetica: la letteratura deve interessare e divertire un numero vasto di spettatori (non un cenacolo elitario e sofisticato). Inoltre, il principio della concretezza, così avvertibile negli anni Ottanta-Novanta, non è nient'altro che l'esito del processo teorico avviato nei decenni precedenti. Questa lunga fase di sperimentazione, che risale all'arrivo a Ferrara di Guarino, procederà, non senza svolte paradigmatiche, sino ad Ariosto e oltre[107].

6 *Volgarizzare tra amplificazioni e adattamenti*

1.

Prima di analizzare i volgarizzamenti teatrali ferraresi bisogna interrogarsi sul problema della definizione del *corpus*[108]. Alcuni testi non sono stati pubblicati, altri, pur editi di recente, non possono essere collegati con sicurezza ad alcun contesto preciso. Risulta significativo il caso dell'*Eunuco*, volgarizzamento anonimo in terza rima: Matteo Favaretto ha proposto di collocare il testo all'interno dell'ambito padano[109]; inoltre, lo studioso ha indagato le caratteristiche linguistiche, metriche, intertestuali dell'*Eunuco* senza però trovare prove certe di attribuzione e localizzazione. La prudenza dell'editore, che si limita a ipotizzare un'origine estense, è necessaria allorché ci si confronta con opere anonime, cronologicamente difficili da situare, prive di riferimenti alla corte di provenienza[110]. A ciò si aggiungano le criticità metodologiche che si incontrano nell'analisi: è

106 In base alla tabella che abbiamo riportato al § 4.1, possiamo osservare che il rapporto tra le opere di Plauto (28) e Terenzio (5) appare davvero sbilanciato. Non si sono conteggiate le repliche messe in scena in uno stesso anno.

107 Cfr. Coluccia 2001.

108 Sull'argomento si rinvia, tra tutti, a Guastella 2007, 69–150 e 2013, 36–63.

109 *Eunuco* 2011.

110 Ricordiamo che l'*Eunuco* è rappresentato a Ferrara negli anni 1499, 1500, 1501 e 1503.

quasi impossibile definire da quale testo base gli scrittori partissero per approntare le traduzioni; sovente gli errori che gli studiosi moderni imputano ai volgarizzatori sono da attribuire ai volumi – scorretti, incompleti, frutto di interpolazioni – da loro consultati[111]. Rileviamo, dunque, un paradosso: i volgarizzamenti ferraresi, che hanno contribuito in modo preponderante a formare il mito della *renovatio* di Ercole I, a connotarne la stagione teatrale, ad affermare il primato delle rappresentazioni estensi, mancano ancora di edizioni attendibili, a eccezione dei *Menechini*, e, di conseguenza, di interpretazioni complessive[112].

In più, le analisi dei volgarizzamenti spesso fanno leva su uno stereotipo, che l'esame generale delle traduzioni proverà a rimuovere: infatti, in passato si è colta la specificità delle traduzioni a partire dalle richieste del duca a Battista Guarini[113]. L'umanista contrappone, alle pretese del volgarizzamento *ad verbum* del *Curculio* imposto da Ercole I, una traduzione libera, aperta ad ammodernamenti e riletture. Guarini, nella celebre missiva del 18 febbraio 1479, riporta quanto riferitogli da «Misser Augustino», il quale «disse come la V. Ex. non voria che io me despartisse da la sententia di Plauto et questo perché in la *Aulularia* dicevase che io haveva posto de molte cose che non erano in Plauto»[114]. L'umanista propone l'abbandono di una pedissequa traduzione letterale per armonizzare l'originale con l'essenza del testo; importa rendere innanzitutto il senso, il messaggio dell'opera, perché, come aveva dichiarato il padre a Leonello d'Este, «nec verbum ex verbo sed sensa tantisper exprimes, quasi corpus non membra circumscribas»[115]. Tale convinzione viene legittimata in un passaggio argomentativo cruciale:

111 Ci avvaliamo, come testo guida, della *princeps* veneziana curata da Giorgio Merula (Plauto 1472), che si fonda sul manoscritto orsiniano scoperto nel 1425 ed esibisce punti in comune non sporadici con i volgarizzamenti.

112 Si aggiunga che l'*Amphitruo* la *Casina* e la *Mustellaria* sono tramandati dalle stampe del tipografo veneziano Niccolò Zoppino (1530); bisogna mettere in conto, già in sede preliminare, le modifiche linguistiche introdotte e i cambiamenti necessari per offrire le commedie a un pubblico assai differente da quello cortigiano di fine secolo.

113 Cfr. per es. Coppo 1968, 31: «il Duca infatti volle che i testi classici fossero tradotti con la massima fedeltà; proibì che vi fossero apportati tagli o aggiunte».

114 Luzio – Renier 1888, 177.

115 Guarino 1915–1919, II, 670.

> ad che io rispondo che non credo essere per niente lontanato dal sentimento di Plauto né anchora da li vocabuli. Et se ho posto moschio et zibetti el gi è però in lo testo venditori de odori da ongerse per sapere da buon. Ma parevami molto melgiore translatione nominare li ditti odori et ridure la cosa ad la moderna, che volendo esprimere de parolla in parolla fare una translatione obscura et puocho saporita.

In Guarini l'esigenza estetica prevale sul rispetto del testo letterario, almeno nei punti in cui quest'ultimo potrebbe compromettere la fruibilità del volgarizzamento[116]; di contro, secondo Ercole I, la superiorità culturale di Ferrara si conquista con un'operazione mimetica. Lo splendore dell'antichità può essere restituito mediante un rifacimento fedele alle parole dei drammaturghi latini. Vediamo concretizzato uno iato culturale e ideologico tra chi si serve della classicità come forma di prestigio mondano e tra chi, invece, guarda alla tradizione come mezzo per accedere al mondo antico. La disputa appare tesa, poiché Guarini torna a discolparsi nel corpo della lettera con ulteriori prove in suo favore. Alla fine, l'umanista rivendica con forza le proprie posizioni, non senza dimostrare, come da prassi, una certa accondiscendenza verso le decisioni del duca:

> molti altri vocabuli sonno in quello luogo li quali significano et colori de tintura et generatione di scarpette et habiti, le quale mi parse di convertire ad la consuetudine nostra per fare lo sermone più delectevole perché in vero ad volere seguire de parolla in parolla se faria, secondo lo mio iudicio, cosa goffa et che harebbe puocho del piacevole et bisogna alcune fiate adiungere et minuire et ridure in forma de lo usitato parlare quelle cose antiche. Niente di meno in questa faconda non è altro lo mio designo se non di compiacere ad la V. Ex., di lo resto non ne facio una cura al mondo. Siché et in quella fabula et in le altre dica pure la V. S. quello la vuole che se facia. Tuttavia non mi partirò dal dire di Plauto sicome anche per lo passato credo haver fatto et cossì trovarà la V. Ex. se la farà exponere li vocabuli da chi intende[117].

Tuttavia, prevale la fiducia di persuadere Ercole I, invitato a consultarsi con altri intellettuali. Risulta facile desumere il fallimento di tale proposito, giacché Guarini è costretto la settimana seguente a chiarire la metodologia impiegata per soddisfare un altro incarico (26 febbraio):

116 Si tenga presente quanto sostenuto dall'umanista nel *De ordine docendi ac studendi*: «erit autem illud perquam utile ut in his regularum declamationibus consuescant ornate componere» (Guarini 2002, 36, 6).

117 Luzio – Renier 1888, 177–178.

> adesso mando la qui alligata fabula chiamata *Curculio* et se ad la V. Ex. parerà che la non sia cossì piacevole come lei desiderarebbe, sarà da imputare ad lo auctore et non ad mi. Io mi forcio andare dietro ad le parolle dil testo, benché in certi luogi mi pare melgio pilgiare lo tenore et formargli un buono soprano. Niente di meno starò sempre ad obedienza perché questa cosa se fa per la V. Ill.ma S. et non per altri[118].

Il traduttore si dimostra, in apparenza, più cauto, ma non manca di polemizzare con Ercole I: le colpe per le eventuali carenze dell'opera sono da condividere con il duca, il quale non ha permesso una traduzione raffinata. Guarini – che probabilmente si limita a tradurre in prosa un testo preparatorio e di servizio, senza versificarlo – conferma ancora quale sia la direzione da seguire, anche se, un po' sardonicamente, professa obbedienza alle linee guida tracciate dal suo signore. Ebbene, i volgarizzamenti, almeno quelli che possiamo attribuire con certezza alla corte estense, non seguono le indicazioni di Ercole I, perché sono riferibili alle teorie di Guarini. Le lettere, non a caso, rimontano al 1479: è ipotizzabile che nel 1486, anno della messa in scena dei *Menechini*, Guarini e gli altri traduttori fossero ormai riusciti a convincere il duca, a imporre la loro linea.

Spicca una divaricazione tra la presunta 'norma' – che pretende di indicare la cifra distintiva dei volgarizzamenti estensi nella traduzione letterale delle commedie – e lo 'scarto', ovvero il punto di vista alternativo di Guarini. In realtà i due piani sono da invertire, in quanto il disegno di Ercole I di tradurre *ad verbum* resta un progetto solo teorico, per giunta trasgredito già nel 1479. Le traduzioni, dunque, vanno considerate nel loro insieme quale prodotto compatto e mosso da calibrate strategie comunicative.

2.

L'attribuzione congetturale dei *Menechini* a Battista Guarini non è motivata da indizi decisivi[119]. Nondimeno, il rifacimento della commedia rispecchia le convinzioni guariniane espresse nella lettera del 1479: per esempio, le modernizzazioni sono frequenti, la figura della prostituta Eozia è modificata rispetto

118 Ivi, 178.

119 Non sono mancate ipotesi alternative in favore di una paternità boiardesca: vd. Zanato 2015, 334–348.

all'originale secondo alcuni accorgimenti moralistici; Peniculo, giovane effeminato in Plauto, appare un approfittatore cinico e astuto. Si osservano, a partire dal prologo, alcune attente modifiche, segnale di una traduzione che cerca di soddisfare le esigenze estetiche del pubblico e favorirne la piena comprensione del testo: il v. 25 («a Taranto era una fiera eminente») pare di certo più consono alla realtà quotidiana ferrarese rispetto al «Terenti ludi forte erant» della versione latina (c. 111*v*)[120]; parimenti i vv. 42–43 («tolse moglie costui in Epidano, / prudente, ricca e di assai nobel gente») attenuano il semplice «sibi filium eique uxorem dotatam dedit», che mette in luce il carattere eminentemente economico delle unioni matrimoniali. Certo non mancano passaggi in cui il traduttore rimane fedele al testo base, imitandone anche il lessico e lo stile[121]. Con tutto ciò, prevalgono le variazioni: per esempio a I, 41 la moglie di Menechino non viene fatta uscire di scena come nella commedia originale, ma rimane sul palco a discorrere con il marito. Pertanto, il monologo del protagonista si risolve in un dialogo, che approfondisce il carattere di entrambi i personaggi. Menechino appare sfrontato e insolente, laddove la moglie spicca per la sua gelosia (vv. 41–50):

> *Mo*: Menechin dove vai? Dime per quello
> che così ratto vai fuor di la porta.
> Mostrami un po' quel c'hai sotto il mantello!
> *Me*: Deh, tornate mo' su per la più corta,
> bestia, che sempre mi togli il cervello!
> E in ogni tempo tu sei troppo accorta.
> *Mo*: Ben ti conosco e scio quel che favello:
> tu porti qualche don alla tua 'manza,
> qualche cosa di casa, e dil più bello!

Risultano altresì importanti gli ammodernamenti, tesi a ridurre la distanza (culturale, sociale, storica) tra il testo e gli spettatori. Talora lo scrittore si

120 Si cita da *Menechini* 1983, 77–167. Per il commento si è fatto ricorso anche a *I Menechini* 1985.

121 Cfr. per es. I, 91–93 («questo butino ho robato cum arte / a' mei nemici, e ' compagni salvati / qual bon combatitor in ogni parte»), che ricalca il linguaggio militare di c. 113*v*: «averti praedam ab hostibus nostrum saluto socium». A II, 108 («di' che m'hai visto, e mai non m'hai veduto») il volgarizzatore tenta di restituire lo stile plautino, caratterizzato da giochi di parole, allitterazioni, paranomasie (c. 114*v*: «seu tu Cylindrus seu Coriendrus, perieris. / Ego te non novi neque novisse adeo volo»).

avvale di anacronismi: le *minae* plautine diventano i «talenti» evangelici, meglio noti al pubblico rispetto alle monete romane (I, 230); a II, 105 Menechino ordina al cuoco Chilindro di comprare l'«incenso», mentre in Plauto è richiesto un maiale adatto ai sacrifici (c. 114*r*); a V, 457–459 Giove viene sostituito dal Dio cristiano, «possente» e «giusto». Nel quarto atto sono omessi i cinque versi in cui la moglie di Menechino viene paragonata a Ecuba (v. 23; cfr. c. 119*r*); ai vv. 79–87 sono tralasciati i riferimenti dotti a Partaone e Calcante, che in Plauto hanno un effetto spiazzante, impossibile da suscitare in un pubblico di corte numeroso (c. 119*v*)[122]. Pare significativa l'attualizzazione della figura del medico, chiamato a curare la pazzia di Menechino II: il traduttore approfondisce la parodia del personaggio, abbozzata in Plauto, che fonda la propria diagnosi sulla follia del paziente attraverso l'esame dell'«urina» (IV, 98).

Nel terzo atto Peniculo non può svolgere il compito assegnato dal padrone, poiché si è imbattuto in un'assemblea popolare (c. 115*v*: «in contionem»): nel testo tradotto il servo parla, invece, di un'udienza presso il Palazzo di giustizia. Il che offre lo spunto per introdurre una critica contro i formalismi burocratici (vv. 7–15):

> Or va mo', testimonia; impara, pazo!
> Agli altri più che a te abi mo' cura:
> caro ti costerà gir a sollazo!
> Possa morir de fame in sepoltura,
> rompigli il sasso le gambe la testa
> al primo che trovò carte e scriptura!
> Ben toccò a me andar a simil festa:
> ben fòi cernìto primo a tal offitio,
> bona ellezion di me, savia richiesta[123]!

Parimenti a III, 171–213 Menechino svolge un'estesa intemerata contro l'avidità di denaro; se in Plauto ciò è rivolto ai *clientes* (c. 117*r*) – che i

122 La semplificazione del contesto richiede una maggior concretezza del lessico e delle immagini; ad esempio, a IV, 269 viene introdotto un paragone triviale, assente nella commedia latina («assaltaròlo come cane all'ano»).

123 Il brano – grazie alle esclamazioni frequenti, alle frasi frante e cadenzate, agli asindeti (vv. 7 e 11), alle anafore (vv. 13–14) – sembra più mosso e veemente di quello

patroni accumulano senza curarsi dei meriti effettivi – il volgarizzatore sposta l'attenzione sulla corte (v. 174).

3.

Lo scrittore, conscio dell'estensione notevole dell'opera (1162 versi latini *vs* 1951 volgari), a volte riepiloga la trama: a III, 353–355 fa recitare a Menechino una terzina, estranea a Plauto, in cui viene riassunta la vicenda del mantello sottratto alla moglie. L'amplificazione del modello latino ottiene risultati significativi a I, 172–175, dove il *tricolon* pronunciato da Peniculo «furtum, scortium, prantium» (c. 113*r*) viene ridistribuito su quattro versi: «samme di *cena* e di cose robate / ad una falsa e iniqua *meretrice*; / d'un disnar di *vivande* delicate / che chi ne puol mangiar certo è felice». La figura di Peniculo, però, non è soltanto approfondita da continue aggiunte: ad esempio, il volgarizzatore omette il v. di c. 113*r* («sed obsecro Hercle salta sic cum palla postea»), là dove Menechino si toglie le vesti rubate alla moglie pregando il personaggio di indossarle[124]. La traduzione cerca di presentare una figura lontana da quella plautina: cosicché, il servo si trasforma in un approfittatore divertente, che pensa al cibo, a raggiungere il proprio interesse particolare[125].

La revisione in chiave moralistica riguarda pure l'etera Erozia: il personaggio, che diverge molto da quello plautino, si comporta in modo onesto. Nel secondo atto le battute della donna (vv. 206–219) sono private dei riferimenti espliciti che ne svelano la professione (c. 115*r*): «mundicia illecebra animo est amantium. / Amanti amoenitas malo si nobis lucro

imitato (c. 115*v*): «quem illum dii omnes perduint, qui primus commentus est / contionare, qui homines occupatos occupat. / Non ad eam rem ociosos homines decuit delegi, / qui nisi adsint quom citentur, census precapiunt illico?».

124 In verità gli editori moderni attribuiscono la battuta a Peniculo e non al padrone. A III, 93 vengono ignorati i versi in cui il servo è definito nella *princeps* con l'inequivocabile appellativo «cinaedus» (c. 116*v*).

125 A III, 346 lo schiavo è allontanato dalla moglie di Menechino e, in una scena a parte, dichiara di essere pronto a recarsi «dove si beve e cena»; in Plauto si era limitato a un generico «ad forum» (c. 118*v*). La figura non del tutto positiva di Peniculo viene bilanciata da quella del servo Messeno, il quale soffre per non essere creduto dal padrone; si vedano i versi II, 74–81, inseriti *ex novo* dal volgarizzatore.

est». La nuova condotta di Erozia spinge i personaggi a descriverla in modo differente; ad esempio, Menechino afferma che «costei par tutta quanta puritade» (II, 232), oppure, a III, 59 e 374, la chiama «fantina», «dolce amor mio». La donna appare assai intelligente, arguta, tanto che, quando incontra il gemello dell'amante, finge di assecondarne lo strano atteggiamento (II, 337–338). Erozia si esprime poi con toni gentili, estranei al testo latino, che invece fa leva sull'atteggiamento disinibito e aggressivo del personaggio femminile[126].

4.

Anche alle figure secondarie viene fornita una certa caratterizzazione: nel corso del secondo atto è dedicata un'ottava, metro che nell'opera si alterna con il capitolo ternario, al cuoco Chilindro[127]. In Plauto la succinta battuta di c. 114*r* («bene obsonavi atque ex mea sententia, bonum / anteponam prandium pransoribus») è arricchita di particolari che contribuiscono a evidenziare l'orgoglio del personaggio, ai limiti della presunzione vanagloriosa (II, 82–89). L'atteggiamento del cuoco appare divertente grazie all'unione di più battute in un solo intervento; ciò permette al traduttore di sottolineare la veemenza del personaggio mediante continue esclamazioni e frasi interrogative. La tecnica è volta altresì a estremizzare l'alterco con Menechino, che chiama il cuoco «omazo ingordo» (v. 144); questi, di contro, indica nel protagonista un «ignorante» (v. 149).

La moglie di Menechino pare, nel complesso, sicura; spesso ciò risulta un effetto involontario, perché alcune battute della *princeps* attribuite alla donna sono state in realtà assegnate al marito o a Peniculo dagli editori moderni. Tuttavia, sembra chiaro l'intento dello scrittore di esasperare gli

126 Cfr. III, 368–370: «deh, non mi calefar, perché io sum quella / che insin de tener anni il cor t'ho dato: / però non ne dir più, d'altro favella» con il modello (*Me*: «mane / Scin quid est quod ego ad te venio?» *Er*: «scio, ut tibi ex me fit voluptas» e «video quam rem agis / quia commisi ut me defrudes, ad eam rem affectas viam»).

127 In generale, le ottave sono impiegate nei monologhi, le terzine nei dialoghi; per le scene più estese viene prediletta l'ottava e il raggruppamento di più battute in un unico discorso. Cfr. per es. II, 46–81.

sfoghi del personaggio tramite frequenti patetismi. Si veda, per esempio, quanto differisca la *princeps* dal volgarizzamento:

Princeps (c. 117*v*)	*Menechini* (III, 149–151 e 158–160)
Egone hic mendicari in matrimonio, ubi vir compilet clanculum. / Quidquid domi est atque ad amicam deferat?	Sì, che per diventar povra e mendica / starò nel matrimonio col marito / che porti ascosa la roba all'amica! [...] Siché el portava adunque in capo questa! / O misera fra l'altre, sciagurata, / in quanto affanno la tua vita resta!

A III, 214 la moglie irrompe in scena in modo improvviso; il volgarizzatore sfronda i versi plautini allo scopo di rendere sorprendente il nuovo ingresso sul palco. Il personaggio attacca con energia il marito (vv. 214–215: «tu goderai il mal che Dio ti dia, / ribaldo») e non consente mediazioni (v. 225: «ora hai saputa la mia conclusione!»). L'invettiva della moglie prosegue per quattro terzine, che elaborano con impeto tre versi meno connotati di c. 118*v* (vv. 313–325). Il personaggio dei *Menechini* giudica lo scontro in termini agonistici (v. 315: «vada poi come vuol questa battaglia»), medita vendetta (v. 314: «anch'io prestarò fuori el tuo mantello»), aggredendo il coniuge (vv. 316–317 «non ti scusar [...] omo da poco»).

Infine, lo scrittore porta alle estreme conseguenze la trama plautina e i profili comportamentali dei suoi protagonisti con l'intento di divertire il pubblico; si pensi alla pazzia di Menechino, accentuata rispetto al testo latino. A III, 393 Menechino II commenta ciò che avviene in scena con l'espressione «condutto son tra gente paccia»; il che induce il traduttore a inserire alcuni versi di forte critica sociale, estranei alla fonte plautina (es. discorso sull'iniquità delle leggi, già affrontato da Peniculo a III, 1–37). Ebbene, la commedia traccia alcune linee di tendenza abbastanza chiare, che riscontriamo nelle altre traduzioni: la disponibilità verso il pubblico, gli interventi moralistici, l'attualizzazione dell'originale riflettono un preciso contesto culturale, sono un marchio percepibile dell'ideologia cortigiana.

5.

Pure l'*Amphitruo*, rappresentato il 25 gennaio 1487 per celebrare il matrimonio tra Annibale Bentivoglio e Lucrezia d'Este, non risulta un volgarizzamento *ad verbum*. Pandolfo Collenuccio applica sì un criterio guida, ma di moltiplicazione del testo di partenza[128]: i 1145 versi plautini – al netto delle lacune dell'*Amphitruo* che, al momento della stesura di Collenuccio, erano ancora considerevoli – sono diluiti in 1188 terzine[129]. Nello specifico, lo scrittore non spezza mai una terzina in uno o due versi e si trova così a glossare anche gli emistichi e le battute più brevi.

La ricezione dell'*Amphitruo* presso i contemporanei è testimoniata dai cronachisti ferraresi Bernardino Zambotti e Girolamo Maria Ferrarini. Il primo racconta che il 25 gennaio, «in la festa de San Paulo», viene rappresentata la commedia «de Amphitrione e Alchmena», la quale dura «da la prima hora de nocte fino ad hore 6, con sexanta lumere imprexe e altri dupieri»[130]. Tuttavia, soggiunge Ferrarini, la messinscena è interrotta «in sino quando Amphitrione voleva intrare in casa sua et Iove denante a l'uso de dicta casa recusava»[131]. La causa della sospensione è dovuta a una «grande piova, la quale cazò le persone, avenga ch'el cortile fosse quasi tutto coperto de tele»[132]. I cronachisti, nonostante il temporale abbia compromesso la buona riuscita dello spettacolo, continuano il loro racconto. Sono poste in risalto la grandiosità e l'efficacia degli accorgimenti, predisposti, secondo

128 Nato nel 1444 a Pesaro, studia giurisprudenza a Padova. Negli anni Settanta presta servizio presso gli Sforza di Pesaro ottenendo incarichi di rilievo. Nel 1488, a causa di alcuni contrasti sorti con Giovanni Sforza, viene imprigionato per sedici mesi; ai giorni della detenzione è dedicata la canzone *Alla morte*. Nel 1491 si reca a Ferrara, in cui è creato consigliere ducale e poi capitano di giustizia (1500). Sostenitore di Cesare Borgia, è catturato nel 1504 da alcuni uomini assoldati da Giovanni Sforza e, in seguito, giustiziato. Sullo scrittore, cfr. Tanda 1988 e Bertini 2005.

129 L'opera viene in parte sanata grazie all'edizione di Giorgio Galbiati del 1497. Sulla questione e sull'*Amphitruo*, si veda Pittaluga 2002, 155–187.

130 Zambotti 1937, 179, 8–10.

131 Modena: Biblioteca Estense Universitaria, It. 178, c. 193*r*. Forse il cronachista confonde Giove con Mercurio; se così fosse l'interruzione si collocherebbe verso la fine del III atto (Collenuccio 1530 b, cc. 42*v*-46*r*).

132 Zambotti 1937, 179, 11–12.

Ferrarini, «per ordine et con bon modo» (c. 193*v*); Zambotti, per parte sua, è attento a sottolineare il costo economico elevato dell'allestimento, prova di magnificenza da parte del duca. In più, veniamo a sapere da Ferrarini il nome degli attori: spiccano Antonio Tebaldeo (Anfitrione) e «Zoanne Pincaro, cortesano del duca» (Mercurio), che negli anni successivi invierà spesso ragguagli a Isabella d'Este sugli spettacoli teatrali di Ferrara[133]. Infine, la commedia, che si conclude con il parto gemellare di Alcmena, madre di Ercole e Ificle, è scelta con un doppio scopo: augurare ai Bentivoglio una stirpe sana e numerosa ed elogiare, di riflesso, il duca estense[134].

6.

L'opera, simile ai *Menechini* per il divertente tema del 'doppio', sembra costruita con armonia, nonostante la durata proibitiva e le insicurezze tipiche di un testo sperimentale, che si rivolge per giunta a un pubblico insolito e largo[135]: è apprezzabile l'equilibrio istituito dallo scrittore, che non rinuncia a sviluppare alcuni temi umanistici; non manca poi di agevolare il pubblico attraverso l'attenuazione di alcune asprezze plautine e l'impiego di un linguaggio medio e colloquiale. Inoltre, espunge alcuni passaggi laboriosi, come la riflessione meta-teatrale di Mercurio nel III atto; di contro, costruisce alcune scene movimentate, comprese in buona parte nel IV atto, che viene ideato *ex novo* a causa delle note e profonde lacune testuali.

133 Si osservi che un certo orgoglio per la recita traspare nel sonetto caudato di Tebaldeo all'amico Paolo Tassino (vv. 12–17): «un spectacul stupendo anuntio a te, / che per Hercule estense si farà / di certa comedia che Plauto fe'. // Altro da dir non c'è. / Se vien, tu me vedrai facto histrion / converso ne la forma de Amphitryo». Citiamo da Tebaldeo 1992, III, 2, 479.

134 L'intermezzo conclusivo poggia sulle imprese del personaggio mitologico. Cfr. c. 193*v*: «finita la comedia, veneno tute le forteze de Hercule per suxo il tribunale predicto, zoè Anteo, le Colonne de Hercule, el Tauro, le Amazone, Centauro, lo Apro, Idra, Cacho con le vache tirate a retro per la coda, e altre molte».

135 Zambotti 1937, 180, 14.

Occorre analizzare nel dettaglio alcuni brani esemplificativi, da cui si comprende la struttura diegetica, stilistica e ideologica del testo. Collenuccio, nella prima scena del I atto, non riesce a controllare le sproporzioni della sua tecnica versificatoria: il servo Sosia sopraggiunge dinanzi al palazzo del padrone, ma viene bloccato da Mercurio. I poco più che trecento versi plautini (vv. 153–462 dell'edizione moderna), sono distribuiti su duecentonovanta terzine (cc. 3*r*-17*v*), che disperdono la vivacità del testo latino. È un esempio evidente lo spiritoso dialogo a distanza tra Sosia, intimorito dalla presenza di Mercurio, e la divinità medesima, pronta a fermare il servo tramite continui stratagemmi. L'ambiguità delle battute, i fraintendimenti e i giochi di parole formano una scena ridicola[136]. In Collenuccio, per contro, la decisione del dio («em, nunciam ergo si colo»), paradossalmente spaventato dall'idea di affrontare Sosia, viene annunciata da una terzina ridondante (c. 9*r*, vv. 18–20: «s'io m'apparecchio a questo, el gioco è vinto / come andarà da po' che qui l'ho giunto / meglio staria se 'l fusse in labirinto»), mentre i commenti di Sosia appaiono superflui (v. 23: «ohimè scampo non vedo a questo punto»). Dal volgarizzamento non emerge poi alcun effetto parodico, anzi il testo rischia di attribuire a Sosia una carica aggressiva del tutto sconveniente (cc. 9*r*-9*v*, vv. 27–29 e 1–3):

> Chi serà quel meschin, chi serà quello
> che sarà contro a così mal partito?
> Vediamo ch'io non sia quel se più favello. [+1]
> A quel che verrà qua farò convito
> d'un mangiar de bon pugni s'el non tace,
> ch'el dormirà se lui non ha dormito!

Invece, la traduzione restituisce la comicità dell'originale, là dove non ricorre a eccessive integrazioni: alcune aggiunte pregevoli non appesantiscono troppo il testo (cfr. vv. 312–314 con c. 9*v*, vv. 10–21). Il ritmo, tuttavia, appare lento, anche perché gli scambi più frivoli e leggeri sono approfonditi da riferimenti triviali o mitologici (cfr. v. 321 con c. 10*r*, vv. 8–13):

136 Plauto 1472, cc. 7*v*-8*r*.

> *M*: Oh, el mi c'è puzza da un huom el quale suole [+1]
> cercar suo malo: che puzza infinita,
> tanto che 'l naso per fettore mi dole! [+1]
> *S*: Ohimè, ch'io non puzzai già ma' in mia vita,
> questo, se l'è pur ver, me par gran caso
> e non ho mal di febbre o di ferita.

La doppia esigenza di fruibilità e di salvaguardia del pubblico più dotto viene assolta a scapito del ritmo originale: nella prima terzina l'insistito richiamo alla «puzza» e al «fettore» è spia, assente in Plauto, di un linguaggio comico alquanto grezzo, che punta a una situazione istintiva; nella seconda, che prosegue l'intento della precedente, il testo viene nobilitato attraverso il riferimento alla «ferita» infetta, che potrebbe riferirsi all'episodio di Filottete.

L'opera, allora, sembra percorsa da numerose precisazioni erudite, che, da una parte, impreziosiscono il volgarizzamento, dall'altra, spiegano i punti più oscuri al pubblico meno colto: per esempio, Sosia nelle prime scene racconta che «continuo Amphitryo delegit viros primorum principes; / eos legat, Telobois iubet sententiam ut dicant suam» (c. *6r*); Collenuccio aggiunge un chiarimento (c. *4v*, vv. 24–26): «poi / che furno gionti insieme tutti quanti / a l'isola chiamata Teleboi»[137]. Una glossa filologica viene posta alla fine del dialogo tra Mercurio e Sosia, in cui il servo afferma (c. *9r*): «ut ego hodie raso capite calvus capiam pilleum». Il traduttore specifica, mediante una nota antiquaria, forse desunta da Servio (*Aen* VIII, 564), che il *pilleus* non è una semplice «berretta», bensì «il signal de la [...] libertà» (c. *17v*, vv. 18 e 19): il cappello conico di feltro veniva consegnato a Roma agli ex schiavi dopo essere stati affrancati.

137 Abbiamo notizie intorno alla localizzazione dei Teleboi, abitanti delle isole Tafie, in Plinio il Vecchio (IV, 12, 19, 53). Si badi che Collenuccio nel trattato *Pliniana defensio* scagiona lo scrittore romano dalle accuse di inaffidabilità mossegli da Niccolò Leoniceno. Cfr. Santoro 1956, 165–205.

7.

Il bisogno di soddisfare la committenza si avverte nel monologo iniziale di Sosia (sessantanove terzine *vs* novanta versi); se il personaggio in Plauto addebita le proprie sofferenze alle richieste eccessive del padrone, in Collenuccio sono mitigate le affermazioni pungenti di Sosia, il quale accenna alla possibilità, assente nel testo latino, di essere liberato (c. 5*v*). L'obiettivo è perseguito in modo sistematico: in Collenuccio l'«immodestia» del padrone diventa «poca discretion», alleggerendo la causa del *labor* di Sosia da un capriccio incomprensibile di Anfitrione a un giudizio erroneo (c. 3*r*, v. 23); inoltre il rifacimento, di solito costruito su ampliamenti progressivi, omette alcuni particolari di rilievo quali la resistenza del personaggio e, viceversa, il violento ordine del padrone («coegit me [...] noctis a portu / ingratiis excitavit»). La denuncia esplicita contro la ricchezza in Plauto («opulento homini [...] diviti*s*») viene ridotta in Collenuccio, che parla genericamente di «gran maestri» (c. 3*v*, v. 2). Se i possibili raffronti tra il potere estense (Anfitrione) e i cortigiani (Sosia) sono temperati, non mancano, però, alcune velate considerazioni circa lo statuto dell'intellettuale di corte (c. 3*v*, vv. 4–19):

E di giorno e di notte sempre stai
in lor facende e conviente trattare
secrete cose o tacer ciò che sciai.
E qua e là t'è di bisogno andare,
hor trattar cosa nova hor cosa antica
e sempre se conviene affaticare.
Ma il mio patron ch'è pover di fatica
e ricco di facende e sitibondo,
mal faccio a dirlo e pur convien ch'il dica:
tal volta il suo voler è sì profondo,
ciò che gli viene ne la fantasia
pensa che piacer debba a tutto il mondo.
Questo è il modo ch'el tien, questa è la via:
il commandar gli par senno e virtù
o giusta o ingiusta che la cosa sia.
Che intollerabil cosa è servitù!

La corte, identificata fuor di metafora, risulta un luogo indecifrabile, tanto che bisogna «trattare / secrete cose» e «tacer ciò che sciai». Nondimeno, questa polemica viene subito ritirata: Sosia dimentica le critiche mosse al padrone, perché è giunto finalmente il momento di essere liberato. Il servo, che in Plauto si autoaccusa per non aver reso omaggio agli dèi, in Collenuccio pronuncia una palinodia allo scopo di riabilitare il protagonista (vv. 22– 27).

La particolare rappresentazione di Giove, impulsivo e autoritario nella commedia latina, scioglie ogni conflittualità: sembra indicativa la terza scena del I atto, in cui il padre degli dèi, tramutato in Anfitrione, è in procinto di congedarsi da Alcmena. La prima battuta del dio è connotata in Plauto da una certa sbrigatività, laddove in Collenuccio viene presentata una figura affettuosa, che elogia le virtù dell'interlocutrice. Se i complimenti dispensati mostrano – a detta di Mercurio, in scena nei panni di Sosia – quanto Giove sia un impostore, nel volgarizzamento si attenuano certe connotazioni: il dio è definito «astuto ingannatore» (c. 18*v*, v. 7). Collenuccio illanguidisce poi la portata veemente del testo di partenza; basti confrontare gli epiteti affibbiati a Mercurio (cfr. «carnufex», 'criminale', e «verbero», 'canaglia' con vv. 8 e 13: «manegoldo» e «asinazzo») e gli ordini, minacciosi in Plauto, meno perentori nella traduzione (vv. 10 e 14): «levateme de qui, fuggi la svena [...] tu serà savio se non parli più». Il medesimo schema è adottato nei passaggi seguenti: l'intervento di Mercurio, che scatena l'ira di Giove (c. 10*v*: «nonne ego possum, furcifer, te perdere»), viene tradotto in due terzine sfumate sul piano del contenuto (cfr. per es. c. 20*r*, vv. 22 e 26: «ancor vai drieto, huom di trista razza? [...] Vatte con Dio, in malora vatten forte»), ma espressive grazie a rime 'aspre e chiocce' (vv. 22–27: «r*azza* / disc*acci* / p*azza* / l*acci* / fore / min*acci*»)[138].

138 Collenuccio talvolta cerca di dare conto degli *artificia* dell'originale. Ad esempio, se il racconto della battaglia di Anfitrione viene descritto da Sosia per mezzo di allitterazioni mimetiche (c. 7*r*), nella traduzione ciò viene riprodotto tramite anafore e *geminationes* (c. 6*r*, vv. 6–14): «mostra ciascun quanto sua forza vaglia: / chi feriva con lanza e chi con spada, / chi rompe elmetti, chi trapassa maglia; / risona l'aria, risona ogni spada / per gran mormoramento de la giostra, / per combattenti a chi il ferire agrada, / per gran fiator, che combattenti mostra, / ne l'aer un gran nuvol che li copra / con gran fatica de la gente nostra».

Il testo latino conclude il I atto con cinque versi solenni: Giove, ormai lontano dall'abitazione di Alcmena, recupera l'atteggiamento che gli conviene e ringrazia la notte che, prolungata apposta, gli ha permesso di giacere con l'amata. In Collenuccio, invece, l'ultimo monologo è costruito in modo differente, perché rispetta una certa *medietas* di stile: non si verifica un netto incremento dei versi (cinque *vs* sette), in virtù di una semplificazione del testo di partenza. Giove, che in Plauto invita solennemente la notte a lasciare posto al giorno, utilizza in Collenuccio un lessico sciatto (c. 20*v*, vv. 24–25): «vattene oramai al giorno quanto poi, / or che de l'aspettarmi io resto satio». L'espediente, che sacrifica la letterarietà del testo al fine di garantire una più immediata comprensione, è riproposto al termine del III atto[139]. In Plauto la prima parte del monologo di Mercurio viene dedicata a una precisa riflessione meta-teatrale sul ruolo del servo (c. 16*v*); nel volgarizzamento il discorso appare talmente ipertrofico da perdere ogni slancio critico (c. 41*v*).

8.

Di contro, la trattazione di alcuni temi, come quello della Fortuna, controbilancia le scene più corrive (II, 2). Alcmena esordisce con considerazioni di carattere filosofico (es. destino degli uomini), per poi esporre il proprio caso individuale e concludere con l'esaltazione della *virtus* romana (vv. 637–647 e 648–653). In Collenuccio viene estesa la prima parte (quattro terzine), riducendo la portata dell'ultima. In particolare, è descritta con un certo riguardo la Fortuna, la cui presenza risulta solo accennata in Plauto (vv. 26–28 e c. 25r, vv. 1–3)[140]:

139 Il testo a stampa propone erroneamente questa scena conclusiva come la terzultima e le prime due del IV atto come le ultime del III (cc. 41*v*-46*r*); pertanto il IV atto principia con la terza scena (cc. 46*r*-50*r*).

140 L'asserzione plautina per cui al «piacer» (*voluptas*) segue subito la «mestitia» (*moeror*) sembra intensificata da una reminiscenza lucreziana. Vd. Lucrezio 1947, IV, 1133–1134: «medio de fonte leporum / surgit amari aliquid quod in ipsis floribus angat».

> Mestitia a li piacer compagna nacque:
> d'un fonte solo hanno il principio auto
> e l'human stato è como vento in acque,
> anzi, se ben alcun mai è accaduto,
> subito per Fortuna iniqua e ria
> più male assai gli è po' sopravenuto[141].

Anche nel IV atto, scritto in gran parte *ex nihilo*, emergono alcuni temi apprezzati a corte (cc. 46*r*-57*v*): oltre a rapidi, ma non sporadici, cenni alla Fortuna (per es. c. 54*r*, vv. 13–15), possiamo osservare continue allusioni alla negromanzia, per mezzo della quale i personaggi spiegano la presenza misteriosa di due Sosia e di due Anfitrioni[142]. Nel complesso questo atto, agli occhi di un lettore moderno, sembra il più riuscito; la libertà di movimento ha consentito allo scrittore di comporre battute divertenti, veloci, dall'andamento sticomitico, che preparano e giustificano l'esito finale dell'opera. Collenuccio, per saldare gli atti tra loro senza lasciare salti logici, costruisce una lunga scena corale, in cui sono coinvolti Sosia, Anfitrione, Giove (che si spaccia per quest'ultimo) e Blefarone (timoniere della nave di Anfitrione): il confronto tra i personaggi poggia sugli equivoci che le trasformazioni di Giove e Mercurio hanno comportato. La frustrazione di Anfitrione, che deve provare di essere realmente sé stesso, aumenta la curiosità degli spettatori. La scena prende le mosse dal fitto dialogo tra Sosia e Blefarone, che provano a capire quali figure si celino dietro ai personaggi travestiti da Anfitrione e Sosia (cc. 46*r*-47*r*). L'atmosfera di attesa viene interrotta dall'ingresso in scena del protagonista, che non comprende il comportamento di Alcmena, sospettata di adulterio, e di Sosia (Mercurio). Il vero Sosia, allorché incontra il padrone, si dimostra contento e premuroso, perché intravede la possibilità di un chiarimento. Invece, Anfitrione si scaglia con ferocia contro il servo nel

141 v. 26 = mestitia] estitia: piacer] a piacer.

142 Per es. c. 54*r*, vv. 16–24: «o summo dio del ciel, o dio del mare! / Queste facende son meravigliose, / ch'ho avuto in questa terra a ritrovare // più volte ho inteso de stupende cose / che fanno l'incantatori di Thesaglia, / credeva che le fusse cianze e vose. // Hor credo adesso ch'ogni incanto vaglia / ch'el sia possibil con parole e incanti, / mutar uno huomo in l'altro, el feno in paglia».

corso di un passaggio vivace, stilisticamente e linguisticamente connotato (c. 47*v*, vv. 10–18):

> Son quel babion, metti a tuo conto e scrivi,
> quest'è l'acqua de vita nefanda,
> che riversar adosso a me volevi!
> Te voglio far gustar meglior vivanda:
> ohimè, che più non posso e il pugno ho manco,
> vate, non metti in campo la ghirlanda.
> Sappi che tu sei servo e non sei franco,
> sì come tu gridavi a la finestra:
> tu hai patron e liber non sei anco!

Lo sconcerto di Sosia e Blefarone e le reiterate calunnie di Anfitrione danno vita a battute assurde: lo scrittore impiega un gergo colorito, che fa ricorso a modi di dire («d'osso in osso [...] da capo a piè [...] n'ho capo né piè»), rafforzati dal poliptoto e dalle allitterazioni («vedo ch'el vedi [...] d'osso in osso / posso»). Il drammaturgo, non appena i personaggi sembrano prossimi a dipanare ogni dubbio, avviluppa l'intreccio narrativo, facendo incontrare Anfitrione con Giove, ancora nelle sembianze umane (cc. 50*r*-57*v*). L'inevitabile scontro fa leva su numerosi malintesi – fonte di guizzi verbali, di slanci prossemici – e sul cinico raggiro ordito da Giove. Il protagonista, incalzato dalla divinità, cerca di dimostrare di essere il vero Anfitrione. Il re degli dèi ottiene il risultato di screditare il suo rivale, di fargli perdere lucidità (c. 53*v*, vv. 3–8):

> O summo Giove, non mi meraviglio
> se gli huomini talor pazzi diventano,
> se per ingiurie vanno in gran periglio.
> Io non scio come i dèi già mai consentano
> a tanto mal; scio ben non m'ho sognato
> queste cose, che tanto me tormentano.

L'invocazione di Giove e la domanda sull'origine divina dei mali del mondo puntano al sarcasmo, arma tipica del Collenuccio degli *Apologhi*. Anfitrione muove poi una critica disincantata, che si discosta dall'originale: se in Plauto il protagonista prende commiato con distacco, dopo aver ricevuto le spiegazioni e le scuse di Giove, nel volgarizzamento opera un commento tagliente, dal sapore lucianeo (c. 18*v*). Il messaggio finale, secondo cui l'amicizia e una serena sopportazione sono i mezzi più adatti a superare le avversità, viene intensificato da un registro solenne, da continue ed enfatiche inarcature. Collenuccio recupera gli insegnamenti filosofici degli antichi e inserisce una riflessione innovativa rispetto al testo di partenza (c. 64*r*, vv. 1–12):

> Di tanta humanità, che l'immortale
> Giove m'ha usata, contento seria
> se pur fatto m'avesse altro signale
> d'amor, che usar con la mogliera mia;
> che tal domestichezza manifesta
> non mi va molto per fantasia. [-1]
> E a dire il vero non me piacque in testa
> portar l'insegna de le corne mai:
> ma pur la sorte mia dogliosa e mesta
> portarò in pace e gli mei affanni e guai,
> ch'io non son solo eletto a tali honori
> et ho per tutto dei compagni assai[143].

La *gravitas* argomentativa si estende alle altre scene del IV atto, in cui i personaggi prolungano il loro confronto. I ragionamenti di Anfitrione, sconvolto e quasi afasico, e di Blefarone, perplesso e impaurito, sono interrotti, secondo tradizione, dalle insulse puntualizzazioni del servo[144]; ciò nondimeno il dialogo passa da toni frivoli a sfumature drammatiche, perché nemmeno il fido timoniere di Anfitrione dà credito al comandante tebano. Nel quinto atto riprende la traduzione del testo latino; eppure, non mancano dialoghi ricchi di *pàthos*. Si pensi, ad esempio, a uno scambio di battute tra i personaggi, giocato sulle rime tronche monosillabiche, che avviene nel momento di massima tensione della commedia; la gioia

143 È evidente la difficoltà di armonizzare il brano con quanto detto da Anfitrione nei versi precedenti, in cui il protagonista, ricalcando l'omologo plautino (vv. 1124–1127), accetta il volere di Giove (c. 61*v*, vv. 1–6).

144 Per es. cc. 54*v*-55*r*, vv. 26–29 e 1–2: «pur dir ti voglio una facenda mia: / duo Amphitrion, duo Sosia già vi sono, / un'altra Alcmena li bisognaria! // Ascolta e intendi quel ch'io ragiono, / ciascun potria pigliarsene poi una / e assettarse la cosa in modo buono!».

di Bromia per il ritorno di Anfitrione e la conseguente incredulità del protagonista sono condensate in efficaci terzine[145]. Sennonché, Collenuccio non coglie l'opportunità di restituire l'ironia della successiva battuta di Anfitrione e la affievolisce in due versi privi di vivacità (c. 59*v*, vv. 17–18): «questa sola conosco che è colei / che ogn'hor mantenerà la mia famiglia».

Lo scrittore sfrutta, invece, nel finale una rilevante occasione encomiastica, di cui abbiamo già parlato: Giove prospetta ad Anfitrione gloria eterna grazie alla nascita del figlio Ercole e, dopo un elenco delle fatiche e dei meriti dell'eroe[146], sostiene che il personaggio diventerà un dio[147]. L'accostamento, elativo e propagandistico, tra il duca e l'eroe è altresì certificato dal carme di Tito Vespasiano Strozzi, che ripercorre i festeggiamenti del febbraio del 1491 per il matrimonio tra Anna Sforza e Alfonso d'Este. Il poeta ricorda la messinscena dell'*Amphitruo* – che, quattro anni dopo la sua prima rappresentazione, chiude la festa – e assimila così la figura del *princeps*, munifico promotore delle opere teatrali antiche, alla divinità olimpica:

> Inventor tantorum operum tu maxime princeps,
> sumptibus et iussis ista peracta tuis.
> At cum tam subito perfeceris omnia, non te
> mortalem, potius credimus esse deum
> neve quid haec prisci desideret Herculis aetas,
> illius ipse animos, nomen, et acta refers[148].

145 c. 59*v*, vv. 11–16: «deh! Dimme presto, me conosci tu, / che son Amphitrion, patron di ca'? / Guardame un'altra volta, hormai di', su! // Ben sciai che te conosco, sì ben sa: / te conosco per certo che quel sei / Amphitrion che ho visto sempre ma'».

146 Si osservi che già nel 1473 Eleonora d'Aragona, in viaggio da Napoli a Ferrara per le nozze con Ercole I, viene accolta a Roma da una messinscena incentrata sulle imprese dell'eroe. Vd. in merito Cruciani 1983, 151–164.

147 Vd. c. 63*v*, vv. 10–14: «e ancora sarà maggior salute, / che insieme con le Muse fia adorato / in un tempio sol per l'opre sue vedute. // Ultimamente poi da me accettato / in ciel serà fra dèi».

148 Strozzi 1513, c. 131*v*, vv. 9–14.

9.

Se su Collenuccio non mancano informazioni, la biografia di Girolamo Berardi appare vaga e frammentaria[149]. Probabilmente il personaggio è il frate che nel 1503 invia a Ercole I alcune sacre rappresentazioni fiorentine per dimostrare la superiorità di quelle prodotte nel dominio estense. Sappiamo altresì che a Ferrara erano stati portati in scena nel 1502–1503 i volgarizzamenti della *Casina* e della *Mustellaria*, attribuiti allo scrittore dal tipografo Zoppino[150]. Capita nell'editoria veneziana del Cinquecento che gli stampatori, al fine di garantire una visibilità maggiore alle opere inserite in catalogo, valorizzino un testo anonimo assegnandolo arbitrariamente a un autore famoso[151]. Non sembra il caso di Berardi: la strategia promozionale non sarebbe stata affatto perseguibile con uno scrittore poco conosciuto[152]. È probabile supporre, quindi, che la *Casina* e la *Mustellaria* zoppiniane siano state effettivamente volgarizzate da Berardi. I testi, per giunta, rispondono alle linee guida delle traduzioni ferraresi e si avvalgono degli espedienti retorici, stilistici e ideologici osservati nei *Menechini* e nell'*Amphitruo*.

La traduzione della *Casina* appare alquanto elaborata; lo scrittore non solo si serve degli adattamenti consueti, ma introduce alcune scene originali e innova il sistema dei personaggi. Casina, che non compare sulla scena nella commedia originale, ha un certo peso nel rifacimento; i pretendenti diventano quattro, poiché è aggiunto il figlio di Lisidamo, chiamato Theuthuirimco[153], che alla fine prevale sulla concorrenza[154]. L'opera è così

149 Mazzacurati 1966, 761–762 e Ciceroni 1993, 159–174.

150 Berardi 1530 a e b.

151 Zoppino, ad esempio, nel 1529 attribuisce all'umanista Niccolò Leoniceno la traduzione di alcune opere lucianee, ma il nome del personaggio non compare nella *princeps* del 1525. Sulla questione, cfr. Fumagalli 1985, 163–177.

152 Egli non appare in alcun testo di corrispondenza di autori ferraresi o di altre corti né viene mai ricordato in opere letterarie. Rimane soltanto un sonetto amoroso (*Non vedo el Sol, quando egli ascende e inclina*) pubblicato in Baruffaldi 1713, 62.

153 Così viene riportato il nome nella *princeps* (*Theutunicus*) in luogo del corretto *Euthynicus*.

154 In Plauto il futuro matrimonio viene sbrigativamente annunciato dalla serva Pardalisca durante il commiato.

stravolta, giacché non mostra tanto il conflitto tra coniugi, quanto il più immediato scontro amoroso tra *senex* e *adulescens*. La scontata vittoria di quest'ultimo, sulla scorta dell'*Asinaria* e del *Mercator*, contribuisce a realizzare un testo insolito, che testimonia la buona dimestichezza del volgarizzatore con l'intreccio drammatico. Si passa dalla traduzione fedele propugnata da Ercole I a un esercizio di riscrittura: la teoria dell'amplificazione del testo latino trova nella *Casina* un esempio estremo, che porta sul palco una doppia vicenda. Il procedimento, seguito da Boiardo nel *Timone*, è ammissibile sulla base di alcune opere plautine: nelle *Bacchides*, nell'*Epidicus* e, ovviamente, nei *Menecmi* e nell'*Amphitruo* lo sviluppo diegetico viene complicato e la trama persino raddoppiata.

La commedia non riprende il prologo della *Casina* plautina, in cui si fa riferimento ai Saturnali e a una precedente rappresentazione. Il testo, composto in capitoli ternari, inizia così con l'argomento e tre nuove scene[155]: la prima vede coinvolti Olimpione e Stalìn[156]. Le ambiguità presenti nell'opera latina vengono dipanate, perché l'anziano personaggio dichiara subito il proprio amore per Casina e predispone insieme a Olimpione una serie di trame per conquistarla. Il patto stabilisce che Olimpione sposi Casina e lo *ius primae noctis* spetti al padrone: l'accordo, concluso a c. 3*v*, è sigillato da un linguaggio colorito, malizioso, velatamente metaforico. Nella scena successiva Olimpione e Stalìn si recano da Cleostrata; i personaggi intendono unire in matrimonio il servo con Casina, ma la donna risponde di essere già promessa a Calino (prestanome di Theuthuirimco). Stalìn chiede al figlio di persuadere il servo ad annullare il matrimonio con Casina: il personaggio all'inizio acconsente per prendere tempo e compiacere il padre, ma, una volta che l'anziano genitore si è distratto, espone al pubblico i suoi veri propositi.

La commedia comincia a tradurre il testo plautino a partire dal diverbio tra Calino e Olimpione; nella *princeps* l'ordine iniziale delle battute viene invertito, generando naturali fraintendimenti. Le energiche battute

155 La divisione in atti, assente nella *princeps*, non coincide con la scansione odierna: il II atto inizia con la scena II, 3, il III con II, 6, il IV con III, 4, mentre l'ultimo corrisponde a IV, 3.

156 Il nome Stalìn, in luogo di Lisimaco, è tramandato erroneamente dalla *princeps* (*Stalinus*).

dei personaggi, disposte lungo cinquantaquattro versi, sono meno incisive e risultano quasi triplicate (45 terzine). Domina uno stile declamatorio, che fa ricorso ad anafore, a parallelismi piuttosto abusati[157]. Berardi dimostra, inoltre, di possedere una sensibilità umanistica meno spiccata rispetto all'autore dei *Menechini* e a Collenuccio, là dove Olimpione prospetta al servo una pena terribile (trasportare senza sosta un contenitore pieno d'acqua); lo scrittore non coglie l'analogia con le Danaidi né cerca di facilitare il pubblico a ricordarla (c. B 1*v*)[158].

Il secondo atto spicca per il confronto tra Stalìn e la moglie: la scena è preceduta da un monologo di Cleostrata, introdotto da Berardi[159]. Le battute dell'originale, contraddistinte da brio e comicità, vengono diluite in numerose terzine, che disperdono la freschezza dell'alterco. Il dialogo, convulso in Plauto, si sostanzia in una sequenza di singoli monologhi paratatticamente accostati[160]. In seguito, l'anziano personaggio cerca di convincere Calino a non sposarsi con Casina; il diniego porta Stalìn a proporre al contendente di dirimere la questione sorteggiando il nome del futuro marito. La disperazione di Stalìn per il possibile esito negativo viene condensata da Plauto in un episodio efficace: egli medita di uccidersi facendo del proprio corpo un materasso per la spada pronto a trafiggerlo. La parodia del suicidio dell'eroe tragico si accompagna all'immagine del letto, che allude all'ossessione erotica del personaggio. Nel volgarizzamento

157 Cfr. c. B 1*r*: «va' in villa col malan che Dio te dia, / va' in villa, dico, e non star più ostinato, / va' a quella bella tua podesteria!» con c. 62*v*: «abi rus, abi / dicerectus tuam in provinciam».

158 Parimenti, nel quinto atto lo scrittore omette alcuni spunti meta-teatrali (cc. G 4*r*-5*r*); in più, la scelta di eliminare i riferimenti a Nemea e Olimpia, sedi degli agoni sportivi, agevola la comprensione del testo (c. F 6*r*).

159 L'espediente è usato spesso nella commedia. Cfr. per es. i monologhi di Olimpione alle cc. C 6*r* e 8*r*, di Cleostrata (c. E 3*v*) o di Stalìn (c. F 8*v*). Un altro caso riguarda le scene introdotte da Berardi: alcune sono necessarie a inserire le figure di Casina e Theuthuirimco; altre risultano superflue e compromettono la scorrevolezza della commedia, come il dialogo di trentuno terzine tra Alcesino e il servo Dulon (cc. F 5*r*-6*r*).

160 Un discorso analogo può essere avanzato per la scena del sorteggio, in cui i settanta versi originari sono tramutati in settanta terzine, che finiscono per disperderne il *pàthos* (cfr. cc. C 8*r* – D 3*v*).

non è colto il doppio spunto (c. C 3*v*): «mi converrà per la ponta pigliare / una spada». La figura del *senex libidinosus* viene descritta seguendo una diversa strategia, poiché Stalìn si comporta al pari dei giovani innamorati, che non sanno prendere alcuna decisione risolutiva; Berardi, quindi, predispone un esteso monologo, in cui l'anziano personaggio cambia più volte idea (c. C 4*r*).

La caratterizzazione del *senex* prosegue nel terzo atto, dove il padrone desidera possedere così ardentemente Casina da insidiare addirittura Olimpione. L'anziano protagonista dichiara di non riuscire più a contenersi (c. 66*r*: «ego vix reprimo labra»), chiama il fattore «voluptas mea», chiede il permesso di abbracciarlo, perché il solo sfiorargli la schiena equivale a «mel lingere». L'impeto omoerotico di Stalìn viene glossato da Calino con una battuta triviale di facile presa, che mira a suscitare l'ilarità tra il pubblico: «effodere hercle hic volt, credo, vescicam vilico». La sapida scena latina è attenuata nel volgarizzamento secondo una prevedibile strategia moralistica: l'impossibilità di dominare la passione amorosa si trasforma in un banale desiderio di mostrare gratitudine nei confronti di Olimpione con un bacio casto e un abbraccio (c. D 6*v*).

L'atto successivo si distingue per la scena in cui Pardalesca avvisa il padrone circa la pazzia di Casina; quest'ultima si aggira in casa brandendo una spada con la quale giura di uccidere il futuro marito. La parodia dell'eroina tragica disperata rimanda a immagini e situazioni tradizionali. Berardi traduce il testo con fedeltà e, nello specifico, imita le allitterazioni, i parallelismi, i costrutti binari plautini, enfatizzando le invocazioni di Pardalesca:

Plauto, *Casina*, c. 67*v*	Berardi, *Casina*, c. E 6*r*
Nulla, nulla sum: tota, tota occidi. / Cor metu mortuum est, membra miserae tremunt. / Nescio unde auxilii praesidii perfugii / mihi aut opum copiam comparem aut expetam.	Io son distrutta, ohimè, son distrutta, / non ho più forza, non ho più vigore / e de fatto son morta tutta, tutta! // Morto emmi in petto il cor per gran timore, / tutti i membri me treman per paura, / tutta son in affanno et in sudore. // Non scio pensare de qual creatura / sussidio espetto, refugio et aiuto, / tutta son presa di gravosa cura.

Il finale dell'ultimo atto differisce dall'opera latina, poiché viene messo in scena l'incontro tra i futuri sposi (Casina e il figlio di Stalìn), annunciato in Plauto durante il congedo. L'accorgimento conferisce concretezza all'opera e soddisfa la curiosità degli spettatori. Theuthuirimco, rappresentato in un esteso monologo, afferma poi con orgoglio di aver disubbidito al genitore, che gli aveva imposto di allontanarsi dalla città. Il personaggio si reca così a casa: Cleostrata avvisa il figlio che Casina è ora promessa a Calino. La giovane, abbandonata in fasce e cresciuta in seguito da Cleostrata, interviene nella conversazione e chiede alla padrona di posticipare le nozze, in modo da avere tempo di scoprire le proprie origini. Improvvisamente irrompe in scena la nobile Mirrina, la quale confessa di essere la madre di Casina, riconosciuta grazie a un anello; la giovane, pertanto, non può più sposare un servo. Sicché, Theuthuirimco chiede ai genitori la mano di Casina: il matrimonio viene celebrato all'istante. Durante il congedo Olimpione rivolge alcune raccomandazioni ironiche allo sposo, che costituiscono altresì un cenno ilare dell'audace epilogo plautino (c. H *6v*): «e fa che accorto molto ben tu sii / in veder se essa è donna, o huomo»[161].

10.

Il volgarizzamento della *Mustellaria* risulta più fedele alla trama originale[162]. Non si riscontrano cambiamenti diegetici, anche se rimangono costanti le caratteristiche formali di riferimento. Nella commedia sono poste a confronto due diverse tipologie di servi: Tranion vive in simbiosi con il giovane padrone ed è dedito alle feste, ai piaceri dell'agiata vita cittadina; Grumione, invece, è devoto ai princìpi del *mos maiorum*. La contrapposizione viene delineata da Plauto con la consueta vivacità, laddove il volgarizzamento indebolisce inevitabilmente l'icastica energia di molte battute[163].

161 Nella commedia latina si invita il pubblico ad applaudire; chi avrà ascoltato il consiglio «clam uxorem ducet semper scortum quod volet» (c. *71r*).

162 Sul rifacimento si rinvia a Mazzoleni 2016, 227–238.

163 Per es. cfr. cc. A *3v-4r*: «la notte e il dì consumate nel bere, / dative a le vivande e bene impiti / i corpi senza alcun rispetto avere. // Fate le spese a' lupi e parasiti, /

La prima scena del I atto inserisce subito lo spettatore in una vicenda *motoria* sostenuta dalle trovate geniali del servo Tranion. In Plauto il litigio di quest'ultimo con Grumione fa perno sui tipici moduli dell'invettiva: le battute sono fulminee, non mancano le calunnie, le maliziose ripicche, gli epiteti infamanti. Nel testo latino Tranion è chiamato 'canaglia meritevole di colpi di frusta' (c. 98*r*: «mastigia»): Berardi ripiega sul più fiacco «poltrone» (c. A 3*r*) e omette altri termini quali «frutex» ('idiota')[164]. Segue un esteso monologo di Philolache, in cui il giovane spiega le proprie scelte di vita. Il ragionamento poggia su una similitudine tra l'educazione degli uomini e la costruzione di un edificio: Berardi non coglie il richiamo parodico ai monologhi tragici e costruisce una scena prolissa; cosicché, i settanta versi latini, già inconsueti, si tramutano in quaranta terzine non sempre perspicue. Il carattere serio del monologo volgarizzato muta, dunque, in modo decisivo la caratterizzazione del protagonista, poiché in Plauto questi è oggetto di scherno, come del resto il suo tentativo di giustificare su basi filosofiche una condotta sfrontata e trasgressiva.

Il secondo atto inizia con un dialogo di raccordo, specificità dei rifacimenti di Berardi[165]. La scena risulta divertente grazie all'ingresso sul palco di Callidamante, in preda agli effetti del vino: le frasi sconnesse e anacolutiche, le *geminationes* onomatopeiche, la difficoltà di scandire le parole vengono inizialmente ben tradotte da Berardi, che, rispetto a Plauto, esemplifica la condizione del personaggio mediante la reazione stranita dei suoi

---

comprate e anchor liberate le amate, / spendete ben in ampli e gran conviti» con c. 98*r*: «dies noctesque bibite, pergrecamini, / amicas emite, liberate, pascite parasitos, obsonate pollucibiliter».

164 L'imbarazzo di rendere il linguaggio colorito e composito di Plauto si avverte in alcuni passaggi. Nel secondo atto i «plagipatidae» ('piglia-botte') e i «ferritribaces» ('macina-catene') nominati da Tranion a c. 101*v* si trasformano con una perifrasi in coloro che «sono usati / per dinar botte e anchora ferri patire» (c. C 3*v*). Non risultano sporadiche le traduzioni poco pertinenti, soprattutto allorché lo scrittore si trova dinanzi a termini tecnici, che non hanno equivalenti nell'italiano quattrocentesco: sicché, il «disco» sportivo diviene una «pietra» (cfr. c. 99*r* con c. A 8*r*).

165 Pure per la *Mustellaria* l'ordine degli atti non segue sempre quello stabilito dagli studiosi moderni: il II atto inizia a I, 4, il IV parte dalla scena III, 3, mentre il V da IV, 5.

interlocutori[166]. Poi il gusto per l'amplificazione impedisce di descrivere sino in fondo la condizione di Callidamante, che, di contro, recupera lucidità e inizia a esprimersi in modo appropriato. Pure la scena accalorata in cui Tranion rende edotto il padrone circa l'arrivo imminente del padre sembra appesantita dalle terzine, che non possono restituire, così come sono concepite, la frenesia e l'ansia dei personaggi.

La scena successiva è una delle più celebri del teatro plautino: il servo fa credere all'anziano Teropide che l'abitazione sia infestata dal fantasma del precedente proprietario. Il vigore con cui Plauto costruisce l'intera sequenza trova un corrispettivo assai debole nel volgarizzamento. Si noti che, al termine del confronto, la preghiera dei due personaggi a Ercole allude al duca estense. In Plauto Teropide inizia la supplica con le parole «Hercules te invoco», mentre il servo glossa la battuta in modo spiritoso (c. 103*v*). In Berardi il tono ilare è sostituito da un intento serio ed encomiastico, segno della destinazione ferrarese dell'opera (c. D 5*r*):

> *Te*: Hercule, Hercule, te invoco a tutte l'hore, [+1]
> Hercul, te chiamo per aiuto mio,
> Hercul, vogli guardarmi da dolore!

Nelle scene seguenti del III atto viene esaltata la capacità del servo di continuare i suoi abili raggiri, che si esplicano in riferimenti licenziosi, in repliche argute: prima, convince Teropide che i debiti contratti dal figlio nei confronti di un usuraio si spieghino con il bisogno di procurarsi una nuova abitazione[167]; poi, inganna Simon, proprietario della casa confinante, e gli fa credere che il padrone sia interessato a comprarla per una cifra considerevole.

166 c. C 1*r*: «*C*: voglio che in mente debbiati tenere / venire a hora debita per me / che dritto ver Philolaco il sentiere. // *S*: Odi quel che lui dice?».

167 Il costo della casa, quaranta mine in Plauto, rimane tale nel rifacimento (c. E 1*v*). Il ricorso a una pacata quanto necessaria modernizzazione è invece riscontrabile a c. A 5*v*, in cui il riferimento al «Pyreeum» (c. 98*v*) è semplificato in «porto»; a c. E 8*r* scompare il cenno paranomastico alla patria d'origine di Plauto (c. 105*v*: «quid? Sarsinatis ecqua est, si Umbram non habes?»); a Giove e ad altre divinità si sostituisce il Dio cristiano (per es. c. I 2*v*).

Nel IV atto prosegue la virtuosistica missione di Tranion, che si dimostra sempre più complessa a causa della presenza sulla scena di Teropide e Simon. In seguito, inizia una parte assai diversa da quella che offrono gli editori moderni, poiché l'ordine di certe sequenze è invertito. L'esito è straniante, tanto che Simon saluta di nuovo Teropide come se non l'avesse ancora visto ritornare ad Atene. Spicca, tra questi passaggi confusi, il monologo del servo obbediente Danisca (Phaniscus nelle edizioni odierne)[168]: i ventisei versi latini vengono ampliati in venti terzine, che insistono sulla necessità di accontentare i padroni senza contraddirne gli ordini (cc. F *6v*-*7v*). La digressione – rispetto a un testo che mette in scena la vittoria del servo scaltro sul *senex amans*, insulso e circuibile – offre la possibilità di esporre una morale alternativa: se nella commedia romana il monologo è funzionale a ridicolizzare le pretese ipocrite di Danisca, pronto ad approfittarsi del padrone, nel volgarizzamento viene fornito un controcanto incentrato sui valori cortigiani.

Nell'ultimo atto Teropide scopre le trame del servo; questi affronta la punizione che lo attende con l'eroica lucidità di un comandante. Il personaggio riassume le sue imprese in un monologo ironico, incardinato sul lessico tipico dei *commentarii* di guerra: Berardi in questa occasione non semplifica il complesso meccanismo comico plautino, che traspone con diligente rispetto[169]. La scena conclusiva, quando pare ormai segnato il destino del servo e di Filolache, vede l'ingresso sul palco di Callidamante. Al personaggio – sino a questo momento il più ridicolo della commedia – è affidato il compito di risolvere la vicenda. Egli chiede all'anziano beffato di perdonare i colpevoli; in cambio Teropide riceverà un rimborso. Il

168 I nomi dei personaggi dati da Berardi dipendono dalla *princeps*. Ad esempio, Teropide, in verità, *Theopropides*, segue la forma *Teuropides* del testo curato da Merula; l'usuraio, di cui non si specifica il nome nella *princeps*, si chiama *Misargyrides*.

169 Cfr. c. H *2v*: «per quel condussi fora incontinente / le squadre nostre de huomini et anchora / de donne e le guidai securamente. // Poi che ebbi tratti i mei soldati fora / de la ossedione e che gli ebbi condutti / in securezza, fei consiglio allhora // di convocar e insieme adunar tutti / i senatori de le cianze e presto / insieme tutti gli ebbi poi ridutti» con c. *109r*: «hostium quod in angiportu est orti, patefeci fores, / eaque eduxi omnem legionem et maris et foeminas. / Postquam ex obsidione in tutum eduxi maniplares meos, / capio consilium, ut senatum congeronem convocem».

personaggio, non appena intravede la possibilità di accrescere il patrimonio, non nasconde la propria gioia, sigillo finale sulla sua grettezza.

7 *Riscrivere Poliziano: l'*Orphei Tragoedia

1.

La riscoperta moderna dell'*Orphei Tragoedia* risale al XVIII secolo grazie all'erudito Ireneo Affò[170]. Lo studioso attribuisce l'opera a Poliziano e la considera una riscrittura «più giudizios*a*, verisimile, inter*a* e perfett*a*» dell'*Orpheo*[171]. In seguito, le ricerche di Maria Pia Mussini Sacchi e di Antonia Tissoni Benvenuti hanno mostrato indizi intertestuali che suggerirebbero di attribuire la *Tragoedia* a Boiardo[172]. Ci limitiamo a porre in rilievo due elementi che circoscrivono sicuramente la fruizione del testo all'ambiente ferrarese: l'ode latina dedicata nell'*Orpheo* al cardinale Francesco Gonzaga viene sostituita da due distici in onore di Ercole, chiaro riferimento al duca estense; inoltre, alcuni passaggi della *Tragoedia*, quali il coro delle Driadi, sono ripresi e sottoposti a riuso nel *Cefalo* di Niccolò da Correggio (1487)[173].

La questione dell'attribuzione boiardesca impone comunque un approccio prudente. Di sicuro la *Tragoedia* esibisce tecniche di elaborazione che mirano ad adeguare l'opera polizianesca al pubblico della corte estense: non sembra che il testo sia un «fraintendimento totale della fabula» di Poliziano, ma piuttosto un suo radicale ripensamento[174].

170 Per una rassegna esaustiva, cfr. Boiardo 2009, 233–236. La rappresentazione verrà citata da Boiardo 2009, 251–281; si terrà conto anche del commento di *Tragoedia* 1983.

171 Affò 1776, 15.

172 Mussini Sacchi 1979, 131–145 e Boiardo 2009, 241–244.

173 La dipendenza del *Cefalo* dalla *Tragoedia* – e non viceversa – è dimostrata in Pirrotta 1969, 87 e in Da Correggio 1983, 201–207.

174 Poliziano 2000, 121. Sull'opera si veda anche Zanato 2015, 348–362.

L'operazione ferrarese rivisita in chiave moraleggiante l'originale[175], lo priva dei procedimenti letterari e dei messaggi comprensibili esclusivamente presso la corte mantovana. La *Tragoedia* gareggia con la fonte e ne offre una versione aggiornata, una «dolente storia d'amore» per gli spettatori ferraresi[176]. Dal punto di vista delle soluzioni formali notiamo una ricercata amplificazione del modello: gli schemi metrici aumentano[177]; sono inserite nuove scene e personaggi negli atti II e III[178].

Di contro, si passa da un assetto linguistico composito e vario, proprio della 'fabula satirica', a un lessico selezionato e a un registro alto, conforme allo *stilus tragicus*: in più, sono riportate didascalie in latino, vengono evitati i vocaboli dialettali ed estranei alla tradizione letteraria illustre. Si pensi alla soppressione dell'ironica figura del pastore schiavone, di alcune vivaci e colorite affermazioni di Tirsi e dei riferimenti triviali del coro delle Baccanti. Il rifacimento ferrarese dell'*Orpheo* propone altresì una suddivisione in cinque atti, che punta a regolare una materia non sempre organica; inoltre, i cori delle Driadi e di Mnesyllus nonché le battute aggiunte alla catabasi di Orpheus saldano le scene, altrimenti sovrapposte paratatticamente e deboli nel loro insieme.

2.

Già l'*argumentum*, che poggia su calibrate e minime variazioni, dipende da un confronto serrato con il modello. La ripresa fedele della lezione polizianesca, a parte qualche novità lessicale o sintattica, risulta trasgredita ai vv. 9–11, in cui viene attenuata la colpa di Orpheus tramite la

175 Sono attenuati i riferimenti misogini di Orfeo, mentre è omesso l'elogio dell'omosessualità presente nella parte finale dell'opera.

176 Boiardo 2009, 237.

177 Lo scrittore inserisce – oltre alle consuete terzine e ottave rime – ballate, madrigali, stanze di settenari, ottonari ed endecasillabi di diverso schema rimico; Poliziano utilizza soprattutto le ottave (vv. 1–16, 88–127, 141–244, 261–308).

178 I 341 versi di Poliziano, esclusa l'ode latina, diventano 450 nella *Tragoedia* (argomento: 16; I atto: 111; II: 82; III: 44; IV: 119; V: 78).

soppressione di certe espressioni chiave[179]. Nell'*Orpheo* diventa essenziale l'errore del protagonista per giustificarne la punizione finale; nella *Tragoedia* si insiste, invece, sul volere del destino, accorgimento che semplifica il messaggio polizianesco. In aggiunta, i versi concessi da Poliziano al pastore schiavone, dal sicuro effetto comico e dalla rozza espressività vernacolare, sono sostituiti da una raccomandazione agli ascoltatori (vv. 15–16): «hor stia ciascuno a tutti gli atti intento, / che cinque sono, e questo è lo argumento»[180].

Il primo atto, che corrisponde ai vv. 17–124 dell'*Orpheo*, è definito *pastoricus*:[181] infatti, Aristeus confida ai pastori Mopsus e Thyrsis il proprio amore per Euridice[182]. Si riscontrano interventi non sostanziali[183]. Ci limitiamo a sottolineare, pertanto, i punti di sicura distinzione: sono scelte forme più elevate (per es. al v. 18 «iacio nel letto» al posto di «son stato in lecto» del v. 34; v. 35: «fàmi tenor con tua fistola alquanto», invece di v. 51: «deh, tra' fuor della tasca la zampogna») e vengono rimossi i versi rusticali[184]. Alcuni sottili spostamenti possono essere giustificati dal tentativo di elevare il dettato del testo attraverso un puntuale ricorso all''arte allusiva': il v. 108 di Poliziano («e parla e canta in sì dolce favella») viene cambiato in «sì dolcie canta e sì dolcie favella» (v. 92); il costrutto echeggia Orazio (*Car* I, 22, 27–28: «dulce ridentem Lalagen amabo, / dulce loquentem»)[185]. Al v. 95, infine, la «bianca vesta» di *Orpheo* 111 diviene

179 Cfr. Poliziano, vv. 9–12 («Orpheo cantando all'Inferno la [*scil.* Euridice] tolse, / ma non poté servar la legge data, / ché 'l poverel tra via dietro si volse / sì che di nuovo ella gli fu rubata») con Boiardo, vv. 9–11 («Orpheo cantando alo Inferno la tolse, / ma non puòte servar la legge data / e chi la diede anchora si la tolse»).

180 Porre in rilievo la suddivisione in cinque atti significa rivendicare programmaticamente la peculiarità dell'opera.

181 Il titolo degli atti può ricordare le rubriche dei *Pastoralia* di Boiardo.

182 Il nome dei personaggi è riportato in latino, come del resto le notazioni registiche.

183 Per esempio, l'ottava dell'*Orpheo* pronunciata da Mopso ai vv. 88–95 risulta identica nella *Tragoedia* (vv. 72–79).

184 Per es. cfr. vv. 86–87 («hora io vorebe la cagione odire / perché sei stato tanto a revenire») con vv. 102–103 («i' ti so dir che gli ha stivata l'epa / in un campo di gran, tanto che crepa»).

185 Orazio 1927.

«candida», forse ricordo della «candida gonna» petrarchesca attribuita a Euridice (*Rvf* 323, 65).

Il secondo atto, che si discosta dal palinsesto originario, è definito a partire dalla presenza delle *nymphas*. Dopo una battuta di Aristeus, che invita Euridice a non fuggire, inizia una parte nuova (vv. 1–13): le Driadi, ninfe dei boschi, intonano un canto funebre in onore della donna, uccisa dal morso di un serpente mentre stava cercando di scappare da Aristeus. La scena aggiuntiva concede spazio alla morte del personaggio femminile, che viene annunciata nell'*Orpheo* da una breve didascalia. Lo spunto è fornito da Ovidio, che nelle *Metamorfosi* descrive Euridice mentre viene accompagnata da una «nova naiadum turba» (X, 9); parimenti, nelle *Georgiche* virgiliane un «chorus aequalis Dryadum» piange la dolorosa scomparsa (IV, 460)[186].

Inizialmente appare in scena una driade, che informa le compagne dell'accaduto: le quattro terzine recitate dal personaggio sono scandite in modo preciso. La prima annuncia la notizia, causa di «lamento e di dolore» (v. 14); la seconda specifica che tutta la natura partecipa al lutto. Segue una terzina che raffigura in modo esornativo il corpo esanime della donna, paragonato a un «bianco ligustro o fior di spino» (v. 22)[187]. L'elemento patetico viene ripreso nell'ultima terzina, in cui si espone la «cagion» della morte di Euridice, morsa «al piè nel dito» (vv. 23 e 24). L'aggiunta minuziosa, estranea alle fonti classiche e volgari, ribadisce la tragicità della situazione.

In seguito, le Driadi svolgono l'epicedio richiesto (vv. 27–69): il ritornello insiste sui temi del dolore (vv. 27 e 29: «pianti» e «lachrimare»), della *defectio solis* (v. 28: «ogni luce è priva») e sull'immagine, di derivazione ovidiana (*Met* XI, 47–48) e petrarchesca (*Rvf* 301, 2), del fiume ingrossato dalle lacrime. Lo «splendore» portato sulla terra da Euridice si trasforma, dopo la sua morte, in «oscurità» (vv. 31 e 32); come in Ovidio dopo la morte di Orfeo (*Met* XI, 44–47), viene spiegato il motivo per cui occorre piangere. Le sequenze drammatiche trovano compimento nella *deprecatio*, che chiama in causa la «spietata Fortuna», il «crudel angue»,

186 Virgilio 1969.

187 Il verso richiama gli «alba ligustra» di *Buc* II, 18.

la «sorte dolorosa» (vv. 44 e 45)[188]. Alla fine, una delle Driadi scorge da lontano Orpheus, ancora ignaro dell'accaduto. Il personaggio decide – colmando, pertanto, il salto diegetico presente nell'*Orpheo* tra l'inseguimento di Euridice da parte di Aristeo e la disperazione di Orfeo per la morte della moglie – di dare l'«anonzio infelice» (v. 82).

3.

Il terzo atto – denominato *heroicus*, in riferimento alla coraggiosa decisione di Orpheus di scendere negli Inferi – si apre con due distici elegiaci alternativi all'ode latina per il cardinale Gonzaga. A un componimento encomiastico esplicito si contrappone un cenno elativo più mediato (vv. 1–4):

> Musa, triumphales titulos et gesta canamus
> Herculis et forti monstra subacta manu,
> ut timidae matri pressos ostenderit angues
> intrepidusque fero riserit ore puer.

Lo scrittore recupera quattro versi posti nel prologo del II libro del *De raptu Proserpinae* di Claudiano (vv. 29–32)[189]: gli ultimi tre risultano identici, il primo, di intonazione epica, è introdotto in sostituzione dell'altrimenti poco pertinente «ille novercales stimulos actusque canebat»[190]. I distici originari rappresentano proprio il canto di Orfeo, modulato direttamente nella messinscena. Si badi che il riferimento all'uccisione dei serpenti (*angues*) non allude solo all'infanzia mitica di Ercole, ma anche al trapasso di Euridice: quindi, Ercole sembra, attraverso un calibrato spostamento di piani, l'eroe / duca che può sconfiggere la morte. Il

188 Non compare alcun cenno alla colpa di Aristeo, che nell'*Orpheo* occupa un ruolo primario.

189 Claudiano 1969.

190 Lo stesso passo è sottoposto a riuso nei *Carmina* di Boiardo 2010, in cui viene esplicitato il raffronto tra Ercole mitologico e il duca Ercole I (VI, 11–15). Questo sembra l'indizio intertestuale più forte per ipotizzare la paternità boiardesca della *Tragoedia*.

canto, gioioso e ottimistico, viene intonato perché Orpheus non è ancora stato raggiunto dalla driade, la quale prende subito dopo la parola. L'ottava concessa al personaggio femminile recupera con minime variazioni i versi pronunciati in Poliziano da un pastore. Rispetto al modello vengono aggiunti però i commenti del satiro Mnesyllus[191]: il cantore tracio si allontana senza rispondere all'interlocutrice e si sposta verso «qualche ripa sola» (v. 16); da qui nasce il desiderio del satiro di seguire il protagonista.

Il quarto atto è definito *necromanticus*: le due ottave dedicate alla preghiera di Orpheus agli dèi sono riprese con fedeltà dal modello polizianesco (vv. 1–16). Profondamente elaborate risultano, di contro, le risposte di Pluto e di Proserpina (scritta *ex novo*); l'autore cambia la forma metrica (da ottave a madrigale), il contenuto e la struttura. Spicca la volontà di differenziarsi dall'*Orpheo*, innalzandone il registro: al v. 19 il cenno al pianto profuso dalla «gente morta» presso l'Ade richiama Ovidio (*Met* X, 41: «exangues flebant animae»); il catalogo dei celebri condannati della mitologa viene completato con Tizio, assente nell'*Orpheo* (v. 23). Una variante si registra alla fine della perorazione di Orpheus, il quale fa appello direttamente all'«iniqua sorte» al fine di raggiungere l'obiettivo sperato (v. 79). La sensibile correzione – in Poliziano si legge al v. 227: «e se pur me la nieghi iniqua sorte» – accresce la tensione drammatica appuntandosi sul fato, unica entità che governa l'agire degli uomini. Nell'*Orpheo*, per converso, la responsabilità della tragica vicenda è imputata sin dal prologo allo «sfrenato ardore» di Aristeo e all'incapacità del protagonista di seguire la «legge data» (vv. 3 e 10). Se Poliziano veicola un messaggio pedagogico, nella *Tragoedia* si dà al mito una diversa interpretazione: si pensi alle parole pronunciate da Orpheus per giustificare il suo comportamento (vv. 107–109: «chi pon legge a li amanti? / Non merita perdono / un guardo pien de affecti e desir tanti?»). In Poliziano – di cui viene cassata la battuta rivelatrice «o mio furore / o duro fato, o ciel nimico, o Morte!» (vv. 252–253) – manca tale riferimento, probabilmente ripreso da *Rvf* 222, 9.

L'ultimo atto, *bachanalis*, è incentrato sui lamenti di Orpheus e, come anticipa il titolo, sulla sua uccisione da parte delle Baccanti. Al protagonista sono concesse tre ottave, mentre in Poliziano se ne contava una in più: la

191 Il nome è virgiliano (*Buc* VI, 13).

prima, in cui il personaggio si domanda come poter reagire alla morte della moglie, risulta quasi identica. La seconda stanza subisce modifiche articolate, che alterano il significato originario: si passa dalla propensione per il «sexo migliore» e i giovani «leggiadretti e snelli» a quella per il «tempo migliore» e gli «anni ligiadreti e belli». La scelta omosessuale dell'Orfeo polizianesco viene così riletta come semplice rifiuto del «feminil amore». È poi depennata con chiaro intento moralistico l'ottava volta a giustificare la decisione del protagonista di seguire l'esempio mitologico di Giove, Apollo ed Ercole (innamorati di Ganimede, Giacinto e Ila): sull'omissione dell'eroe mitologico pesa evidentemente anche una necessità di *convenientia* politica. L'ultima stanza viene rimaneggiata a fini stilistici: il polizianesco «ché sempre è più leggier ch'al vento foglia» (v. 281) è mutato in «ché sono più lieve assai che al vento foglia» (v. 21), forse per sottolineare la derivazione ovidiana dell'espressione (*Her* V, 109); infine, il sostantivo «riva» è sostituito dal più aulico «litto» (vv. 284 e 24).

Segue l'ingresso in scena delle Menadi: una donna si stacca dal gruppo e inizia a impartire ordini alle compagne, recitando, al posto dell'ottava polizianesca, alcuni versi in una forma metrica sperimentale[192]. L'invito a uccidere Orpheus viene accompagnato da riferimenti antiquari (per es. v. 29: «nebride», pelle di daino indossata durante le feste bacchiche) e da una similitudine assente in Poliziano (vv. 32–33): «lascierà la pelle / spezata come el fabro el cribro [dal lat. *cribrum*, 'crivello'] speza». Per concludere, il coro delle Menadi viene adattato con strategie perspicue: il grido «euoè» diventa un semplice «ohé ohé», mentre elementi di carattere erudito e descrittivo sono preferiti ai riferimenti osceni del modello (per es. vv. 47–48: «di corimbi e de verde hedere / cinto el capo habian così»; v. 56: «porgie quel cantaro [gr. κάνθαρος, 'coppa'] in qua!»). Insomma, l'ultima scena in Poliziano porta alle estreme conseguenze il carattere satirico e composito dell'opera; il rifacimento punta a uno stile uniforme, definito. L'*Orpheo* rappresenta una pedagogia amorosa, che conduce progressivamente dalla colpa alla punizione (passando per gli errori commessi dai personaggi);

192 Lo schema metrico risulta 'aBcBAC CABcBa'. Le parole-rima dei primi sei versi ritornano secondo un ordine speculare nei successivi; anche l'alternanza tra settenari ed endecasillabi appare simmetrica.

invece, la *Tragoedia* indica nella Fortuna la vera calamità da cui il genere umano deve difendersi. Il motivo della sofferenza vira dalle azioni umane, scellerate e irriflessive, al caso, cieco e incomprensibile. Pertanto, questo salto ideologico obbliga lo scrittore a una rettifica stilistica: dalla fabula satirica, che comprende vizi e virtù degli uomini in un ritmo convulso e sincopato, si giunge alla *gravitas* della tragedia, che tutto permea di mistero e di inquietanti presagi di morte.

8 *Rifondare Poliziano con la* Fabula de Cefalo

1.

L'apporto della *Fabula de Cefalo* al teatro pre-classicista è di assoluto rilievo, in quanto il sorprendente finale lieto che informa l'opera e alcune soluzioni innovative ispirano il *Timone* di Boiardo e massima parte della drammaturgia milanese[193]. Il *Cefalo* segue in modo parziale la vulgata mitologica: nelle *Metamorfosi* (VII, 690–862) Cefalo sposa Procri, ma Aurora, invaghita dell'uomo, decide di rapirlo. Il protagonista non intende tradire la moglie, eppure la divinità insinua nel giovane il dubbio che Procri gli sia infedele. Aurora, per dimostrare questa affermazione, trasforma Cefalo – in un mercante, secondo quanto riporta Boccaccio nelle *Genealogie* (XIII, 65) – e gli consiglia di recarsi da Procri e di lusingarla con alcuni doni preziosi. La moglie accetta le attenzioni e i regali dello sconosciuto; allora Cefalo, irato, abbandona la sposa, mentre quest'ultima affida la propria vita a Diana. Nondimeno, il protagonista si pente in fretta dell'atteggiamento impulsivo e chiede perdono a Procri; la giovane accetta le scuse di Cefalo e, in segno di rappacificazione, gli dona un cane da caccia e una lancia, che ha il potere di andare sempre a segno. Un giorno un «nescio quis» innamorato di Procri assicura alla giovane che il marito la tradisce. Procri così raggiunge Cefalo in un bosco; a un

193 Sui legami tra le opere di Boiardo e Da Correggio, cfr. Bregoli Russo 1998, 481–487.

certo punto, lo sposo sente un fruscio provenire dagli arbusti e scaglia una lancia, che ferisce mortalmente la donna, scambiata per una preda.

Nel *Cefalo* sono presi calibrati accorgimenti drammaturgici[194]: il primo atto inizia *in medias res* con un dialogo tra Cefalo e Aurora; non si menziona l'episodio del rapimento, anzi sembra che i due personaggi si incontrino per caso. In aggiunta, Aurora non trasforma Cefalo, ma è quest'ultimo che, suggestionato dal ragionamento infido della dea, si traveste per saggiare la dedizione della moglie. La giovane non è tanto colpita, come avviene in Ovidio, dalla preziosità degli oggetti offerti, quanto dall'aspetto avvenente del finto mercante. Il secondo atto e il terzo sviluppano senza innovazioni la vicenda ovidiana. Nel quarto viene introdotta la figura della serva di Procri, che rimprovera la padrona a causa dell'eccessiva gelosia. Ciò nondimeno, quest'ultima non attende il ritorno del marito a casa e si reca nel bosco dove Cefalo è solito cacciare. Si nasconde in un luogo appartato e viene colpita inavvertitamente dal protagonista. Inizia, tra la fine del quarto atto e il quinto, un passaggio inedito: il marito pensa di suicidarsi, ma la donna, ancorché esangue, riesce a impedirglielo. Cefalo invoca così Calliope e le altre Muse affinché intonino un canto funebre; i lamenti raggiungono Diana, che decide di resuscitare Procri. La divinità invita le ninfe a ballare sulle note di un gioioso imeneo: la violenza del mito viene dunque dissolta in un pretesto per festeggiare.

2.

La significativa variante introdotta sfrutta sino alle estreme conseguenze la natura polisemica e aperta del mito[195]. Il finale originario, evocato proprio in quanto negativo, rafforza la conclusione alternativa pensata da Da Correggio[196]. Il *Cefalo* può permettersi una libertà simile, poiché

194 Dal punto di vista della scenografia e dello spettacolo, cfr. Bregoli Russo 1993, 28–38 e Centanni 2007, 37–56.

195 Vescovo 2006, 535–551.

196 Signore di Correggio, svolge compiti di rappresentanza per il dominio ferrarese. Nel 1479 sostiene il colpo di stato del Moro; due anni dopo entra a far parte del Consiglio segreto sforzesco. Nel 1491 si trasferisce stabilmente a Milano, in cui spicca come uno degli intellettuali di punta della corte ludoviciana. Ripresa la

risulta un'opera priva di canoni e di confini precisi; ciò viene autorizzato da una tipologia teatrale carente di norme e modelli, che rinviene punti di riferimento stabili nei valori, nelle richieste di legittimazione della corte. L'audace rivisitazione punta a sorprendere il pubblico, a veicolare un messaggio educativo incentrato sul pericolo della gelosia. Il matrimonio – come in molte altre rappresentazioni dell'epoca, *Orpheo* in testa – è celebrato, in un mondo arcadico e *amoenus*, quale forma di unione necessaria per esprimere ogni potenzialità positiva dell'amore[197]. L'intento di fornire indicazioni utili alla vita matrimoniale si collega all'occasione di rappresentazione, ovvero alle nozze celebrate a Ferrara tra Giulio Tassoni e Ippolita Contrari[198]. Gli obblighi legati alla contingenza si accompagnano anche a un desiderio tutto letterario, competitivo: nel 1475, infatti, una prima rappresentazione teatrale sulla vicenda di Cefalo e Procri era stata allestita a Bologna per festeggiare il matrimonio di Giulio Pepoli e Bernardina Isotta Rangoni. La *Fabula de Cefalo e Procris*, di cui sono rimasti poco più di cento versi, è scritta in volgare da Tommaso Beccadelli; l'opera segue la narrazione di Ovidio e si conclude con la morte della protagonista[199]. La divisione in cinque atti, il riuso assai disinvolto del mito, l'inserimento di nuovi personaggi (pastore, serva, fauno, Calliope) e la presenza dei cori alimentano la spinta agonistica di Da Correggio nei confronti delle operazioni precedenti[200]. Beccadelli, Poliziano e l'autore della *Tragoedia* mettono in mostra un finale negativo (morte di Orfeo e Procri) per sottolineare un *exemplum* moralistico; di contro, Da Correggio recupera l'intento educativo, ma non lo demanda a un finale luttuoso, anzi lo riscatta con un colpo di scena commovente, incisivo, memorabile. Il *Cefalo*, pertanto, mostra con nitore gli elementi del suo successo, poiché

collaborazione con gli Este nel 1496, gli sono affidati alcuni incarichi diplomatici sino al 1508, anno della morte. Sullo scrittore, cfr. tra tutti Dionisotti 1959, 135–188 e Tissoni Benvenuti 1989 b.

197 Si badi che in Ovidio la vicenda si svolge ad Atene.

198 Cfr. Zambotti 1937, 178, 5–19.

199 *Cefalo e Procris* 1983, 35–44. Sull'opera, cfr. Bisanti 1996, 55–79.

200 Non sono sporadiche le riprese da Beccadelli, che non dipendono dalla comune fonte ovidiana. Cfr. per es. I, 195: «trovato ho quel ch'io non volea trovare» con *Cefalo e Procris* 1983, 32: «per veder quel che non vorria trovare».

adotta spunti utili per riformare la tradizione rappresentativa sino a quel momento prodotta.

L''argumento' del *Cefalo* chiarisce gli aspetti essenziali del testo: il primo verso e l'ultimo recuperano i classici appelli attraverso cui l'attore prende contatto con gli spettatori e prega loro di prestare ascolto[201]: «salute, o populo» e «silenzio tutti, e intenderiti il resto»[202]. I temi principali sono esposti di seguito (vv. 2–4): il «pietoso aspetto» e il «dolore» affliggono coloro che disprezzano «Amore». Tuttavia, il sentimento va interpretato con moderazione, altrimenti la «zelosia» può essere cagione di sofferenze, che soltanto un intervento prodigioso può lenire (vv. 22, 39 e 40). La singolare lettura del mito viene assicurata da una fonte fantasiosa, una «greca istoria» (v. 41), che tanto ricorda il fantomatico Turpino, invocato da Boiardo nell'*Inamoramento*. Proprio questa origine marca la novità dell'opera, che sfugge a qualsiasi classificazione (vv. 49–54):

> Non vi do questa già per comedìa,
> ché in tuto non se observa il modo loro,
> né voglio la credati tragedìa,
> se ben de ninfe ge vedreti il coro:
> fabula o istoria, quale ella se sia,
> io vi la dono.

3.

Il primo atto inizia con le parole di Aurora, che si presenta davanti a Cefalo e agli spettatori. La divinità spiega che il motivo della sua «discesa» riguarda la «beleza» irresistibile del protagonista (vv. 5 e 6); il rapimento ovidiano viene attenuato in una banale visita della divinità sulla terra. Al rifiuto delle profferte di Aurora segue il ritorno di Cefalo alla propria abitazione; egli, turbato dalle insinuazioni della dea sulla

201 Parimenti, nell'epilogo affidato a Calliope si legge l'invito ad applaudire (V, 114–115): «s'el v'è piazuta questa nostra festa, / fàttine signo, et altro a far non resta».

202 Da Correggio 1983, 208–255.

fedeltà della moglie, decide di organizzare un piano[203]. Si traveste da mercante e si palesa dinanzi a Procri recandole doni straordinari: se in Ovidio i regali consistono in semplici «munera», di cui non si specifica la natura, nel *Cefalo* domina un gusto descrittivo ed erudito (v. 740). Sono offerti alla giovane il «pomo che sforzò Atalanta», la «tella» intessuta da Aracne, l'«olio» impiegato da Tiresia per cambiare identità (*Met* III, 316–733), un anello appartenuto a Giunone (vv. 105–128)[204]. L'amplificazione serve altresì a evidenziare l'atteggiamento di Procri, che non cede all'offerta di prodotti straordinari, ma soltanto alla dichiarazione d'amore del sedicente mercante; questi fa leva su alcune espressioni pronunciate da Aristeo nell'*Orpheo* durante l'inseguimento di Euridice[205]. La reazione collerica di Cefalo, non appena intuisce che la moglie sta per corrispondere un corteggiatore sconosciuto, spaventa Procri, pronta a scappare come Euridice.

Nel secondo atto è approfondito il confronto con la fabula: Cefalo, pentito per aver umiliato la moglie, si profonde in un lamento affine a quello sviluppato da Orfeo a seguito della perdita definitiva di Euridice[206]. Le affermazioni del personaggio vengono ampliate dal *tòpos* della compartecipazione della natura alle sofferenze umane, che anticipa la sezione pastorale dell'opera (II, 47–48). La disperazione si trasforma poi in inerzia (v. 73): «amar non vo' mai più donna che viva»[207]. Il raffronto serrato con

203 I dubbi di Aurora sull'instabilità dell'amore vengono espressi in un monologo 'a parte' (cfr. per es. vv. 57–60): «quanti sun quilli a chi Fortuna aversa / contrasta sempre, e amante è mai felice; / tanto è la sorte a li omini perversa, / che alcun contento al mondo non se dice».

204 Quest'ultimo consente di «far servar la fede» degli amanti; evidentemente Cefalo, che conosce la gelosia della moglie, fa leva sulle proprietà del gioiello (v. 126).

205 Cfr. per es. vv. 137–142 e 153–156: «e non fugire! Deh, non sì altiera in vista! / Odime alquanto e ascolta i pregi mei, / ché fama mai per crudeltà s'aquista. / Belissima sei pur, cruda non déi! / Non sciai che Amor non vòl che se resista / a' colpi soi? [...] Cosa secreta mai non si riprende, / el tempo che si perde mai non torna. / Qui non serai veduta: or che se attende? / Quel se ha a dolere che al suo ben sogiorna».

206 Cfr. II, 33–34 («o sfortunato amor, o iniqua sorte! / O amante tropo al tuo danno veloce!») con *Orpheo*, vv. 252–254 («o mie furore, / o duro fato, o ciel nimico, o Morte! / O troppo sventurato el nostro amore!»).

207 Il verso pare eco di *Orpheo*, 268: «già mai non voglio amar più donna alcuna».

l'*Orpheo* e con la riscrittura ferrarese viene riproposto nei passaggi seguenti, in cui Cefalo scorge Procri in lontananza. La giovane, che si è ormai affidata alla protezione di Diana, stabilisce di nuovo di scappare; eppure, un pastore, simile ad Aristeo[208], ferma la corsa di Procri. Se in Poliziano l'inseguimento di Euridice risulta fatale, quello di Procri appare risolutivo, poiché il pastore fa rappacificare i due sposi: pertanto, egli chiama a sé due compagni, Coridone e Tirsi, e gli invita a unirsi ai festeggiamenti (vv. 142–149)[209]. La situazione sembra anomala nel mondo pastorale, permeato dalla malinconia, dalle sconfitte amorose, dai duri insegnamenti della storia: il rifacimento di Da Correggio riscrive i princìpi costitutivi della poesia bucolica[210].

Il terzo atto segue ancora gli spostamenti dei due protagonisti: la prima ottava, di stampo moralistico, mira a educare gli spettatori, a informarli che gli «affanni» e i «rancori» sorti durante il matrimonio sono «cose strane» senza troppa importanza (III, 1 e 2). Segue un passaggio in cui Procri regala al consorte una lancia e il cane Lelapa (doni, a suo tempo, di Diana). A un certo punto Cefalo intravede un cinghiale e inizia a inseguirlo; Procri lascia cacciare il marito da solo, esce dal bosco e torna a casa. Intanto, Cefalo, spossato dalla calura estiva, si augura che un'«aura suave» lo possa ristorare (v. 97). L'invocazione, che gioca sul bisticcio 'Aura' / 'aura', è colta da un fauno, innamorato di Procri, come segno di infedeltà del protagonista; il personaggio, che intende trarre vantaggio dalla situazione, si reca dalla giovane e le riporta proditoriamente quanto ha appena udito. La sposa torna nell'«umbroso loco» e inizia una violenta lite con Cefalo,

208 Per es. cfr. vv. 97 («deh, non fuggir donzella») e 106–109 («poi che non ti comovi / e da lui i passi torzi, / el convien ch'io ti sforzi: / ferma qui el passo e fa' che non ti movi!») con *Orpheo*, vv. 128 («non mi fuggir, donzella») e 137–140 («poi che el pregar non vale / e tu via ti dilegui, / e' convien ch'io ti segui. / Porgimi, Amor, porgimi hor le tue ale!»). Si noti che il metro, stanza di settenari e di endecasillabi, è il medesimo in entrambi i testi.

209 Il lessico utilizzato («zampogna», «pastur», «cetera») e le rime sdrucciole (per es. «disconvenevole», «acera») sono un ennesimo richiamo alla fabula.

210 Questo riuso così radicale caratterizza le rappresentazioni milanesi, che, nel solco del *Cefalo*, fondano le premesse di un'innovativa svolta drammaturgica.

accusato di «adulterio» (v. 137 e 175); il fauno, che segue compiaciuto la scena, domanda ad alcuni satiri di partecipare al suo canto di gioia.

Il quarto atto inizia in modo leggero, in quanto i primi quaranta versi sono dedicati alla fantesca di Procri. Il personaggio femminile assomiglia ad alcuni servi della commedia latina, che si lamentano per le gravose incombenze da svolgere[211]. La servitrice non manca di segnalare la causa della sofferenza dei padroni nella «zelosia» (v. 4); i ragionamenti più impegnativi vengono poi intervallati da battute volte a divertire gli spettatori (v. 14: «eccola che gli va! Vada in malora!»; v. 22: «tra le donne io sum pur parescente!»). L'atmosfera ilare viene subito interrotta dalla concitata scena che conduce all'uccisione di Procri. Non appena si accorge di essere stata colpita dalla lancia donata al marito, si abbandona in un lamento disperato. Ancora una volta si distingue un riferimento a Poliziano nelle due stanze pronunciate, prima, da Cefalo e, poi, dalla moglie (IV, 65–80):

> *C*: Ahimè, crudel amante, ahimè consorte!
> Ahimè, vita mortal, como ti lasso!
> O infelici amatori, a che ria sorte
> conduti siamo, a che infelice passo!
> Ahimè, che di tua man m'hai dato morte,
> crudo amante e marito! Oh cuor di sasso!
> O stelle, o cieli, o Fato crudo et empio,
> perché vòi farme de li amanti exempio?
> *P*: Sconsolato amatore! Eh, non più, vita!
> Ritorna, o crudo iacul, al mio pecto!
> O cara sposa mia, questa ferita
> da me l'avesti, e mio stato è il difecto.
> Ma prima che da me faci partita,
> Vedi come nel core il fero meto,
> e non potendo la mia pena dirti,
> palese la farò col mio seguirti[212]!

211 IV, 1–4: «quanta disgrazia al mondo ogi è la mia! / Quante lacrime ognor convien ch'io spandi! / Star mi convien tuto 'l giorno per via, / né sa la mia patrona ove mi mandi».

212 Cfr. *Orpheo*, 245–250: «oimè, che 'l troppo amore / n'ha disfatti ambendua. / Ecco ch'i' ti son tolta a gran furore, / né sono hormai più tua. / Ben tendo a te le braccia, ma non vale, / ché 'ndrieto son tirata. Orpheo mie, vale!».

È perspicua la decisione dello scrittore di misurarsi con la fonte: la vicenda raccontata – simile a quella di Orfeo ed Euridice per le responsabilità dell'uomo nell'uccisione della donna, ma più grave nella sostanza e nella dinamica (v. 65: «crudel» e v. 69: «tua man»; v. 70: «crudo» e «cuor di sasso») – diviene un «exempio» paradigmatico (v. 72). Il linguaggio e lo stile tragico rinviano a Poliziano, anche se il tentativo di Cefalo di porre fine alla sua vita sembra alludere alla vicenda di Piramo e Tisbe[213]. Procri, pur agonizzante, distoglie il marito dal suicidio (vv. 89–104); così Cefalo invoca l'intervento di Calliope, che sprona le altre Muse a cantare un inno funebre in onore della giovane. La ninfa Galatea, dopo una serie di battute di circostanza, intona un capitolo ternario esemplato sui moduli della *Tragoedia* (vv. 222–246)[214].

Il quarto atto, terminato al culmine della disperazione, lascia posto a emozioni di valenza contraria: Diana, *dea ex machina* della storia, desidera riportare in vita Procri. La giustificazione, data dalla divinità della pudicizia, suona di per sé singolare (V, 3–4 e 6): «defonta è Procris, non per alcun vizio, / ma sol per tropo smisurato amore. / [...] Troppo gran pena è morte a un poco errore». Oltretutto, le motivazioni sembrano una polemica riscrittura dell'opera di Poliziano, in cui la causa della morte di Euridice consiste proprio nell'amore eccessivo di Aristeo e di Orfeo. Per converso, nel *Cefalo* il «tropo smisurato amore» diviene un'attenuante, che legittima la miracolosa resurrezione di Procri. L'eccezionalità dell'avvenimento si avverte nei passaggi seguenti, in cui la protagonista si offre per sempre a Diana in segno di gratitudine: la dea, assimilata a Venere mediante un audace processo di sovrapposizione, rifiuta la proposta e consiglia alla giovane di ricongiungersi con il marito (vv. 25–48). Questo passaggio conclusivo celebra la forza incoercibile del legame matrimoniale, tanto che Diana deve cedere alla sacralità delle nozze. Il potere della dea risolve in modo

213 Lo stesso Cefalo più avanti circoscrive il riferimento (v. 177): «questa mi fo più ch'al suo Orfeo Euridice». La battuta va intesa come precisa rivendicazione programmatica.

214 Cfr. per es. vv. 222–223 («pianzete, silve, alpestri fiumi e rive, / pianziti, dei de' boschi e dei di' monti») con II, 35–37 («or piagne nosco Amore; / piangeti, selve e fonti; / piagneti, monti»).

catartico il dissidio sorto tra i coniugi: sicché, l'infedeltà e il sentimento della gelosia vengono cancellati dagli animi di Cefalo e Procri (vv. 77–78).

La 'cantilena' finale delle ninfe, ennesimo rimando allusivo ai modelli di riferimento, chiude la storia tra inviti a ballare e a cantare. Se le Menadi dell'*Orpheo* eseguono una punizione atroce, che serve da monito agli astanti, in Da Correggio lo scopo pedagogico è veicolato da un messaggio del tutto gaio, autenticamente funzionale alla corte. La contrapposizione nei confronti di Poliziano fa perno su continui cenni provocatori, l'ultimo dei quali mira a sottolineare il primato del *Cefalo*: l'opera non si chiude con la scomparsa del protagonista, bensì con l'operazione palingenetica inversa di «religare il nodo / che morte avìa sligato» (vv. 100–101). La 'linea' *Orpheo – Cefalo* risulta, quindi, contrassegnata da una brusca evoluzione, dal rigetto del percorso tracciato da Poliziano: la collisione tra queste due opzioni antitetiche appare feconda, perché garantisce nuove soluzioni diegetiche alle opere più avvertite del teatro ferrarese e ambrosiano.

9 *Timone: la versione estense*

I.

Il *Timone* di Boiardo – suddiviso in cinque atti, provvisto di prologo e argomento – riprende con una discreta fedeltà la storia raccontata da Luciano di Samosata nell'omonimo dialogo; tuttavia, nel quinto atto lo scrittore se ne discosta ampliando il modello e contrapponendosi in modo esplicito al testo imitato[215]. Boiardo spiega come Timone, caduto in povertà a causa del comportamento assai prodigo, viva dopo essere stato abbandonato da tutti gli amici: recupera poi incredibilmente le sostanze perdute grazie all'intervento di Giove, che gli indica dove trovare un tesoro sepolto. All'inizio del quarto atto è introdotta un'innovazione con

215 Sull'opera, cfr. almeno Acocella 2010, 81–99 e Zanato 2015, 362–381. Si citerà da Boiardo 2009, 87–231; si è fatto talora ricorso al commento di Boiardo 1983, 471–555.

l'inserimento di un monologo recitato dalla Fama. La personificazione, che compare pure nella *Representatione allegorica* di Serafino Aquilano, introduce la vicenda parallela di Philocoro, alla ricerca delle ricchezze custodite nella tomba del padre Timoncrate. Il quinto atto si apre con un monologo, pronunciato da Auxilio, che approfondisce la storia di Philocoro. Il servo Syro e il liberto Parmeno si recano presso il sepolcro di Timoncrate per recuperare il tesoro; Timone, giunto in scena nello stesso istante, ostacola i personaggi, ma alla fine abbandona il proprio patrimonio e fugge nei boschi. Così Philocoro, uscito di prigione dopo aver scontato una pena per debiti, affranca Syro e gli offre una lauta ricompensa.

Non si possiedono documenti utili per fissare la data di composizione dell'opera, anche se è possibile avanzare alcune congetture: i legami con il *Cefalo* suggeriscono di collocare il *terminus post quem* al 1487; inoltre, secondo le recenti ipotesi di Tiziano Zanato, l'opera potrebbe essere stata composta a ridosso dell'11 ottobre 1493, allorché «la morte della duchessa Eleonora d'Aragona comportò necessariamente un lungo periodo di lutto»[216]. Il *Timone*, che traspone con una certa libertà il dialogo lucianeo, presenta anche qualche problema filologico[217]: Boiardo non si rifà direttamente al testo greco, ma sembra avvalersene in alcuni *loci selecti*. Non si possono nemmeno escludere interventi sul testo da parte del primo curatore della *princeps* (1501). Pare, invece, sicuro che lo scrittore segua il volgarizzamento del ms. Vat. Chig. L. VI. 215, poi stampato a Venezia nel XVI secolo con il titolo *I dilettevoli dialogi*[218].

2.

Il pessimismo di Luciano, il finale amaro, la figura atrabiliare e a tratti violenta di Timone non si sarebbero adattati a una commedia da portare in scena presso la corte estense. Pertanto, lo scrittore elabora il quinto

216 Zanato 2015, 378.

217 Acocella 2008, 105–116.

218 Sull'attribuzione controversa della traduzione a Niccolò Leoniceno, cfr. le posizioni di Fumagalli 1985, 163–177 e Acocella 2001, 21–53. Per i raffronti tra il *Timone* di Boiardo e il volgarizzamento seguiremo Luciano 1525, cc. A 1*r* – B 7*v*.

atto, come del resto Da Correggio nel *Cefalo*, per proporre una conclusione lieta, mitigare le asprezze caratteriali del protagonista e inserire una storia edificante. La sfida letteraria di Boiardo al modello lucianeo si fonda poi su una dotta *combinatio* di fonti teatrali; per esempio, si notano alcune attinenze con una commedia di Luscio Lanuvino, riassunta da Elio Donato. I legami tra la vicenda raccontata nel quinto atto del *Timone* e la commedia latina sono abbastanza perspicui[219]: un giovane vende a un anziano avaro un terreno posseduto un tempo dal padre; il nuovo proprietario, allorché scopre un tesoro nel possedimento, rifiuta di consegnare il denaro. Il giovane si affida così al tribunale al fine di dirimere il contenzioso[220].

La fonte, assai esile, consente allo scrittore di modificare l'intreccio narrativo e di integrarlo con altri testi. Ad esempio, i personaggi Syro e Parmeno compaiono negli *Adelphoe* terenziani, in cui lo schiavo Geta mantiene a proprie spese i famigliari del defunto padrone, proprio come fa Parmeno nei confronti di Philocoro[221]. L'espediente del doppio monologo risulta recuperato da Plauto, il quale nella *Cistellaria* fa esporre il complesso antefatto da Lena e da Auxilio (vv. 120–148 e 149–202). Il retroterra plautino e terenziano si avverte non solo nell'argomento[222], ma pure nei monologhi (per es. I, 223–241) e negli ammiccamenti ironici al pubblico (cfr. per es. IV, 10–12 e V, 360–365); in aggiunta, il confronto a distanza tra Timone e

219 Il commento, che leggiamo da Donato 1902, I, 273, è disponibile a Ferrara dalla fine degli anni Cinquanta. Boiardo, oltre a volgarizzare diverse commedie latine, dimostra un gusto spiccato per la drammatizzazione in molte sue opere (*Pastorale*, *Inamoramento*). È paradigmatico l'esteso prelievo dei *Captivi*, che si snoda nei canti XI-XIII del secondo libro del poema: cfr. Zanato 2015, 334–348.

220 Boiardo, conoscitore esperto del teatro e delle sue dinamiche spettacolari e registiche, elimina quest'ultimo riferimento, in parte confluito nella disputa tra Timone e Syro.

221 I servi sono altresì portatori di una morale opposta rispetto a quella di Timone (V, 274–280); in particolare, Syro assomiglia al Davo oraziano delle *Satire* (II, 7, 83–89).

222 Per es. cfr. vv. 58–59 («ma eccol lui che la sua zappa assetta / brontolando cum seco») con *Amph*, vv. 148–150 («sed Amphitruonis illic est servos Sosia: / a portu illic nunc cum lanterna advenit. / Abigam iam ego illum advenientem ab aedibus») e *Rud*, v. 79 («et servos illic est eius, qui egreditur foras»).

Philocoro ricalca lo scontro tra *adulescens* e *senex* della commedia latina, là dove le antitetiche visioni del mondo dei personaggi vengono esemplificate dall'opposta concezione del denaro[223].

Ora, la tecnica del doppio intreccio si trova già in Plauto (per es. *Bacchides*, *Epidicus*, *Menecmi*) e in Terenzio (*Heautontimorumenos*). Da quest'ultimo Boiardo, in linea con l'insegnamento guariniano, riprende l'esigenza di scrivere un'opera dalle spiccate finalità morali e pedagogiche. Infatti, lo scioglimento mette in luce la storia di un giovane, che è diventato saggio e generoso con il tempo. Se Timone lascia il proprio tesoro, perché il sentimento di odio verso il genere umano lo spinge ad abbandonare qualsiasi mezzo di contatto con la società e le sue convenzioni, Philocoro, di contro, comprende la pericolosità dell'avarizia. L'esperienza gli fa capire che soltanto la moderazione e la virtù permettono di sfruttare rettamente i propri averi: ciò coincide con una visione cortese e liberale della gestione del patrimonio. Insomma, Boiardo rilegge Luciano secondo la tipica sensibilità ferrarese: lo scrittore greco non ha nulla della figura dissacratoria e sarcastica tanto cara ad umanisti come Leon Battista Alberti, perché viene apprezzato quale filosofo morale.

3.

Il prologo del *Timone* espone programmaticamente alcune specificità del testo: l'espediente di far introdurre l'opera a Luciano – adottato da Visconti e da Cammelli, che si servono di Cecilio Stazio e di Seneca – risulta innovativo; d'altronde, tale vuole sembrare la rappresentazione boiardesca, unica persino se fosse stata messa in scena a «Roma tryomphante / nel tempo antiquo de li imperatori» (vv. 2–3). La «comœdìa» proposta non è di origine latina, ma si ispira a uno scrittore greco (v. 5)[224]. Il merito deve essere attribuito a Ercole I, che «per darvi diletto, / di græco hoggi mi fece italïano» (vv. 10–12): il connubio tra divertimento degli

223 Cfr. V, 171–173 («se la una ætà non fusse a l'altra adversa, / quella de' giovencti prompta al spendere, / quella de' vechii a retener conversa») con *Adelph* 830–835.

224 Una dichiarazione simile trova puntuali riscontri nei prologhi plautini dell'*Asinaria* (vv. 10–12) e del *Trinummus* (vv. 18–20).

spettatori, generosità del duca e centralità dei volgarizzamenti estensi pare imprescindibile. Lo svago coinvolge l'intera corte (v. 21): «ché el dar piacere a molti è ben dovuto». Per questa ragione, che emerge pure nell'*Inamoramento de Orlando*[225], Luciano si è trasformato da filosofo a «comœdo» (v. 19). Lo scopo di allietare il pubblico viene garantito da una serie di strategie: innanzitutto, alcuni personaggi sono esaltati nella loro grossolanità e inadeguatezza. Giove diventa una figura caricaturale, ridicola, che interviene con battute inappropriate (I, 188–193):

> Hor va', Mercurio, e questa cosa spacia;
> cum tempo ordinaremo la vendetta
> di cui l'ha posto in cotanta disgratia.
> Ma bisogna aconciar la mia saetta,
> perché ha la ponta disferata e trista
> d'alhor che io fulminai cum tanta fretta [...][226].

La chiusura del dialogo, aggiunta da Boiardo, suona ironica, in quanto messa in bocca al dio della giustizia (v. 203: «chi vol ben far, fa spesso errore»). Egli nei passaggi successivi recita in rime sdrucciole, tipiche dei pastori della poesia bucolica (II, 59–69), e impiega frasi sentenziose già sollecitate da *V* (cfr. vv. 88–90 con c. A 4*v*)[227]. Per Timone, invece, si ricorre a una comicità più pungente e amara: ad esempio, l'espressione «oh come ben purgata la tristitia / era, s'tu non havessi riservato / quel seme a generar magior malitia!» (I, 46–48), alquanto diversa in *V* (cc. A 1*v*-2*r*), sottolinea la perfidia di Giove, che ha salvato Deucalione e Pirra dal diluvio universale, perché da loro nascessero uomini ancora peggiori. La miscredenza di Timone si avverte là dove vengono mosse accuse violente contro l'autorità di Giove (vv. 115–116): «dio non sei; e io lo stimo certo, / che già moresti come corpo humano»[228]. Il protagonista

225 Cfr. III, 3, 2, 1–4: «quando mi véne a mente che il diletto / che l'hom se prende solo è mal compiuto: / però, Baroni e dame, a tal conspetto / per dilectarvi alquanto io son venuto». Si cita da Boiardo 1999.

226 Nel volgarizzamento di Luciano del 1525, che indichiamo con la sigla *V*, si dice solo che la «saetta» della divinità ha «duo raggi [...] rotti et dispontati» (c. A 3*v*).

227 Sui proverbi nell'opera, cfr. Bregoli Russo 1980, 371.

228 Cfr. *V*, c. A 2*v*: «eccetto se le fabule non fiano vere che sono narrate di te et della tua sepoltura ne l'isola di Candia». Boiardo fa riferimento a una teoria patristica,

ricompare nel terzo atto, in cui è convinto da Mercurio e dalla Richeza ad accettare il risarcimento per le sostanze dissipate. Le battute veementi amplificano il dettato di *V*, mentre lo scrittore si serve delle rime sdrucciole per accentuare il comico risentimento di Timone (III, 84–98)[229]:

> Dite, che seti voi gente lunatica,
> che andati intorno me facendo rotoli
> per questi rovi dove alcun non pratica?
> Chi ve ha condutti per questi viotoli,
> ove un disventurato ha suo ricovero,
> tritando cum la ciappa glebe e ciotoli?
> Hor che veniti a molestare un povero
> laborator de altrui, un mercenario?
> Che pustule vi copran sanza novero!
> Né Pluton, né Minos el suo vicario,
> se me aspetati, vi potran diffendere,
> che io non vi pianti cu' el capo a contrario!
> Che dimorati? E che stati ad attendere?
> Se io coglio e sassi e mostro la mia furia?
> Lasciami un poco questa pietra prendere.

Il quarto atto si fonda su due innovazioni boiardesche, ovvero sull'allocuzione della Fama agli spettatori e sul monologo di Timone (vv. 1–46 e 47–116). Questi, al pari di Euclione nell'*Aulularia*, ricorre al registro lirico, anche se l'oggetto del desiderio non è costituito da una donna, bensì dall'oro (vv. 53–58):

> Questo oro incide ogni mio aiuto e nervo,
> questo me tien lontano a ogni riposo.
> Poi che io lo presi, a lui son fatto servo.
> Lassar no' el posso, e de tener non lo oso.
> Mirabil facto e vero è quel ch'io parlo,
> che per lui vivo lieto e doloroso.

che sosteneva la natura umana di Giove; questi, prima di diventare un dio, sarebbe stato re di Creta (Candia).

229 Cfr. c. B *1r*: «chi seti voi, o maledetti? A che seti venuti a far quivi per dar molestia ad uno lavorator di terra e mercenario? Andativine in mal hora, ribaldi, altramente io vi consumerò con queste zuppe di terra e con le pietre».

La situazione tradizionale dell'amante affannato – ma deciso, nel contempo, a raggiungere il proprio scopo (vv. 53–54 e 58) – dà materia di ironico riuso. La preoccupazione del personaggio si concretizza nelle scene successive, in cui il misantropo è raggiunto da alcuni conoscenti (vv. 117–456). La rabbia del protagonista nei confronti dei falsi amici è in parte attenuata da battute divertenti[230]. La figura più curiosa sembra quella di Trasicle, delineato con caratteristiche simili a quelle del Sordello dantesco[231]; la sua velleità di «monstrarsi un santo» viene denunciata da Timone (v. 371). Benché la critica provenga da una figura poco ragionevole, non si può non notare l'aspetto vanaglorioso di Trasicle (vv. 390–395):

> Io non uso mangiar cibo composito
> come fan quei che son detti felici,
> a nominarli per suo nome opposito.
> Mio cibo è il pane e l'herbe e le radici,
> e se tal vita io lasso qualche volta,
> solo è per caritate de li amici.

La parodia della dieta consigliata dagli epicurei non poteva essere colta dagli spettatori; nondimeno, la difficoltà di far comprendere un passaggio del testo così legato alla cultura antica è superata da un possibile raffronto con l'*Inamoramento*. Nel secondo libro, infatti, compare in modo scherzoso un frate che loda il «degiuno a corpo pieno», ma poi dimostra devoto «sol ne l'oche» (9, 34, 3–4). Alludere alla produzione cavalleresca

230 Per esempio, al v. 158 si nota l'epiteto, introdotto da Boiardo e rivolto a Phlyade, di «calvo spelizato»; ai vv. 168–171 si impiegano espressioni più colloquiali rispetto a *V* (cfr. «infermo» e «speciar la testa» con cc. B 4*r*-4*v*: «essendo io infirmato» e «menacciomi di battere»); ai vv. 307–308 spiccano gli insulti «ribaldo falsario» e «persona maledecta» diretti a Demea.

231 Cfr. *Purg* VI, 58–65 («ma vedi là un'anima che, posta / sola soletta, inverso noi riguarda: […] // o anima lombarda, / come ti stavi altera e disdegnosa / e nel mover de li occhi onesta e tarda! // Ella non ci dicëa alcuna cosa, / ma lasciavane gir, solo sguardando») con vv. 377–380 («ma non sciò perché tanto se adimori, / che là sta solo e tacito me guarda. / A quel ch'io creda, pur vòl che io lo honori: / hor io cominciarò, poi che lui tarda»). Si cita da Alighieri 1966–1967.

significa modernizzare il testo e, nel contempo, renderlo accessibile al pubblico meno esperto.

4.

Le forme del comico si alternano a riflessioni serie e impegnative. L'argomento più sviluppato risulta quello del denaro e del suo impiego; il tema è già centrale in Luciano, ma Boiardo ne modifica i presupposti. Nel dialogo greco vengono mostrati gli effetti negativi della ricchezza su quegli uomini che la considerano un bene primario. La ricchezza è personificata da Pluto, una divinità zoppa e cieca: perciò, la sua presenza, per certi versi affine a quella della Fortuna, risulta casuale. Questa dinamica così spietata mette a repentaglio i rapporti tra cittadini e l'equilibrio sociale. In aggiunta, gli uomini non hanno le capacità di gestire con misura il proprio patrimonio e, pertanto, rischiano di dilapidarlo o di difenderlo invano. Timone racchiude entrambi questi aspetti, giacché è un prodigo caduto in povertà che, a seguito del ritrovamento del tesoro messo a disposizione da Giove, pecca persino di avarizia.

Il problema di Boiardo è rimuovere la condanna della ricchezza in quanto tale, poiché risulta uno strumento imprescindibile in una società signorile come quella ferrarese. Lo sdoppiamento della storia si potrebbe spiegare a partire da queste necessità: se Timone dimostra un utilizzo smodato e pericoloso del denaro[232], Philocoro, che parte dalle stesse premesse, giunge a esiti opposti. La ricchezza non è da disprezzare in sé, in quanto garantisce fama e onore a chi la gestisce con liberalità e magnificenza. L'esempio di Philocoro prova come il denaro sia positivo; di contro, Timone rimane un misantropo, che rifiuta il tesoro non per una scelta filosofica, bensì per evitare qualsiasi contatto con i propri simili.

Il raffinato spostamento di piani si coglie in alcuni passaggi: ai vv. 180–193, ricavati da una fulminea battuta di *V*, Giove dimostra come la prodigalità non renda liberi, perché cagiona pene analoghe a quelle patite

232 Ciò contrassegna il padre di Timone, Ececratide, descritto nell'argomento ai vv. 2–12.

da Tantalo e da Fineo. Quest'ultimo, condannato dagli dèi per aver predetto il futuro agli uomini, viene aiutato da Calai e Zete ad allontanare le creature mostruose che lo tormentano. Tuttavia, secondo una tradizione medievale, accolta da Boiardo, la liberazione è merito di Ercole; ciò chiarisce il confronto encomiastico con il duca estense, che viene sviluppato ai vv. 188–193. Non mancano spunti satirici sulla tracotanza degli eredi, sicuri di ricevere dai genitori una cospicua somma di denaro, né riferimenti beffardi contro gli arricchiti (vv. 267–269 e 285–287). L'ironia è utilizzata anche nei confronti di Timone che, dapprima, pare rifiutare l'offerta di Mercurio e Richeza; in seguito, sviluppa un ragionamento insolito contro la povertà (III, 198–200). Alla fine del quarto atto Trasicle – che, come abbiamo visto, è comicamente descritto – dà un consiglio a Timone (vv. 405–407): «la roba non fa mai l'homo beato, / discacia via da te questo periglio, / extingue questo foco che hai a lato». La battuta sembra recuperare un episodio dell'*Inamoramento*, in cui il protagonista si rifiuta di inseguire il cervo dalle corna d'oro (I, 25, 12, 3–4: «che ne sarai contento sempre mai, / se la richeza fa l'homo beato»).

Nell'ultimo atto l'ossessione di Timone per il denaro ritorna nel 'monologo del sonno': il riposo notturno non giova ai poveri, perché vivono nel «disagio», e nemmeno ai ricchi, sempre vittime di uno stato «anxios*o*» (vv. 84 e 88). Timone, che ha appena recuperato il tesoro, trascorre la notte «con travaglie e cum affanni assai» e sogna due formiche che, identificate poi negli aiutanti di Philocoro, sono pronte a sottrargli ogni sostanza (v. 94). Se nelle commedie latine i servi aiutano i padroni a conquistare l'amata, a recuperare un oggetto perduto, a beffare gli antagonisti, nel *Timone* sono portatori di un messaggio etico: spetta a loro sostenere la teoria della *mediocritas* applicata alla ricchezza. Il discorso sul 'giusto mezzo' è esteso alla questione della schiavitù, che, secondo Syro, riguarda chi non sa affrancarsi dalle passioni; il personaggio recupera alcuni passi oraziani per dimostrare che la persona veramente libera non teme la ricchezza e nemmeno la povertà[233]. La digressione si collega al problema del denaro e al dibattito, estraneo a Luciano, sui doveri dei prìncipi e dei sudditi: già nel secondo atto Giove rimprovera Richeza per la sua riottosità; quest'ultima risponde

233 Cfr. vv. 274–282 con *Serm* II, 7, 83–89.

che i padroni sono obbligati a «temperare» le regole, ad applicarle secondo «ragion» (v. 12). Un argomento caro alla corte viene affrontato, come per il caso della ricchezza, attraverso il principio guida della *mediocritas*, che informa l'intero assetto ideologico del testo e ne costituisce la vera novità. D'altronde, nell'epilogo Auxilio sostiene che Philocoro non sarà mai più prodigo, poiché si distingue come uomo «liberale, / servendo e dispensando cum ragione» (vv. 382–383). L'intento pedagogico della commedia è trasmesso attraverso un pensiero che evita però ogni dogmatismo e propone, in accordo con la battuta finale, una visione disincantata del mondo (v. 405): «a Dio vi lasso, e lui richi vi facia».

5.

Il tono argomentativo, il procedimento didascalico, il contesto comico-satirico spiegano la scelta di Boiardo di avvalersi nel *Timone* della sola terza rima. Lo scrittore segue una strada differente rispetto a quella della polimetria, che spesso è il riflesso di prodotti eterogenei. La terzina risulta conforme allo stile, ai temi e allo svolgimento della commedia; il che favorisce l'ingresso di numerose reminiscenze dantesche[234]. Ci soffermiamo su due passaggi, in cui l'operazione di riuso di Boiardo sembra più sicura da dimostrare. In generale, lo scrittore riprende alcuni passaggi vivaci e polemici della *Commedia*: per esempio, a II, 46 Richeza cerca di persuadere Giove ad abbandonare Timone al proprio destino, ricorrendo a una citazione abbastanza scoperta («lascia gratarse al tristo ove gli scade»), che riporta subito alla mente la famosa espressione di Cacciaguida (*Par* XVII, 129). A V, 261 Syro racconta a Timone che Cremete è punto 'dall'ortica dell'avarizia' riferendosi a *Purg* XXXI, 85; il raffronto tra la situazione purgatoriale e l'episodio narrato da Boiardo punta a un effetto parodico, giacché Cremete non sembra affatto pronto a ravvedersi[235].

234 Un elenco si trova in Corsaro 1998, 750–751.

235 Pare ironico il cenno di Timone al terreno in cui era sepolto il tesoro (III, 3: «anchor guardando me rinova affanno»). È evidente il riferimento a *Inf* I, 6: «che nel pensier rinova la paura». Lo stesso effetto suscita il verso a III, 83: Mercurio indica il

Non bisogna però dimenticare che la commedia boiardesca rimane, prima di tutto, una trasposizione scenica. Il *Timone* condivide alcune caratteristiche con i volgarizzamenti comici estensi e persegue finalità affini: eppure, Boiardo gode di una grande libertà, poiché non è vincolato a un unico testo da seguire; inoltre, il dialogo di Luciano, in prosa, permette un discreto spazio di manovra rispetto ad altre opere in versi. Se tralasciamo le consuete amplificazioni – aspetto stilistico da condividere con il *Cefalo* e l'*Orphei tragoedia*[236] – il dato più chiaro che emerge riguarda l'attualizzazione dell'originale greco: spesso le divinità pagane sono sostituite dal Dio cristiano (es. I, 4 e III, 42); i riferimenti mitologici sono espunti o spiegati dalle glosse[237]; le monete antiche (oboli, dracme, mine) sono sostituite dai «danari» (per es. I, 100; II, 50). Non mancano passaggi in cui Boiardo sfronda il testo originale e preserva l'andamento concitato della scena: a II, 370–372 condensa in una battuta un esteso ragionamento di Mercurio (c. A 8*r*); le parti argomentative sono poi diluite in brevi considerazioni (cfr. III, 177 con c. B 2*r*). Come si è visto, non risultano sporadiche le allusioni encomiastiche in favore del duca Ercole I: Boiardo non si esime – verso la fine della commedia, quindi, in una posizione rilevante e memorabile – dal trasformare il banale «me Hercle» in «per Hercule mio dio» (V, 283). Ebbene, la rappresentazione proietta un'immagine fissa della corte, continuamente evocata attraverso la sua identità costitutiva, i suoi personaggi di spicco, i valori di riferimento.

---

protagonista («ma vedi che è rizato e noi riguarda») con espressioni che ricordano la fiera postura di Farinata di *Inf* X, 32.

236 Aggiungiamo che Boiardo impiega spesso battute o scene di raccordo. Si pensi ad esempio a II, 197–199 in cui è aggiunta una terzina per collegare i discorsi di Richeza e di Timone in modo meno brusco dell'originale; all'inizio dell'atto successivo, invece, Timone recita un monologo, assente in Luciano, con lo scopo di incentrare l'attenzione su di sé (vv. 1–12).

237 Cfr. I, 73–75 («quanti Deucalïon, quanti Phetonti / vorebono a delicti tanti e tali, / per sumergere e piani, ardere e monti?») con *V*, c. A 2*r* («quanti Phetonti, quanti Deucalioni farebbono mai sufficienti contra tanta iniquitade della vita humana?»).

10 *Una* Commedia *privata*

1.

Una lettera di Francesco Bagnacavallo indirizzata a Isabella d'Este nel maggio del 1492 menziona una *Comedia di Ippolito e Lionora*, messa in scena a corte. La lettera descrive la natura privata della rappresentazione: allestita una prima volta il 6 maggio nel cortile di Palazzo Schifanoia, viene replicata il 21 presso le stanze della duchessa Eleonora. Gli attori sono membri della famiglia estense: recitano Anna Sforza (Ippolito) e la duchessa (Lionora); Giulio d'Este, uno dei figli illegittimi di Ercole I, fa la parte del pretore.

Il codice 1612 della Biblioteca comunale di Treviso riporta un dramma in ottava rima di autore sconosciuto sulla storia d'amore di Ippolito Buondelmonti e Lionora de' Bardi (cc. 51*r*-71*r*)[238]. Chiara Crespi ha proposto che il testo – formato da un lungo prologo narrativo, da sessantaquattro ottave in forma dialogica e da sei terzine monorime finali – sia lo stesso di cui parla Bagnacavallo nella sua comunicazione[239]. Le prove addotte dalla studiosa sembrano convincenti, sebbene nel manoscritto non siano esplicitate attribuzioni autoriali: il codice riporta però didascalie e note registiche[240]; inoltre, sono significative la provenienza emiliana del testo[241] e la presenza nell'argomento di un'espressione che allude alla recitazione di personaggi illustri[242].

La vicenda di Ippolito Buondelmonti e Lionora de' Bardi, la cui storia amorosa è ostacolata dalle famiglie di origine, vanta una certa popolarità

238 Si tratta di un manoscritto miscellaneo della seconda metà del XV secolo, che riporta componimenti anonimi e una silloge delle rime di Leonardo Giustinian.

239 Crespi 2013, 29–92.

240 Per es. Ivi, 33 e 79: «essendo retornata Lionora a casa, stando a la finestra e dice» e «andando Ipolito la notte con la scala, a caso si scontrò in lo cavaliero e così parla».

241 Crespi 2013, 47–48.

242 Cfr. XXIII, 1–2: «questa istoria se dé representare / oggi per questi miei cari magiore».

nel XV secolo; una celebre versione in prosa risulta anteriore al 1467, anno in cui è esemplato il manoscritto più antico che la riporta. Le edizioni moderne danno alla novella il titolo di *Istorietta amorosa* e la assegnano a Leon Battista Alberti[243]. La storia viene altresì elaborata in latino da Paolo Cortesi e raccontata in un cantare, redatto nella seconda metà del Quattrocento[244]. Il testo teatrale, composto da poco più di cento ottave, risulta fedele all'*Istorietta*, anche se amplifica alcuni passaggi e accentua l'elemento patetico nei dialoghi. Tra la rappresentazione e il cantare non intercorrono rapporti di filiazione, poiché i testi derivano dall'*Istorietta* seguendo due vie indipendenti[245].

2.

Una delle specificità della *Commedia* è costituita dall'anomala estensione del prologo (pari a un terzo della rappresentazione stessa). Ciò è imputabile al metodo di composizione prescelto dall'anonimo scrittore: la *Commedia* risulta molto fedele al testo della novella, che viene suddiviso in due parti distinte; in una (Prologo) sono inserite le sequenze narrative, nell'altra (Rappresentazione) confluisce la sezione dialogica. Vediamo un solo esempio, che mostra come un singolo brano in prosa si sdoppi nelle sue unità fondamentali (dialogo – narrazione)[246]:

243 Si contano otto stampe, di cui ben sette di area emiliana e veneta: Padova (1471), Treviso (1471), Venezia (1472), Bologna (1474), Ferrara (1474–1476), Treviso (1475) e Modena (1479).

244 Cantari 2002, II, 511–557.

245 Si riscontrano corrispondenze lessicali precise tra la rappresentazione e la novella, laddove a volte il cantare introduce innovazioni rispetto alla fonte; inoltre, se la commedia nel finale rimane fedele alla novella, il cantare cambia il senso della sentenza moraleggiante che chiude il racconto. Cfr. Crespi 2013, 41–43.

246 Per l'*Istorietta* non seguiamo la moderna edizione critica, ma ci avvaliamo della possibile edizione di riferimento: *Historia* 1474–1476.

Istorietta (c. 2*v*)	*Commedia* (Prologo, VIII e IX, 1–4)	*Commedia* (Rappresentazione, I)
De che partendosi Lionora cum la sua compagnia, Hipolito la seguia honestamente intanto che lui cognobe lei esser figliola de loro capitale inimico. La fanzula a lo intrare di caxa si voltò celatamente et guardato lo giovane cum uno amoroxo inchino, pigliata licentia da le sue care compagne, se ne andò in casa et, fatasi a la finestra, videndo Hipolito, dimandò una sua vicina chi lui fosse. Inteso che lui era figliolo de misser Bondelmonte, de la qual cossa ella fue asai dolente.	Ippolito conobbe chiaramente / che ella era figlia del suo mortal nemico, / ma pure li si inchinò umilmente, / ché già era de lei cordiale amico; / qua gionta in casa venne prestamente / a la fenestra con lo core contrito, / da la quale dimandava una viccina / chi fosse el giovino, de malizia pina. // Folli resposto comme questui era / figliolo carnale de meser Buondalmonte: / la giovinetta nobile ed intera / sentì nel core amarissimi ponte.	Chi è quello giovinetto pelegrino / qual passa quinci comme veduto hai? / È foristiero overo fiorentino, / che non sonno usa de vederlo mai? / O ha forse smarito el suo camino, / che io l'ho veduto volgiare volte assai? / Certo costui è rico e de pochi anni, / venne a vedere la festa in santo Gioanni.

Se nel Prologo è mantenuta una discreta aderenza al modello, la parte drammaturgica descrive i personaggi con continui dettagli e aggiunge caratteristiche patetiche, tipiche dello stile dei cantari[247]. Non è sporadico l'uso di gerundi (XXII, 6–7: «facendo pace con vista gioiosa, / cacciando via l'antica innimicizia»), delle congiunzioni copulative a inizio verso (XIV, 4–5: «e prestamente disse la cagione / e li promise senza induzïare»); prevale il ricorso alla paratassi, a una divisione quadrimembre della stanza (quattro coppie di distici giustapposti); le parole-rima sono, non di rado,

247 È indicativa la stanza, dal gusto strambottistico, in cui Ippolito raffigura la Fortuna e l'Amore. Vd. VIII, 1–6: «Amore me stregne e tiene sotto suo' laccia, / Fortuna me tolli via omne speranza, / Amore vole pure che io speri o procaccia, / Fortuna me se opone comme è usanza, / Amore vole che io non tema li menaccia, / Fortuna ha gran potere e gran roganza».

desinenziali, identiche, derivative e inclusive (per es. VIII e IX). Invece, l'ipotassi, utilizzata nelle argomentazioni più complesse, vivacizza talora la cadenza del verso[248].

3.

Illustriamo, più nello specifico, gli aspetti distintivi della sezione rappresentativa: già dalla prima ottava spicca la connotazione dialogica del testo, contraddistinto da marche dell'oralità, esclamazioni, interrogative dirette. Un'altra caratteristica si ravvisa nei lamenti disperati di Lionora: lo stile elegiaco emerge dai vocativi (per es. III, 1: «misera me dolente» e IV, 1: «o dispiatato, forte e duro caso»), dalle domande retoriche, dai patetismi (III, 5: «or fossi io morta e strutta»), dalle antitesi (per es. Amore / morte), dalle personificazioni (IV: Fortuna, Muse), dai parallelismi (per es. XXX, 2–3: «lui giovino ed io giovina similmente, / lui bello ed io so' tanto che li piace»). I medesimi aspetti contrassegnano la figura di Ippolito, il quale si esprime con costrutti enfatici per sondare le ragioni della sua sofferenza[249]. Dopo la presentazione dei protagonisti, compare in scena la madre del giovane, che domanda al figlio quale problema lo assilli. La donna, premurosa come le nutrici dei drammi latini, viene caratterizzata da espressioni patetiche (per es. X, 1: «o dolce figliuolo mio»; XII, 2 e 6: «sai bene quanto ho soferto per tuo amore» e «quando piccolino»). Il suo eloquio, solenne e formale, si abbassa all'improvviso[250]. In seguito, Ippolito confessa di essersi innamorato di Lionora; pertanto, la madre decide di aiutare il figlio rivolgendosi a una badessa, che organizza un incontro clandestino tra i protagonisti.

248 Per es. II, 3–6: «non usa maï per queste contrade, / ché ello è figliuolo de miser Buondalmonte, / quale ha, comme tu sai, grande inimistade / con lo patre tuo, con li suoi congionti».

249 Per es. VII, 3 («[Cupido è] ingrato, duro, fero e sconoscente»); 6–7 («né già cura di mi si io piango o strido / che averia piatà de mi uno tigro o orso»); VIII, 5 («fate ne dicano o cielo o stella o luna»); IX, 6 («dolore e guai e guerra sempiterna»).

250 XI, 1–4: «deh, vòlgete ver' mi, figliuol mio caro, / non dare tal pena a la dolente matre, / per queste tette che già nutricaro / i membri tuo».

I giovani si danno convegno nottetempo, ma Ippolito, scoperto da una guardia, è catturato e condannato a morte. Lionora, non appena apprende la notizia, si abbandona in lamenti disperati e invocazioni. Sennonché, il giorno dell'esecuzione della pena interviene dinanzi ai magistrati a difendere l'amato. L'eloquio del personaggio ricalca quello delle arringhe forensi; lo stile, pur mantenendosi entro un livello medio-basso, si innalza grazie ad anafore, a costrutti simmetrici (LVII, 1–4: «io non aiuto qui uno malfatore, / ante uno giovino puro e innocente; / io non diffendo stranio o vïatore, / ante el mio sposo Ipolito presente»), a procedimenti dimostrativi cari allo stile giudiziario (LIX, 1–4: «si niuno merita essere impiccato / per andare a dormire con la sua sposa, / certo Ipolito mio l'ha meritato, / che ce venia con mente gioiosa?»). La delibera finale prevede la pacificazione tra le casate da cui provengono gli innamorati e il matrimonio. Infine, è inserita una didascalia in terzine monorime, che riporta la sentenza di assoluzione. Il giudice appare ironico e, dopo aver stabilito che «Ipolito se viva lieto e sano» (v. 5), introduce una serie di versi coloriti, all'insegna del gioco linguistico e delle paranomasie (vv. 10–18):

> [...] è a noi manifesto
> che costui è con le torte molesto
> mangiase del castrone che è molto onesto.
> El sopraditto, senza avere starne,
> el condannamo a le forche de carne,
> perché n'ha in casa, e bene porrà trovarne.
> Lata e data in mezzo de la piazza
> vulgarizzata de scoto de mazza
> con uno pendelo de porco senza razza.

Lo svolgimento del processo è scandito da termini gastronomici: le «torte» richiamano il 'torto' subìto e le «forche» alludono con ambivalenza anche alle 'forchette'; lo «scoto» rimanda alla tariffa delle osterie e, insieme, alla 'pena' da pagare. Lo spunto comico, che sigilla in modo bonario la rappresentazione, sembra suggerito dalla fonte stessa della novella: nell'incunabolo ferrarese dell'*Historia* si afferma che il podestà rimane stupito dall'«appetito del giovane» (c. 9*v*), laddove nella commedia lo stesso personaggio si era rivolto a Ippolito con l'epiteto «ghiotto da forche» (XLIV, 1). Quindi, il *lusus* privato conferma, da una posizione eccentrica, la passione della corte ferrarese per il teatro, che da *instrumentum regni* magnifico e altamente simbolico per un pubblico vasto si può trasformare nell'occasione ricreativa di pochi iniziati.

11 *La sacra rappresentazione di un umanista*

1.

L'opera di Collenuccio, in scena il 28 e il 31 marzo 1504, narra la storia veterotestamentaria del patriarca Giuseppe, venduto a diciassette anni in Egitto dai fratelli e in seguito diventato consigliere del faraone grazie alla sua capacità di interpretare i sogni[251]. La vicenda viene raccontata con una certa fedeltà al testo biblico (*Gn* XXXVII-L), anche se spiccano numerose amplificazioni: la rappresentazione è composta da sei atti, più di quaranta personaggi e quattromila versi. L'episodio doveva essere gradito a Ercole I: sappiamo da una lettera del 13 febbraio 1493 di Siviero Sivieri alla duchessa Eleonora che in quel periodo il signore era impegnato a leggere un «libro vulgare che si chiama Iosepho, che fa menzione de cosse et historie del testamento vechio»[252]. La storia è cara al duca, poiché nella propaganda ferrarese la vicenda di Giuseppe viene utilizzata per riecheggiare quella di Ercole I medesimo[253]: inviato a quattordici anni

251 La cronaca di Zambotti 1937, 357, 14–21 dà conto dell'impegnativo e oneroso allestimento: «a dì 28 de zobia e a dì ultimo, che fu la domenega de l'ulive. Fu representata la vita de Joseph in lo vesqua' de Ferrara, suxo tribunali grandi, con caxamenti facti de asse depinti in modo de castelle, e al tecto del domo, denanti a l'altaro grande, ge hera constructo un celo che se apriva e se vedeva la gloria del Paradixo, e se vedeva e oldiva sonare e cantare anzoli con diverse melodie, che herano canti de li cantori e sonatori del duca nostro, il quale stava con grandissimo apparato e molti signori e zintilhomini e zintildone a vedere, e la spexa soa segnoria la fece tanto grande che la fu estimada de mile cinquecento ducati: e se fece in dui zorni».

252 Modena: Archivio di Stato, Cancelleria ducale, Ambasciatori, Ferrara, b. 4.

253 Seragnoli 2003, 23–48.

alla corte di Alfonso V d'Aragona dai fratelli Leonello e Borso per escluderlo dalla gestione dello stato, ricorre al patriarca come a una sorta di grandioso precursore. In più, se Giuseppe nella Bibbia si distingue nei ventitré anni trascorsi in terra straniera e conquista la fiducia della classe dirigente egizia, il duca estense aveva conseguito durante il quindicennale soggiorno napoletano una discreta fama militare[254]. In generale, occorre osservare i processi di identificazione che la storia di Giuseppe attiva e la sua esemplarità: un uomo abile e devoto viene premiato da Dio, giungendo al comando di una potente nazione, che è gestita con ponderatezza e salvata dalla carestia.

Da un punto di vista letterario la *Historia* rispecchia il tentativo umanistico di trasporre su un piano elevato la materia tipica delle sacre rappresentazioni[255]: già la preferenza della terza rima sull'ottava, forma metrica prescelta dal teatro religioso fiorentino, segna uno scarto evidente. L'opera non veicola un tema preciso, bensì preferisce concentrarsi, nei frequenti dialoghi che la contraddistinguono, sulla saggezza, sull'invidia, sulla natura dei sogni. La terzina, come accade nei rifacimenti, non viene mai interrotta ed è sovente innervata da anafore, *tricola*, anadiplosi. Le scelte metriche e stilistiche non corrispondono alla scarna veste formale delle sacre rappresentazioni: può essere utile proporre un raffronto tra la *Historia* e due testi sacri che raccontano la medesima vicenda, ossia la *Rappresentazione di Iosef, di Iacob e de' fratelli* (*R1*) – in 88 ottave e trasmessa dal codice Riccardiano 2816 (composto nel 1470 circa)[256] – e la *Rappresentazione di Giuseppe figliuolo di Giacobbe* (*R2*), in 148 ottave (Firenze: Miscomini, 1490)[257]. Lo scrittore, quand'anche conoscesse i precedenti, dimostra di non averli tenuti in considerazione. Il duplice obiettivo dell'accessibilità e dell'immediatezza, imprescindibile nei drammi religiosi, viene trasgredito, giacché Collenuccio non è animato da intenti devozionali, ma segue un principio di mera scrittura poetica, di calibrata commistione tra sacro e profano;

254 Dean 1993, 97.

255 Tanda 1988, 91–115 e Curti 2010, 129–144.

256 Weaver 2002, 3–19 attribuisce il testo ad Antonia Pulci. Si citerà da *Nuovo Corpus* 1983, 225–249.

257 D'Ancona 1872, 61–96.

inoltre, la divisione in atti, la presenza di un prologo 'classico' e dell'epilogo, l'intervento dei nunzi e dei servi sono rari nelle rappresentazioni sacre.

Ora, ci soffermiamo su due episodi alquanto noti della vicenda veterotestamentaria: il primo, in cui i fratelli vendono Ioseph ai mercanti, è descritto in *R1* in sole due ottave (vv. 57–72). Uno dei fratelli, che rimane anonimo, propone di uccidere Ioseph; Ruben, invece, consiglia di gettarlo in fondo a un pozzo. In seguito, il protagonista è ceduto come schiavo ad alcuni mercanti di passaggio (vv. 72–77). In *R2* il dialogo risulta più fitto, in quanto intervengono Giuda, Simeone e Ruben per un totale di cinque ottave. In Collenuccio l'avvenimento dà adito a una scena corale (II, 4), in cui partecipano cinque degli undici fratelli (Ruben, Dan, Neptalin, Gad e Asser): le centotrenta terzine proposte puntano ad approfondire il carattere di ogni singolo personaggio in scena. Ad esempio, Ruben svolge un'attenta analisi intorno alla natura mendace dei sogni, che nascono «d'umor, malinconia, / collera, flegma, e sangue» (183, 28–29)[258]. Gli altri interlocutori si esprimono in modo insolito. Si prendano per esempio queste due terzine 'bucoliche', che recuperano il *tòpos* del rientro a casa dei pastori dopo la giornata nei campi (vv. 31–36):

> *G*: Ma vedo che 'l s'abbassa molto el sole,
> e l'ombre diventar voglion maggiori:
> par pur che molto presto il giorno vole.
> *R*: Andiamo ai nostri armenti oramai fòri,
> ché se la notte vien, per boschi e sassi
> non abbiam per l'oscuro a fare errori.

Ioseph, una volta giunto in Egitto con i mercanti, viene rivenduto a Potifar (ufficiale del faraone). La moglie del personaggio si invaghisce del giovane, ma il rifiuto di quest'ultimo è denunciato dalla donna come tentativo di Ioseph di usarle violenza. In *R1* la moglie di Potifar si trasforma in quella del faraone, in modo da semplificare la trama, mentre la scena si esaurisce nel giro di quaranta versi; in *R2* la vicenda si estende con le lusinghe della donna[259]. La caratterizzazione è portata a compimento

258 Collenuccio 1929, 143–279; l'edizione da cui si cita non riporta il numero dei versi, che viene da noi introdotto.

259 D'Ancona 1872, 71, 14–18.

da Collenuccio, il quale dedica quasi tutto il terzo atto all'episodio: la moglie di Potifar viene chiamata Beronica per ragioni registiche, mentre all'ancella Sidonia è affidato il compito di riceverne le confidenze. La storia, completata da riflessioni di Beronica e di Ioseph, si concentra sull'interiorità dei personaggi. Il pubblico dotto, nonostante l'episodio sia fondato sul testo biblico, non poteva non cogliere le allusioni a Fedra e Ippolito[260]. Il terzo atto rappresenta, quindi, una sezione 'tragica' all'interno dell'opera: Beronica confessa, invero, di essere tormentata da un «foco» impossibile da estinguere (v. 19). Nella scena successiva la donna si dichiara a Ioseph, il quale rifiuta le profferte per rispetto del padrone e della sua fede. Il monologo del personaggio, una volta solo sul palco, recupera alcune situazioni tragiche ben poco consone alla morale cristiana[261]. Sidonia dialoga poi con il pubblico e riporta ulteriori informazioni: la padrona è raffigurata con termini precisi, che riportano alla mente Fedra (193–194: «furor», «impazzir», «fiera», «rabbiosa», «donna superba, altiera, insidiosa», «l'amore in odio convertisce», «tigre affamata»)[262]. Il conseguente sfogo di Ioseph fa perno, invece, su un repertorio consueto (esclamazioni, continue domande, riferimenti misogini). Infine, il protagonista viene imprigionato, a seguito della calunnia livorosa di Beronica. La reazione di Ioseph si sviluppa attraverso le anafore e le interrogative retoriche, che scandiscono un bilancio negativo della sua vita (199, 16–24):

> Perché son stato tolto al padre mio,
> perché dei cari panni mei spogliato,
> perché in una cisterna fui mess'io?
> Perché dai fratei mei calunniato,
> perché ad esterna gente poi venduto,
> perché da la mia patria poi scacciato?
> Perché in Egitto ancor poi rivenduto,

260 Le vicende erano già state assimilate nella tradizione letteraria. Cfr. *TP* 193: «fra gli altri vidi Ypolito e Ioseppe».

261 Vd. 193, 10–11: «mandami, Signore mio, la morte prima / che lassarmi cascare in tal delitto».

262 Cfr. il personaggio con la Fedra senecana, descritta nella tragedia dalla nutrice ai vv. 360–386.

perché a torto accusato, a torto preso,
perché mo posto in carcer non dovuto[263]?

2.

Nel testo non mancano spunti che si rifanno alla vita di corte: ad esempio, il terzo atto è aperto dal servo Sesostri, che critica il comportamento degli schiavi di Potifar. Escluso Ioseph, ognuno risulta «privo [...] di umanitade», «superbo e ambizioso», «avaro e pien d'iniquitade» (190, 6–8). Ciò non serve solo a introdurre il protagonista quale «pien di virtù» e dotato di «grazia» (vv. 12 e 15) – attributi religiosi e, nel contempo, di stampo umanistico – ma anche ad attualizzare l'opera e a inserirla nel contesto cortigiano. I personaggi minori sono altresì utili per collegare le scene tra loro, chiarire gli avvenimenti accaduti fuori dal palco e riportare alcune indiscrezioni: ad esempio, nel primo atto il servo Siban si preoccupa perché i figli del padrone mancano da casa da ormai dieci giorni (156, 1–19); parimenti, nel secondo il servitore racconta agli spettatori la disperazione di Iacob per aver perso il figlio prediletto (per es. cfr. 172, 7–9).

Dai dialoghi passano i messaggi principali: il primo atto si apre con un confronto, aggiunto al testo biblico, tra Ioseph e il padre. Il giovane domanda a Iacob «che cosa è Dio, dov'è la sua abitazione, / che nome è il suo, che forma ha la sua faccia» (148, 1–3). La richiesta pare abbastanza ingenua e inverosimile, poiché la storia non prende le mosse dall'infanzia di Ioseph, ma al compimento del suo sedicesimo anno. Ciò offre, però, il destro a Collenuccio per far recitare a Iacob un lungo monologo di interesse teologico. Nel quarto atto gli indovini Casaban e Durach, intenti a interpretare i sogni del faraone, si confrontano sulle qualità delle persone sagge. Il gusto per la digressione erudita tocca anche la questione dell'invidia, che

263 Lo *stilus tragicus* contrassegna anche la scena quarta del V atto, in cui il protagonista scopre che i fratelli sono giunti in Egitto (240, 1–9): «dura cosa è per certo in questa vita / misera nostra, che mai vera posa / po' pigliar l'omo, o aver cosa compita: // né sì lieta materia o graziosa / in queste umane cose si presenta, / che al fin non torni poi trista e noiosa. // Così sempre in fatiche e affanni stenta / la mortal turba, pria che morte vegna, / né so se dappoi quella è mai contenta».

attraversa tutta l'opera. Nella Bibbia è fornito un breve spunto (*Gn* XXX-VII, 11), che Collenuccio utilizza come tema conduttore: nel prologo si afferma che il protagonista «de la sua patria per invidia è spento» (146, 1). All'inizio del secondo atto il nunzio Sopher, testimone dell'inganno ordito contro Ioseph, svolge una lunga invettiva contro la gelosia, che ha condannato il protagonista a una vita da schiavo (168–169).

Le continue amplificazioni determinano così le scelte stilistiche: i momenti più tesi, come quello che vive Iacob appena gli viene comunicata la falsa notizia della morte di Ioseph, risultano sorretti da invocazioni di carattere tragico, anadiplosi e anafore[264]. Inoltre, l'intenzione di aggiungere particolari eruditi si riscontra nel secondo atto, là dove i mercanti enumerano a Potifar i paesi visitati durante i loro viaggi (187, 4–21). Le digressioni, collocate in punti mirati, sono altresì funzionali ad aumentare il *pàthos*: Ioseph, prima di mostrarsi dinanzi ai fratelli, si confronta con il servo Nabuch e svolge un ragionamento prolisso, di quindici terzine, intorno alla natura umana. Infine, se il terzo atto, che porta alla carcerazione di Ioseph, è inserito in un contesto tragico, l'ultimo, in cui si ricongiunge la famiglia di Iacob, viene marcato da elementi comici. Il carattere multiforme della *Historia* è segno, comunque, di un'operazione ardita, competitiva, ambiziosa: il teatro estense non solo intende primeggiare sulle altre corti padane, ma lancia anche una sfida alle rappresentazioni sacre toscane.

12 *Conclusione*

Risulta evidente che all'obiettivo letterario di rinnovare il dramma antico si sommino calibrate strategie politiche di acquisizione del consenso: la *maiestas* di Ercole I si esplica nella promozione di opere innovative, frutto

264 Per es. cfr. 170, 1–9: «o morte, che per me sei troppo tarda, / o morte pel figliol mio troppo presta, / o morte a' danni mei troppo gagliarda! // Questa è del dolce mio figliol la vesta, / questa è del mio figliol l'amara spoglia, / questa è del mio figliol l'insegna mesta. // Sì, che è la vesta sua, ma mia la doglia, / sì, che è la vesta sua, mia la tristezza, / sì, che è la vesta che ogni ben mi spoglia!».

di un progetto dotato di un forte inquadramento ideologico e propagandistico. La necessità di garantire il prestigio culturale del ducato rende il teatro estense un modello affidabile e di riconosciuta efficacia anche presso le altre corti. Ebbene, le opere pre-classiciste di Ferrara si distinguono per tipologie variegate, anche se il *corpus* preso in esame esibisce caratteristiche abbastanza comuni e peculiari. I volgarizzamenti messi a confronto (*Menechini*, *Amphitruo*, *Casina* e *Mustellaria*), lungi dall'assolvere una traduzione *ad verbum*, amplificano il testo di base, modernizzano l'originale, elaborano scene di raccordo, apportano modifiche di ordine moralistico in virtù di una «dialettica interna a un'*équipe* molto indaffarata»[265].

Se i volgarizzamenti risultano un prodotto distintivo del teatro di Ercole I, opere quali l'*Orphei tragoedia* e il *Cefalo* mostrano una spinta agonistica volta a riconvertire il senso del mito mantovano di Orfeo. La *Tragoedia* spoglia la fonte della sua struttura 'satiresca'; parimenti, il *Cefalo* attua una svolta innovativa, che vale da fondamento per Boiardo e per le esperienze drammaturgiche successive. Il *Timone* prende spunto da Luciano, autore letto e apprezzato a Ferrara; il dialogo imitato viene, però, rivisto sulla scorta della commedia latina, sfruttata per caratterizzare i personaggi e la trama.

La *Commedia di Ippolito e Lionora* porta il concetto di teatro cortigiano alle estreme conseguenze, in quanto la messa in scena è affidata a componenti di spicco della famiglia ducale medesima. La rappresentazione, che risente dei cantari nell'assetto e nella forma, aggiunge un tassello fondamentale alle pratiche festive estensi. Da ultima, la *Historia* di Collenuccio palesa alcuni aspetti stilistici e di *dispositio* propri dei volgarizzamenti plautini. L'opera, che propone uno spettacolo originale, non può prescindere dal complesso utilizzo della religione come *instrumentum regni*, né dalla tensione emulativa verso le pratiche fiorentine.

265 Pieri 2011, 59.

CAPITOLO 3

Milano tra 'evasione fantastica' e 'oscuro intrigo'

1 *Rerum nostrarum historia*

1.

La storia del dominio sforzesco sul ducato è contraddistinta da una notevole instabilità sin dalla presa del potere da parte di Francesco I Sforza[1]. La conquista di Milano, sancita dall'entrata in città del 22 marzo del 1450[2], si basa su fragili prerogative giuridiche. Si aggiunga che la signoria milanese confina con numerose potenze straniere, che ne condizionano il rafforzamento politico e istituzionale[3]: Francesco I Sforza si trova, pertanto, nella condizione di salvaguardare, per sua stessa ammissione, «el dominio novo et le debile et tenue condizioni de questo nostro stato» attraverso una complessa politica di concordia interna[4].

Sul piano culturale spicca il ruolo della cancelleria come cuore della propaganda nonché lo stretto legame tra la protezione di alcuni importanti umanisti e la scrittura di trattati storiografici, pronti a convincere «subjects, allies, potential friends and foes alike of the righteousness of the Sforza cause»[5]. In alcune opere – in competizione con le *Gesta Ferdinandi regis*

1 Gamberini – Somaini 2001.

2 La ricostruzione di parte dell'umanista Lodrisio Crivelli (*Series triumphi Francisci Sfortiae*, Milano: Biblioteca Nazionale Braidense, AC. X. 32, c. 5*r*) mostra come il consenso dei sudditi sia eccezionale a partire dall'entrata del personaggio a Porta Ticinese: «cuius adventus magno et incredibili populi applausu exceptus fuit».

3 Si veda quanto scrive Angelo Simonetta al suo signore nel 1453 (Milano: Archivio di Stato, Potenze estere 661): «dal canto de qua, non dico in Milano, ma in altri lochi, ogni homo sta suspecto et con l'animo dubbioso».

4 Cusin 1936, 107.

5 Ianziti 1988, 34.

di Lorenzo Valla (1445–1446) e i *De rebus gestis Alphonsi commentarii* di Bartolomeo Facio (1455)[6] – il *princeps* viene salutato come fautore dell'indipendenza della città, «perditorum hominum crudeli fraude seducta»[7]. Le azioni del condottiero sono consentite dallo *ius* (matrimonio con Bianca Maria, figlia di Filippo Maria Visconti), dal *meritum* personale dimostrato in battaglia, dalla necessità di difendersi dai nemici esterni (Venezia) e interni (repubblicani): «ille unus iure meritoque aspiraret et patriam regnumque ipsum ab hostium faucibus ac tirannide eriperet ac liberaret»[8]. Francesco Sforza – celebrato nell'iconografia insieme a Cesare e Annibale oppure a cavallo su uno sfondo di un arco trionfale – diviene il prototipo di *virtus* umanistica, in grado di piegare il volere della Fortuna[9]. Egli, nella *Sphortias* di Filelfo e nella *Vita Francisci Sfortiae IV Mediolanensium ducis* di Pier Candido Decembrio, appare un condottiero paterno, indulgente, in contrapposizione alla pubblicistica oligarchica che scorgeva nei capitani di ventura caratteristiche estranee al concetto di *humanitas*[10].

2.

Ovviamente la ricerca di legittimazione non è demandata soltanto alla storiografia: Francesco I, per esempio, presenzia sovente ai principali appuntamenti del calendario liturgico, al fine di «modellare la propria immagine secondo caratteri e lineamenti di pietà e di devozione, associandola ai riti e ai simboli della vita religiosa dei suoi sudditi»[11]. Nel 1461 l'oratore mantovano Vincenzo della Scalona ragguaglia così lo Sforza: «non bastoe alli signori de goderse quella festa fin passate le 22 hore, che andono a Sancto Spirito ove concorre tuto Milano, et glie stetteno tanto che 'l era presso la prima hora quando ritornono a casa»[12]. Due

6 Ivi, 48.

7 Lodrisio Crivelli, *Panegiricus dictus Francisco Sfortie vicecomiti Mediolanensium duci quarto* (Milano: Biblioteca Nazionale Braidense, AC. X. 32, c. 3*r*).

8 Simonetta 1932, CXI, 33–34.

9 Covini 1998, 162–163.

10 Bayley 1961, 178–195.

11 Chittolini 1986, 178.

12 Lazzarini 2000, 142.

anni più tardi hanno luogo i festeggiamenti per la cessione di Genova e Savona da parte del re di Francia Luigi XI, successo politico e diplomatico di grande rilevanza: il segretario Giovanni Simonetta nei suoi *Rerum gestarum Francisci Sfortiae Mediolanensium ducis commentarii* descrive il cerimoniale, lo splendore degli apparati, mentre riporta con cura i giuramenti prestati dai rappresentanti delle città sottomesse[13]. Uno spazio non trascurabile è riservato alle rappresentazioni: ad esempio, nel 1453 vengono messe in scena le tappe salienti della vita del generale Coriolano[14].

Nel 1457, in occasione della festa e dell'oblazione di Porta Comasina, viene organizzata una sontuosa celebrazione da parte del segretario Cicco Simonetta, che culmina con uno spettacolo[15]. L'avvenimento, commistione tra sacra rappresentazione e carri trionfali, è descritto in una missiva dell'umanista Giorgio Valagussa ad Andrea Simonetta (fratello di Cicco). Al cospetto della corte fanno ingresso in scena un angelo e due carri sui quali sono presenti Cristo e il diavolo, «vestitu taetro et cornibus» (127, 39)[16]. Dopo il passaggio orroroso di Satana, «qui ante Inferni postes assidebat, igneos vapores per ipsum aëra vomens», sono presentati alcuni soldati «Iudaei» (127, 41–42 e 51). I personaggi vengono poi fatti precipitare all'Inferno, mentre Gesù infrange le porte tartaree per liberare i patriarchi, i profeti e altre figure dell'Antico Testamento. La rappresentazione si chiude

13 Simonetta 1932, 472, 34–40: «in cuius [*scil.* ducalis curiae] extrema parte e regione portae duplicia fuerant tabulata a solo aliquanto altius aedificata, quorum in sublimiore principum tribunal' multo serico, argento atque auro mirifice exornatum spectabatur; ipsa circum tabulata aulea atrebatia pulcherrima fuerant mira arte miraque colorum varietate locata; supra vero tabulata tribunalque sublimius, ne qui consessuri erant, radiis solaribus offenderentur, auleis cortinisque perpulcris multum spatii loca inferiora operiebantur, utraque autem tabulata sedilibus suis auleis quo'que Btrata brevioribus decorabantur».

14 Angelo Simonetta comunica a Francesco I che «in vero tucta questa città è stata in tanta consolatione et allegrezza, quanto se potesse dire al mondo» (Ghinzoni 1887, 827).

15 Per coprire le ingenti spese di costruzione del Duomo era consuetudine che durante l'estate ciascuna delle Porte di Milano e le corporazioni recassero varie offerte alla città; nell'occasione si allestivano cortei, trionfi a soggetto storico, mitologico o religioso sulle piazze del Duomo e dell'Arengo.

16 Valagussa 1964, 126, 22.

con l'immagine del diavolo che, «attonitus stupefactusque» per l'accaduto, sfoga la propria rabbia, restituita mediante il suono delle cerbottane e il volo di un drago; questi emette «flammas sulfureas [...] longo tempore naribus oreque undique» (128, 83–84 e 87–89)[17].

3.

Galeazzo Maria Sforza (1466–1476), primogenito e successore di Francesco I, persegue un progetto di politica culturale meno connotato rispetto a quella paterno[18]. Nondimeno, le feste organizzate dimostrano una certa continuità con le strategie del passato: per esempio, nel 1474 il re Cristiano I di Danimarca viene ricevuto pubblicamente; a Cassano il corteo reale è raggiunto da alti prelati, condottieri e ambasciatori, mentre il duca incontra l'ospite a Pioltello. In seguito, si aggiungono altri membri di casa Sforza e vari cortigiani, che offrono al sovrano scandinavo le chiavi della città. A Porta Orientale il re fa il suo ingresso a Milano e in Duomo viene celebrata una funzione solenne, alla fine della quale si forma un'ulteriore sfilata. Il corteggio procede a piedi verso l'Arengo, dove il sovrano è accolto dalla duchessa e da «molte donne cortesane e cittadine bene apparate»[19]. In più, si deve a Galeazzo Maria, oltre al festeggiamento sfarzoso della Pasqua e di S. Giuseppe presso il Duomo[20], la giornata della benedizione degli stendardi durante la festa di S. Giorgio (patrono dei combattenti); l'avvenimento rispecchia il bisogno degli Sforza di ricercare l'approvazione pubblica attraverso sfilate, giostre, tornei con ricchi premi e ingenti spese di apparato[21].

17 Il significato dello spettacolo è definito in Covini 2001, 127 una «sponsorizzazione» del primo segretario Cicco Simonetta, inviso agli ambienti gentilizi.

18 Lubkin 1994, 110: «as duke of Milan, Galeazzo had strong views about the place of music and the visul arts in his princely world. [...] He did not have a corresponding interest in the written world». Cfr. anche Vaglienti 1998, 398–409.

19 Simonetta 1962, 94–100.

20 Lubkin 1994, 67–68.

21 Covini 1998, 318.

Problemi gravi di tenuta interna si verificano dopo l'assassinio di Galeazzo Maria dinanzi alla chiesa di S. Stefano da parte di alcuni membri del patriziato cittadino (26 dicembre 1476). A maggio del 1477 Ludovico Sforza e i fratelli (sostenuti da Ferrara, dalla Savoia e da Venezia), tentano invano di prendere il potere del ducato, gestito da Bona di Savoia, vedova del defunto duca, e dal consigliere Cicco Simonetta. L'ennesimo fallimento – già a febbraio i rivoltosi, al fine di provocare la sollevazione dei centri periferici, avevano diffuso la voce secondo la quale Bona fosse morta – costringe all'esilio Ludovico, detto il Moro per la carnagione scura[22]. Pur tuttavia l'occasione di prendere il controllo su Milano si ripresenta nel 1479: lo Sforza conquista in breve Tortona, Castelnuovo Scrivia e Valenza sino all'ingresso in città del 7 settembre.

Il Moro, determinato a «entrare in casa» con il pretesto di difendere il «duca piccinino» (il nipote di sette anni, Gian Galeazzo Maria) e di liberarlo dalla «tirannia di Cicco» e della madre, proclama poi di «rimettersi liberamente ne la mano» della cognata[23]; sennonché, Bona di Savoia concede a Ludovico piena autorità e permette la detenzione di Simonetta[24]. Il 7 ottobre Gian Galeazzo Maria viene rinchiuso senza preavviso nella Rocchetta (la fortezza interna del Castello di Porta Giovia). Bona di Savoia è sottoposta nelle settimane successive a crescenti pressioni, tese a farla rinunciare alla reggenza: il 30 ottobre viene decapitato Cicco Simonetta, su cui è applicata una meticolosa *damnatio memoriae*, mentre il 3 novembre il Consiglio ducale affida a Ludovico la tutela del nipote, esautorando definitivamente la madre.

Il ducato, dopo quasi trent'anni dall'avvento di Francesco I Sforza, è di nuovo retto da un signore «*ex defectu tituli*, non solo per l'iniziale mancanza dell'investitura imperiale, ma anche per la mancanza di legittimità dinastica e politica»[25]. Uno stato politicamente insicuro e preso con l'uso della forza aveva la necessità di ottenere la fiducia del ceto dirigente e di guadagnare il riconoscimento da parte delle altre signorie; perciò, sono chiamati a Milano artisti quali Leonardo e Bramante, i poeti Bellincioni e

22 Benzoni 2006, 436–444.

23 Ivi, 437.

24 Sul personaggio, vd. Covini 2018.

25 Arcangeli 2000, 32.

Calmeta, gli umanisti Merula e Calcondila[26]. È ovvio che il rivolgimento politico richieda l'appoggio della storiografia[27]: nel 1482 viene invitato Giorgio Merula a ricoprire la cattedra di retorica dello *Studium* pavese e a scrivere una «rerum nostrarum historia», portata avanti da Tristano Calco dopo la sua morte (1494)[28]; nel 1490 Cristoforo Landino traduce i *Commentarii* (Milano: Zarotto)[29]; nel 1498, invece, il Moro commissiona a Bernardino Corio la scrittura di un'altra opera in volgare sulla storia di Milano[30].

Si badi che i *Commentarii* di Giovanni Simonetta sono pubblicati dopo un'attenta revisione di Francesco Puteolano (Milano: Zarotto, 1481–1482); il volume costituisce «a case where Ludovico expropriated and turned to his own devices a work written in different circumstances», poiché mitiga «his gradual usurpation of authority from the rightful heir»[31]. La premessa dei *Commentarii* motiva gli obiettivi strategici dell'opera, che equipara

26 Sulla letteratura ambrosiana ai tempi del Moro cfr. almeno Garin 1983, 21–28; Bongrani 1983, 215–229 e 1986; Tissoni Benvenuti 1983, 333–351; Grayson 1983, 651–660; Pyle 1997; Albonico 1995, 66–91 e Somaini 2006, 31–49.

27 Resta 1983, 201–214.

28 Gabotto – Badini Confalonieri 1893, 177. Merula, nella prefazione dedicata al Moro nel postumo *De antiquitate Vicecomitum* (Milano: Minuziano, 1499–1500, ISTC im00499000), collega, quasi con intento teleologico, le sorti italiane a quelle della casata degli Sforza e dei loro 'antenati' (i Visconti).

29 A riprova dell'importanza della traduzione di Landino, conserviamo ben otto esemplari miniati dei *Commentarii*, tra manoscritti ed edizioni a stampa 'di lusso'. In particolare, quattro libri pubblicati da Zarotto nel 1490 risultano decorati da Giovan Pietro Birago secondo un preciso programma iconografico: nell'esemplare conservato a Parigi (Bibliothèque Nationale de France, Rés. Vél. 724) vengono posti nel margine destro due alberi abbracciati (un gelso robusto, che raffigura il Moro, e un'esile pianta dal tronco verde, che simboleggia il nipote), chiusi entro un recinto che rappresenta il dominio sforzesco. Ludovico-gelso risponde in modo benevolo a Gian Galeazzo Maria («gaude fili, protector tuus ero semper»), il quale gli domandava aiuto («dum vivis tutus et letus vivo»). Nell'incunabolo custodito a Varsavia, invece, spicca, nel margine inferiore, un putto moro assiso su un'ara sepolcrale, attorniato con reverenza dai suoi cortigiani (Biblioteka Narodowa, Inc. F. 1378). Cfr. Mulas 1995 b, 132–141 e Scalmazzi 2021, CXVI–CXVIII.

30 Meschini 1995.

31 Ianziti 1988, 232–233.

in modo speculare Francesco I a Ludovico, emargina il nipote e omette l'esperienza governativa di Galeazzo Maria:

> Magna illa laus non minor haec, quod tanto studio parentis tui invictissimi Francisci Sfortiae, nunquam sine praefatione regis regum nominandi, memoriam tam avide renovas, et ad illius exemplar te effingis, omnes illius mores, omnia dicta factaque usurpans, ut te ex patre, patrem ex et quilibet possit agnoscere. Nam cum officio maximo praesis, audiendo, cognoscendo, iure dicundo, moderando, instruendo, ornando, reguli nostri nepotis tui (qua dii immortales indole!) regno dies impendis, atque hoc ex parentis praescripto, noctem partiris; partem sommus vindicat[32].

Del resto il tentativo di cancellare la memoria del fratello, in favore dell'esaltazione di Francesco I, è testimoniato dai dipinti esposti presso il Castello di Porta Giovia durante i festeggiamenti nel 1490 per le nozze di Gian Galeazzo con Isabella d'Aragona; né si dimentichi il celebre progetto di Leonardo da Vinci per un monumento equestre dedicato, appunto, a Francesco I Sforza e più volte sollecitato dal Moro.

2 *«Dolce frutto or de' tuoi fiori»: la 'funzione-Moro'*

I.

Nella prefazione delle *Rime* di Bernardo Bellincioni l'editore e uomo di chiesa Francesco Tanzi si esprime in questo modo:

> vediamo Milano non solamente da te essere ornato di pace, dovitia, templi e magni edificii, ma ancora di mirabili e singulari ingegni, li quali a te, di loro vera calamita, concorreno, non altrimenti come i gran fiumi a l'immenso Occeano. Fra li quali a te traesti il faceto poeta Belinzone, accioché per l'ornato fiorentino parlare di costui e per le argute, terse e prompte sue rime, la città nostra venesse a limare e polire il suo alquanto rozo parlare. Né in questa ha fatto poco frutto, però che, prima ch'el venessi, pochi qui erano chi sapesse che volesse dir sonetto: hora ce ne sono tanti che

32 Simonetta 1932, CIX.

> non solamente gl'intendono, ma compongono, ch'io credo, non solo la Cantarana e il Nirone, ma tutti dui i Navili siano diventati de l'acqua di Parnaso[33].

Si ravvisa una forte consapevolezza della rinascita milanese della letteratura volgare, il cui sviluppo era stato «interrott*o* già da parecchi anni»[34]. L'egemonia della cultura umanistica a Milano è sintetizzabile dalla produzione tipografica dei testi in latino e greco (circa il 70 %)[35]. Tuttavia, i rapporti sempre più stretti con le corti vicine e l'obbligo di estendere il prestigio del ducato sembrano aver spinto il *princeps* a promuovere una nuova letteratura «cortese e cortigiana, […] di intrattenimento, di evasione, espressione però anch'essa di quel superficiale e falso sentimento di pace e di benessere che la corte era interessata a diffondere e che non rispecchiava né la realtà interna […] né quella esterna»[36].

Il netto scarto con le altre realtà più prestigiose sembra in parte colmato dopo il matrimonio di Ludovico il Moro con Beatrice d'Este (1491)[37]. La presenza di quest'ultima, sopravvalutata dagli studiosi ottocenteschi[38], determina una maggior conoscenza delle opere ferraresi da parte degli scrittori ambrosiani. Non sono da dimenticare i meriti che Vincenzo Calmeta, probabilmente segretario personale di Beatrice, attribuisce alla padrona per aver reso la corte «de homini in qual se voglia virtù et exercitio copiosa, e sopra tutto de musici e poeti, da li quali oltra le altre composizioni mai non passava mese che da loro o egloga o comedia o tragedia o altro novo

33 Bellincioni 1493, c. A 1*r*. Il tema affiora in un sonetto dello stesso poeta, in cui viene ripresa la nota terzina di invettiva dantesca contro Firenze (*Inf* XXVII, 1): «godi Milan, che drento a le tue mura / degli homini excellenti hoggi hai gli honori: / del Vinci a' suoi disegni e suoi colori / et moderni e gli antichi hanno paura» (cc. E 1*v*-2*r*, 5–8). Sulla corte ludoviciana è ancora utile Malaguzzi Valeri 1915–1929.

34 Grayson 1983, 651.

35 Valori 1983, 105–128 e Cavagna 1994, 89–137.

36 Resta 1983, 203. Non a caso Landino 1974, 190 nel prologo della traduzione dei *Commentarii* giustifica così la sua proposta: «perché pochi sono quegli in tanto numero d'uomini e quali abbino cognizione delle latine lettere, fu prudentissimo el conseglio tuo e el giudicio che le medesime cose fusseno celebrate nella fiorentina lingua, la quale è comune non solo a tutte le genti italiche ma per la nobiltà d'alcuni scrittori di quella è sparsa e per la Gallia e per la Ispagna».

37 Sul personaggio cfr. Giordano 2009.

38 Si pensi a Luzio – Renier 1890, 74–119, 346–399 e 619–674 e 1900 b, 325–349.

spettaculo o representazione non se aspettasse»[39]. L'analisi di Calmeta è viziata da toni enfatici: eppure, occorre segnalare quanto la propaganda punti sulla magnificenza culturale delle rappresentazioni e degli spettacoli offerti a corte. Non stupisce, data l'urgenza di promuovere una precisa immagine del potere ludoviciano, che la tipologia letteraria prediletta sia costituita dalle opere teatrali: le messinscene garantiscono, più di ogni altro genere, una vasta, remunerativa e immediata veicolazione di messaggi, visioni del mondo, idee.

Ebbene, l'attività della corte sforzesca, in cui «l'evasione fantastica sembra confondersi con l'oscuro intrigo», poggia soprattutto sul teatro[40]. Gli studiosi sono concordi nell'indicare l'importanza, in vista di una decisiva maturazione del gusto teatrale milanese, della celebre *tournée* organizzata da Boiardo e voluta da Ercole I[41]: dal 27 al 29 agosto del 1493 sono rappresentati

39 Calmeta 2009, 77. Si noti che lo scrittore si riferisce soltanto ai testi rappresentativi e parla di poesia in termini generici; anche il religioso e umanista Giovanni Vincenzo Biffi nel X componimento delle sue *Epistolae et carmina* (Milano: Zarotto, 1493, ISTC ib00667500) celebra la produzione drammatica milanese, omettendo qualsiasi apprezzamento per altri generi letterari.

40 Garin 1956, 585.

41 Mulas 1995 a, 48–57. Non si sottovaluti, però, il possibile impatto della visita del Moro e della consorte a Ferrara nella primavera dello stesso anno. Le cronache informano che i giorni 21 e 22 maggio vengono organizzate una «bella festa in giardino» e, la sera successiva, «un'altra festa de Menechmio» (*Diario ferrarese* 1928, 128, 24–25). L'ambasciatore Bernardino Prosperi così commenta: «tornati a casa a hore XX, se fece la comedia nel zardino de mezo de Madama, dove el Signore ha facto digno apparato de tribunali, la quale fu facta a casa de m. Tito [Strozzi]; che in vero passoe con grandissimo piacere de le brigate per esser cosa faceta in sé et per el bello ornamento de li introdutti che haveva facto il Signore et la zentileza che usarono in recitarla. Ma a dirla cum la S. V. a multi pareva che quasi la materia fosse contro il Signore Ludovico et che più presto se doveva lassare de farla: tutavia lui ne fo causa de farla far, perché vedendola notata gli piacque et disse volerla vedere» (Luzio – Renier 1888, 179). L'interesse del Moro per gli allestimenti, nonostante l'incidente diplomatico, è confermato da una missiva del 28 luglio da parte di Isabella al consorte Francesco II; la donna, presente a Ferrara durante la preparazione della *tournée* del padre, domanda al marito, per conto di Ercole I, «dui turbanti et dui habiti turcheschi da vestire due persone, quali voria per portar seco a Milano per la comedia de Menechino ch'el vole fare per satisfactione de S. Ludovico» (Luzio – Renier 1890, 379).

a Pavia i volgarizzamenti plautini dei *Captivi*, del *Mercatore* e del *Penulo* da una compagnia di venti giovani attori, tra cui figura il diciottenne Ludovico Ariosto. Una circostanza di rilievo – da sottolineare con maggior vigore rispetto al passato – è costituita dalla presenza stabile a Milano di Niccolò da Correggio (1491–1496). Egli, dopo aver messo in scena a Ferrara la *Fabula de Cefalo* (1487), diventa un modello imprescindibile per i drammaturghi della corte lombarda: del resto, lo scrittore compone nel 1491 la *Psiche*; durante il Carnevale del 1492 allestisce la perduta *Festa de Ippolito, Teseo e Florida* nella propria abitazione; l'anno seguente, invece, vi rappresenta la *Silva*[42].

2.

La letteratura teatrale sforzesca – che subisce un significativo arresto nel 1497 dopo la morte della duchessa Beatrice e termina con l'invasione francese e la conseguente fuga di Ludovico il Moro (1499–1500) – sembrerebbe svilupparsi, a tutta prima, sotto il magistero di Ferrara; eppure gli autori sforzeschi si differenziano in fretta dall'esempio estense[43]. In effetti, non viene imitata la tipologia dei volgarizzamenti, vanto di Ercole I, bensì si sceglie una via alternativa: il riferimento più diretto può essere individuato, quindi, nella *Fabula de Cefalo*, che permette una straordinaria malleabilità diegetica, contenutistica, morfologica. Il primato milanese è espresso con orgoglio da Bellincioni, il quale in un noto sonetto critica la 'scuola' estense (c. L 5*r*, 15–20):

> a' fianchi hanno li sproni
> e poeti a Ferrara e tuttavia

42 La centralità del cortigiano nella politica culturale del tempo è testimoniata da una missiva del 28 febbraio 1492, in cui Da Correggio si scusa con Ercole I per non poter collaborare con la sua corte: «avendo deliberato per il Carnevale romano una farsa qui in casa nostra a satisfatione di questi illustri signori, sono dipoi ricercato da la excellentia del signor Ludovico ad ordinarli alcune cose per il Carnevale ambrosiano, che hanno bisogno della presentia mia» (Modena: Archivio di Stato, 1010, Carteggi con principi esteri, Correggio).

43 Sulla questione si rinvia a Montagnani 2021, 217–228.

com' pongon fan più d'una comedia;
ma ella è più fantasia
far delle nuove e d'ingegno più cauto,
che far di quelle di Terentio o Plauto[44].

L'accusa di scarsa qualità è aggravata dalla quantità eccessiva di opere prodotte; i risultati si dimostrano assai modesti, perché, simbolo di una prassi imitativa stantia, non costituiscono una novità né sono frutto di ingegno. Il riferimento a Ferrara pare ribadito in un epigramma del poeta Lancino Curti, il quale afferma che il Moro, e non Ercole I, ha riportato in vita il teatro antico:

Saecula temporibus priscis tua, maxime princeps,
fama loquax chartis praeferat atque decus.
Quando magis Latiae licuit sperare Camoenae,
quando plus tetricae commeruere deae?
Pulchrius aut sophiae sub quo duce cura theatri?
Nam quae cura ducis dulcior esse potest?
Musarum postquam sublimia tecta renasci
more iubes, ingens iura cothurnus habet[45].

Anche la *Pasitea* di Gaspare Ambrogio Visconti non manca di polemizzare con il teatro estense: il prologo dell'opera – che ricalca quello del *Timone* di Boiardo, introdotto da Luciano – viene recitato dal poeta Cecilio Stazio (230–168 a.C.), milanese di nascita e miglior poeta comico dell'antichità, secondo una testimonianza distorta di Volcacio Sedigito, poi ripresa da Aulo Gellio (XV, 24)[46]. Cecilio, autore di numerose palliate, annuncia al pubblico di aver lasciato la compagnia di Plauto e Terenzio

44 Le opere dei due commediografi latini sono stampate più volte a Milano: in merito, cfr. Ventrone 2013, 247–282 e Passera 2014, 225–290.

45 Curti 1521, c. D *7r*.

46 Nell'introduzione della *Pasitea* si legge: «fu openion de li antiqui che Cecilio fusse il primo poeta tra i Comici. […] Unde non è parso inconveniente al compositore de la infrascripta comedia, parimente milanese, introdurre epso Cecilio a recitare il prologo e l'argumento de la prefata comedia. Compose Cecilio molte comedie, tra l'altre una intitulata *Asoto*, una altra *Arpaio*, un'altra *Plozio*». Citiamo da Visconti 1983, 342–396. Il testo è trascritto tenendo conto delle proposte di correzione di Bongrani 1986, 88–92.

presso il «Campo Eliso» per tornare sulla terra e suggerire la commedia al concittadino (v. 3). L'espediente permette non solo di valorizzare un poeta locale, ritenuto tendenziosamente superiore agli autori ferraresi di riferimento, ma anche di servirsi con libertà della fonte classica, poiché di Cecilio Stazio rimangono soltanto pochi frammenti, appartenenti a diverse commedie[47]. Il poeta antico si dimostra entusiasta per la straordinaria floridezza culturale della patria d'origine (v. 21). Questa stagione così fortunata si lega al nome e all'attività di Ludovico Sforza (vv. 22–24): «men non ha mia patria che mai have / di ben, di gloria, sotto un Moro a l'ombra / che di sua fama tutto el mondo ingombra».

La ricezione della *Pasitea* aiuta altresì a collocare le scelte di Visconti in un discorso più generale, che riguarda l'intera produzione in volgare di epoca ludoviciana: alle cc. 73*v*-74*r* del manoscritto che conserva l'opera si trovano due epigrammi di Bartolomeo Simonetta e di un certo Gulielmus F[48]. Il commento di quest'ultimo, che citiamo dal sonetto italiano allegato alla versione latina, mira a inserire la commedia, definita «digna», direttamente all'interno della tradizione classica (v. 1). Come da prassi, viene difeso il testo di Visconti da eventuali detrattori; nella composizione il poeta ha seguito «l'arte observanda et il decoro» (v. 6), che gli hanno permesso di ricreare lo splendore delle rappresentazioni del passato (v. 11: «in altra lingua par tuo stil favelli»). Pertanto, il misterioso Gulielmus F è sicuro che Visconti abbia superato tutti i «moderni» (v. 12), successo da dividere, in parte, con il proprio signore (vv. 13–14): «non manco quanto il divo Mor excelli, / che di sua fama ha tutto il mondo ombrato».

Ludovico il Moro assume un ruolo decisivo all'interno della letteratura milanese e, segnatamente, di quella teatrale: innanzitutto il duca,

47 La 'poetica' di Visconti è tratteggiata nel poema *De Paulo e Daria amanti*, in cui il recupero dell'antico viene legato direttamente al volere del Moro (c. A 4*v*, I, 5–6: «qui cerchi a le ruine dar ristoro, / le fai di novo») e si manifesta per la sua carica innovativa (per es. c. G 7*v*, II, 2: «et vol che invochi mia moderna musa»; III, 5–6: «dà forza, prego, a la mia fantasia / qual senza la tua gratia invan provoco» e c. O 4*r*, I, 7–8: «et che in questa opra mia ho facto stratio / de tutta la poetica de Oratio»). Citiamo l'opera – ambientata nella Milano del Trecento, ma carica di rinvii alla contemporaneità – da Visconti 1495.

48 Milano: Biblioteca Trivulziana, Triv. 1093.

come avviene negli stessi anni per Ercole I, è presentato quale *dominus* e promotore degli spettacoli. In un altro sonetto di Bellincioni il poeta ringrazia il suo signore per avergli affidato la scrittura della *Festa del Paradiso*, inserita all'interno delle celebrazioni per il matrimonio di Gian Galeazzo Maria con Isabella d'Aragona (1490). Dal componimento si desume che l'idea di partenza sia sorta proprio al Moro. Non interessa indagare se ciò corrisponda a verità, giacché importa cogliere l'immagine stereotipata del *princeps* (c. O 8*v*, 1 e 3–4): «l'alta inventione e 'l tuo suggetto degno / [...] è stato un dolce frutto or de' tuoi fiori: / cose belle e morale vide el tuo ingegno»[49]. Non manca la ricorsiva nota di biasimo nei confronti della cultura ferrarese, ormai superata (vv. 5–6): «Terentio e Plauto hanno or pregno / el cor d'invidia, a te sì inferïori».

L'orgoglio per il raggiungimento del primato in una tipologia letteraria di recente diffusione viene espresso da vari scrittori. Ciò sembra ancora più significativo se paragonato alla dedica a Niccolò da Correggio che Visconti inserisce in apertura dei *Rithimi*. Egli afferma che la propria raccolta di versi – frutto delle «prime iuvenil fatiche, facte solamente a fin de piacere a me stesso sfogando la innumerabile multitudine di noiosi pensieri»[50] – non aspira affatto a «porsi sul piano letterario» o a essere considerata «opera di poesia», bensì cerca soltanto di rappresentare «un'esperienza dolorosa»[51]. Al netto della 'sprezzatura' di rito, da tenere in debita considerazione, è ovvio che sia «arduo e rischioso, ancora alle soglie dell'ultimo decennio del Quattrocento, per un poeta milanese [...] avventurarsi pubblicamente lungo la via della nuova poesia volgare»[52]. La lirica – rilanciata con forza in alcune corti padane e a Firenze – appare un genere ancora troppo nobile per i mezzi insufficienti «del nostro non molto polito naturale idioma milanese» (c. A 2*r*)[53].

49 In realtà, il testo palesa molti punti in comune con una rappresentazione sannazariana del 1477, ideata per il matrimonio di Costanza d'Avalos e Federico del Balzo. Vd. Addesso 2012, 75–91.

50 Visconti 1493, c. A 1*v*.

51 Bongrani 1983, 216.

52 Ibidem.

53 Secondo Tissoni Benvenuti 1989 a, 41 nella letteratura ambrosiana del periodo «si incontrano molto spesso dichiarazioni di disagio linguistico, scuse per il volgare

Il timore reverenziale dinanzi a una tradizione illustre viene in parte superato da Visconti con i *Canzonieri* per Beatrice d'Este e Bianca Maria Sforza (1495–1499)[54]; il teatro, invece, storicamente ancora poco connotato, pare del tutto congeniale alle mire letterarie dello scrittore[55]. Del resto, le feste e le cerimonie ludoviciane costituiscono un efficace *instrumentum regni*, un saggio concreto di magnanimità, la sede ideale per divulgare un messaggio tendenzioso, artefatto, sapientemente precostituito.

3.

Un segnale ulteriore di autonomia e di originalità in chiave spettacolare e scenografica è dato dal contributo di Leonardo da Vinci; l'artista viene coinvolto con frequenza nell'ideazione di fondali e apparati[56]. Il 13 gennaio del 1490 viene messa in scena presso la corte sforzesca la *Festa ossia rappresentazione chiamata Paradiso* di Bellincioni. Lo spazio destinato alla recita risulta la sala Verde del Castello di Porta Giovia, sul cui lato sinistro sono collocate le gradinate; al centro è posto il tribunale d'onore riservato ai notabili[57]. L'ampia scenografia occupa il secondo lato corto della sala, in corrispondenza con l'altare della cappella, sancendo la sovrapposizione tra luogo della recitazione e ambiente sacro. Il Paradiso è una calotta semisferica concava, ricoperta d'oro all'interno, con luci che fungono da stelle (forse progettate in Cod. Atl. 80*r*) e con alcune nicchie

---

usato, [...] mentre non troviamo mai affermazioni di orgoglio linguistico municipale».

54 Visconti 1979. Sulla raccolta si veda, tra tutti, Bongrani 2017, 605–614.

55 Bongrani 1986, 87: «nell'ambito della produzione teatrale i modelli toscani ebbero un minor prestigio [...] e quindi è presumibile, da parte degli scrittori settentrionali, una maggiore libertà linguistica, oltreché immaginativa, favorita per di più da un genere che di per sé sollecita la pluralità delle voci e dei registri».

56 Non a caso egli è definito «elegantiae omnis delitiarumque maxime theatralium mirificus inventor ac arbiter» (Giovio 1812, 1719).

57 Cfr. Milano: Biblioteca Ambrosiana, Codice Atlantico, c. 214*r*: «la sala della festa volo avere la sua colletione, in modo che prima passi dinanti al signore e poi a' convitati e sia il camino in modo che esso possa venire in sala, in modo che non passi dinanti al popolo più che l'omo si voglia e sia all'opposita parte situata».

da dove agiscono gli attori. Infine, intorno alla circonferenza della cupola sono posizionati dodici cerchi di vetro decorati con i segni zodiacali. L'impostazione ricorda gli ingegni fiorentini; nel Paradiso di Leonardo, però, si assiste al passaggio da una rappresentazione a carattere religioso a un'altra che si basa sulla presenza in scena di divinità pagane e sull'elogio di Isabella d'Aragona.

Le informazioni sulla *Festa* sono ricavate da una lettera inviata a Ercole I dall'ambasciatore Giacomo Trotti. Verso le «hore XXIIIJ 1/2», scende all'improvviso un «panno de razo, che era dinanti al Paradiso» e sale sul palco un «putino» vestito da angelo ad annunciare l'inizio dello spettacolo[58]. Al termine del prologo, i teloni vengono fatti calare per scoprire un «sì grande hornamento et splendore che parse vedere nel principio uno naturale paradixo, et così ne lo audito, per li suavi soni et canti che v'erano dentro»[59]. Allora, entra in scena Giove, il quale celebra la duchessa Isabella «con alchune accomodate et bone parole». Da ciò scaturisce l'esile trama dell'opera, in cui Apollo si lamenta con il padre per aver dato vita a una «più bella et formosa creatura di lui». Giove sostiene, invece, di essersi riservato da tempo la possibilità di far apparire sulla terra un'entità superiore, che perciò si appresta a onorare in modo adeguato: infatti, «discese dal Paradiso con tutti li altri pianiti, et andò in vetta de uno monte, et de grado in grado ditti pianiti se li poseno a sedere apreso».

In seguito, il re degli dèi invia Mercurio a portare a Isabella i doni delle «tre gratie» e delle «sette vertù». I pianeti del sistema solare ringraziano Giove e offrono alla duchessa «virtù et posanza»[60]. Alla fine, si organizza una spedizione capeggiata da Apollo, che culmina con la consegna di un «libretto, nel quale contene tutte le parole che sono ditte in ditta representazione». Chiude la *Festa* l'ennesima lode di Isabella, espressa prima dal coro delle Grazie e poi da quello delle Virtù; l'eloquente commento di Trotti conferma la soddisfazione degli astanti e assegna a Ludovico il Moro i meriti dell'organizzazione[61].

58 Solmi 1904, 80–81.

59 Ivi, 87.

60 Ivi, 88.

61 Ivi, 89: «la quale [*scil.* festa] fu tanto bella et bene hordinata quanto al mondo sia possibile a dire: di che tutti quilli che si sono trovati presenti a vedere ditta festa

Nel 1491 Leonardo disegna i costumi indossati da Galeazzo Sanseverino, alleato del duca e futuro marito della figlia Bianca (1496), durante la giostra in onore delle nozze tra Ludovico il Moro e Beatrice[62]. Il 31 gennaio 1496, invece, è rappresentata la *Comedia di Danae* di Baldassar Taccone presso la dimora di Giovan Francesco Sanseverino, conte di Caiazzo e fratello maggiore di Galeazzo; l'intervento di Leonardo – che è possibile ricostruire da uno schizzo conservato al Metropolitan Museum di New York (Rogers Fund, Inv. 17142, c. 2*v*) – prevede la disposizione di una nicchia a mandorla con al centro una figura circondata da raggi di luce, che indica probabilmente la reggia di Acrisio (padre della protagonista Danae). La profondità della nicchia è accentuata da un cassettonato in prospettiva; al lato di quest'ultimo si trovano due porte per l'ingresso degli attori, un doppio fondale, un'apertura ad arco, una botola; sotto la porta sinistra è annotata la parola «annunciatore», mentre sulla parte sinistra del foglio si scorge la sala con la scena sul fondo. Gli dèi, invece, recitano «a mezo aria», come rende edotti la didascalia che accompagna il testo[63], e scendono con ogni probabilità dall'Olimpo sulla terra secondo un accorgimento scenico simile a quello già sperimentato da Francesco d'Angelo, detto il Cecca, per le feste fiorentine di Oltrarno[64].

Non si possiedono ulteriori informazioni circa l'apporto di Leonardo alle feste ambrosiane. Ciò nondimeno alcuni studi preparatori fanno supporre che l'attività dell'artista sia stata alacre: ad esempio, un appunto del 1494 presente nel Codice H (c. 64*v*) riporta le misure di un muro, di una sala e di una ghirlanda; nel Codice B sono conservati, infine, schizzi e studi di acustica applicati al teatro (per es. cc. 52*r*, 55*r* e 90*v*)[65].

---

ne hanno a refferire gratie al nostro S.re Dio et lo Ex.mo S. M. L[udovico], che li ha dato tanta gratia et piacere de havere visto una tanta festa così triumphante et bella».

62 Paris: Institut de France, Codice C, c. 15*v*: «item a dì 26 di gienaro esendo io in casa di messer Galeazo da Sanseverino a <o>rdinare la festa della sua giostra».

63 Taccone 1983, 308.

64 Vasari 1986, 443–444.

65 Vd. tra tutti Steinitz 1970 e Angiolillo 1979.

4.

Grazie alla testimonianza di Tristano Calco, contenuta nelle *Nuptiae mediolanensium ducum*[66], siamo a conoscenza di uno spettacolo allegorico messo in scena nel 1489 per salutare l'incontro a Tortona di Gian Galeazzo Maria con la futura sposa[67]. Alcuni personaggi mitologici – Giasone, Apollo e Admeto, Atteone e Diana, Orfeo, Atalanta e Meleagro – presentano le pietanze durante il banchetto, accompagnandole con versi in volgare secondo la prassi delle *entremets* francesi. Seguono alcune scene di impianto sincretico, in cui sono chiamati in causa pastori, divinità agresti, personaggi storici e letterari (Virgilio, Penelope, Elena, Medea, Cleopatra, Lucrezia, Porzia)[68]. Calco, bibliotecario dell'Università di Pavia dal 1478, si augura che nessuno dimentichi l'impeccabile organizzazione delle feste volute dal suo signore (in realtà offerte da Bergonzio Botta, maestro delle entrate ordinarie del ducato):

> Multa praeclate et immortali nomine digna gessisti Ludovice Pricceps Excellentissime, cum caetero omni vitae tuae curriculo, tum postea quam rerum nostrarum gubernacula et moderationem sustines. Neque ea satis pro re laudari posse arbitror, quae paterna pietate sunctus Nepotis Principis curae praestare non desinis. Regnum enim per se quidem opulentum, sed tempestatibus et procellis agitatum, ita quietum tranquillumque reddidisti, adeoque extulisti, ut nec maiori unquam foris auctoritate, nec domi opibus et aedificiorum magnificentia magis floruerit. [...] Et hae igitur Nuptiae tuarum laudum non postrema in parte memorabuntur. Quarum imago etiam ne periret[69].

66 Calco 1644, 59–85. Lo storico ambrosiano scrive anche le *Nuptiae mediolanensium et estensium principum* sui matrimoni di Ludovico il Moro e Beatrice d'Este e di Anna Sforza e Alfonso d'Este e le *Nuptiae augustae* tra Bianca Maria Sforza e l'imperatore Massimiliano I d'Asburgo.

67 Alla fine del 1489 un numeroso corteo, composto da quattrocento persone, si imbarca alla volta di Genova, da pochi mesi ricongiunta al ducato milanese, per portare Isabella dal marito. Però gli sposi, a causa dell'indisposizione dalla donna, non vengono fatti incontrare a Milano, bensì nella più vicina Tortona. Sulla festa si vedano Benporat 2001, 257; Vaglienti 2004, 609–615 e Passera 2020, 53–80.

68 Calco 1644, 75–77.

69 Ivi, 61.

Ebbene, la sperimentazione teatrale trova referenti d'eccezione in Ludovico il Moro e nella sua corte: spicca un approccio libero verso i modelli antichi – analogo del resto a quello adottato nella *Fabula de Cefalo* – che pare volto a un preciso piano apologetico. Le rappresentazioni sforzesche distorcono la politica contemporanea, piegano e reinterpretano la storia e la mitologia *sub specie Mori*, sino a rendere Ludovico stesso un personaggio. La scrittura diviene una forma, consapevole e organica, di militanza e si avvale di stilemi e di concetti immediati, inequivocabili, pregnanti: quella che potremmo definire 'funzione-Moro' è sintesi di un clima unitario, specchio di un'alta coscienza dottrinale, di un progetto assai avvertito e ponderato[70]. Infatti, l'*Egloga o vero Pasturale* di Bernardo Bellincioni e *Mosso da grande amor* di Gualtiero Sanvitale sostengono che la protezione del Moro sia indispensabile; parimenti, la *Ripresentazione di Pavia* del medesimo Bellincioni celebra la corte ludoviciana quale sede privilegiata di ogni arte e disciplina scientifica. Baldassar Taccone nella *Comedia di Danae* pone in evidenza il lato benevolo e disponibile di Giove nei confronti dei sudditi più degni, laddove nell'*Atteone* racconta il triste destino che spetta ai servitori sleali. Infine, nella *Pasitea* di Visconti la protagonista viene resuscitata in accordo con il *Cefalo* di Da Correggio; se nell'opera estense Diana riporta in vita Procri, nella 'commedia' sforzesca il prodigio si verifica sotto l'influenza del Moro, invocato dal *senhal* del gelso (*morus*).

3 L'*Egloga o vero Pasturale* e la conquista di Genova

1.

La breve *Egloga o vero Pasturale* di Bernardo Bellincioni è formata da nemmeno trecento versi[71]. Il testo, messo in scena su iniziativa del conte

70 Tali particolarità non distinguono solo la produzione teatrale, ma informano la letteratura e l'iconografia ludoviciana. Vd. Tissoni Benvenuti 1990, 195–205.

71 Bernardo Bellincioni nasce a Firenze nel 1452; dopo aver servito vari signori (Lorenzo de' Medici, Roberto Malatesta, Federico Gonzaga), si stabilisce a Milano

di Caiazzo Giovan Francesco Sanseverino, è incentrato sulle vicende di tre pastori, che intrattengono una disputa intorno agli effetti d'amore[72]: Silvano si proclama infelice, Piride si dice «beato» (v. 239), mentre Alfeo è addirittura entusiasta[73]. I primi cinquantaquattro versi sono impiegati da Silvano per raccontare le pene che lo affliggono; maledice l'innamoramento, che ha comportato solo «morte» e «pianto», e si rammarica, all'opposto, di non vivere più «in povertà» (vv. 3, 5 e 30)[74]. Le immagini bucoliche si alternano a frasi sentenziose contro l'amore e le donne insensibili (per es. vv. 47–48 e 53–54). Dopo lo sfogo entra in scena Piride, il quale rincuora l'amico e domanda il motivo di un atteggiamento così radicale; infine, tranquillizza l'interlocutore perché l'amore, per quanto talvolta doloroso, rappresenta un'occasione di crescita e di gioia (vv. 72–76).

Silvano riprende la parola per spiegare che l'amata un giorno gli aveva fatto intendere malignamente di essere disposta a ricambiarlo. Il pastore conclude l'intervento notando un divario netto tra un «prima», contraddistinto dalla quotidianità e da semplici soddisfazioni, e un «or», mesto e dolente (vv. 99 e 103). Allora subentra Alfeo, che espone, per converso, la sua esperienza positiva (vv. 111–166): bisogna capire che «util cosa agli amanti è pazïenzia» e, quindi, non conviene avere fretta o preoccuparsi troppo (v. 154). Come prova tangibile Alfeo mostra agli amici suo figlio, che interviene, con esiti scadenti, appoggiando l'argomentazione paterna[75]. Piride, dunque, rivela a Silvano un segreto significativo, che giustifica il coronamento della sua storia amorosa. Il pastore era sicuro che le promesse di Pandora fossero autentiche, perché il giorno in cui la conobbe (vv. 188–193):

---

nel 1485; oltre all'attività poetica, svolge diversi ruoli diplomatici e di rappresentanza (es. cubiculario di Gian Galeazzo Maria). Sullo scrittore, cfr. Scrivano 1965, 687–689 e Bisanti 2000, 35–65.

72 Il dialogo segue una prassi umanistica, che conosce il suo massimo punto di arrivo con *Gli Asolani* di Bembo.

73 La figura dell'amante disperato – mutuata dalle *Egloghe* virgiliane (tradotte da Bernardo Pulci e raccolte nelle *Bucoliche elegantissime*, Firenze: Miscomini, 1481–1482) – domina la tradizione pastorale in volgare.

74 Bellincioni 1983 a, 263–275.

75 vv. 170–172: «o patre mio, da poi che Amor m'ha fatto, / deh insegnatime un poco inamorare, / e d'un bon vin darovi bere un tratto».

stava a l'ombra
del fruttifero verde e dolce Moro;
sotto al qual, poi che 'l sol lassa a noi l'ombra,
l'armento mio trovò sempre ristoro,
e sicuro da lupi ed altre fiere:
con questo augurio, or che debb'io temere?[76]

Il bisticcio tra il Moro e il nome latino del gelso (*morus*), preceduto dal *tricolon* di aggettivi, consente al personaggio di identificare nel proprio signore un simbolo benaugurale e di protezione concreta[77]. Insomma, soltanto nel segno del *dominus* milanese è possibile realizzare un amore felice, tradizionalmente elemento destabilizzante nel mondo bucolico: il 'moro' diviene, allora, un'impresa parlante, una sorta di parola d'ordine[78].

2.

L'ambiente agreste è subito sostituito da una realtà cittadina: in effetti, a metà della rappresentazione fanno ingresso in scena due genovesi (un uomo e una donna, quest'ultima di condizione sociale più elevata). Forse

76 È probabile che Bellincioni intenda contrapporre il Moro a Lorenzo de' Medici. Poliziano in *Stanze per la giostra* I, 4 attribuisce qualità simili al signore di Firenze: «e tu, ben nato Laur, sotto il cui velo / Fiorenza lieta in pace si riposa, / né teme i venti o el minacciar del cielo / o Giove irato in vista più crucciosa, / accogli all'ombra del tuo santo stelo / la voce umìl, tremante e paurosa, / o causa, o fin di tutte le mie voglie, / che sol vivon d'odor delle tua foglie». Si cita da Poliziano 1979.

77 Nel *De Paulo e Daria amanti* Visconti sostiene (c. O 4*v*, III, 8): «et te reffugio a' nostri affanni tengo». Bellincioni nelle *Rime* afferma (c. A 7*v*, 24 e D 6*r*, 14): «di Ludovico alla dulce umbra stassi» e «si felici hoggi del suo moro ad l'ombra». Si noti che la coltivazione del gelso è finalizzata all'allevamento del baco da seta, il cui prodotto costituisce una delle principali risorse dello stato sforzesco.

78 Anche nelle liriche del poeta fiorentino Girolamo Benivieni è associata la protezione di Lorenzo de' Medici all'esperienza amorosa, come documentato in Di Benedetto 2020, 32–38. Lo scrittore è noto in ambiente sforzesco: le sue rime sono tramandate, infatti, dalle due grandi antologie fatte esemplare da Gaspare Ambrogio Visconti negli anni Novanta (Paris: Bibliothèque Nationale de France, Italien 1543 e Roma: Biblioteca Nazionale Centrale Vittorio Emanuele II, Sessoriano 413). Sui due codici si vedano Zanato 2002, 141–216 e 2020, 153–172.

da mettere in relazione con il committente, si avvicinano ai pastori al fine di premiare con una corona d'alloro colui che «arà del dolce amor ferito el core» (v. 205). La loro presenza permette di stabilire nel 1488, anno in cui Genova si era consegnata a Milano dopo un'effimera autonomia, il probabile *terminus post quem* di composizione[79]. L'arrivo improvviso dei due personaggi celebra la recente acquisizione territoriale, traguardo dal notevole significato strategico e politico[80], e completa la contrapposizione tra la corte sforzesca – in cui è possibile stabilire rapporti, amicali e amorosi, duraturi – e il mondo esterno, precario e insicuro. Le parole della dama ligure – descritta come nuova Venere ai vv. 213–214 («certo costei all'abito mi pare / del bel sito ove Amor par che s'onori»)[81] – instaurano un parallelismo tra la devozione per il Moro e il *servitium amoris* (vv. 225–226): «felice è quel che serve a tal signore; / ché, a quel servendo, il suo servire è regno». La barzelletta finale di Piride, che recupera lo schema metrico del coro delle baccanti dell'*Orpheo* con contenuti evidentemente opposti, punta a rifiutare per sempre il mondo bucolico, inteso quale dimensione ostile (vv. 237–239): «non voglio esser più pastore, / perché sono inamorato / d'una donna». Se in precedenza Silvano aveva rimpianto l'attività agreste, adesso sono ripudiati i numi delle selve, perché soltanto a corte è consentito conoscere e apprezzare Amore (vv. 250–263):

> Benedetto sia quel giorno,
> e quel bel paese e loco,

79 Si aggiunga che nel novembre del 1490 si festeggia il matrimonio tra Eleonora Sanseverino – sorella di Giovan Francesco, che richiede l'*Egloga* – e il genovese Giovanni Adorno; questi promuove poi la rappresentazione dell'egloga *Che fai Phileno fra gente magnifica* di Baldassare Taccone. La messinscena è recitata da Paolo Fieschi, cortigiano di origini liguri: il testo è trascritto nel ms. Italien 1543 alle cc. 84*r*-85*r* e pubblicato in Castagnola 1988, 156–158.

80 Si osservi che il passaggio di Genova sotto il dominio sforzesco, ricordato con enfasi da Bellincioni nelle *Rime* (per es. c. B 6*v*), serve al Moro per placare le mire espansionistiche fiorentine e francesi. Vd. Catalano 1985, 98–101.

81 Il poeta si appunta sulla mitica nascita di Venere dalle spume del mare, descritta nelle *Stanze* polizianesche (I, 100–103) e raffigurata nel famoso dipinto di Sandro Botticelli (1482–1485). Anche il v. 216 («andò per quei giardin cogliendo fiori») ricorda un'opera botticelliana: la *Primavera* del 1478–1482.

ove vidi il viso adorno
che mi tien lieto nel foco.
Come quel vile e dapoco
di Silvan, non mi dispero:
quel che dice non è 'l vero,
perché i' trovo dolce Amore.
        Non voglio esser più pastore.
        Quel Silvan sia maledetto,
che Amor pur vòl biasimare:
se Amor fa qualche dispetto,
de' piaceri ancor sa fare.

4 *L'egloga nuziale*

1.

Questi temi si ripresentano, sulla base di un'indicativa e speculare rispondenza, in un'egloga di Gualtiero Sanvitale (ms. Italien 1543, cc. 232*r*-234*r*)[82]. Come già anticipato, il codice risulta una corposa silloge tardo-quattrocentesca di poeti cortigiani, provenienti dai maggiori centri della Penisola: ritroviamo, ad esempio, le farse di Sannazaro, poesie di Lorenzo de' Medici, Bellincioni, Tebaldeo, Taccone, Serafino Aquilano, Galeotto Del Carretto, Panfilo Sasso e componimenti «rari, relitti preziosi di una cultura fiorita proprio in quegli anni di fine secolo»[83]. La selezione degli scrittori è avvenuta secondo princìpi tematici precisi: gli argomenti prediletti riguardano l'attualità politica, cittadina e mondana. Spicca la celebrazione di Ludovico il Moro, che diviene cifra ideologica e stilistica strutturale; infatti, nel ms. 1543 è conservata la rappresentazione teatrale del *Paradiso* di Bellincioni, diversi sonetti encomiastici e l'*Atteone* di Baldassar Taccone, che funge da sostegno esplicito alla politica dinastica del Moro.

82 Il testo è pubblicato in Sanvitale 2013, 37–56.

83 Castagnola 1988, 101.

La duplice attenzione riservata nel manoscritto al teatro e all'esaltazione di Ludovico Sforza conosce una sintesi efficace nell'egloga rappresentativa *Mosso da grande amor verso te movomi*[84]. Il suo autore, Gualtiero Sanvitale, risulta poco noto[85]; un epitaffio di Geronimo Casio lo commemora per l'abilità bucolica («il fecondo Gualtier da San Vidale, / che era fra gli pastori un semideo, / posa in quest'urna col suo Melibeo / per le egloghe sue dotte et pastorale»)[86]. Isabella d'Este è una sua ammiratrice: il 16 giugno 1493 chiede a Ludovico Pio di raccogliere qualche componimento di Sanvitale allo scopo di allestire una breve antologia di poesia pastorale; la collaborazione sembra duratura, giacché il poeta nel 1512 figura tra i rimatori che inviano epicedi alla marchesa di Mantova per la scomparsa della cagnetta Aura[87].

2.

L'egloga racconta il tentativo del pastore Melibeo di convincere Eugenio a sposarsi con una donna da lui conosciuta; quest'ultimo, riluttante, pretende di sentire prima il parere di Ludovico il Moro, il quale promette al personaggio la mano di Thyrentia. L'esigenza encomiastica sembra aver imposto l'ideazione di un componimento che non rispetta sempre le caratteristiche formali e contenutistiche del genere pastorale: il finale

84 Sul genere pastorale in ambito padano, cfr. tra tutti Bortoletti 2008 e Santagata 2016.

85 Rossi 1899, 265–290. In Affò 1791, 195 lo scrittore è ritenuto membro della nobile casata parmense dei Sanvitale. In Calmeta 2009, 76 si sostiene che il poeta soggiorni a Mantova insieme a Tebaldeo, Timoteo Bendedei e Galeotto Del Carretto all'arrivo di Serafino Aquilano nel 1495.

86 Casio 1527, c. 51*r*. Anche Tebaldeo 1992 (II, 1, 542, vv. 100–102) lo raffigura sotto la medesima veste: «e tu, Gualtieri, il canto pastorale / lassa, constretto da pietoso zelo: / questa è materia da levar più l'ale!». In un sonetto responsivo, databile 1485–1491, si scusa con l'amico (III, vv. 1–4): «recevuta ho una tua dentro da cento, / ove di me tu te lamenti assai, / perché del mio partir non te avisai. / Perdonami, Gualtiero: io me ne pento». Del Carretto nel *Tempio d'Amore* del 1518 (vv. 2037–2039), invece, soggiunge: «l'Ariosto ferrarese e 'l Timotheo / van drieto a questi, poi segue Gualtero, / tri degni alumni d'Amphïone e Orpheo». Si cita da Del Carretto 1997.

87 Luzio – Renier 1901, 69–70.

felice, segnato dalle nozze e dall'elogio della vita cittadina, punta a compiacere la committenza, non certo a inserirsi in una tradizione letteraria che, al contrario, si fa portavoce di una visione inappagabile dell'amore e critica nei confronti del mondo esterno a quello bucolico[88]. Infatti, in Virgilio si tenta di costruire invano un mondo irreale, in cui il canto possa prevalere sulla passione amorosa e sui rivolgimenti storici; in Sanvitale, come in Bellincioni, avviene l'esatto opposto, giacché si approda alla felicità grazie all'intervento provvidenziale del potere politico.

Melibeo si configura quale guida di Eugenio e dichiara di aver visto una «silvana, qual pasceva un vitulo», che si augura di dare in sposa al protagonista (v. 5). Il pastore rifiuta, perché ha avuto occasione di confrontarsi con alcune persone sposate, che «spesso se lamentano» della propria vita coniugale (v. 32). Eugenio – a tratti simile allo Iulo (Giuliano de' Medici) di Poliziano – desidera rimanere libero, far pascolare il gregge e suonare la cetra sotto gli alberi, sprezzando l'amore per le donne. Tuttavia, il giovane dimostra di aver compreso il senso del discorso di Melibeo, perché promette di cercare moglie, prima di giungere a l'«età vetera» (v. 46). In seguito, l'interlocutore descrive la 'silvana', che appare giovane, avvenente, ricca d'«armento», pronta ad accudire il marito. L'insistenza sui beni materiali portati in dote dalla donna, la cui importanza è sottolineata al v. 63 per ritornare poi metaforicamente al 138, fa intendere che dietro al velame bucolico si celino personaggi reali[89]. L'egloga, incentrata sulle vicende di umili pastori, non aderisce in Sanvitale a un «sistema già precostituito di norme e canoni indiscutibili»[90].

A questo punto Eugenio imprime una svolta alla vicenda: lo scioglimento del problema viene affidato a Ludovico il Moro, *arbiter* munifico in grado di indicare la giusta strada ai pastori[91]. I meriti del signore alludono

88 Cfr. Bortoletti 2008, 29: «la città, quando compare, è in lontananza, e comunque posta sempre in antitesi alla realtà campestre».

89 Per il Coridone virgiliano – rozzo pastore, che ama il cittadino Alessi – l'ostentazione della ricchezza è un'arma tangibile di seduzione (II, 19–22).

90 Bortoletti 2008, 175.

91 L'espediente, ripreso dalla III egloga virgiliana, potrebbe essere stato ispirato anche dai *Pastoralia* di Boiardo, in cui Ercole I è chiamato a giudicare la contesa tra Poemam e Silvano.

verosimilmente ad avvenimenti precisi (vv. 68–72): «molti servigii ha fattoci [...] ha tutt'ambi molto amatoci [...] egli a nostre mandrie ha pur tornatoci». Segue un parallelismo tra il Moro e Pan, completato con l'invito a fare sacrifici a Giove[92]. Melibeo racconta poi l'incredibile arrivo *ex abrupto* del duca, il quale manifesta capacità straordinarie (vv. 88–89: «hor eccol giunto qua, per ch'ello ha inditii / de fatti nostri e ciò parmi miraculo»)[93]. Il Moro conferma l'estraneità dei giovani alla corte sforzesca (v. 111: «in 'sto loco vedervi mai non suolesi») e prosegue con piglio determinato e premuroso: l'«amor» verso i due personaggi lo spinge a pregare Eugenio di prendere in sposa una donna da lui protetta da tempo (v. 130). La curiosità di Eugenio porta subito il Moro a svelare l'identità di Thyrentia, figlia di Tiburio, pastore più forte di Ercole e in possesso di «molto grege hetrurio» (v. 138). Il signore, per legittimare la scelta, assicura di aver avuto familiarità con il personaggio (v. 139: «insieme habiam mangiato») e, in seguito, con i figli. In aggiunta è dedicata un'intera terzina al «gran Tyburthio», uomo meritevole di lode e onori (v. 142). Eugenio, ricevuto il benestare di Melibeo, domanda di poter condurre la sposa al suo cospetto; il signore di Milano manda a chiamare la dama, che sopraggiunge con tanta eleganza da emozionare gli astanti. Segue un preciso rituale nuziale, in cui il Moro fa le veci dell'officiante. La conclusione è dedicata ai ripetuti inviti a festeggiare[94]: si consiglia a Eugenio di cogliere i piaceri della vita e, a tutti

92 Non si dimentichi quanto afferma Titiro su Ottaviano (vv. 6–10: «o Meliboee, deus nobis haec otia fecit. / Namque erit ille mihi semper deus, illius aram / saepe tener nostris ab ovilibus imbuet agnus. / Ille meas errare boves, ut cernis, et ipsum / ludere quae vellem calamo permisit agresti»).

93 Come Titiro si reca a Roma per non vedersi espropriare le terre, così i due personaggi si rivolgono al Moro al fine di ricevere un *beneficium* politico / dinastico. Ciò nondimeno in Virgilio l'esperienza cittadina si dà come obbligatoria per ritornare in campagna; invece, in Sanvitale il contesto arcadico si dissolve nel momento in cui Eugenio sposa la cittadina Thyrentia.

94 L'ultima informazione completa la veste 'rappresentativa' dell'egloga. Tuttavia, è giusto riflettere sulle osservazioni di Montagnani 2017, 45: «è molto improbabile che il testo sia stato mai portato sulla scena, proprio per la presenza del signore della città, il cui ruolo sarebbe stato ben difficile da assegnare».

quanti gli spettatori, di danzare con l'accompagnamento delle zampogne e delle nacchere (vv. 175–178)[95].

3.

Presentiamo ora alcune ipotesi sulla possibile identità dei personaggi: il compito è facilitato dalla scoperta presenza di Ludovico il Moro e dall'offerta di Thyrentia a Eugenio[96]. Si intuiscono poi tre dati di fondo su Tiburio, padre della sposa: è ormai scomparso (vv. 138 e 144), ma continua a essere compianto dal duca; ha lasciato in eredità un notevole patrimonio; ha avuto alcuni figli e figlie, che il Moro ha preso in carico. Per tali motivi avanziamo l'ipotesi che Tiburio sia Galeazzo Maria Sforza: i rinvii adulatori al fratello e ai nipoti sono giustificati dal bisogno apologetico di occultare la spregiudicata politica adottata nei confronti dei membri della propria famiglia. Bisogna ricordare, invero, l'approccio cinico e astuto del Moro nelle politiche matrimoniali[97]. I riferimenti analizzati ai vv. 136–147, vero cuore ideologico del testo, possono essere interpretati antifrasticamente, se confrontati con la realtà storica; d'altronde il noto affetto di Galeazzo Maria verso i discendenti non poteva corrispondere al disinteresse o, ancora peggio, all'ostilità dello zio[98].

Nel 1491 sono celebrate le nozze di Anna Sforza con Alfonso d'Este: i benefici dispensati dal Moro ai due pastori riflettono i rapporti con Ferrara (vv. 67–72); si pensi agli aiuti offerti da Milano a Ercole I nella guerra contro Venezia (1482–1484) e alla partecipazione dello Sforza al congresso della Lega in difesa di Ferrara con la richiesta che la Serenissima restituisse i territori occupati[99]. In aggiunta, raffigurare il Moro quale determinante

95 Sulla musica e sulle danze nelle feste ambrosiane, cfr. Pontremoli – La Rocca 1987.

96 Il nome – Terensis è una dea delle messi latina – ha origini pastorali: compare nella prima egloga di Arzocchi e, al maschile, in *Dimmi, Menandro mio, deh dimi socio* di Serafino Aquilano.

97 Si pensi a Bianca Maria: sottratta alle cure materne nel 1480, vive presso la Rocchetta sotto la tutela dello zio, il quale propone la nipote in sposa a vari signori europei. Sul personaggio, cfr. Rill 1968, 24–26.

98 Vaglienti 2000, 392.

99 Cfr. Rombaldi 1998, 549–606.

per la buona riuscita del matrimonio significa operare una sagace mossa politica: lo storico Tristano Calco nelle *Nuptiae mediolanensium et estensium principum* attribuisce i meriti al suo signore, omettendo che le nozze tra Anna e Alfonso erano state già stabilite nel 1477 (e non nel 1481)[100]. Alcuni passaggi indicano poi un rapporto di fratellanza tra Eugenio e Melibeo, suggerendo la necessità che il primo si sposi, in quanto primogenito[101]: Melibeo, anche in Virgilio meno anziano del suo interlocutore, sarebbe così da identificare con Ferrante d'Este. Al di là del velame bucolico, è evidente che la figura di spicco del componimento sia il Moro: far accettare il matrimonio alla donna – differente dalle canoniche ninfe sdegnose della tradizione pastorale – avvalora ancora di più il potere del duca, raffigurato quale guida imprescindibile[102].

5 *L'età dell'oro*

1.

La *Ripresentazione* di Bellincioni viene recitata nel 1492 per celebrare il «reverendo Monsignore Della Torre»[103]. La messinscena consta di oltre

100 Calco 1644, 87–88; quanto scritto dallo storiografo viene smentito da Lopez 2008, 31–42.

101 Il legame, insolito nel mondo bucolico, è certificato dai vv. 2 («car fratello»), 7 («el sangue nostro è pur d'adorno titulo»), 8 («però a te lice dover donna prendere») e 54 («siam d'un seme e sol d'un ventre gravido»).

102 Il ruolo fondamentale di Ludovico Sforza emerge in un disegno leonardesco, conservato presso la Royal Library di Windsor (RCIN 912496r): il foglio rappresenta un lupo (allegoria di papa Alessandro VI), che in un mare tempestoso traghetta una barca verso un'aquila appollaiata su un globo terrestre (Carlo VIII). L'imbarcazione si caratterizza per un gelso, che funge da albero maestro (il Moro): alla base del tronco due piante crescono all'ombra della chioma frondosa (i figli Cesare ed Ercole Massimiliano). Per questa interpretazione si veda Salsi – Alberti 2019, 202–204.

103 Il personaggio è in corrispondenza poetica con Visconti, che nel sonetto 243 dei *Canzonieri* saluta con entusiasmo la decisione di Della Torre di iniziare a scrivere

trecento versi (ottave, terzine, barzellette): i signori presenti alla festa pavese vengono lodati a turno da diverse divinità pagane e arti personificate[104]. Lo schema della rappresentazione ricalca quello adottato due anni prima nella *Festa del Paradiso* per il matrimonio di Gian Galeazzo Maria con Isabella d'Aragona. La prima parte è dedicata alle fatiche di Ercole, allo scopo di omaggiare il duca ferrarese. Bellincioni dimostra persino la superiorità del signore estense sull'eroe della mitologia (vv. 1–5): «quivi è colui, che mai si vide sazio / dell'operar virtù: più presto stracco / Ercule è, quel che fece el giusto strazio / di quel gran traditor, perfido Cacco / sotto al monte Aventin che siede in Lazio». In seguito, Giunone entra in scena e chiede aiuto a Mercurio per distogliere Giove dal tradirla[105]. Mercurio non è disponibile, poiché il padre degli dèi gli ha affidato da tempo un'importante missione in Italia e, nello specifico (vv. 42–48):

> in quella nova Atene alma Pavia
> che quel che manca a lei non è altrove:
> quivi è la Corte di filosofia
> e sette donne e sette, e quelle nove;
> ancor più d'un Solon par che lì sia:
> l'uno è quel che acquistò già 'l vel dell'oro,
> di manna un boticel sotto a un Moro[106].

alcune rime; nel componimento precedente lo scrittore espone al religioso una giornata felice, trascorsa in compagnia dell'amata. L'amicizia tra i due personaggi è suggerita dal nome con cui le didascalie di entrambi i testi indicano Visconti (Oreste) e Della Torre (Pilade).

104 Nella didascalia si leggono indicazioni significative: «in questa ripresentazione gli fu prima l'autore in forma di Mercurio, il quale per avere avuto poco tempo, lo quale tutto consumpse in componere quello aveano a dir gli altri, lui promptissimo disse le sue stanze a l'improviso, delle quale io ne notai solamente cinque». Si cita da Bellincioni 1983 b, 275–290.

105 Giunone cita esplicitamente i protagonisti dell'*Amphitruo* (vv. 23–24): «in casa a Alcmena, Sosia ti mostrasti; / et Argo mio col suono adormentasti». Una scena simile appare nel *Paradiso*, là dove Mercurio dichiara a Isabella: «di Giove scripse il gran comico Plauto, / che venne in terra per amor d'Almena / et io feci parer quel Sosia incauto». Cfr. Bellincioni 1493, c. T 6*v*, 1–3

106 Il v. 48 ribadisce la protezione garantita dal Moro.

Allora Giunone si aggrega a Mercurio al fine di conoscere di persona Isabella d'Aragona, Beatrice d'Este ed «Ercul famoso, d'ogni virtù seme» (v. 53). Sicché la divinità, appena giunta a Pavia, omaggia le «sacre Iddee [...] superne stelle [...] bellissime» (vv. 57–59), attraverso un procedimento che accumula meriti e virtù altisonanti[107]: gli occhi delle donne sono talmente potenti da oscurare la luce del sole; le loro mani, quando toccano un ramo secco durante il «rigido verno», fanno sì che vi germoglino subito i fiori (v. 67). La dea, colpita da simili qualità preternaturali, si dice pronta a premiare le dame con favori sbalorditivi (vv. 73–86)[108].

L'intervento di Giunone è concluso dell'arrivo delle sette arti liberali, che hanno il compito di estendere la panoramica, appuntandosi sulla straordinaria raffinatezza culturale della corte ambrosiana[109]: la Grammatica promette a Beatrice di eternarne per sempre il ricordo (vv. 87–102). La

107 L'invenzione di un contesto idillico, intimo e sereno potrebbe mascherare i noti contrasti sorti tra le donne. Vd. Vaglienti 2004, 612: «in occasione dei festeggiamenti, tra Isabella, titolare di un potere fittizio, e Beatrice, duchessa di Bari e signora effettiva del dominio sforzesco, incominciò a manifestarsi una rivalità via via più marcata: ad accentuarne i toni, la nascita del primogenito di Isabella e Gian Galeazzo Maria, Francesco, avvenuta a Milano il 30 gennaio 1491».

108 Lo schema è affine a quello del *Paradiso*, in cui Isabella viene descritta in questo modo da Mercurio (Bellincioni 1493, c. T *6r*, 1–6): «o spechio, o lume, o lampo, o divin Sole, / o miracol magior della Natura, / gloria, fama et honor de la tua prole. // O bella, o diva, angelica figura, / vero secreto del superno regno / nel tuo bel viso el ciel or si misura».

109 In apertura della VII parte della *Historia* di Corio 1978, 1479–1480 si legge che «la Corte de li nostri principi era illustrissima, piena de nove fogie, habiti e delicie, non di meno in epsa tempestate per ogni canto le virtute per sì fato modo ribombavano che una tanta emulatione era suscitata tra Minerva e Venere, che ciaschuna di loro quanto al più poteva circhava de ornar la sua scola. A quella di Cupido per ogni canto vi si conveneva bellissimi giovani. [...] Minerva ancor lei con tutte le sue forze ricercarva de ornare la sua gentile academia per il che impetrato, Lodovico Sforza, principe glorioso et illustrissimo, a suoi stipendii e quasi insine da le ultime parte de Europa haveva conducto homini excellentissimi. Quivi nel greco era la doctrina, quivi i versi e la prosa latina risplendevano, quivi nel ritimare eran le muse, quivi nel sculpire erano i maestri, quivi nel depingere li primi da longinque regione erano concorsi, quivi de canti e soni da ogni generatione erano tante soave e dolcissime armonie che dal cielo pareano fussen madate a la excelsa corte».

Logica, all'epoca disciplina insegnata a Pavia dal mantovano Anselmo Meia, si presenta secondo l'accezione sofistica (vv. 103–118): «'l ver fo parer falso, e 'l falso vero». La Retorica, in grado di volgere «le anime mortal» al proprio piacere, si mette a disposizione delle duchesse (vv. 119–134). L'Aritmetica elogia le torri sforzesche, notoriamente di incalcolabili proporzioni (vv. 135–150)[110]. In aggiunta, il personaggio confida di riposarsi «ov'è l'arbor che fa Tisbe immortale», ossia presso un gelso, collegato intimamente alla vicenda drammatica di Piramo e Tisbe (*Met* IV, 51–166) e al quinto atto della *Pasitea* di Visconti[111]: Ludovico Sforza viene quindi assimilato a un emblema di vita eterna[112]. All'Aritmetica segue poi la Geometria, che manifesta grande gioia di risiedere presso il ducato, definito «nov*a* Atene» (vv. 151–166); l'Astrologia è disponibile a riservare ai milanesi i risultati della

110 La costruzione del Castello di Porta Giovia, la cui torre d'ingresso viene progettata da Filarete, è conclusa, di fatto, in epoca ludoviciana; i lavori per il Duomo di Pavia iniziano nel 1488; nel 1490 viene costruito il tiburio del Duomo di Milano; nel 1492 sono aperti i cantieri della canonica di S. Ambrogio e di S. Maria delle Grazie.

111 Il gelso (*morus*) è interpretato quale simbolo di prudenza e saggezza, poiché la pianta attende che il freddo sia passato prima di germogliare. Non a caso nella *Storia di Milano* di Giovan Pietro Cagnola (1497) si legge che Ludovico fu un «principe prudentissimo, de mirabile consiglio e maturo governo, et acuto e divo ingegno in consultare et antivedere non che le presente, ma etiam le future cose, desideroso del bene e quiete non solum del stato suo, ma de tutta Italia» (Cagnola 1842, 213). Si osservi che Bellincioni mette in scena la canzone della *Pazienza* a conclusione di una festa organizzata da Federico Sanseverino (cc. T 2*r*-3*r*). La Prudenza campeggia in diversi simboli dedicati al Moro: per esempio, Leonardo da Vinci realizza l'*Allegoria dello Stato sforzesco* (Oxford: Christ Church, Inv. JBS, c. 18*r*), in cui un galletto (Gian Galeazzo Maria) è difeso dalla Prudenza, armata da un ramo di gelso.

112 Si chiarisce così perché i sudditi che trovano riparo 'all'ombra del moro' possono essere rassicurati. Dal punto di vista iconografico questa situazione è fisicamente proposta all'interno della Sala delle Asse, affrescata da Leonardo nel 1498 (Castello di Porta Giovia): le pareti presentano una suggestiva decorazione con intrecci vegetali e gelsi, che formano un pergolato avvolgente, un *hortus conclusus* sinuoso. In lontananza si scorgono alcune colline e case, che non intaccano, anzi esaltano, il senso di protezione conferito dal bosco di gelsi; le radici delle piante, che si fanno spazio tra le rocce, danno un'idea di solidità e resistenza. Infine, occorre aggiungere che le dimore di Gaspare Ambrogio Visconti e di Niccolò da Correggio sono composte, rispettivamente, da una 'camera de li albori' e da uno 'studiolo silvestre'. Vd. Kiang 1989, 101–109; Pederson 2019, 89–108 e Salsi – Alberti 2019.

propria arte (vv. 167–182)[113]; la Musica chiude la rassegna esponendo gli effetti di pace e concordia da lei prodotti (vv. 182–198)[114].

Il componimento è poi completato dalla barzelletta delle sette arti (vv. 199–230)[115]; l'intervento successivo di Saturno prospetta la nascita dei figli di Beatrice, avvenimento che consentirà il ritorno della «d'oro gloriosa etate» (v. 271)[116]. Il pianeta confessa altresì che Francesco I Sforza ha sostituito Marte nella «quinta spera» (v. 259); per questo motivo si augura che altri componenti della casata possano ripercorrerne le orme militari. Saturno, però, si può già sbilanciare sulla fortuna della famiglia, giacché i figli di Isabella saranno «novi pianeti», mentre da Beatrice nascerà «Giove, sì benigna stella» (vv. 265 e 269). Non sfugge il tentativo di delineare una genealogia mitica, che ha come punto di partenza il capostipite Francesco I Sforza. Il cenno a Isabella, di cui non viene menzionato il marito Gian Galeazzo Maria, equilibra le lodi, distribuite tra i due rami del casato[117]; tuttavia, continuano a spiccare con insistenza le figure del Moro e della moglie. Non a caso, il testo termina con un nuovo sigillo: a Ludovico è riservata la barzelletta dei quattro elementi, che ricalca lo schema metrico del coro finale dell'*Orpheo* (vv. 276–316). Si invitano, allora, gli astanti a cantare insieme

113 Non si dimentichi che il Moro non intraprende azioni politiche e militari senza prima aver consultato gli astrologi di corte. Vd. Azzolini 2013.

114 È rilevante il mecenatismo profuso dal Moro al fine di portare a corte i musicisti internazionali più famosi (dal belga Giovanni Cordier, al fiammingo Gaspar van Weerbeke, agli italiani Bernardo Fiorentino, Bono Rodulfo e Franchino Gaffurio). Cfr. Motta 1977.

115 Non manca l'ennesimo omaggio a Ludovico Sforza, cui spetta il merito di aver valorizzato le sette arti, a differenza di altri sovrani meno accorti (vv. 222–230).

116 Nel *De Paulo e Daria amanti* si afferma (c. M *iv*, I, 7–8): «et beato serà sotto a quel moro, / che riffarà a' suoi tempi un secul d'oro». Parimenti, nella *Coronatione* di Taccone – poemetto in ottava rima sul matrimonio di Bianca Maria e Massimiliano d'Asburgo – si legge (XCVI, 7–8): «l'età di ferro in oro se rivolve / e 'l tosco e fele in manna se rivolve». Si cita da Taccone 1993; sull'opera si veda il recente Passera 2020, 80–95.

117 L'esclusione del nipote del Moro si fa clamorosa nei transetti della Certosa di Pavia, in cui i Visconti appaiono idealmente uniti agli Sforza nel culto della Vergine. Nel catino absidale del transetto sinistro, Francesco I Sforza e il figlio Ludovico osservano in atteggiamento devoto una scena religiosa; il Moro, committente dell'affresco, realizzato nel 1492–1494, si fa raffigurare di fronte al padre, allo scopo di affermare il suo ruolo di erede legittimo. Cfr. Ballarin 2010, 341–425.

«viva 'l Moro, / viva 'l Moro e Beatrice», glossando che «ben si pò tener felice / chi lei serve e 'l sacro Moro» (vv. 276–279). La partecipazione del pubblico – unanime e concorde – appare decisiva, in quanto salda la distanza che separa la *fictio* dalla realtà, la sala dal palco: servire il *princeps* significa partecipare attivamente a una stagione di rinascita. È poi ribadita la funzione provvidenziale di Beatrice e Isabella che, grazie ai «figlioli», richiameranno sulla terra l'«età de l'oro» (vv. 285 e 288). La penultima strofa è dedicata a Ercole I; nondimeno, l'omaggio risulta subordinato alla profezia secondo cui spetterà al Moro l'onore di inaugurare una nuova èra, gloriosa e pacifica.

2.

Il tema dell'età dell'oro era già emerso velatamente nel passaggio della *Festa del Paradiso* del 1490, in cui Giove ordina alle divinità olimpiche di offrire doni a Isabella[118]. Mercurio ragguaglia poi il padre circa le caratteristiche straordinarie della dama (c. T 7*r*, vv. 1–13):

> Dolce concento in gran silenzio ascolto
> et con Palla Imineo fan temperia,
> quanto ha di ben el mondo ha in grembo acolto.
> Da milli anni cantar ne dà materia:
> e sua età, di lei degna, è ben quella
> apresso a quatro Soli; e farsi Hesperia
> per questi più che mai felice et bella.
> Un pastor v'è, che fa dolce concento,
> 'n un bel prato fiorito era Isabella.
> In questa ultima età sicuro armento
> Hieronimo Donato è ben donato
> dal ciel, sì che Neptun or n'è contento,
> novo Hermolao che al Mor fo tanto grato.

Il fulgore di Isabella risulta mirabile, anche perché la sua presenza permetterà l'arrivo di anni felici[119]. In seguito, gli dèi lodano a turno la donna come

118 Bellincioni 1493, c. T 5*v*, 3.

119 L'utilizzo tendenzioso dei temi dell''età dell'oro' e della Milano 'nuova Atene' rivela una forte rivalità con la Firenze medicea. Infatti, uno dei simboli più significativi di Lorenzo il Magnifico riguarda il tronco di alloro rifiorente con il motto in francese

avviene nella *Ripresentazione*: la Luna promette a Giove di trasformare «lieti tuti i corpi insani» pur di conoscere Isabella (c. T 7*v*, 6–7); Venere confessa che «mie belleze costei reduce in cenere, / tanto che me non reconosco» (vv. 7–8); Apollo prega il padre affinché renda la duchessa immortale; Marte ringrazia il «chiar sol d'Aragona / e di Sforza» per l'esistenza di una creatura così straordinaria (c. T 8*r*, 3–4); Saturno propone, al pari di Apollo, che «gli anni d'Isabella» durino in «etern*o*» (v. 3). Le tre Grazie e le sette Virtù concludono la rappresentazione con due cori separati, in cui la dama, definita «phenice», diviene incarnazione della «primavera» (c. U 3*r*, 2–3)[120]. Nonostante questo scenario così idealizzato, la presenza della donna rimane vincolata al potere supremo e incontestabile del Moro: la *Festa del Paradiso*, ancorché rivolta a Isabella d'Aragona, allude continuamente al duca e ne suggella la supremazia.

6 *Danae e Atteone:* servitium *e* beneficium *cortigiano*

I.

Le strategie della propaganda ludoviciana sono impiegate con assiduità nelle opere recitative di Baldassar Taccone[121]: la *Comedia di Danae* segue la versione del mito narrata nelle *Genealogie deorum gentilium* (II, 32–33), ma non nel finale, in cui l'intento cortigiano del testo distorce l'intera

Le temps revient; l'impresa, ricordata in *Stanze per la giostra* I, 4, simboleggia il rinnovamento e, insieme, l'immortalità della casata, che ambisce a presentarsi quale responsabile della rinascita di Firenze (definita appunto 'nuova Atene').

120 Si noti che l'epiteto 'fenice' diventerà poi caratteristico della duchessa Beatrice. Es. cfr. Calmeta 2004, 9, 109: «o del mio ardente cor vera fenice».

121 Nato nel 1461 ad Alessandria da una famiglia nobile, si trasferisce da giovane a Milano; alla fine degli anni Ottanta è cancelliere personale di Gaspare Ambrogio Visconti. Compone nel 1487 l'epitaffio per la tomba di Cicco Simonetta, mentre nel 1492 è inviato a Roma, insieme a Da Correggio, dopo l'elezione di Alessandro VI; cancelliere del capitano di giustizia e del consiglio segreto, ottiene nel 1497 la cittadinanza milanese. Sul poeta, cfr. Pyle 1991, 391–413.

storia. In Boccaccio Acrisio, signore di Argo e padre di Danae, apprende da un oracolo che la sua morte verrà causata dal nipote. Allora il sovrano, per sfuggire all'infausto destino, ordina di rinchiudere la figlia in una torre; Giove, però, colpito dall'avvenenza straordinaria della giovane, decide di possederla mutandosi in pioggia d'oro. Danae rimane incinta e dà poi alla luce Perseo; così è posta in un'arca con il neonato e gettata in mare. Danae, nelle *Genealogie*, si salva giungendo miracolosamente sino in Italia. In Taccone, la donna invoca Giove prima di essere abbandonata al suo destino (IV, 96–103):

> Giove, da te son posta in abandono?
> Pietà ti mova de mia tanta doglia.
> Da questi che qui intorno armati sono
> la vita per tuo amor mi si dispoglia.
> Se mai ti offesi, or ti chiedo perdono,
> padre: rafrena la tua cruda voglia.
> O ninfe, o pesci, o terra, o genti accorte,
> pietà vi mova de mia accerba sorte[122].

L'intervento provvidenziale della divinità – lascito del *Cefalo* di Da Correggio – permette a Danae di trasformarsi in stella con uno straordinario effetto scenico. La didascalia, difatti, recita: «qui è da sapere che GIOVE mosso a commiserazione de DANAE, doppo la fu portata via la converse in una stella, e lì se vide di terra nascere una stella e a poco a poco andare in cielo con tanti soni che parea che 'l pallazo cascasse». Il lieto fine si completa in modo originale grazie alla comparsa in scena di Ebe (personaggio introdotto *ex novo*), che ringiovanisce Acrisio, ucciso nel mito da Perseo; il motivo palingenetico prosegue con la liberazione del guardiano di Danae, Siro, posto in carcere perché reo di non aver sorvegliato la torre con la dovuta diligenza. La 'commedia' si conclude con un esteso capitolo ternario recitato da Apollo, che svela l'autentico significato del testo (V, 20–83): Danae è stata salvata da Giove in quanto rispettosa della

122 Taccone 1983, 293–334.

divinità[123]; l'atto di grazia è concesso, quindi, a «chi serve con gran fede / e con sincerità dei e signori» (vv. 35–36)[124]. Le frustrazioni sono funzionali, quasi cristianamente, alle ricompense che si riceveranno in seguito (vv. 38–40): «vengono, doppo le fatiche, onori, / e chi con leale servitude e pronta / serve, racoglie dietro a spine el fiore». Il comportamento «constante e forte» di Danae serve, dunque, da principio ispiratore per tutti i cortigiani (v. 45).

Il discorso di Apollo termina con l'indicazione del carattere esemplare della vicenda, monito prezioso per coloro che si apprestano a servire «con fe'» (vv. 77–78); il messaggio è avvalorato dalla massima per cui «chi fa bona semente ha bon racolto» e dall'accenno encomiastico ai vv. 79 e 83, in cui il *morus* viene colto nel suo aspetto ferace («viva el Moro triunfante e verde»)[125]. L'aggiunta finale – disarmonica e improvvisa – sigilla il testo attribuendogli una funzione contingente. Pertanto, se analizziamo la struttura ad ampie volute dell'opera alla luce del finale innovativo, si comprendono le ragioni dell'insolita rilettura del mito: il collegamento allusivo alla corte sforzesca e la rappresentazione del *deus ex machina* – che dispone della vita degli umani, ma è propenso, con virtù e poteri preternaturali, ad accorrere in loro soccorso – contribuiscono a trasferire a Ludovico il Moro alcune facoltà di Giove[126].

123 Vd. i vv. 29–34: «per amata vivendo già la elesse / Giove, e come l'amò qui in terra viva, / non volse che morendo se perdesse. / E se ben par che sii de vita priva, / adesso vive lei come se vede: / di mortale, immortale è facta diva».

124 Il principio per cui l'ubbidienza è la chiave per ottenere i giusti risarcimenti ricorre sovente nel *De Paulo e Daria amanti*. Vd. per es. c. M 2*v*, III, 1–3: «tutto ciò che ti promette [*scil.* il Moro] e afferma / già mai non ne farà manco un sol iota, / ma cum lo effecto la sua fe' conferma».

125 Pare poi ovvio che i pregi della nuova creatura (per es. ai vv. 52–76: «grazia eterna [...] bella persona [...] degna corona [...] comendata [...] preposta al giorno et alla nocte») siano rivolti, in modo indiretto, al suo creatore.

126 In un capitolo ternario Niccolò da Correggio vede in sogno Ippolita Maria Sforza, sorella del Moro scomparsa nel 1488; il componimento, imitato da Francesco Orombello nel ms. Italien 1543 (Castagnola 1988, 167–170), preconizza le straordinarie vicende che capiteranno a Milano e al suo duca, definito «in terra un Iove» (369, 186). Invece Galeotto Del Carretto, in un sonetto inserito nel medesimo codice a c. 94*v*, si scaglia contro i detrattori del Moro e afferma iperbolicamente che Milano ha le stesse possibilità di continuare a esistere senza il duca quanto

La *Comedia* palesa numerosi riferimenti al duca e, più in generale, ai princìpi di buona condotta cortigiana: Siro sembra una proiezione dell'autore, poiché è dedito al proprio signore e, perciò, appare antitetico rispetto ai servi inaffidabili e ridicoli delle commedie latine; Danae, una sorta di Antigone alla rovescia, osserva una deferenza ossequiosa verso il padre, anche se talora ne riconosce i limiti (I, 79–80: «se così vòi, quel che tu vòi quel fia, / fa la tua voluntà, non far la mia»); Giove – personaggio non solo altero e potente, ma anche mite e generoso come nel *Timone* mantovano – soddisfa l'iconografia consueta del potere ducale[127]. L'opera illustra così alla corte l'importanza di mantenersi nei propri ranghi, di rispettare le gerarchie impartite dal signore, sempre disponibile, in caso di bisogno, ad aiutare i sudditi meritevoli[128]. Invero, nel prologo il poeta mostra al pubblico l'argomento primario della *Comedia*, cioè la «forza del crudel fanciullo alato / che porta l'arco, la faretra e 'l foco» (vv. 1–3); ciò nonostante, Taccone non manca di segnalare che la tristezza si tramuterà alla fine in uno stato «alegro» (vv. 29–32)[129].

---

il mondo senza l'«excelso Iove» (v. 13). Si badi che già nel poema in terzine *De gestis Francisci Sfortiae* di Antonio Cornazzano (Paris: Bibliothèque Nationale de France, Italien 1542) Francesco I risulta un'entità sovrannaturale, in quanto figlio di Giove.

127 Si osservi che, secondo l'elenco trascritto da Leonardo (New York: Metropolitan Museum, Rogers Fund, Inv. 17142, c. 2*v*), lo scultore Gian Cristoforo Romano sostiene la parte di Acrisio, Taccone, non a caso, quella Siro; il religioso Francesco Tanzi recita nel ruolo di Giove, Francesco Romano di Danae, Giovan Battista da Osimo di Mercurio.

128 In un sonetto di Visconti a Galeotto Del Carretto si legge: «saggio è collui e vie più che virile / che ben si rege col suo mal pianeto, / però 'l tuo Moro, qual sempre fo discreto, / inspecto ha 'l cuore de un suo servo umile» (XXXVI, 21, 5–8). In un altro (LXXVIII, 162) si dice che il Moro, d'«ingegno re d'ogni signore», si abbevera presso il Lete per dimenticare ogni «errore / ch'abbia commisso alcun de la tua gente», laddove predilige l'Eunoè, che «infonde bona mente», quando si intrattiene con «ogni fido e vero servitore» (vv. 2–7). Si cita da Visconti 1979.

129 In Cesariano 1521, c. 118*v* si descrive così un affresco commissionato dal Moro per il Castello di Porta Giovia, che sembra racchiudere il messaggio morale della *Danae*: «si vede pincto lo enigma di Ludovico Sfortia soto la archicustodia del Castello di Iove, quale indica quasi como diressemo ieragliphico: 'post malum semper sequitur bonum et e converso; vel post lungum tempus dies una serena venit; seu post tenebras spero lucem etc'. Perché ivi è pincto uno tempo nimboso

2.

Baldassar Taccone offre in dono a Lucida Chiariella il testo della *Comedia*, «recitata in casa del Signor Conte di Caiazzo [*scil.* lo stesso Giovan Francesco Sanseverino che aveva patrocinato l'*Egloga* bellincioniana] al illustrissimo signore Duca e populo de Milano a dì ultimo de genaro 1496»[130]. I toni impiegati non si discostano dai consueti *tòpoi* di modestia, che vedono nel testo appena approntato un lavoro misero e non all'altezza. In effetti l'esordio della lettera non lascia margini di dubbio circa la sua impostazione retorica, affine a quella dell'*Orpheo*:

> Avea fra me stesso facto proponimento, Madonna mia, da tenere questa comedia nella polve e rugine de le altre mie carte un tempo, perché, conoscendo io el mio stile essere ruvido e basso, e avere bisogno de più severa lima, non mi parea concedergli licenzia che così inculta venesse al vostro venerando cospecto. Ma poi che così vi piace, per ubidienza la mando.

Taccone si discosta da Poliziano, là dove si rammarica per la mancata presenza di Chiariella tra gli spettatori, in quanto «de simile cose l'ochio è miglior iudice de l'orecchio»: infine, lo scrittore si fa garante della correttezza del testo proposto alla dedicataria («le parole furono come qui de sotto se legge recitate»), mentre la lettura è agevolata dalla divisione in atti e da alcune «annotate postille»[131]. La *Danae* viene così proposta dall'autore quale 'comedia': l'identità di genere rimane, a dispetto della definizione, confusa e contraddittoria. La rappresentazione – che consta di oltre settecento versi (prologo e I atto: 120; II: 236; I intermezzo: 91; III atto: 63; II intermezzo: 67; IV atto: 103 e V atto: 83) – rivela un'ambizione maggiore rispetto agli altri testi milanesi sin ora presi in esame. È evidente la sua natura stratificata ed eterogenea: il primo atto prende le mosse da alcune sequenze di carattere tragico. Acrisio, che ha appena ricevuto il responso nefasto dell'oracolo, viene presentato allorché si riunisce con i suoi consiglieri. La disperazione del personaggio è espressa da un

et di maxima procella e poco distante da epso le turme chi ballano, iocundano e festeggiano soso lo tempo sereno, quale cose appareno poter essere».

130 Taccone 1983, 293.

131 Ivi, 294.

lessico marcato[132]. La stanza recitata da Siro, servitore accorto e leale, non stempera la tensione: nemmeno il registro formale più umile e le parole-rima tronche e monosillabiche, altra eco polizianesca, cambiano valenza all'atto[133]. La messinscena prosegue, in un'ambientazione lugubre, con le riflessioni di Danae, che ha appreso da Siro la decisione del padre di confinarla dentro a una torre; la frustrazione della protagonista è accompagnata da un'impotenza paralizzante, da una tacita inerzia (I, 81–88).

Anche l'inizio del secondo atto conferma queste dinamiche: la donna, ormai imprigionata, si duole per le false promesse dispensate da Amore, che viene indicato come la causa principale della sua detenzione. Le battute, violente e cariche di tensione e sconforto, sono attenuate da passaggi più leggeri, che espongono il testo a una netta escursione stilistica[134]. I pensieri della protagonista si articolano attraverso *geminationes*, giochi di parole e anafore di impronta strambottistica (vv. 9–16):

> Casta è colei che da se stessa è casta:
> casta non è da libertà che privi.
> Privi ben el corpo, ma la mente è guasta:
> guasta perché chiama so' conto i vivi.
> Vivi se san ben provedere e basta.
> Basta: ché tu sicur per ciò non vivi;
> se tua figliola incarcerata inchiodi,
> dime: chi guarderà poi i toi custodi?

Il carattere del personaggio si delinea nella scena successiva, in cui Mercurio annuncia a Danae l'intenzione di Giove di giacere con lei; il rifiuto sdegnoso e la sicurezza perentoria mostrano una figura pudica e pronta a

132 Per es. I, 32–52: «crudel novella» […] «mio proprio sangue» […] «guerra» […] «mostri» […] «cagion de la mia morte» […] «grandi affanni» […] «grida» […] «ancida» […] «inganni» […] «furie infernale» […] «devorar queste mie membra» […] «corpo smembra».

133 I, 65–72: «intendo signor caro quel che di': / lassa, ch'io exequirò lo intento to'. / Tu sai ch'io son tuo servo fidel sì / che mancamento alcuno mai non fo. / In quella torre compirà i soi dì, / come una volta drento messa l'ho. / Se scappa poi i' porterò la pena: / mettemi in ferro, in ceppi o alla catena».

134 Per es. cfr. vv. 35 e 39–40: «non lo stimavo per adietro un fico. […] / Qualunche l'oste non risguarda e stima / perde sovente, com'io fo, la scrima [*scil.* scherma]».

soffrire in piena solitudine. Mercurio medita, allora, di corrompere Siro al fine di permettere a Giove di entrare nella torre. L'estenuante confronto dimostra l'incrollabile tenacia del servo e l'affetto provato nei confronti del padrone (vv. 130–228); l'indignazione del personaggio di fronte alle proposte del dio e l'insistenza sul concetto di «dover» sono funzionali al discorso conclusivo di Apollo (vv. 193 e 201).

Il terzo atto viene ricondotto al precedente da un intermezzo (91 versi, più esteso degli atti III e V). Il testo non si riferisce alla commedia, ma allude a temi amorosi generici che si possono connettere latamente alla rappresentazione: un uomo intona un «gran lamento», perché rifiutato dalla propria «diva» (vv. 1 e 11). La descrizione della donna secondo i *tòpoi* della lirica e della poesia bucolica quattrocentesca nonché gli appelli rivolti all'amata introducono la scena in cui Giove soffre a causa dell'atteggiamento scontroso di Danae; la divinità appare impacciata e indecisa, tanto da scrivere un sonetto per convincere la giovane. Tuttavia, Giove, a differenza degli amanti consueti, può far valere i propri poteri straordinari: ricevuto l'ennesimo diniego, accede alla torre trasformandosi in pioggia dorata. Il racconto viene interrotto, con funzione di *suspense*, da un secondo intermezzo: sicché, appare in scena un uomo che, come suggerisce la didascalia, «andava seminando». Il gesto è un'allegoria, in quanto il personaggio spera di cogliere i frutti maturati nel campo di Amore: come il primo intermezzo si pone in consonanza con la delusione di Giove, così quest'ultimo preannuncia l'esito positivo del piano elaborato dal dio.

Il quarto atto recupera il filone tragico di partenza: Siro, dopo essersi accorto della gravidanza di Danae, non sa come comportarsi. Riferire l'accaduto al re significa assumersi la responsabilità di una sorveglianza superficiale; inoltre, la nascita del bambino potrebbe condurre all'uccisione del padrone. L'idea della fuga, che il personaggio prende in considerazione, viene presto bocciata. Siro, dopo un lungo e tormentato ragionamento, sceglie di agire in modo leale, anche a scapito della propria incolumità (vv. 41–56):

> Che debbo far? El debbo dir? No 'l dire?
> Fugge! Sta saldo: e mette giù le chiave,
> e lassa un altro che la vadi aprire,
> e poi renunzii questo error sì grave.

E pur me va al cervel forte el fugire:
so che diman da qui parte una nave.
S'io fuggo, poi da l'altro canto i' veggio
che l'anderà a chi può di me dir peggio.
In fine in fine i' non son più uno uccello
qual di volar se pasce e se nutrica;
andar voglio, se ben vado al macello,
e legerli del facto la rubrica.
Indi da poi, com' mansueto agnello
due parole dirò de mia fe' antica
e come ai panni miei non fur mai macchie:
facciame poi mangiare alle cornacchie.

L'immagine del perfetto cortigiano, pronto a sacrificarsi per colpe non sue, anticipa gli esiti successivi: Acrisio ordina di arrestare Siro e di uccidere la figlia; Danae, invece, invoca il perdono e l'intercessione di Giove. La preghiera viene accolta dalla divinità, che invia Ebe sulla terra per rimediare alla situazione. Nell'atto finale, dunque, il contesto luttuoso vira in modo repentino e imprevedibile: Giove restaura l'equilibrio di partenza; i personaggi, anche quelli più ambigui come Acrisio, vengono premiati con un *beneficium* rilevante, laddove il messaggio politico e morale del testo è certificato dai cenni a Ludovico Sforza.

3.

L'*Atteone*, di settantaquattro versi, sviluppa un discorso in sinergia con la *Danae*; il testo viene messo in scena, in base ai cenni a Gian Galeazzo Maria come ancora vivente, prima del 1494, anno in cui il Moro diventa duca *de iure*[135]. La vicenda – composta in ottave e capitoli ternari

135 Taccone 1988 b, 161–163. Il testo è recitato in occasione dell'oblazione del Duomo di Porta Orientale: la scena si svolge su un carro con al centro una fontana, che allude al nome del committente della rappresentazione, Francesco Fontana. Questi, ambasciatore in Ungheria al servizio di Mattia Corvino, si trasferisce stabilmente a Milano nel 1490 (anno *post quem* di scrittura dell'*Atteone*): molto apprezzato dal Moro, diviene consigliere segreto (1490) e commissario generale sopra le Monete (1491). Vd. Covini 1997, 649–651.

e tramandata, come per *Mosso da grande amor*, dal ms. parigino 1543 – segue in avvio la scansione usuale del mito: il cacciatore Atteone si reca presso una fonte per abbeverarsi e scopre inavvertitamente Diana mentre è intenta a fare il bagno. Se il personaggio in Ovidio (*Met* III, 131–252) non ha colpe per ciò che è successo, in Taccone si sofferma compiaciuto a osservare la dea, che disconosce invocando Venere (vv. 1–3): «o qual beltà, qual gentilezza è questa? / O dio d'amore, ove con l'arco stai, / qui fian li toi strali e forza presta!». Diana – che nelle *Metamorfosi* inveisce con collera contro l'uomo – si limita ad apostrofare Atteone quale «prosuntüoso»: la sua permanenza troppo lunga presso la fonte ne ha aggravato la posizione (v. 4). Alla fine, la dea, quasi a malincuore, trasforma il personaggio in cervo[136]. Segue il pianto di Atteone, che viene poi sbranato dai propri cani: egli si dice «vergognato» per la triste sorte, tanto da deprecare la propria nascita (v. 25). Tuttavia, l'attenzione dello spettatore risulta subito catturata da alcune battute, che riprendono lo schema dell'*ubi sunt*: il protagonista si chiede con angoscia e rimorso dove si trovino, in un momento di così grande disperazione, «l'oro e l'argento e 'l popul forte, / gemme, riccami e veste precïose» e, nella fattispecie, «quella mia eccelsa ornata corte, / le ninfe mie leggiadre amorose» (vv. 33–36). Ancora una volta l'ambientazione cittadina è l'unica realtà esistente in cui l'uomo possa appagare i propri desideri; di contro, la vita agreste viene colta nella sua accezione di pericolo e, in un certo senso, di ferinità spinta all'eccesso.

Inoltre, i versi successivi recitati da Mercurio e rivolti, secondo la didascalia, «al Signore Duca de Milano in comendazione del Moro» chiariscono il significato del testo: il brano si configura quale preciso messaggio del dio a Gian Galeazzo Maria, mai nominato in modo diretto, a non comportarsi con il Moro come «el fiero Atteon stracciato» con Diana (v. 47)[137]. Mercurio, infatti, «mandato a te da Giove, Apollo e Marte / a

136 Sul mito di Atteone nella letteratura italiana, dalle Origini al Seicento, cfr. Barberi Squarotti 2000 b, 329–363.

137 L'amore del Moro verso il nipote spicca in un libello di Biffi 1493. Vd. i vv. 25–28: «pectore cum caro stabit pia cura nepoti, / deciderit nigra genitor cum morte peritus / tunc patruus Bari laeto dux factus honore, / ut pater imperiis humeros supponet amicis».

farti una ambasciata in bono augurio», ricorda al giovane la misera fine di Atteone, «prosuntüosamente in l'acqua [...] entrato», e gli rammenta che gli dèi sono abituati a vendicarsi di «ogni ribello, ogni nemico / che pensi male oprar o cosa vana, / o insidiar questo bel stato aprico» (vv. 42–43, 49 e 51–53)[138]. Le divinità sono pronte a difendere il dominio sforzesco e a trasformare qualsiasi avversario in «lupo, o in cervo, o in Diana, o in orso, o in toro» (v. 57). Quindi, il consiglio intimidatorio è di lasciarsi guidare dallo zio, del resto protetto dagli dèi «per l'infenite suo virtute o ingegno» (v. 60); le divinità si faranno sempre garanti del signore, dotato come nessun altro di «fede e di prudentia» (v. 63). Mercurio elenca poi un preciso catalogo di abilità politiche possedute dallo zio, che Gian Galeazzo Maria imparerà ad apprezzare con il tempo. L'intervento è concluso dal consiglio di affidarsi ciecamente al Moro (vv. 68–70):

> Felice te, felice finché guida,
> e felice serai de passo in passo
> e fia felice ognun ch'in lui se fida![139]

Il contenuto di quest'ultima terzina, marcata da anafore e allitterazioni, risulta inquietante se accostato alla biografia di Gian Galeazzo Maria. Egli è escluso completamente dalla vita politica di Milano[140]. Si badi che il matrimonio del 1489 con Isabella d'Aragona contribuisce, per paradosso, al suo isolamento definitivo: viene confinato a Vigevano sotto attenta

138 Si tenga presente che il caduceo di Mercurio, accompagnato dal motto «ut iungor», costituiva una delle numerose imprese del Moro (Giordano 1995, 94–117).

139 In un sonetto di Bellincioni scritto a nome di Gian Galeazzo Maria, il poeta, che chiama Ludovico «padre a me secundo», mette in bocca al nipote del Moro alcune espressioni significative come «ogni mia speranza in te resiede» e «io te arò per mia guida e scorta e lume» (c. B 4*r*, 2, 8 e 13); in un altro si dice che «la virtute e 'l valore e l'intelletto / fan che 'l Moro Galeazo honora e ama» (c. B 4*v*, 3–4); a c. B 8*r* il duca rappresenta un «sicuro porto» per il nipote (v. 14). Infine, nel capitolo ternario che apre le *Rime*, il padre di Gian Galeazzo Maria appare a Bellincioni e gli comunica (c. A 6*v*, 6–8 e 14–17): «[...] ch'ogni suo bene è Ludovico, / diragliel, fiorentino, colla tua lira, / honoril come alcun fe bello antico. [...] / Quante cose direi, ch'io mi riservo, / per util di mio figlio che chiar sono, / che Ludovico gli è padre diletto, / e dell'anima sua gli ha fatto dono».

140 Vaglienti 2000, 391–397.

sorveglianza delle spie del Moro; non gli è consentito inviare o ricevere corrispondenza senza la preventiva approvazione di Ludovico[141]. Addirittura, nel 1491 lo zio, secondo l'ambasciatore ferrarese Trotti, impone il nome al primogenito del nipote[142]. Ciò determina lo sdegno di Isabella d'Aragona, la quale nel 1493 segnala i soprusi subiti al padre, il re di Napoli Ferdinando I. È possibile, dunque, che l'*Atteone* sia da collocare in tale periodo, che sfocia, nel maggio dell'anno successivo, nell'occupazione per rappresaglia da parte delle truppe aragonesi del feudo sforzesco di Bari. A partire dal 19 settembre del 1494 inizia la lenta agonia del nipote, probabilmente fatto avvelenare dal Moro stesso, come sembrano suggerire alcuni documenti ducali[143]; il 22 ottobre il *princeps* viene proclamato duca a tutti gli effetti, a discapito del legittimo erede (Francesco Maria, primogenito di tre anni del defunto Gian Galeazzo Maria).

Pertanto, la figura di Atteone-cervo – trasfigurato nella lettura cristiana e medievale in *alter Christus*[144] – preconizza brutalmente il destino dei servi infedeli[145]; Diana, invece, sembra privata della dimensione ieratica di Ovidio, perché diviene il baluardo, sensibile e attento, del potere costituito. Perciò, se nella *Comedia* Taccone ha messo in luce la magnanimità di Giove nei confronti dei sudditi più degni, nell'*Atteone* si sottolinea, viceversa, il triste destino che spetta ai servitori sleali, preoccupazione cogente e mai sopita all'interno della corte ludoviciana[146].

141 In Bellincioni, di contro, spicca l'amore incondizionato dello zio nei confronti degli sposi: «non manca, o bella copia, or cosa alcuna / se non qui el vostro patre Ludovico» (c. B 4*v*, 13–14) ed «el barba nostro ad me dice: 'e' mi duole, / quando Isabella e tu non seti meco, / viver non so, ma tu senza lei come?'» (c. R 6*v*, 12–14).

142 Modena: Archivio di Stato, Ambasciatori, Milano, 6: «gli ha posto nome Ioanne Ambrosio et Francesco; ma vole ch'el sia chiamato Francesco, che abia ad essere il suo primo et principale nome, per respecto della bona memoria del signor duca Francesco suo padre».

143 Milano: Archivio di Stato, Potenze sovrane, 1464 e Corio 1978, 1563.

144 Branca 1996, 193–208.

145 Atteone / Gian Galeazzo Maria pecca di *hýbris* e pare contrapposto al duca, in Bellincioni cacciatore paziente nell'attendere la preda (c. B 2*v*, 13–17): «alle crida non lassa al Moro e' cani, / ma col carro pigliar son sue doctrine. // Oh quante gran ruine / vengono e riparar non po' colui! / La propria passione acieca altrui».

146 I temi dell'invidia, delle minacce interne, dei complotti contro il duca felicemente sventati diventano frequenti nella letteratura milanese. Ad esempio, Galeotto

7 *Città / campagna, moro / lauro*

1.

La *Pasitea* di Visconti – di cui non è rimasta alcuna traccia sull'eventuale data, il contesto e le modalità di rappresentazione[147] – si presenta con una struttura comica pressoché classica nei nomi dei personaggi, alcuni dei quali 'parlanti' (per es. Dioneo, Pseudolo), nell'accurata divisione in atti e scene, nei ruoli dei protagonisti e, limitatamente ai primi due atti, nella trama[148]. La *Pasitea* narra la vicenda di Dioneo, che, ostacolato dal padre, cerca di sposare l'amata Pasitea mediante l'ausilio dei servi Pseudolo e Promo. Spicca un'attenzione insolita alla caratterizzazione dei personaggi: Crisalo, che palesa tratti comuni a Euclione dell'*Aulularia* plautina, è un anziano avaro, prepotente e meschino, sempre pronto a farsi commiserare dai servi per questioni futili; Pseudolo incarna la figura dello schiavo ruffiano (si pensi allo Strobilo dell'*Aulularia*, che passa velocemente dal lodare il padrone al raggirarlo); Dioneo risulta il tipico giovane innamorato e un po' inconcludente della tradizione comica. In alcune scene si ravvisa una profonda commistione di elementi specifici della letteratura teatrale (classica e cortigiana): ad esempio a I, 1 Crisalo

---

Del Carretto così si esprime in un capitolo ternario dedicato al signore (Sess. 413, c. 442*v*, vv. 31–33): «lasso l'insidie conspirate e i molti / già congiurati contra lui desegni / con gran prudentia da lui scorti et tolti». Inoltre, Leonardo da Vinci dipinge un'*Allegoria del Moro che scaccia l'invidia* (Boyonne: Musée Bonnat, Inv. 656*r*): il signore, munito di occhiali, è assistito da un armigero nero.

147 Alcuni critici pensano che nel *De Paulo e Daria amanti* sia contenuta un'informazione utile per fissare la data di composizione della commedia (prima del 1495): nel VI libro il protagonista, mentre sta raggiungendo Gerusalemme, spiega che i pellegrini «talor cantarno i *Menechmi* o lo *Amphitrio* / o de Cecilio scene a il loro arbitrio» (c. K 2*v*, III, 7–8).

148 Gaspare Ambrogio Visconti proviene del ramo visconteo dei signori di Cassano Magnago; ricopre a corte i ruoli di ambasciatore, consigliere segreto, senatore. Importante mecenate, ospita Bramante dal 1487 al 1495 nel palazzo in S. Pietro in Camminadella. Sul poeta e sulla *Pasitea*, cfr. Martinelli 1989, 213–261; Pyle 1980, 349–360 e 1993, 562–582 e Albonico – Moro 2020.

si lamenta per la propria sorte infelice, ricorrendo a vari *tòpoi* tragici; a I, 3 Pseudolo, dopo aver giurato fedeltà eterna a Crisalo, si dilunga in un monologo contro i padroni; a II, 3 Dioneo narra le pene amorose che lo angustiano rifacendosi ai moduli dalla tradizione strambottistica; il III atto, invece, si sostanzia degli estesi monologhi elegiaci dei due innamorati (vv. 1–40 e 81–222); i personaggi sono poi sostenuti dalla nutrice Mastropa che, secondo l'uso canonico, si sforza di convincere Pasitea affinché si conceda a Dioneo. In aggiunta, se il linguaggio dei primi due atti appare colloquiale, con escursioni scurrili e triviali, il III si configura quale crestomazia di tessere provenienti dalla lirica trecentesca e cortigiana (in particolare dagli *Amorum libri* boiardeschi).

Dalla sezione centrale del IV atto emerge con forza la proposta ideologica di Visconti: i due giovani, che si sarebbero dovuti incontrare all'alba in un bosco fuori dalle mura cittadine, si trovano a ripercorrere la tragica vicenda di Piramo e Tisbe; l'uscita dalla città comporta anche in questa situazione un grave pericolo[149]. L'appuntamento tra Pasitea e Dioneo è vanificato da Pseudolo, che si dimentica di svegliare il giovane in tempo. Il protagonista arriva in ritardo presso il luogo pattuito e nota le orme di un leone e il velo insanguinato dell'amata; suppone, perciò, che Pasitea sia stata sbranata e decide di suicidarsi. Invece, la protagonista, che era fuggita incolume, stabilisce a sua volta di togliersi la vita, non appena scorge il giovane agonizzante[150]. La scena sembra cara a Visconti, che la propone, pur con evidenti variazioni, alla fine del *De Paulo e Daria amanti*.

Il quinto atto scioglie l'intreccio in modo sorprendente, riconducendo alle virtù di Ludovico il Moro l'intera composizione: le prime tre ottave sono pronunciate da Apollo allorché trasforma Dafne in alloro[151]; la divinità

149 Il parere di Dioneo secondo cui «dentro da la cità non veggio via / la qual quanto vorrei paia sicura» verrà drammaticamente smentito (III, 207–208).

150 Vista la marcata appropriazione sforzesca del mito, è suggestivo ipotizzare che la perduta *Tragedia di Tisbe* di Ariosto, a Milano nel 1493 per la *tournée* di Ercole I, abbia potuto intrattenere legami con la *Pasitea*. Per l'opera cfr. la testimonianza di Ariosto 1582, vv. 221–223: «nec tantum dederas haec ludis signa futurae, / sed puer et Tysbes deducis carmen in actus, / parvaque devincis praecoci crura cothurno».

151 Notiamo che, all'interno di una sestina inclusa nel ms. It. 1543 del francescano Giuliano da Muggia, il Moro viene così evocato: «o novo Apollo, o sublimando sole, / o quarta sfera» (Castagnola 1988, 180, vv. 7–8).

dichiara il proprio amore per la ninfa, tanto che la metamorfosi arborea le permetterà di diventare, quasi come accaduto alla Danae di Taccone, corona di «imperatori e vati» nonché ornamento per la «mia gravida faretra / l'arco mio curvo, e mia sonante cetra» (vv. 13–15). Malgrado ciò l'alloro non rappresenta la pianta più importante del panorama mitico-botanico, giacché, per stessa ammissione di Apollo, «d'ogni altro il Mor serà più singulare» (v. 24)[152]. Lo scoperto confronto tra l'alloro e il gelso, con il successo di quest'ultimo, potrebbe indicare la superiorità del Moro su Lorenzo de' Medici[153]; la contrapposizione è da ritenersi valida solo se si pensa che l'opera sia stata scritta mentre il Magnifico era ancora in vita (prima dell'aprile del 1492)[154]. Inoltre, nella seconda scena dell'ultimo atto, Apollo scopre che i gelsi hanno cambiato colore (da bianchi a rossi), perché si sono macchiati del sangue degli amanti; il che spiega eziologicamente una caratteristica costitutiva della pianta (vv. 61–62: «onde, se 'l moro è sempre inamorato / aver non se ne die' gran maraviglia»). Pertanto, la presenza miracolosa del duca e la commozione suscitata della triste storia spingono Apollo a restituire il «vital foco» ai protagonisti (v. 78). La commedia, dunque, dopo la resurrezione di Pasitea e Dioneo, viene conclusa in modo lieto dall'estrema gioia di Crisalo, che acconsente finalmente al matrimonio del figlio[155].

152 Forse in questi casi di voluta ambiguità in cui non si nomina il Moro direttamente, ma attraverso il *senhal*, occorrerebbe trascrivere il vocabolo in minuscolo.

153 In Bellincioni è utilizzata la medesima tattica: es. c. B 3 *r*, 1–4 («l'arbor che Phebo in terra honora e ama, / et quel che Sforza fe' cangiar colore / a quella donna di belleza un fiore, / hoggi ben danno gloriosa fama») e c. H 1*v*, 15–17 («s'io mi sono a ·te dato / et sai ben quel che io vaglio e s'io te honoro, / per certo più che el lauro e può el moro»).

154 Forse non è casuale lo spunto polemico a IV, 105–113, quando Pasitea pensa di essere stata abbandonata da Dioneo, nei confronti dell'ottava misogina di Poliziano (cfr. *Stanze*, I, 14 e con lievi varianti in *Orpheo*, vv. 277–284).

155 Si tenga presente che il nome della protagonista e il suo fascino straordinario (V, 66: «più bella che Venere dea» e V, 72: «beltade è morta seco») potrebbero derivare da *Stanze* II, 22, 1–4: «Pasitea fe' chiamar, del Sonno sposa, / Pasitea, delle Grazie una sorella, / Pasitea che dell'altre è più amorosa, quella che sovra a tutte è la più bella».

2.

L'opera, di oltre mille versi (I atto: 216; II: 216; III: 238; IV: 204; V: 216), inizia con il monologo di Crisalo. Egli sfoga a stento il proprio dolore, di cui non è rivelata l'origine. Il ricorso ad alcuni espedienti tragici – come il lessico particolarmente grave (per es. vv. 67–70: «debil [...] faldato [...] smorto [...] mali [...] cordogli principali») e l'idea ricorrente del suicidio – introducono lo spettatore in un contesto preciso. L'avvio anomalo – consono, come nella *Danae*, a una tragedia – accresce soltanto la comicità della situazione e approfondisce il carattere gretto del personaggio. Crisalo, infatti, si dispera perché il figlio Dioneo sta sperperando il patrimonio[156]: l'anziano genitore si dimostra avaro e incapace di comprendere le ragioni di Dioneo. Ciò viene suffragato dal premio risibile, «un par de calze belle e nove», che il padrone promette a Pseudolo, qualora risolva un problema per lui così serio (v. 154)[157].

La presenza del servitore vivacizza la scena: Pseudolo, come denuncia il nome stesso, non è interessato ad aiutare Crisalo, ma desidera conoscerne i segreti per pura civetteria. I quattro versi iniziali con cui si rivolge al personaggio costituiscono una stucchevole professione di lealtà (vv. 85–88): «sentendo il tuo lamento doloroso / ardir presi venir a tua presenza, / per voler parte anch'io de la tua rogna, / e morir teco, se morir bisogna». Inoltre, l'insistenza del servo, affinché il padrone gli confidi la ragione del proprio sconforto, evidenzia un altro aspetto dell'indole di Crisalo: egli finge di resistere alle domande di Pseudolo (per es. cfr. v. 101: «pazzo che sei! Va via, non mi temptare!»), poiché non si trattiene dal raccontare quanto accaduto (vv. 113–116). La devozione del personaggio è presto smentita da un divertente monologo: Pseudolo appronta un vivido ritratto di Crisalo, definito con tono risentito un «vechio maladetto [...] uomo avaro [...] maladetto e fello [...] perfido iudeo» (vv. 169, 184, 193, 214). La condotta

156 Cfr. vv. 117–120 («ch'io fussi senza figli saper pòi, / e quanti voti fei per averne uno: / infine, in mia malora, un n'aggio aùto, / cagion che per dolor viver refuto») e vv. 142–143 («ché questo getta più in una giornata / che già in molti anni non aguadagnai»).

157 Sul tema burlesco delle calze si rinvia ai sonetti XX e XXI di Bramante 1995, 52–53, che insistono sul misero compenso ricevuto a corte dall'artista.

assurda di Crisalo è tratteggiata in modo icastico e incisivo: custodisce i suoi risparmi in un «cassone» talmente pieno che è costretto a usare il martello per «cacciar*e* i fiorin d'or dentro per forza» (vv. 192 e 196). L'atteggiamento del padrone viene approfondito nella scena successiva, in cui lo spenditore Promo, incaricato di acquistare i beni di prima necessità della famiglia di Crisalo, si reca presso il contadino Comarco. Promo raccomanda all'agricoltore di non fornirgli la merce secondo l'unità consueta del cantaro (pari a circa 20 kg), bensì di calcolare il peso dei prodotti con la dramma (4 gr) o gli scrupoli (1 gr), utilizzati nelle oreficerie. Inoltre, lo spenditore si premura di comprare tutto, perché altrimenti «vedresti il mondo de rumori pieno, / ché costui par che in tanta furia saglia / d'ogni minima cosa che vien meno, / ché fuor de se medesmo suole andare, / come se 'l cel n'avesse a ruinare» (vv. 228–232).

Il secondo atto ha per protagonista Dioneo, il quale spicca per cordialità, entusiasmo, impazienza. Se Crisalo è tormentato dal pensiero di veder diminuite le proprie sostanze, Dioneo soffre per amore di Pasitea. La descrizione dell'innamorato lezioso ed esitante trova precise rispondenze ai vv. 91–104:

> Quanto è crudel quel venenato chiodo
> ch'ha in mezo il cor chi ad Amore è supposto!
> I' me destrugo, i' me consumo e rodo,
> io son in le tenaglie e in croce posto;
> già son dui giorni che mia vita è rea
> per non aver veduto Pasitea.
> Già son dui giorni, e pur son vivo ancora,
> ch'io non ho visto l'unico idol mio,
> per ben che 'l veda sempre a ciascuna ora
> cum gli ochi de la mente e del desio.
> Apresso a questo uno altro duol mi accora,
> ch'io temo qualche caso adverso e rio,
> perché Fortuna spesso mi contrasta,
> e mei piacer voluntier rompe e guasta.

Il terzo atto è incentrato sul rapporto tra Dioneo e Pasitea: la prima scena è dedicata al monologo di Dioneo (vv. 1–40). In terza rima, a fronte delle ottave impiegate in precedenza, si contraddistingue per un netto innalzamento del registro e dell'impianto retorico. Ne sono testimoni i frequenti rinvii alla lirica di Petrarca, le traduzioni di alcune locuzioni latine, la cura formale del testo stesso, tramato di anafore (per es. vv. 1, 4, 7) e inarcature (vv. 1–2, 25–26). La seconda scena, invece, rientra in un contesto di imitazione della drammaturgia classica, poiché Pasitea è persuasa dalla serva Mastropa a ricambiare l'amore di Dioneo. La protagonista, incerta e spaventata, viene spinta dalla donna a lasciare la casa durante la notte; i dubbi di Pasitea vengono mitigati da rassicurazioni bonarie e ottimistiche (III, 53–56). In seguito, è proposto un capitolo ternario della protagonista, speculare, anche nell'estensione, a quello appena formulato da Dioneo. Non mancano, però, profonde divergenze: se l'innamorato si sofferma sulle virtù positive dell'Amore e sulla sua forza incoercibile, Pasitea ne individua tutti limiti. Ciò si accompagna a continue esclamazioni e interrogative retoriche (per es. vv. 81–114: «ehimè [...] fumo et ombra [...] stolta [...] mente bassa [...] convene adunque che mi stessa inganni, / e che del mio pentir io sia cagione [...] ohimè»). Pasitea, non appena sembra aver risolto le proprie esitazioni, muta idea in modo repentino ai vv. 117–126:

> Viverò in vita che mi serà tedio,
> e meglio seria il colpo aspro e mortale
> che star di tanti affanni in tanto assedio.
> Orsù, io temptarò, per manco male,
> se 'l mio Dioneo me vòl tuor per moglie,
> benché non sia a lui di roba equale:
> così contentarò tutte mie voglie,
> né la vechia averà donde se indiavoli,
> e volterò in piacer mie pene e doglie
> conservando però la capra e i cavoli.

L'articolato ragionamento e gli stilemi conformi alle norme tragiche sono ricondotti all'interno della tipologia comica mediante il proverbio dell'ultimo endecasillabo, che stempera le battute precedenti. La tensione viene sciolta nella scena IV, in cui si incontrano finalmente Dioneo e Pasitea. I personaggi decidono di lasciare l'indomani la città e si esprimono secondo un linguaggio lirico, contraddistinto da un elevato numero di patetismi, di espressioni enfatiche e iperboliche[158]. I preparativi vengono completati nella scena successiva: Dioneo prega Pseudolo di svegliarlo al primo canto del gallo; tuttavia, le rassicurazioni del servo, contrassegnate da approssimazione e da una disponibilità esteriore, risultano disattese all'inizio del IV atto[159]. Il servitore non solo si dimentica di svolgere il compito, ma, pur di non essere punito, non avvisa il padrone del ritardo. L'opera da questo passaggio cambia registro e modelli (da quelli plautini all'episodio ovidiano di Piramo e Tisbe di *Met* IV, 55–166). Dioneo, infatti, giunge tardi all'appuntamento: dopo aver visto il velo insanguinato di Pasitea accanto alle orme di un leone, decide di togliersi la vita. Il dramma – che matura nel volgere di soli quattro versi (vv. 55–58: «or serò lieto sopra ogni cuor lieto, / poiché del seminar bon frutto mieto. / Ma che vòl dir ch'io veggio in questo polve / stampate d'un leon fier le vestigie?») – viene esplicitato dalle frequenti citazioni ovidiane. Tanto più risulta elevata la riconoscibilità dell'episodio, tanto maggiore appare la meraviglia per la conclusione palingenetica.

Nella quarta scena è inserito un intermezzo in terzine sdrucciole (vv. 129–180). Fedele al modello bucolico, ha per protagonisti i pastori Apistio ed Eusebio: il testo può sembrare in apparenza eterodosso; nondimeno – come per la *Danae* di Taccone e gli archetipi dell'*Orpheo* e del *Cefalo* – aumenta l'attesa e la tensione diegetica in un momento di forte tensione. Pasitea nella scena successiva rinviene il cadavere dell'amato; la protagonista prima deterge il corpo di Dioneo dal sangue, poi – come avviene nel *De Paulo e Daria amanti*, ma a parti invertite – si toglie la vita dinanzi al giovane. Il quinto atto, memore del precedente estense del *Cefalo*, punta alla singolare resurrezione dei personaggi: infatti, Apollo, persa per sempre Dafne, aveva pensato di riportare sulla terra solo Pasitea[160].

158 Per es. vv. 151–156: «più che la vita e più che 'l mio cuor t'amo, / e più che 'l spirto che mie membra guida; / il tuo bel nome al mio soccorso chiamo / quando Amor fiero a morte me disfida. / Se te odo o che te veda, altro non bramo, / senza te il cuor da me par se divida».

159 vv. 231–236: «dorme securamente, patron mio, / ch'io te resvegliarò, sì come hai detto. / Sia certo ch'io non tengo altro desio / dentro al cervello e dentro a questo petto / che di servirte tanto quanto s'io / me ritrovasse ad un gran re subietto».

160 vv. 177–179: «onde resuscitarla in fantasia / mi venne, e in vice de l'altra superba / tuor questa Pasitea per moglier mia».

Tuttavia, la protagonista si ribella al dio, in quanto «viver senza lui [*scil.* Dioneo] già non volea» (v. 196). Così Apollo, che, al pari di Diana nel *Cefalo*, esalta l'«impeto amoroso» e il suo «furor», resuscita pure Dioneo (vv. 201–202). La battuta conclusiva di Pseudolo, che ricalca quella della *Casina*, approfondisce il possibile contesto di rappresentazione (vv. 215–216): «intramo in loco a dar lo anel più idonio, / ché senza intrar non vale il matrimonio». È ipotizzabile, quindi, che la *Pasitea* sia stata composta in vista di uno sposalizio a corte; l'avvenimento, qualora non si sia verificato storicamente, appare comunque in filigrana. È sicura, invece, l'identità dell'orizzonte d'attesa: dal racconto ovidiano si riverberano precisi messaggi encomiastici e politici, che fanno leva su un immaginario condiviso, su codici collaudati, su espedienti di notevole spregiudicatezza. Il teatro grazie alle sue potenzialità, spettacolari e performative, diviene il fulcro di questa speciale apologia, lo specchio, consolatorio e seducente, del potere.

8 *La* Silva*: «è el giardin la corte»*

La *Silva*, scritta da Niccolò da Correggio per il Carnevale del 1493, è formata da ventuno ottave[161]. La didascalia anteposta al testo, che l'autore indica alla marchesa di Mantova quale strumento indispensabile per comprenderne il senso, fornisce le seguenti informazioni: «*Silva* composta per lo illustrissimo Messer Nicolò da Coregio per una damicella per allegorico nome rosa. È el giardin la corte». Antonia Tissoni Benvenuti ritiene che la glossa sia poco perspicua ai fini di una corretta intelligenza dell'opera e collega l'impianto diegetico del poemetto al *Roman de la Rose*. Riteniamo però che i richiami alla «damicella» e, soprattutto, al «giardin», allegoria della «corte», siano sufficienti per intendere

161 Si ricava la data di composizione da una lettera del poeta a Isabella d'Este del 30 marzo 1493: «per satisfare a la richiesta che mi fa la Excellentia Vostra ch'io mandi qualche cosa del mio, averà la alligata Silva cantata nel passato Carnevale, la quale mi persuado per la buona opinione sua in me. Li abbia a piacere. Vederà la continenza sua nel principio de la prosa» (Da Correggio 1969, 500).

l'operazione letteraria e culturale sottesa; invero, la trama della *Silva* si discosta molto dal modello francese, poiché percorsa da soluzioni e caratteristiche da riferire alle pratiche del teatro e della letteratura milanese. L'opera si divide in tre parti: nella prima l'io poetico si rivolge al Signore perché gli consenta di corteggiare una dama avvenente, che vive nel suo Giardino; sennonché, la fierezza dell'amata conduce il personaggio alla disperazione e, infine, al suicidio (I-XII); nella seconda l'amante giunge presso gli Inferi, dove viene accolto da Caronte. Questi invita l'anima ad abbandonare l'Inferno, poiché la sua condizione risulta talmente infelice e tormentata da sollevare, per paradosso, i dannati dalle loro pene (XIII-XV). Il protagonista lascia così l'aldilà e domanda al Signore di poter accedere al Giardino, in cui appagare finalmente il proprio desiderio amoroso (XVI-XXI). Sono evidenti i rapporti di consonanza e, insieme, di difformità con il *Roman de la Rose*: il testo di Da Correggio ricalca sì i temi del giardino, dell'ambientazione primaverile, della Rosa e recupera l'esito positivo della vicenda; tuttavia, non viene ripreso il percorso allegorico del poema, contraddistinto da tappe simboliche e da continui incontri (per es. con Amico, Ragione, Buona Accoglienza, Pericolo, Invidia, Malalingua). L'ipotesto francese è lessicalizzato, ridotto a pura struttura narrativa senza alcuno spazio per discussioni teologiche e culturali. Oltretutto, pare innovativo l'episodio tartareo e la successiva resurrezione del personaggio grazie all'intervento del Signore. Se nel Giardino del *Roman de la Rose* domina Amore, ma in coabitazione con altre entità (Diletto, Natura, Genio), in Da Correggio spicca un *dominus* unico, incontrastato; Amore ha la facoltà di far innamorare le persone, laddove il Signore possiede anche il potere di ridare vita ai defunti. Riaffiorano le peculiarità riscontrare nella *Pasitea*, nella *Danae* e nelle egloghe rappresentative: un Signore / divinità protegge i propri sudditi / creature e permette loro di vivere con gioia l'esperienza amorosa.

Analizziamo alcuni passaggi distintivi dell'opera, che si caratterizza per le *capfiniduras* in ogni singola ottava (tranne l'ultima); la figura retorica, lascito della poesia provenzale e volgare delle origini, salda le strofe tra loro[162]. La prima stanza si apre con l'invocazione del «Signore», che

162 Cfr. per es. vv. 8–9 («godi tu il resto e a me lassa l'*odore*. // *Odor* per odorar non se

ospita nel suo giardino una «Rosa [...] morbida, fresca, bianca e collorita» (I, 1–5). Il protagonista assicura che non toccherà la donna con «man lasciva», bensì con «pudica man» (II, 4 e 5)[163]. La contrapposizione, resa esplicita dal chiasmo, giustifica la richiesta di entrare nel Giardino, formalizzata nel corso della terza e della quarta stanza mediante promesse canoniche di fedeltà e devozione. La quinta e la sesta ottava dimostrano il sentimento totalizzante del personaggio, il quale è pronto a trarre le estreme conseguenze, ove i suoi propositi non vadano a buon fine. Nella settima si intuisce che il Signore ha consentito l'ingresso dell'amante nel Giardino, eppure la donna ne ha rifiutato le profferte[164]. Seguono quattro stanze, in cui sono esposte le sofferenze fisiche e psicologiche del protagonista (VIII-XII). Egli si toglie poi la vita e giunge presso gli Inferi, ma è respinto persino da Caronte. Riportiamo le tre ottave in questione, giacché costituiscono una scena dialogica, la sola inserita nel testo, in linea con il modello lucianeo (XIII-XV):

> *C*: Soglio portar in questa cimba al passo,
> o anima affogata, tutti i morti,
> ma te non portarò già al regno basso
> perché più foco ne l'Inferno porti.
> Ferma pur tu su quella ripa il passo,
> ché i dannati non vo' che tu conforti,
> ché se vedesseno el tuo intenso ardore,
> mitigaresti in parte il suo dolore.
> *A*: Dolor immenso, ohimè, perché m'hai morto

gli toglie») e 16–17 («ch'io viva di quel fior che lui non *senti*. // *Senti* pur lui così del mio calore»).

163 Il tema del pudore è stato individuato quale decisivo da Stracuzzi 2013, 25, che commenta la *Silva* in questi termini: «è impossibile liberarsi di un'impressione: che proviene tanto dal contesto cortigiano che conosciamo (e che la lettera di Nicolò a Isabella d'Este ci testimonia); quanto dall'intrecciarsi, soprattutto nella prima e nell'ultima parte del poemetto, di isotopie che afferiscono ai campi percettivi del tatto, dell'olfatto e in genere degli stati corporei, ben più immanenti di quelle che riguardano la vista, e dunque poco riducibili alla regola petrarchista circa la significazione delle figure somatiche».

164 VII, 1–4: «beltà celeste, onor de la Natura, / chi te pregava che te apristi alora, / se non dovivi aver poi di me cura? / Per tua dureza convierà ch'io mora [...]».

al mondo, se qua giù debbo star vivo?
O sorte extrema, che 'l foco ch'io porto
mi debba far ancor d'Inferno privo!
Deh, fido portinar, condùmi al porto,
ché per leggie del ciel qui non arivo,
ma per caso d'amor son alma siolta,
ché non gli ho da venir più d'una volta.
C: Volta, te dico, pur in là quel viso,
ché 'l lago passan già i suspiri ardenti,
e ben che 'l corpo sia da te diviso,
qua giù non s'usa dar simil tormenti.
Di là da questa Stige è il Campo Eliso
dove locati son tutti i contenti:
se i toi suspiri passasseno in quel loco,
l'accenderesti d'amoroso foco.

Le argomentazioni paradossali di Caronte (XIII, 4 e 7–8), lo smarrimento dell'amante – costretto a ricordare al traghettatore delle anime le regole che presiedono al funzionamento dell'Inferno (XIV, 5–8) – e la replica, altrettanto sardonica e beffarda (XV, 4–8), realizzano una scena comica. L'episodio sospende il tono lugubre e mesto della narrazione precedente, interrompendo l'imitazione – ora fedele, ora più libera – del *Roman de la Rose*. L'ultima sezione del poemetto è caratterizzata da un impianto inedito: l'anima del protagonista decide di recarsi di nuovo presso il Giardino e domanda accoglienza al Signore. Questi, come si desume dalle parole dell'amante, soddisfa la richiesta e gli dà nuova vita (XVIII, 1–2): «victoria abiamo, exanimate membra, / la causa del morir ci torna in vita». Inoltre, la vicenda amorosa, sino a pochi versi prima fonte di angoscia, si trasforma in occasione lieta (vv. 3–4): «quel che fu tanto amaro, or dolce sembra: / ogni paura è già da me fugita». Il personaggio, ottenuta «di morte victoriosa palma», ritrova la speranza di potersi innamorare senza pericoli (XIX, 4): il Giardino viene «aperto», mentre la Rosa rimane a sua disposizione (XX, 1). Non solo l'amata si concede all'io poetico, ma pare felice come in Sanvitale (XXI, 5–6): «el nostro affecto gli ha gionto vigore, / che più non vòle e ad altro non aspira». La dimensione di allegria e di appagamento si esplica nell'ultima, mancata, *capfinidura*: se tutte le ottave precedenti avevano instaurato un legame formale tra la parola conclusiva di una strofa e la prima di quella successiva, ciò non si verifica nelle stanze XX e XXI. La XX termina con il verbo «mori» e, naturalmente, la XXI non replica il concetto, ma risponde con una preziosa rima siciliana (v. 1: «concesso m'è! Donque, felice core»): il *senhal* 'mori' viene, di nuovo, associato all'amore e a sentimenti positivi.

Il commento finale formula il seguente invito (vv. 7–8): «contentative, amanti, a un simil fine: / così le rose s'han senza le spine». Il «simil fine» che permette di 'cogliere la rosa' è subordinato all'ingresso nel Giardino: insomma, la corte può garantire serenità, protezione, il perfezionamento delle proprie doti morali. L'approdo a questa dimensione irenica presuppone un «merto» e deve essere «concesso» da un'entità superiore (XX, 3 e XXI, 1); non è difficile supporre che, ancora una volta, dietro al Signore del Giardino / corte si celi Ludovico il Moro. La presenza del duca è altresì suggerita da un suggestivo riuso: il *De Paulo e Daria amanti* si chiude con la speranza da parte di Visconti di essere tenuto dal *princeps* «per Clitia de tuo Sole» (c. O 4*v*, I, 8)[165]; in Da Correggio l'intervento del Signore ha fatto sì che la «damicella» si volga «come Clizia al sole [*scil.* al protagonista]» (XX, 4). Un testo catalogato dalla critica quale «dignitosa letteratura d'intrattenimento e nulla più»[166], palesa, per converso, una serie di rimandi alla realtà, di confronti letterari e ideologici, di schemi encomiastici ed elativi di notevole duttilità; però, questi riferimenti possono essere colti esclusivamente inserendo la *Silva* nel contesto del teatro ludoviciano, della sua *langue*, allegorica e mitologica, del tutto peculiare.

165 L'esemplare di omaggio dell'opera reca diverse miniature (spesso rispondenti ai progetti bramanteschi con colonne, archi, oculi, busti) e motivi decorativi vinciani (nodi, muri diroccati con grandi radici). Alla c. 110*r* l'ultima ottava è illustrata proprio scegliendo l'allegoria di Clizia-girasole (Berlin: Staatliche Museen, Kupferstichkabinett, 78 C 27). Cfr. Giordano 1991.

166 Da Correggio 1983, 500.

9 *Dal* Carnevale *all'«instruzione» di un «gran maestro»*

1.

Il *Transito del Carnevale* – accluso ai *Rithimi* e pubblicato a parte in un opuscolo (Milano: Zarotto, 1493) – completa il novero delle rappresentazioni teatrali ambrosiane. Il *Transito*, che si sviluppa per cinquanta ottave e viene messo in scena a Ferrara nel 1506, esprime in avvio il dolore del poeta per la fine del Carnevale[167]. Il procedimento, una sorta di *planh* che si protrae stancamente per numerosi versi, è interrotto dalla decisione di istruire gli innamorati attraverso una precisa *ars amandi*. Impartita direttamente dal Carnevale, insegna a conquistare l'amato anche in periodi dell'anno di minor libertà e gioia (c. I 3*r*, II-III):

> Ma, poi che gran vechion sente che chiama
> morte, a cui molto l'aspectar molesta,
> come bon patre qual suoi figliuoli ama,
> alzò dal lecto la canuta testa
> et disse volto a noi: «mia mente brama
> prima ch'io mora far quel che ci resta:
> tenete il mio parlar bene a memoria,
> che qual l'observa n'averà gloria.
> Non mi curo fare altro testamento,
> però che niente ho da lassar via,
> che a la mia vita sempre ebbi talento
> de spender quanto io ebbi in cortesia.
> Ma parlo suol per darvi documento,
> il quale o maschio o femina che sia
> che observi quel si troverà in tal sempre
> che sia contento e sia beato sempre»[168].

Dopo i consigli dispensati ai giovani e alle giovani, segue un riferimento al Moro. Il cenno non comporta l'innalzamento del registro formale, che

167 Vd. Luzio – Renier 1900 b, 340.

168 Visconti 1493.

si mantiene piuttosto trascurato e modesto (c. I *6r*, I, 7–8): «né ognuna si presuma degna manza / del duca de Milano o il re de Franza». Il richiamo allo Sforza apre un'altra sezione argomentativa, in cui il Carnevale indica alle donne quale uomo convenga desiderare (cc. I *6r-7v*): egli dovrà essere «zentile», «né fanciul né vechio», prudente; avrà inoltre «consiglio / et col senno e la lingua» e capacità di proteggere la propria amata da qualsiasi «periglio»; sarà poi dotato di ogni virtù e in grado di conseguire «fama immortal».

Si segnalano poi numerosi avvertimenti, che riprendono norme galanti e mondane non estranee alla vita cortigiana[169]. La donna si preoccuperà poi di accogliere l'amato in casa, passando «per le fenestre o su per tecti», oppure di incontrarsi con lui «in alcun bel giardino»[170]. Infine, il Carnevale chiude il ragionamento con un invito al *carpe diem* (cc. I *8r* – K *2r*): il discorso è destinato in particolare alle giovani, le quali, secondo il tradizionale luogo comune, non possono giovarsi a lungo della loro «bella età fiorita». Il *Transito* – davvero molto modesto e acerbo, forse uno dei primi esperimenti poetici di Visconti – termina con la speranza che il Carnevale ritorni presto «et vivo e sano».

2.

Se la *Pasitea* pare confrontarsi con i modelli teatrali antichi e il *Transito* è testimone di una letteratura d'evasione, i tre canti carnascialeschi dei

169 Tale materia confluisce altresì nei *Canzonieri*. Cfr. per es. il sonetto LXVIII, 48, che descrive i balli di corte (vv. 1–4): «io vidi belle, adorne e zentil dame / al suon de suavissimi concenti / con loro amanti mover lenti lenti / i piedi snelli accesi in dolce brame».

170 Questi versi – e in generale l'intero componimento – sembrano imparentati con il *Breve compendio sopra Ovidio de arte amandi* dedicato al Moro (cfr. Calmeta 1959, vv. 125–130). L'opera, in capitoli ternari e colmata di una lacuna di circa cento versi in Largaiolli 2010, 57–80, segue liberamente l'originale ovidiano al fine di adattare i consigli amorosi del poeta latino al contesto e alla vita delle corti italiane.

Canzonieri elaborano un palinsesto della cultura medicea[171]. Ci soffermiamo sugli ultimi due, contrassegnati da finalità encomiastiche esplicite[172]. Il primo componimento inizia con l'arrivo degli abitanti della Siria, presso Milano: nonostante vari apprezzamenti (vv. 1–2: «bel paese è Lombardia / degno assai, ricco e galante»), i cittadini stranieri proclamano il proprio regno più «abundante» di gioie e frutti (v. 4). In seguito, viene chiarito il motivo del viaggio (vv. 5–10): «tanta fama è per il mondo / del gran vostro alto Milano / che solcando il mar profondo / siàn venuti da lontano / gran paese soriano / per veder se così sia». L'elogio della città ambrosiana prosegue nelle stanze successive, là dove i visitatori confessano la loro ammirazione «più che la fama non dicia» (v. 16). Tuttavia, la Siria sopravanza ogni altro paese grazie alla coltivazione di alcune varietà di frutti e verdure dalla dimensione e dalla qualità straordinarie (es. v. 24: fave dalla «sgorba grossa» e «fasoi» con probabile doppio senso osceno).

Il testo viene accompagnato da un documento di eccezionale valore, su cui occorre riflettere con la debita cura. Infatti, Visconti riporta un'«instruzione», nella quale un «gran maestro» intima al poeta di apportare profondi cambiamenti al componimento. Il tono della missiva risulta alquanto perentorio: «aciò possiati intendere come ave ad essere la cosa e per poterla bene exprimere ne la bargeleta et intendere la materia, questo serà il modo». Prima di tutto Visconti deve esplicitare la natura dei visitatori, che saranno «potenti mercatanti» giunti a Milano al fine di «expandere nostra fama e virtute»; inoltre, va specificato che i protagonisti sono arrivati in un «potente Stato quale è pieno de nobilitate e magnificenzie». Bisogna poi inserire una stanza che saluti «la Excellenzia del Duca, maxime arivando lì nui a l'improviso per cognoscere sì gran signore come è Sua Excellenzia». È altresì suggerito di collegare il testo ad alcuni balli, come ad esempio una moresca, in modo che cinque «mori», non sfugga l'ennesimo riferimento

171 Sul rapporto tra ambiente milanese e fiorentino, cfr. Tissoni Benvenuti 1989 a, 41–55.

172 Si cita da Visconti 1979, 203–208.

al duca, mostrino danzando la merce dei visitatori[173]. Si chiede, in aggiunta, di descrivere a fondo i prodotti portati dai mercanti e di caratterizzarli in modo fantastico ed esotico: «questa serà la prima cosa che se averà a mostrare, e primo una scatola cun ampolle de acqua rosa e de olii odoriferi che sono tanto perfecti e boni che chi se bagna de epsi farà ingiovenire e bella carnasone e farà crescere li capilli e d'oro». Le fave, cui viene sottratta ogni implicazione maliziosa, saranno dolci «como melle»; i fagioli indurranno le donne a «far figlioli maschi»; ai rubini, infine, che cambieranno colore in continuazione, «gli dareti quelle virtù e proprietate che a voi parirà».

Visconti fa seguire un secondo canto rimaneggiato nel rispetto degli ordini ricevuti: apre la nuova versione un «introito al nostro illustrissimo Signore», in cui si afferma che i mercanti sono giunti a Milano al solo scopo di conoscere il Moro. La vista di un personaggio così illustre sprona gli ospiti a «contemplarte e farti reverenzia / et offerirti i cor de' nostri petti» (vv. 6–8). Le stanze successive recepiscono le indicazioni del «gran maestro» ed eliminano qualsiasi cenno alla superiorità della Siria. Chiude il componimento un confronto tra due personaggi che incarnano l'avarizia e la «bona vita»: l'avaro, «vestito alla mercantile, pallido in viso e magro» loda il «gran tesoro» portato dai visitatori, mentre il secondo attore termina il componimento con una nota ilare, epigrammatica, per cui la maggior soddisfazione, a dispetto dei magnifici doni elargiti, consiste nel bere una «caraffa piena di bon vino» (vv. 4 e 6).

10 *Conclusione*

Le istruzioni riportate da Visconti – e prontamente accolte – dimostrano lealtà verso le esigenze della propaganda, esplicitano un'adesione

173 Il duca per rendere ancora più incisiva l'impresa del 'moro' inizia negli anni Ottanta a farsi accompagnare a Milano da un paggio di colore. La moda si diffonde tra i nobili: lo stesso Gaspare Ambrogio Visconti acquista nel 1486 un giovane etiope, di nome Dioniso, proveniente dal mercato schiavistico di Tunisi. Vd. Pyle 1993, 571.

militante alle istanze ideologiche della corte[174]. Il cenacolo milanese sembra raggiungere un'alta coscienza di sé e del proprio ruolo; nello specifico, la letteratura drammatica ambrosiana si contrappone alle esperienze delle realtà limitrofe e si riserva – con il concorso del potere sforzesco e della sua singolare ricerca di approvazione – un preciso compito da svolgere. La stagione teatrale, come sintetizzato da Garin, si muove sospesa tra l'"evasione fantastica", ovvero tra l'immagine edulcorata e mitica della corte ludoviciana, e l'"oscuro intrigo", in cui la figura del Moro / *morus* risalta quale legittima, generosa e saggia a discapito di ogni evidenza storica.

Tale obiettivo viene perseguito da una cerchia di scrittori coesa da un punto di vista culturale: la circolarità comunicativa di molti temi guida, che spesso travalicano le opere recitative, le forti consonanze strutturali e diegetiche si spiegano con questi intenti reciproci. Se l'operazione apologetica appare notevole, bisogna altresì porre in rilievo l'importanza squisitamente letteraria della stagione teatrale milanese: il tentativo di praticare una tipologia nuova, non codificata e, addirittura, di inserirla tra i generi più nobili è il segno di un'operazione complessa, che si impone all'interno di un contesto in precedenza restio verso la produzione volgare. I *tòpoi* della fretta di composizione e della trascuratezza mal si addicono a una realtà in cui ogni singolo dettaglio – dalle scenografie, agli allestimenti, alle opere portate in scena – risulta il frutto di una regia competente, di un gruppo di letterati consapevole, solidale. La 'funzione-Moro' – che si basa sulla presenza (diretta o indiretta) del duca in scena e sull'innovativo messaggio trasmesso dai finali (convertiti da luttuosi a lieti nelle egloghe di Bellincioni e Sanvitale, nella *Danae*, nella *Pasitea*, nella *Silva*) – presuppone

174 Di contro una lettera di Bartolomeo Calco al Moro (15 maggio 1492) riporta il rifiuto di Bramante di predisporre «qualche digna fantasia da mettere in spectaculo» in vista del battesimo di Cesare Sforza, figlio di Ludovico e di Cecilia Gallerani (Milano: Archivio di Stato, Autografi 98, 16). La missiva è significativa, perché attesta il coinvolgimento assiduo dell'artista in tali manifestazioni («[Bramante si è trovato] più volte in consultatione de simili pompe») nonché il suo disappunto per rappresentazioni estemporanee, allestite «in tante pezze» e per nulla gratificanti.

uno studio meticoloso. Il modello ferrarese del *Cefalo* offre uno spunto tangibile a tali opere, che si fanno carico di una 'drammaturgia della fine' dalle significative implicazioni estetiche e ideologiche[175].

175 L'espressione è ripresa da Alfonzetti 2008, 11 e 13. La studiosa osserva che l'analisi del finale di un'opera teatrale implica un complesso sforzo interpretativo: «nel parlare del finale, infatti, c'è un pregiudizio principe che ci perseguita, quello di riferirci quasi esclusivamente al suo contenuto. Difficilmente ci soffermiamo, infatti, a descrivere, pur se per sommi capi, le strutture delle sequenze deputate a contrassegnare la fine di un'opera. La domanda sul 'come va a finire' prende il sopravvento sui rilievi di carattere formale e retorico e ci si ritrova a fare considerazioni critiche a partire da semplici contenuti, che in sé poco indicano della più o meno complessa architettura dei finali». Essi, pertanto, vanno «intesi nella loro valenza di microcosmi di un mondo e di una civiltà, pur mantenendo elevata la capacità di esprimere il margine d'autonomia delle originali scritture creative, in grado d'inaugurare nuove direzioni o ritorni, all'interno del mutarsi dei processi storici».

Bibliografia

1. Letteratura primaria (testi teatrali)

Bellincioni, B., *Egloga o vero Pasturale*, in *Teatro del Quattrocento. Le corti padane*, a cura di Tissoni Benvenuti, A. e Mussini Sacchi, M. P. (Torino: Utet, 1983), 263–275.

— *Ripresentazione di Pavia*, in *Teatro del Quattrocento*, cit., 275–290.

Berardi, G., *Casina* (Venezia: Zoppino, 1530, CNCE 41087).

— *Mustellaria* (Venezia: Zoppino, 1530, CNCE 41099).

Boiardo, M. M., *Timone*, in *Teatro del Quattrocento*, cit., 471–555.

— *Timone* e *Orphei tragoedia*, a cura di Acocella, M. e Tissoni Benvenuti, A. (Novara: Interlinea, 2009).

Cammelli, A., *Tragedia de Antonio da Pistoia novamente impressa* (Venezia: Bonelli, 1508, CNCE 8734).

— *Panfila*, in *Teatro del Quattrocento*, cit., 399–468.

— *Cefalo e Procris*, in *Teatro del Quattrocento*, cit., 35–44.

Collenuccio, P., *Comedia di Plauto intitolata l'Amphitriona* (Venezia: Zoppino, 1530, CNCE 41081).

— *Comedia di Iacob e Ioseph*, in *Opere*, II, a cura di Saviotti, A. (Bari: Laterza, 1929), 143–279.

Da Correggio, N., *Opere*: *Cefalo, Psiche, Silva, Rime*, a cura di Tissoni Benvenuti, A. (Bari: Laterza, 1969).

— *Fabula de Cefalo*, in *Teatro del Quattrocento*, cit., 201–255.

Del Carretto, G., *La Sophonisba* (Venezia: Giolito, 1544, CNCE 16403).

— *Sofonisba*, a cura di Bregoli Russo, M. (Madrid: Turanzas, 1982).

— *Comedia de Timon greco*, in *Teatro del Quattrocento*, cit., 559–609.

— *Noze de Psiche e Cupidine*, in *Teatro del Quattrocento*, cit., 611–725.

— *Li sei contenti*, a cura di Doglio, M. L. (Torino: Centro studi piemontesi, 1985).

Della Viola, G., *Representazione di Febo e di Feton*, in *Teatro del Quattrocento*, cit., 47–73.

Eunuco: *un volgarizzamento anonimo in terza rima*, a cura di Favaretto, M. (Bologna: Commissione per i testi di lingua, 2011).

I Menechini di Plauto. Volgarizzamenti rinascimentali, a cura di Uberti, M. L. (Ravenna: Longo editore, 1985).

La favola di Orfeo e Aristeo, a cura di Mazzoni, G. (Firenze: Alfani e Venturi, 1906).

Lapaccini, F., 'Scipione a corte: Filippo Lapaccini volgarizzatore della *Comparatio* di Giovanni Aurispa', a cura di Bosisio, M., *Carte romanze*, II (2013), 125–165.

Luciano, *Timon* (Venezia: Bevilacqua, 1494, ISTC il00329000).

Mantovano, P. F., *Formicone*, a cura di Stefani, L. (Ferrara: Bovolenta, 1980).

Menechini, in *Teatro del Quattrocento*, cit., 77–167.

Nuovo Corpus di Sacre Rappresentazioni fiorentine del Quattrocento, a cura di Newbigin, N. (Bologna: Commissione per i testi di lingua, 1983).

Pisani, U., *Repetitio magistri Zanini coqui*, a cura di Viti, P. (Padova: Antenore, 1982).

Plauto, *Comoediae*, a cura di Merula, G. (Venezia: De Spira, 1472, ISTC ip00779000).

Poliziano, A., *L'Orfeo del Poliziano*, a cura di Tissoni Benvenuti, A. (Padova: Antenore, 2000).

Prisciani, P., *Spectacula*, a cura di Bastianello, E., *Engramma*, LXXXV (2010), 12–108.

Sanvitale, G., 'Mosso da grande amor verso te movomi: un'egloga rappresentativa inedita di Gualtiero Sanvitale', a cura di Bosisio, M., *Per Leggere*, XXIV (2013), 37–56.

Serafino Aquilano, 'Serafino Aquilano e il teatro del Quattrocento', a cura di Giustiniani, V. R., *Rinascimento*, XVI (1965), 101–117.

— *Strambotti*, a cura di Rossi, A. (Parma: Guanda, 2002).

— *Sonetti e altre rime*, a cura di Rossi, A. (Roma: Bulzoni, 2005).

Taccone, B., *Comedia di Danae*, in *Teatro del Quattrocento*, cit., 293–334.

— *Egloga pastorale*, 'Milano ai tempi di Ludovico il Moro. Cultura lombarda nel codice italiano 1543 della Nazionale di Parigi', a cura di Castagnola, R., *Schifanoia*, V (1988), 156–158.

— *Atteone*, 'Milano ai tempi di Ludovico il Moro', cit., 161–163.

Orphei tragoedia (attribuibile a Boiardo), in *Teatro del Quattrocento*, cit., 171–198.

Visconti, G. A., *Pasitea*, in *Teatro del Quattrocento*, cit., 342–396.

Zacchia, L., *De captivitate ducis Iacobi*, a cura di Grisafi, A. (Firenze: SISMEL-Edizioni del Galluzzo, 2013).

Zilioli, Z., *Comediola Michaelida*, a cura di Ludwig, W. e Lorch, M. (München: Fink, 1975).

2. Letteratura primaria (altre opere)

Alchabitius, *Libellus isagogicus* (Venezia: De Gregori, 1491, ISTC ia00364000).

Alighieri, D., *La Commedia secondo l'antica vulgata*, a cura di Petrocchi, G. (Milano: Mondadori, 1966–1967).

'Amico del Boiardo', *Canzoniere Costabili*, a cura di Baldassari, G. (Novara: Interlinea, 2012).

Apuleio, *Metamorphoses*, a cura di Hanson, J. A. (Cambridge-London: Harvard University Press, 1989).

Ariosto, G., *In obitu Ludovici Areosti fratris Carmen*, in *Carmina* (Ferrara: Baldini, 1582, CNCE 2536).

Bandello, M., *La prima parte de le novelle*, a cura di Maestri, D. (Alessandria: Edizioni dell'Orso, 1992).

Baruffaldi, G. (a cura di), *Rime scelte de' poeti ferraresi antichi e moderni* (Ferrara: Pomatelli, 1713).

Bellincioni, B., *Rime* (Milano: Mantegazza, 1493, ISTC ib00303000).

Biffi, G. V., *Parcarum promantheusis in die natali Ludovici Sfortiae* (Milano: Zarotto, 1493, ISTC ib00667700).

Boccaccio, G., *Decameron*, a cura di Quondam, A., Fiorilla, M. e Alfano, G. (Milano: Rizzoli, 2013).

Boiardo, M. M., *Tutte le opere*, II, a cura di Zottoli, A. (Milano: Mondadori, 1937).

— *L'inamoramento de Orlando*, a cura di Montagnani, C. e Tissoni Benvenuti, A. (Milano-Napoli: Ricciardi, 1999).

— *Historia imperiale*, a cura di Rizzi, A. (Roma: Istituto storico italiano per il Medio Evo, 2008).

— *Pastoralia*, *Carmina* ed *Epigrammata*, a cura di Carrai, S. e Tissoni, F. (Novara: Interlinea, 2010).

— *La Pedìa de Cyro*, a cura di Gritti, V. (Novara: Interlinea, 2014).

Bramante, D., *Sonetti e altri scritti*, a cura di Vecce, C. (Roma: Salerno editrice, 1995).

Cagnola, G. P., *Storia di Milano*, a cura di Cantù, C., *Archivio storico italiano*, I (1842), 1–215.

Calco, T., *Residua* (Milano: Malatesta, 1644).

Calmeta, V., *Breve compendio sopra Ovidio de arte amandi*, in *Prose e lettere edite e inedite*, a cura di Grayson, C. (Bologna: Commissione per i testi di lingua, 1959), 98–117.

— *Triumphi*, a cura di Guberti, R. (Bologna: Commissione per i testi di lingua, 2004).

— *Vita del facondo poeta vulgare Seraphino Aquilano*, in *Collettanee in morte di Serafino Aquilano*, a cura di Bologna, A. (Lucca: Libreria musicale italiana, 2009), 72–80.

Cammelli, A., *Sonetti faceti secondo l'autografo ambrosiano*, a cura di Percopo, E. (Napoli: Jovene, 1908).

Cantari novellistici dal Tre al Cinquecento, a cura di Benucci, E., Manetti, R. e Zabagli, F. (Roma: Salerno editrice, 2002).

Casio, G., *Libro intitulato Cronica* (Bologna: Achillini, non prima del 1527, CNCE 9840).

Castiglione, B., *Il Cortigiano*, a cura di Quondam, A. (Milano: Mondadori, 2002).

Cesariano, C., *Di Lucio Vitruvio Pollione de architectura libri dece traducti de latino in vulgare affigurati* (Como: Da Ponte, 1521, CNCE 49742).

Claudiano, *De raptu Proserpinae*, a cura di Hall, B. (Cambridge: Cambridge University Press, 1969).

Collenuccio, P., *Apologhi in volgare*, a cura di Masi, G. (Roma: Salerno editrice, 1998).

Corio, B., *Storia di Milano*, a cura di Morisi Guerra, A. (Torino: Utet, 1978).

Curti, L., *Epigrammaton libri decem* (Milano: Da Valle, 1521, CNCE 13889).

Decembrio, A. C., *De Politia litteraria*, a cura di Witten, N. (München-Leipzig: Saur, 2002).

Del Carretto, G., *Tempio d'amore*, a cura di Caramaschi, C. (Roma: La Fenice, 1997).

De' Medici, L., *Lettere*, II, a cura di Fubini, R. (Firenze: Barbera, 1977 a).

— *Lettere*, III, a cura di Rubinstein, N. (Firenze: Barbera, 1977 b).

Diario ferrarese dall'anno 1409 sino al 1502, in *Rerum italicarum scriptores*, XXIV. 1, a cura di Pardi, G. (Bologna: Zanichelli, 1928).

Donato, *Commentum Terenti*, a cura di Wessner, P. (Leipzig: Teubner, 1902).

Giovio, P., *Dialogus de viris litteris illustribus*, in *Storia della letteratura italiana*, VII, 4, a cura di Tiraboschi, G. (Firenze: Molini Landi, 1812).

— *Lettere inedite*, a cura di Luzio, A. (Mantova: Segna, 1885).

Guarino Veronese, *Epistolario*, a cura di Sabbadini, R. (Venezia: Tipografia Emiliana, 1915–1919).

Guarini, B., *Poema divo Herculi ferrariensium duci dicatum* (Modena: Rococciola, 1496, ISTC ig00531000).

— *La didattica del greco e del latino*, a cura di Piacente, L. (Bari: Edipuglia, 2002).

Guicciardini, F., *Storia d'Italia*, a cura di Lugnani Scarano, E. (Torino: Utet, 1981).

— *Storie fiorentine dal 1378 al 1509*, a cura di Montevecchi, A. (Milano: Rizzoli, 1998).

Historia d'Hippolito et Leonora (Ferrara: Carnerio, 1474–1476, ISTC ii00175200).

Landino, C., *Scritti critici e teorici*, a cura di Cardini, R. (Roma: Bulzoni, 1974).

Luciano, *I dilettevoli dialogi, le vere narrationi, le facete epistole* (Venezia: Zoppino, 1525, CNCE 61153).

Lucrezio, *De rerum natura*, a cura di Bailey, C. (Oxford: Clarendon Press, 1947).

Muzzarelli, G., *Una nuova redazione dell'*Amorosa opra, a cura di Hannüss Palazzini, G. (Mantova: Arcari, 1986).

Orazio, *Odes et epodes*, a cura di Villeneuve, F. (Paris: Les Belles Lettres, 1927).

Ovidio, *Metamorphoses*, a cura di Anderson, W. S. (Leipzig: Teubner, 1977).

Petrarca, F., *Trionfi*, a cura di Pacca, V. e Paolino, L. (Milano: Mondadori, 1996).

— *Canzoniere*, a cura di Santagata, M. (Milano: Mondadori, 2004).

Poliziano, A., *Opera Omnia* (Basel: Episcopius, 1553, IT\ ICCU\ BVEE\ 010179).

— *Prose volgari inedite e poesie latine e greche edite ed inedite*, a cura di Del Lungo, I. (Firenze: Barbera, 1867).

— *Epistole inedite di Angelo Poliziano*, a cura di D'Amore, L. (Napoli: D'Auria, 1909).

— *Coniurationis Commentarium*, a cura di Perosa, A. (Padova: Antenore, 1958).

— *Commento alle Selve di Stazio,* a cura di Cesarini Martinelli, L. (Firenze: Sansoni, 1978 a).

— *Miscellaneorum centuria secunda*, a cura di Branca, V. e Pastore Stocchi, M. (Firenze: Olschki, 1978 b).

— *Stanze cominciate per la giostra di Giuliano de' Medici*, a cura di Martelli, M. (Alpignano: Tallone, 1979).

— *Commento inedito alle* Satire *di Persio*, a cura di Cesarini Martinelli, L. e Ricciardi, R. (Firenze: Olschki, 1985).

— *Poesie volgari*, a cura di Bausi, F. (Manziana: Vecchiarelli, 1997).

— *Due poemetti latini*, a cura di Bausi, F. (Roma: Salerno editrice, 2003).

Simonetta, G., *Rerum gestarum Francisci Sfortiae Mediolanensium ducis commentarii*, in *Rerum italicarum scriptores*, XXI, a cura di Soranzo, G. (Bologna: Zanichelli, 1932).

— *I Diari*, a cura di Natale, A. R. (Milano: Giuffrè, 1962).

Strozzi, T. V., *Aeolosticon*, in *Strozii poetae pater et filius* (Venezia: Manuzio, 1513, CNCE 37457).

Taccone, B., 'La *Coronatione* di Bianca Maria Sforza. Un poemetto in ottave di Baldassarre Taccone', a cura di Biancardi, G., *Studi e fonti di Storia lombarda*, XIII (1993), 43–121.

Tebaldeo, A., *Rime*, a cura di Basile, T. e Marchand, J. J. (Modena: Panini, 1992).

Valagussa, G., *Giorgio Valagussa umanista del Quattrocento*, a cura di Resta, G. (Padova: Antenore, 1964).

Vasari, G., *Le vite de' più eccellenti architetti, pittori, et scultori italiani, da Cimabue insino a' tempi nostri*, a cura di Bellosi, L. e Rossi, A. (Torino: Einaudi, 1986).

Virgilio, *Opera*, a cura di Mynors, R. A. B. (Oxford: Clarendon Press, 1969).

Visconti, G. A., *Rithimi* (Milano: Zarotto, 1493, ISTC iv00265500).

— *De Paulo e Daria amanti* (Milano: Mantegazza, 1495, ISTC iv00266000).

—— *I Canzonieri per Beatrice d'Este e per Bianca Maria Sforza*, a cura di Bongrani, P. (Milano: Mondadori, 1979).

Zambotti, B., *Diario ferrarese dall'anno 1476 sino al 1504*, in *Rerum italicarum scriptores*, XXIV. 7, a cura di Pardi, G. (Bologna: Zanichelli, 1937).

3. Letteratura secondaria

Acocella, M., *L'*Asino d'oro *nel Rinascimento*: *dai volgarizzamenti alle figurazioni pittoriche* (Ravenna: Longo editore, 2001).

—— 'Matteo Maria Boiardo, *Timone*, I, 1–11', in Caruso, C. e Spaggiari, W. (a cura di), *Filologia e storia letteraria: studi per Roberto Tissoni* (Roma: Edizioni di storia e letteratura, 2008), 105–116.

—— 'Acquisizioni sul *Timone* boiardesco*: contaminatio* e nuove fonti', in Anceschi, G. e Spaggiari, W. (a cura di), *Boiardo, il teatro, i cavalieri in scena. Atti del Convegno di Scandiano, 15–16 maggio 2005* (Novara: Interlinea, 2010), 81–99.

—— *La fortuna di Luciano nel Rinascimento. Il volgarizzamento del manoscritto Vaticano Chigiano L. VI. 215* (Milano: LED, 2016).

Addesso, C. A., *Teatro e festività nella Napoli aragonese* (Firenze: Olschki, 2012).

Affò, I., *L'*Orfeo *tragedia di messer Angelo Poliziano tratta per la prima volta da due vetusti codici* (Venezia: Vitto, 1776).

—— *Memorie degli scrittori e letterati parmigiani*, III (Parma: Stamperia reale, 1791).

Albonico, S., 'Appunti su Ludovico il Moro e le lettere', in Giordano, L. (a cura di), *Ludovicus dux* (Vigevano: Diakronia – Società Storica Vigevanese, 1995), 66–91.

—— (a cura di), *La coltura e le relazioni letterarie di Isabella d'Este Gonzaga* (Milano: Edizioni Sylvestre Bonnard, 2015).

Albonico, S. e Moro, S. (a cura di), *Gaspare Ambrogio Visconti e la Milano di fine Quattrocento. Politica, arti e lettere* (Roma: Viella, 2020).

Alfonzetti, B., *Drammaturgia della fine: da Eschilo a Pasolini* (Roma: Bulzoni, 2008).

Angiolillo, M., *Leonardo: feste e teatri* (Napoli: Società editrice napoletana, 1979).

Arbizzoni, G., 'Esperimenti quattrocenteschi di teatro tragico volgare', in Chiabò, M. e Doglio, F. (a cura di), *Nascita della tragedia di poesia nei paesi europei* (Viterbo: Union Priting, 1991), 37–59.

—— 'Il teatro in età umanistica', in Moretti, W. (a cura di), *Storia di Ferrara. Il Rinascimento: la letteratura* (Ferrara: Librit, 1994), 265–296.

Arcangeli, L., 'Ludovico tiranno', in Saita, E. (a cura di), *'Io son la volpe dolorosa': il ducato e la caduta di Ludovico il Moro, settimo duca di Milano, 1494–1500* (Milano: Comune di Milano, 2000), 29–38.

Aurigemma, M., 'La *Panfila* di Antonio Cammelli e la posizione storica del teatro dell'ultimo Quattrocento', in *Studi sulla letteratura teatrale ed eroica del Rinascimento* (Roma: Signorelli, 1968), 11–68.

Azzolini, M., *The Duke and the Stars: astrology and politics in Renaissance Milan* (Cambridge-London: Harvard University Press, 2013).

Ballarin, A., 'L'iconografia ducale nei transetti della Certosa', in *Leonardo a Milano. Problemi di leonardismo milanese tra Quattrocento e Cinquecento. Giovanni Antonio Boltraffio, prima della pala Casio*, I (Verona: Aurora stampa, 2010), 341–425.

Barberi Squarotti, G., 'Da Bacco a Orfeo. Vino, uva ed ebbrezza nella letteratura dell'età laurenziana', in *Favole antiche: modelli, imitazioni, riscrittura* (Alessandria: Edizioni dell'Orso, 2000 a), 9–52.

— *Selvaggia dilettanza. La caccia nella letteratura italiana dalle origini a Marino* (Venezia: Marsilio, 2000 b).

Battaglia, S. e Barberi Squarotti, G. (a cura di), *Grande dizionario della lingua italiana* (Torino: Utet, 1961–2002).

Battistini, A., 'Critica e storiografia letteraria', *Poetiche*, I (2000), 7–36.

Bausi, F., 'Amore, ira, malinconia. Gli studi filosofici del giovane Poliziano', *Lettere italiane*, LXXII (2020), 514–534.

Bayley, C. C., *War and society in Renaissance Florence: the* De militia *of Leonardo Bruni* (Toronto: University of Toronto Press, 1961).

Benporat, C., *Feste e banchetti: convivialità fra Tre e Quattrocento* (Firenze: Olschki, 2001).

Bentivogli, B., 'La poesia in volgare', in *Storia di Ferrara*, cit., 174–213.

Benzoni, G., 'Francesco II Gonzaga, Marchese di Mantova', in *Dizionario biografico degli italiani*, XLIX (Roma: Istituto della Enciclopedia italiana, 1997), 771–783.

— 'Ludovico (Ludovico Maria) Sforza, detto il Moro', in *Dizionario biografico degli italiani*, cit., LXVI (2006), 436–444.

Berisso, M., 'La poesia del Quattrocento', in Malato, E. (a cura di), *Storia della letteratura italiana*, X (Roma: Salerno editrice, 2001), 493–544.

Bertini, F. (a cura di), *Pandolfo Collenuccio: atti del Congresso tenuto in occasione del V centenario della morte, 1504–2004* (Sassoferrato-Pesaro: Istituto internazionale di studi piceni – Società pesarese di studi storici, 2005).

Bertoni, G., *La Biblioteca estense e la coltura ferrarese ai tempi del duca Ercole I: 1471–1505* (Torino: Loescher, 1903).

— 'Lettori di romanzi francesi nel '400 alla corte estense', *Romania*, XLV (1918–1919), 117–122.

— *Guarino da Verona fra letterati e cortigiani a Ferrara: 1429–1460* (Ginevra: Olschki, 1921).

— 'La Biblioteca di Borso d'Este', *Atti della Reale Accademia delle Scienze di Torino*, LXI (1926), 705–728.

Bettinzoli, A., 'Rassegna di studi sul Poliziano (1987–1993)', *Lettere italiane*, XLV (1993), 592–648.

Bigi, E., 'Angelo Ambrogini detto il Poliziano', in *Dizionario biografico degli italiani*, cit., II (1960), 691–702.

— 'Giovanni Aurispa', in *Dizionario biografico degli italiani*, cit., IV (1962), 593–595.

— 'Umanità e letterarietà nell'*Orfeo* del Poliziano', *Giornale storico della letteratura italiana*, CLIX (1982), 183–215.

Biondi, A., 'Angelo Decembrio e la cultura del principe', in Papagno, G. e Quondam, A. (a cura di), *La corte e lo spazio: Ferrara estense* (Roma: Bulzoni, 1982), 637–657.

Bisanti, A., 'La *Fabula de Cefalo e Procris* e la *Orphei tragoedia*: note di lettura', *Schede umanistiche*, II (1996), 55–79.

— 'Bernardo Bellincioni e il *Geta* di Vitale di Blois', *Schede umanistiche*, VI (2000), 35–65.

Boillet, D., *Tancrède en scène. De la nouvelle de Boccace aux tragédies italiennes des XVe-XVIIe siècles* (Genève: Droz, 2021).

Bongrani, P., 'La poesia lirica alla corte di Ludovico il Moro', in *Milano nell'età di Ludovico il Moro: atti del Convegno internazionale: 28 febbraio – 4 marzo 1983* (Milano: Archivio storico civico e Biblioteca Trivulziana, 1983), 215–229.

— *Lingua e letteratura a Milano nell'età sforzesca: una raccolta di studi* (Parma: Università degli Studi – Istituto di Filologia moderna, 1986).

— 'Gasparo Visconti (1461–1499), *Canzoniere per Beatrice d'Este* e *Canzoniere per Bianca Maria Sforza*', in Comboni, A. e Zanato, T. (a cura di), *Atlante dei canzonieri in volgare del Quattrocento* (Firenze: SISMEL-Edizioni del Galluzzo, 2017), 605–614.

Borsellino, N., 'Orfeo e Pan. Sul simbolismo della pastorale', in Chiabò, M. e Doglio, F. (a cura di), *Origini del dramma pastorale in Europa. Convegno di studi, Viterbo, 31 maggio – 3 giugno 1984* (Viterbo: Centro studi sul teatro medioevale e rinascimentale, 1984), 53–65.

Bortoletti, F., *Egloga e spettacolo nel primo Rinascimento* (Roma: Bulzoni, 2008).

Bosisio, M., 'Roma in Serafino Aquilano: biografia, maschera poetica e due proposte di attribuzione', *RR. Roma nel Rinascimento*, XXXIII (2018), 391–417.

— 'Forme e strategie dell'encomio nelle farse politiche aragonesi', *Italian Studies*, LXXIV (2019), 29–43.

Bourne, M., *Francesco II Gonzaga. The Soldier-Prince as a Patron* (Roma: Bulzoni, 2008).

Branca, V., 'Suggestioni veneziane nell'*Orfeo* del Poliziano', in De Panizza Lorch, M. (a cura di), *Il teatro italiano del Rinascimento* (Milano: Edizioni di Comunità, 1980), 467–482.

— 'L'Atteone del Boccaccio fra allegoria cristiana, evemerismo trasfigurante, narrativa esemplare, visualizzazione rinascimentale', *Studi sul Boccaccio*, XXIV (1996), 193–208.

Bregoli Russo, M., 'Tecnica di contrasto e fini moraleggianti nel *Timone* di M. M. Boiardo', in *Il teatro italiano del Rinascimento*, cit., 361–379.

— 'La scenografia de la *Fabula de Cefalo* di Niccolò da Correggio', *Rivista di studi italiani*, XI (1993), 28–38.

— 'La rappresentazione bolognese del 1475: Tommaso Beccadelli solo attore o anche autore?', *Studi e Problemi di Critica testuale*, XXVI (1988), 93–102.

— *Teatro dei Gonzaga al tempo di Isabella d'Este* (New York: Peter Lang, 1997).

— 'Matteo Maria Boiardo e Niccolò da Correggio', in Anceschi, G. e Matarrese, T. (a cura di), *Il Boiardo e il mondo estense nel '400. Atti del Convegno Internazionale di Studi* (Padova: Antenore, 1998), 481–487.

Brown, C. M., '*Per dare qualche splendore a la gloriosa cità di Mantua*': *documents for the antiquarian collection of Isabella d'Este* (Roma: Bulzoni, 2002).

Bruscagli, R., *Stagioni della civiltà estense* (Pisa: Nistri-Lischi, 1983).

Cabani, M. C., *Le forme del cantare epico-cavalleresco* (Lucca: Pacini Fazzi, 1988).

Campbell, S. J., *The Cabinet of Eros. Renaissance mythological painting and the Studiolo of Isabella d'Este* (New Haven-London: Yale University Press, 2004).

Canfora, D., *La controversia di Poggio Bracciolini e Guarino Veronese su Cesare e Scipione* (Firenze: Olschki, 2001).

Canova, A., 'Letteratura, tipografia e commercio librario a Mantova nel Quattrocento', in *Studi in memoria di Cesare Mozzarelli*, I (Milano: Vita e Pensiero, 2008), 75–105.

— 'Le biblioteche dei Gonzaga nella seconda metà del Quattrocento', in Arbizzoni, G., Bianca, C. e Peruzzi, M. (a cura di), *Principi e Signori. Le biblioteche nella seconda metà del Quattrocento* (Urbino: Accademia Raffaello, 2010), 39–66.

— *Dispersioni. Cultura letteraria a Mantova tra Medio Evo e Umanesimo* (Milano: Officina Libraria, 2017).

Canova, A. e Di Viesti, P. (a cura di), *La tipografia a Mantova nel Quattrocento* (Mantova: Paolini, 2014).

Capirossi, A., *La ricezione di Seneca tragico tra Quattrocento e Cinquecento: edizioni e volgarizzamenti* (Firenze: Firenze University Press, 2020).

Cappelli, G., *Maiestas. Politica e pensiero politico nella Napoli aragonese, 1443–1503* (Roma: Carocci, 2016).

Carrai, S., 'Implicazioni cortigiane nell'*Orfeo* di Poliziano', *Rivista di letteratura italiana*, VIII (1990), 9–23.

— 'Poliziano, Orfeo e il teatro profano', in Bruni, F. (a cura di), *La maschera e il volto. Il teatro in Italia* (Venezia: Marsilio, 2002), 21–29.

Cast, D., 'Aurispa, Petrarch and Lucian: an Aspect of Renaissance Translation', *Renaissance Quarterly*, XXVII (1974), 157–173.

Castagnola, R., 'Milano ai tempi di Ludovico il Moro. Cultura lombarda nel codice italiano 1543 della Nazionale di Parigi', *Schifanoia*, V (1988), 101–185.

Catalano, F., *Ludovico il Moro* (Milano: Dall'Oglio, 1985).

Catalano, M., *Vita di Ludovico Ariosto ricostruita su nuovi documenti* (Genève: Olschki, 1930).

Cavagna, A. G., 'Libri in Lombardia e alla corte sforzesca tra Quattro e Cinquecento', in Quondam, A. (a cura di), *Il libro a corte* (Roma: Bulzoni, 1994), 89–137.

Centanni, M., '*Fabula di Cefalo e Procri:* drammaturgia del mito nel Quattrocento', *Musica e Storia*, XV (2007), 37–56.

Ceserani, R., 'La lirica', in Balduino, A. (a cura di), *Storia letteraria d'Italia: Il Cinquecento. La dinamica del rinnovamento: 1494–1533* (Padova: Piccin Nuova Libraria, 2007), 663–731.

Chambers, D. S., *A Renaissance Cardinal and his worldly goods: the will and inventory of Francesco Gonzaga: 1444–1483* (London: The Warburg institute – University of London, 1992).

— 'Francesco II Gonzaga, marquis of Mantua, liberator of Italy', in Abulafia, D. S. H. (a cura di), *The French descent into Renaissance Italy* (Aldershot: Variorum, 1995), 217–229.

— 'A Condottiere and His Books: Gianfrancesco Gonzaga (1446–1496)', *Journal of the Warburg and Courtauld Institutes*, LXX (2007), 33–97.

Chittolini, G., 'Stati regionali e istituzioni ecclesiastiche nell'Italia centro-settentrionale del Quattrocento', in Chittolini, G. e Miccoli, G. (a cura di), *La Chiesa e il potere politico dal Medioevo all'età contemporanea* (Torino: Einaudi, 1986), 149–193.

Ciceroni, C., 'Un volgarizzamento ferrarese di Plauto: la *Cassina* di Girolamo Berardo', *Res publica litterarum*, XVI (1993), 159–174.

Cockram, S., *Isabella d'Este and Francesco Gonzaga. Power Sharing at the Italian Renaissance Court* (Farnham: Ashgate, 2013).

Coluccia, G., *L'esperienza teatrale di Ludovico Ariosto* (Lecce: Manni, 2001).

Coppo, A. M., 'Spettacoli alla corte di Ercole I', *Contributi dell'Istituto di Filologia moderna dell'Università Cattolica del Sacro Cuore*, I (1968), 30–59.

Corsaro, A., 'Intorno al *Timone.* Aspetti della scrittura satirica nella cultura estense', in *Il Boiardo e il mondo estense*, cit., 723–753.

Covini, M. N., 'Francesco Fontana', in *Dizionario biografico degli italiani*, cit., XLVIII (1997), 649–651.

— *L'esercito del duca: organizzazione militare e istituzioni al tempo degli Sforza: 1450–1480* (Roma: Istituto storico italiano, 1998).

— 'Feste e cerimonie milanesi tra città e corte. Appunti dai carteggi mantovani', *Ludica*, VII (2001), 122–150.

— *Potere, ricchezza e distinzione a Milano nel Quattrocento. Nuove ricerche su Cicco Simonetta* (Milano: Bruno Mondadori, 2018).

Cremonini, S., *Sacre rappresentazioni al nord: riflessioni e presenze*, in *Boiardo, il teatro, i cavalieri in scena*, cit., 101–127.

Crespi, C., 'La commedia di Ippolito e Lionora', *Carte romanze*, I (2013), 29–92.

Croce, B., *I teatri di Napoli: dal Rinascimento alla fine del secolo decimottavo*, a cura di Galasso, G. (Milano: Adelphi, 1992).

Crouzet-Pavan, E., *Rinascimenti italiani: 1380–1500* (Roma: Viella, 2012).

Cruciani, F., *Teatro nel Rinascimento: Roma 1450–1550* (Roma: Bulzoni, 1983).

Curti, E., 'Per vostra utilitade e per diletto: la *Comedia di Iacob e Ioseph* di Pandolfo Collenuccio fra teatro di corte e sacra rappresentazione', in *Boiardo, il teatro, i cavalieri in scena*, cit., 129–144.

Cusin, F., 'L'impero e la successione degli Sforza ai Visconti', *Archivio storico lombardo*, LXIII (1936), 3–116.

D'Ancona, A. (a cura di), *Sacre rappresentazioni dei secoli XIV-XVI* (Firenze: Le Monnier, 1872).

— *Origini del teatro italiano* (Torino: Loescher, 1891).

D'Arco, C., 'Notizie di Isabella estense Gonzaga', *Archivio storico italiano*, II (1842), 206–326.

Davari, S., *Notizie storiche intorno allo studio pubblico ed ai maestri del secolo XV e XVI che tennero scuola in Mantova tratte dall'Archivio storico Gonzaga di Mantova* (Mantova: Segna, 1876).

Dean, T., 'Ercole I d'Este', in *Dizionario biografico degli italiani*, cit., XLIII (1993), 97–107.

Delle Donne, F., *Alfonso il Magnanimo e l'invenzione dell'Umanesimo monarchico: ideologia e strategie di legittimazione alla corte aragonese di Napoli* (Roma: Istituto storico italiano per il Medio Evo, 2015).

Del Lungo, I., *Florentia* (Firenze: Barbera, 1897).

Di Benedetto, S., *'Depurare le tenebre delli amorosi miei versi': la lirica di Girolamo Benivieni* (Firenze: Olschki, 2020).

Dionisotti, C., 'Nuove rime di Niccolò da Correggio', *Studi di filologia italiana*, XVII (1959), 135–188.

— 'Leonardo uomo di lettere', *Italia medioevale e umanistica*, V (1962), 183–216.

— 'Dante nel Quattrocento', in *Atti del Congresso internazionale di studi danteschi* (Firenze: Sansoni, 1965), 333–378.

— *Geografia e storia della letteratura italiana* (Torino: Einaudi, 1967).

Doglio, F., 'Una tragedia alla corte di Ferrara: *De Captivitate ducis Iacobi*', in *Il teatro italiano del Rinascimento*, cit., 241–260.

Doglio, M. L., 'Mito, metamorfosi, emblema dalla *Favola di Orfeo* del Poliziano alla *Festa del lauro*', *Lettere italiane*, XXIX (1977), 148–170.

Faccioli, E. (a cura di), 'L'esperienza umanistica, l'età isabelliana, autunno del Rinascimento mantovano', in *Mantova: la storia, le lettere, le arti* (Mantova: Istituto Carlo D'Arco per la storia di Mantova, 1962).

Falletti, C., 'Racconto critico di un'egloga cortigiana a Ferrara nel 1508', *Teatro e Storia*, V (1990), 301–310.

— 'Ercole I e la sperimentazione del teatro', *Teatro e Storia*, XVI (1994), 131–167.

Falzone, P., 'Filippo Lapaccini', in *Dizionario biografico degli italiani*, cit., LXIII (2004), 693–695.

Fantoni, M. e Quondam, A. (a cura di), *Le parole che noi usiamo. Categorie storiografiche e interpretative dell'Europa moderna* (Roma: Bulzoni, 2008).

Fenzi, E., 'Scipione, Annibale e Alessandro nell'*Africa* del Petrarca', *Giornale storico della letteratura italiana*, CXLVIII (1971), 481–518.

— 'Isabella o Lucrezia? Una proposta per le rime di Niccolò da Correggio', *Humanistica*, I-II (2006), 145–160.

Ferrari, G., 'La corte degli dei: la ripresa del mito di Ercole nella Ferrara di Ercole I d'Este (1471–1505)', in Mozzarelli, C. (a cura di), *Familia del principe e famiglia aristocratica* (Roma: Bulzoni, 1988), 695–710.

Ferrone, S., 'Il teatro', in *Storia della letteratura italiana*, cit., IV, 1996, 909–1009.

Ferroni, G., 'La scena, l'autore, il signore nel teatro delle corti padane', in *Il teatro italiano del Rinascimento*, cit., 537–570.

Ferroni, G. e Quondam, A., 'Dialogo sulla scena della corte', in Romani, M. A. (a cura di), *Le corti farnesiane di Parma e Piacenza, 1545–1622* (Roma: Bulzoni, 1978), XXVII-XXXVIII.

Fiorenza, G., 'Pandolfo Collenuccio's *Specchio d'Esopo* and the portrait of the courtier', *I Tatti Studies*, IX (2001), 63–87.

Flamini, F., *La lirica toscana del Rinascimento anteriore ai tempi del Magnifico* (Pisa: Nistri, 1891).

Folin, M., 'Le cronache a Ferrara e negli Stati estensi (secoli XV-XVI)', in Prosperi, A. (a cura di), *Storia di Ferrara. Il Rinascimento: situazioni e personaggi* (Ferrara: Corbo, 2000), 459–492.

— *Rinascimento estense* (Roma-Bari: Laterza, 2001).

— 'Leon Battista Alberti e Pellegrino Prisciani', *Schifanoia*, XXX-XXXI (2006), 295–316.

Forni, G., 'Rifacimenti e riscritture di Luciano nel teatro settentrionale dell'ultimo Quattrocento', in *Boiardo, il teatro, i cavalieri in scena*, cit., 65–80.

Franzoi, A., 'Battista Guarino e il *Poema divo Herculi*', in Sulmons, J. e Moretti, W. (a cura di), *The Renaissance in Ferrara and the European horizons* (Ravenna: Edizioni del Girasole, 1984), 191–198.

Fumagalli, E., 'La *Cronica del Monferrato* di Galeotto Del Carretto', *Aevum*, LII (1978), 391–425.

— 'Da Nicolò Leoniceno a Matteo Maria Boiardo: proposta per l'attribuzione del volgarizzamento in prosa del *Timone*', *Aevum*, LIX (1985), 163–177.

— *Matteo Maria Boiardo volgarizzatore dell'*Asino d'oro. *Contributo allo studio della fortuna di Apuleio nell'Umanesimo* (Padova: Antenore, 1988).

— 'Boiardo e Apuleio. Osservazioni sulle prime edizioni del volgarizzamento dell'*Asino d'oro*', *Italia medioevale e umanistica*, XLIX (2008), 233–286.

Furlotti, B. e Rebecchini, G., *The Art of Mantua*: *Power and Patronage in the Renaissance* (Los Angeles: Getty Publications, 2008).

Gabotto, F. e Badini Confalonieri, A., *Vita di Giorgio Merula* (Alessandria: Jacquemod, 1893).

Galli, R., 'Ludovico Carri', in *Dizionario biografico degli italiani*, cit., XX (1977), 744–745.

Gamberini, A. e Somaini, F., *L'età dei Visconti e degli Sforza: 1277–1535* (Milano: Skira, 2001).

Garin, E., 'La cultura milanese nella seconda metà del XV secolo', in *Storia di Milano*, VII (Milano: Fondazione Treccani degli Alfieri, 1956), 539–597.

— *Il pensiero pedagogico dello Umanesimo* (Firenze: Sansoni, 1958).

— *La cultura filosofica del Rinascimento italiano*: *ricerche e documenti* (Firenze: Sansoni, 1961).

— 'La cultura a Milano alla fine del Quattrocento', in *Milano nell'età di Ludovico il Moro*, cit., 21–28.

Ghinassi, G., *Dal Belcalzer al Castiglione*: *studi sull'antico volgare di Mantova e sul* Cortegiano (Firenze: Olschki, 2006).

Ghinzoni, P., 'Trionfi e rappresentazioni in Milano (secolo XIV e XV)', *Archivio storico lombardo*, XIV (1887), 820–831.

Gigante, C., 'L'ottava in scena. L'esperimento tragico di Galeotto del Carretto', in Barucci, G. et alii (a cura di), *D'otto in otto versi: il poema in ottave come ricettore di generi* (Firenze: Cesati, 2019), 41–54.

Giordano, L. (a cura di), *B.F. e il Maestro di Paolo e Daria*: *un codice e un problema di miniatura lombarda* (Binasco: Associazione ricreativa e culturale Cassa rurale ed artigiana, 1991).

— 'Politica, tradizione e propaganda', in *Ludovicus dux*, cit., 94–117.

— (a cura di) *Beatrice d'Este, 1475–1497* (Pisa: Edizioni ETS, 2009).

Grayson, C., 'La letteratura e la corte sforzesca alla fine del Quattrocento', in *Milano nell'età di Ludovico il Moro*, cit., 651–660.

Guastella, G., '*Menaecmi* e *Menechini:* Plauto ritorna sulle scene', in Raffaelli, R. e Tontini A. (a cura di), *Lecturae plautinae sarsinates* (Urbino: QuattroVenti, 2007), 69–150.

— 'Tradurre per la scena: Plauto in volgare a Ferrara (1486–1487)', in Marconi, G. (a cura di), *Riscritture. La traduzione nelle arti e nelle lettere* (Milano-Torino: Bruno Mondadori, 2013), 36–63.

Guelfi Camajani, P., *Dizionario araldico* (Milano: Hoepli, 1940).

Gundersheimer, W. L., *Ferrara estense: lo stile del potere* (Modena: Panini, 1988).

Guthmüller, B., *Mito, poesia, arte: saggi sulla tradizione ovidiana nel Rinascimento* (Roma: Bulzoni, 1997).

— 'Ercole e il leone nemeo. Bucolica e politica nelle *Pastorali* di Boiardo', in Venturi, G. e Cappelletti, F. (a cura di), *Gli dei a corte: letteratura e immagini nella Ferrara estense* (Firenze: Olschki, 2009), 55–70.

Halliday, A. S., 'The literary sources of Mantegna's *Triumphs of Caesar*', in Mozzarelli, C., Oresko, R. e Ventura, L. (a cura di), *La corte di Mantova nell'età di Andrea Mantegna, 1450–1550. Atti del Convegno* (Roma: Bulzoni, 1997), 187–195.

Ianziti, G., *Humanistic historiography under the Sforzas: politics and propaganda in fifeenth-century Milan* (Oxford: Clarendon press, 1988).

Kiang, D., 'Gasparo Visconti's *Pasitea* and the Sala delle Asse', *Achademia Leonardi Vinci*, II (1989), 101–109.

Largaiolli, M., 'Addendum calmetiano: un testimone ritrovato del *Breve Compendio sopra Ovidio De Arte Amandi* (Wrocław, Biblioteka Uniwersitecka, VIII 2 Membr.). Con un'edizione dei versi recuperati', *Filologia italiana*, VII (2010), 57–80.

Lazzarini, I., (a cura di), *Carteggio degli oratori mantovani alla corte sforzesca*, III (Roma: Ministero per i beni e le attività culturali, 2000).

— 'Francesco Gonzaga (cardinale)', in *Dizionario biografico degli italiani*, cit., LVII (2001), 756–760.

Levi, A., *Per le bene auspicate nozze Levi-Sottocasa* (Reggio nell'Emilia: Tipografia Calderini, 1899).

Liboni, G., 'Gli *Spectacula* e il loro pubblico: riflessioni dell'Umanesimo ferrarese sul mecenatismo del principe', in Secchi Tarugi, L. (a cura di), *Mecenati, artisti e pubblico nel Rinascimento. Atti del XXI Convegno Internazionale* (Firenze: Cesati, 2011), 119–132.

Lipani, D. G., 'Teatro e immaginario figurativo. Ercole de' Roberti e lo spettacolo sacro a Ferrara', *Annali Online di Lettere – Ferrara*, II (2010), 256–278.

— *Devota magnificenza. Lo spettacolo sacro a Ferrara nel XV secolo: 1428–1505* (Roma: Bulzoni, 2017).

Lohse, R., *Renaissancedrama und humanistische Poetik in Italien* (Paderborn: Fink, 2015).

Longhi, S., 'Lettere a Ippolito e a Teseo', in Bozzetti, C., Gibellini, P. e Sandal, E. (a cura di), *Veronica Gambara e la poesia del suo tempo nell'Italia settentrionale. Atti del Convegno* (Firenze: Olschki, 1989), 385–398.

Looney, D., 'Fragil arte: tradurre e governare nei volgarizzamenti boiardeschi ad Ercole I d'Este', in Matarrese, T. e Montagnani, C. (a cura di), *Il principe e la storia. Atti del Convegno* (Novara: Interlinea, 2005), 123–136.

Lopez, G., *Festa di nozze per Ludovico il Moro: fasti nuziali e intrighi di potere alla corte degli Sforza, tra Milano, Vigevano e Ferrara* (Milano: Mursia, 2008).

Lubkin, G., *A Renaissance court: Milan under Galeazzo Maria Sforza* (Berkeley: University of California Press, 1994).

Luzio, A., 'Federico Gonzaga ostaggio alla corte di Giulio II', *R. Società Romana di storia patria*, IX (1886), 509–582.

Luzio, A. e Renier, R., 'Commedie classiche in Ferrara nel 1499', *Giornale storico della letteratura italiana*, XI (1888), 177–181.

— 'Delle relazioni di Isabella d'Este Gonzaga con Ludovico e Beatrice Sforza', *Archivio storico lombardo*, XVII (1890), 74–119, 346–399 e 619–674.

— 'La coltura e le relazioni letterarie di Isabella d'Este Gonzaga', *Giornale storico della letteratura italiana*, XXXIII (1899 a), 1–62.

— 'La coltura e le relazioni letterarie d'Isabella d'Este Gonzaga: gruppo mantovano', *Giornale storico della letteratura italiana*, XXXIV (1899 b), 1–97.

— 'La coltura e le relazioni letterarie d'Isabella d'Este Gonzaga: gruppo ferrarese', *Giornale storico della letteratura italiana*, XXXV (1900 a), 193–257.

— 'La coltura e le relazioni letterarie di Isabella d'Este Gonzaga: gruppo lombardo', *Giornale storico della letteratura italiana*, XXXVI (1900 b), 325–349.

— 'La coltura e le relazioni letterarie di Isabella d'Este Gonzaga: gruppo veneto', *Giornale storico della letteratura italiana*, XXXVII (1901 a), 201–245.

— 'La coltura e le relazioni letterarie di Isabella d'Este Gonzaga: gruppo emiliano', *Giornale storico della letteratura italiana*, XXXVIII (1901 b), 41–70.

— 'La coltura e le relazioni letterarie di Isabella d'Este Gonzaga: gruppo dell'Italia centrale', *Giornale storico della letteratura italiana*, XXXIX (1902 a), 195–251.

— 'La coltura e le relazioni letterarie di Isabella d'Este Gonzaga: gruppo meridionale', *Giornale storico della letteratura italiana*, XL (1902 b), 289–334.

Maione, C., 'Lo spazio del sacro nel teatro di Ercole I d'Este', *Schifanoia*, XL-XLI (2011), 147–155.

Malacarne, G., *I Gonzaga di Mantova: una stirpe per una capitale europea* (Mantova: Il Bulino, 2010).

Malaguzzi Valeri, F., *La corte di Lodovico il Moro* (Milano: Hoepli, 1915–1929).

Mallamaci, S. G., 'Nel laboratorio teatrale padano: il *Formicone* di Publio Filippo Mantovano', in Figorilli, M. C. e Vianello, D. (a cura di), *La commedia italiana. Tradizione e storia* (Bari: Edizioni di Pagina, 2018), 60–70.

— 'Metamorfosi a confronto. Il *Formicone*: una riscrittura di Apuleio nella commedia di primo Cinquecento', in Castellano, F. et alii (a cura di), *Le forme del comico. Atti delle sessioni parallele del XXI Congresso dell'ADI* (Firenze: Società Editrice Fiorentina, 2019), 77–85.

Marsh, D., 'Guarino of Verona's translation of Lucian's *Parasite*', *Bibliothèque d'Humanisme et Renaissance*, LVI (1994), 419–444.

Martelli, M., 'Il mito d'Orfeo nell'età laurenziana', *Interpres*, VIII (1988), 7–40.

Martinelli, B., 'La biblioteca (e i beni) di un petrarchista: Gasparo Visconti', in *Veronica Gambara*, cit., 213–261.

Matarrese, T., 'Il volgare a Ferrara all'epoca del Boiardo: dall'emiliano illustre all'italiano cortigiano', in *Il Boiardo e il mondo estense*, cit., 611–645.

— 'Il mito di Ercole a Ferrara nel Quattrocento tra letteratura e arti figurative', in Castelli, P. (a cura di), *L'ideale classico a Ferrara e in Italia nel Rinascimento* (Firenze: Olschki, 1999), 191–202.

Mazzacurati, G., 'Girolamo Berardi', in *Dizionario biografico degli italiani*, cit., VIII (1966), 761–762.

Mazzoleni, M., 'La *Mustellaria* di Girolamo Berardo: un volgarizzamento ferrarese tra tradizione e innovazione', in Pittaluga, S. e Viti, P. (a cura di), *Comico e tragico nel teatro umanistico* (Milano: Ledizioni, 2016), 227–238.

Mele, M., 'Tra comicità ed elegia: le fonti dell'*Isis* di Francesco Ariosto', *Archivum mentis*, II (2013), 103–125.

Mengaldo, P. V., *La lingua del Boiardo lirico* (Firenze: Olschki, 1963).

Meschini, S., *Uno storico umanista alla corte sforzesca*: *biografia di Bernardino Corio* (Milano: Vita e Pensiero, 1995).

Mineo, N., 'Della letteratura, della critica e dello studio storico della letteratura', *Le forme e la storia*, I-II (2008), 713–740.

Minutelli, M., 'Poesia e teatro di Galeotto Dal Carretto. Riflessioni in margine al carteggio con Isabella d'Este', *Nuova Rivista di Letteratura italiana*, VII (2004), 123–178.

Monducci, E. e Badini, G. (a cura di), *Matteo Maria Boiardo: la vita nei documenti del suo tempo* (Modena: Aedes Muratoriana, 1997).

Montagnani, C., *La festa profana. Paradigmi letterari e innovazione nel Codice Isoldiano* (Roma: Bulzoni, 2006).

— 'L'egloga rappresentativa nel Quattrocento: un'ipotesi storiografica?', *Italique*, XX (2017), 33–45.

— 'A' fianchi hanno gli sproni / e poeti a Ferrara; esperimenti teatrali alla corte di Ludovico il Moro', in Baldassari, G., Barucci, G., Carapezza, S. e Comelli M. (a

c. di), *Rinascimenti in transito a Milano: 1450–1525* (Milano: Università degli Studi, 2021), 217–228.

Motta, E., *Musici alla Corte degli Sforza: ricerche e documenti milanesi* (Genève: Minkoff Reprint, 1977).

Mulas, P. L., 'Le cerimonie e gli spettacoli', in *Ludovicus dux*, cit., 48–57.

— 'I *Commentarii* del Simonetta', in *Ludovicus dux*, cit., 132–141.

Mussini Sacchi, M. P., 'La *Orphei Tragoedia* e il suo autore', in Alessio, F. e Stella, A. (a cura di), *In ricordo di Cesare Angelini. Studi di letteratura e filologia* (Milano: Il Saggiatore, 1979), 132–145.

Musumeci, A., 'L'*Orfeo* del Poliziano: celebrazione in cerca di un evento', *Rivista di studi italiani*, VIII (1990), 1–21.

Natale, M. (a cura di), *Cosmè Tura e Francesco del Cossa: l'arte a Ferrara nell'età di Borso d'Este* (Ferrara: Ferrara arte, 2007).

Newbigin, N., *Making a Play for God: The* Sacre Rappresentazioni *of Renaissance Florence* (Toronto: Centre for Reformation and Renaissance Studies, 2021).

Niggestich-Kretzmann, G., *Die Intermezzi des italienischen Renaissance theaters* (Göttingen: Urlaub, 1968).

Orlando, S., 'Note sulla *Fabula di Orfeo* di Angelo Poliziano', *Giornale storico della letteratura italiana*, CXLIII (1966), 503–517.

Orvieto, P., 'Boccaccio mediatore di generi o dell'allegoria d'amore', *Interpres*, II (1979), 7–104.

— 'Angelo Poliziano', in *Storia della letteratura italiana*, III, 1996, cit., 457–516.

— 'Riletture – e ammende – polizianee', *Filologia e critica*, XXXII (2007), 27–58.

— *Poliziano e l'ambiente mediceo* (Roma: Salerno editrice, 2009).

Padoan, G., *L'avventura della commedia rinascimentale* (Padova: Piccin nuova libraria, 1996).

Pantani, I., '*La fonte d'ogni eloquenzia*': *il canzoniere petrarchesco nella cultura poetica del Quattrocento ferrarese* (Roma: Bulzoni, 2002).

Paoletti, J. T. e Radke, G. M., *Art, Power, and Patronage in Renaissance Italy* (London: Pearson, 2005).

Pari, V., 'Il trionfo di Borso d'Este in Reggio Emilia nel 1453 e l'immaginario trionfale nella Ferrara del Quattrocento', *Teatro e Storia*, XXVI (2005), 33–63.

Pasquazzi, S., 'La poesia in latino', in *Storia di Ferrara*, cit., 100–156.

Passera, C., 'Un teatro di carta. Gli incunaboli milanesi di Terenzio e Plauto', *Annali di storia moderna e contemporanea*, II (2013), 225–290.

— *'In questo piccolo libretto'. Descrizioni di feste e di spettacoli per le nozze dei signori italiani del Rinascimento* (Firenze: Firenze University Press, 2020).

Pederson, J., 'The Sala delle Asse as Locus amoenus: Revisiting Leonardo da Vinci's Arboreal Imagery in Milan's Castello Sforzesco', in Goodchild, K. H.,

Oettinger, A. e Prosperetti, L. (a cura di), *Green Worlds in Early Modern Italy Art and the Verdant Earth* (Amsterdam: University Press, 2019), 89–108.

Pedullà, G., 'Scipione e i tiranni', in De Vincentiis, A. (a cura di), *Atlante della letteratura italiana*, I (Torino: Einaudi, 2010), 348–355.

Perini, R., *Inventari dei manoscritti delle biblioteche d'Italia*, CXIII (Firenze: Olschki, 2012).

Perry, J. P., 'A Fifteenth-Century Dialogue on Literary Taste: Angelo Decembrio's Account of Playwright Ugolino Pisani at the Court of Leonello d'Este', *Renaissance Quarterly*, XXXIX (1986), 613–643.

Petoletti, M., '*Pro honestis et castissimis moribus*. La commedia *Isis* di Francesco Ariosto', in *Comico e tragico nel teatro umanistico*, cit., 127– 137.

Pezzarossa, F., 'Ad honore et laude del nome Bentivoglio. La letteratura della festa nel secondo Quattrocento', in Basile, B. (a cura di), *Bentivolorum magnificentia: principe e cultura a Bologna nel Rinascimento* (Roma: Bulzoni, 1984), 35–112.

Piana, C., 'L'evoluzione degli studi nell'osservanza francescana nella prima metà del '400 e la polemica tra Guarino e fra Giovanni da Prato a Ferrara (1450)', *Studi francescani*, VII (1982), 249–289.

Picotti, G. B., *Ricerche umanistiche* (Firenze: La Nuova Italia, 1955).

Pieri, M., *La nascita del teatro moderno in Italia tra il XV e XVI secolo* (Torino: Bollati Boringhieri, 1989).

— 'Raccontare e rappresentare: Boiardo e il palcoscenico di Ercole', in Canova, A. e Ruozzi, G. (a cura di), *Boiardo a Scandiano dieci anni dopo. Atti del convegno* (Novara: Interlinea, 2011), 57–78.

Pirrotta, N., *Li due Orfei: da Poliziano a Monteverdi* (Torino: ERI, 1969).

Pistilli, G., 'Guarino Guarini (Veronese)', in *Dizionario biografico degli italiani*, cit., LX (2003 a), 357–369.

— 'Battista Guarini', in *Dizionario biografico degli italiani*, cit., LX (2003 b), 339–345.

Pittaluga, S., *La scena interdetta: teatro e letteratura fra Medioevo e umanesimo* (Napoli: Liguori, 2002).

Poletti, F., 'Fortuna letteraria e figurativa della Ghismonda (*Dec.* IV, 1) fra Umanesimo e Rinascimento', *Studi sul Boccaccio*, XXXII (2004), 101–139 e XXXV (2007), 239–302.

Pontremoli, A. e La Rocca, P., *Il ballare lombardo. Teoria e prassi coreutica nella festa di corte del XV secolo* (Milano: Vita e Pensiero, 1987).

Povoledo, E., 'Origini e aspetti della scenografia in Italia', in Pirrotta, N., *Li due Orfei*, cit., 335–460.

Prizer, W. F., 'Una virtù molto conveniente a Madonne: Isabella d'Este as a Musician', *The Journal of Musicology*, XVII (1999), 10–49.

Provasi, M., *Il popolo ama il duca? Rivolta e consenso nella Ferrara estense* (Roma: Viella, 2011).

Pyle, C. M., *Politian's* Orfeo *and other Favole Mitologiche in the context of late Quattrocento Northern Italy* (New York: Columbia University, 1976).

— 'Towards Vernacular Comedy: Gaspare Visconti's *Pasithea*', in *Il teatro italiano del Rinascimento*, cit., 349–360.

— 'Per la biografia di Baldassare Taccone', *Archivio storico lombardo*, CXVII (1991), 391–413.

— 'Towards the Biography of Gaspar Ambrogio Visconti (with a new document and an Appendix of contemporary namesakes)', *Bibliothèque d'Humanisme et Renaissance*, LV (1993), 565–582.

— *Milan and Lombardy in the Renaissance: essays in cultural history* (Roma: La Fenice, 1997).

Quattrucci, M., 'Francesco Ariosto', in *Dizionario biografico degli italiani*, cit., IV (1962 a), 169–171.

— 'Malatesta Ariosto', in *Dizionario biografico degli italiani*, cit., IV (1962 b), 188–190.

Quondam, A., 'Classicismi e Rinascimento: forme e metamorfosi di una tipologia culturale', in Fantoni, M. (a cura di), *Il Rinascimento italiano e l'Europa* (Treviso: Colla, 2005) 71–102.

Rati, M. S., 'Problemi di variazione in un poeta tardoquattrocentesco: Filippo Lapaccini e il *Certamen inter Hannibalem et Alexandrum ac Scipionem Aphricanum*', in Bianchi, P. et alii (a cura di), *La variazione nell'italiano e nella sua storia. Varietà e varianti linguistiche e testuali. Atti dell'XI Congresso SILFI* (Firenze: Cesati, 2012), 181–190.

Reinhardt, V., *Il Rinascimento in Italia* (Bologna: il Mulino, 2004).

Renier, R., 'Gaspare Visconti', *Archivio storico lombardo*, XIII (1886), 509–562 e 777–824.

Resta, G., 'La cultura umanistica a Milano alla fine del Quattrocento', in *Milano nell'età di Ludovico il Moro*, cit., 201–214.

Ricciardi, R., 'Niccolò Lelio Cosmico', in *Dizionario biografico degli italiani*, cit., XXX (1984), 72–77.

— 'Galeotto Del Carretto', in *Dizionario biografico degli italiani*, cit., XXXVI (1988), 415–419.

Rill, G., 'Bianca Maria Sforza', in *Dizionario biografico degli italiani*, cit., X (1968), 24–26.

Rinaldi, R., 'Apparati, mitologie e musica nel teatro volgare', in Barberi Squarotti, G. (a cura di), *Storia della civiltà letteraria italiana*, II, 1 (Torino: Utet, 1990), 544–572.

— *Rinascimenti: immagini e modelli dall'Arcadia al Tassoni* (Milano: FrancoAngeli, 2010).
Rocca, G., 'Lettura della *Fabula de Orfeo*', in *Origini del dramma pastorale in Europa*, cit., 257–285.
Rombaldi, O., 'Lo stato estense e Matteo Maria Boiardo', in *Il Boiardo e il mondo estense*, cit., 549–606.
Rosenberg, C. M., 'The Use of Celebration in Public and Semi-Public Affairs in Fifteenth-Century Ferrara', in *Il teatro italiano del Rinascimento*, cit., 521–535.
Rossi, A., *Serafino Aquilano e la poesia cortigiana* (Brescia: Morcelliana, 1980).
Rossi, C., *Il Pistoia spirito bizzarro del Quattrocento* (Alessandria: Edizioni dell'Orso, 2008).
Rossi, G., 'Il codice estense X* 34. Appendice III: Gualtiero Sanvitale e le sue rime', *Giornale storico della letteratura italiana*, XXXIII (1899), 265–290.
Rossi, U., 'Commedie classiche in Gazzuolo dal 1501 al 1507', *Giornale storico della letteratura italiana*, XIII (1889), 305–315.
Ruffini, F., *Teatri prima del teatro. Visioni dell'edificio e della scena tra Umanesimo e Rinascimento* (Roma: Bulzoni, 1983).
— 'Vitruvio e la città ferrarese', *Teatro e Storia*, XVI (1994), 167–177.
Russo, E., 'Giovanni Muzzarelli', in *Dizionario biografico degli italiani*, cit., LXXVII (2012), 626–629.
Sabbadini, R., *Guarino Veronese e gli archetipi di Celso e Plauto* (Livorno: Giusti, 1886).
— *Biografia documentata di Giovanni Aurispa* (Noto: Tipografia Zammit, 1890).
— *Il commento di Donato a Terenzio* (Firenze-Roma: Bencini, 1893).
Salsi, C. e Alberti, A. (a cura di), *Leonardo da Vinci: la Sala delle Asse del Castello Sforzesco. All'ombra del Moro* (Cinisello Balsamo: Silvana Editoriale, 2019).
Santagata, M., *Pastorale modenese* (Bologna: il Mulino, 2016).
Santoro, M., 'La polemica pliniana fra Leoniceno e il Collenuccio', *Filologia romanza*, III (1956), 165–205.
Scalmazzi, D., *Tra Milano e Firenze. Cristoforo Landino volgarizzatore dei* Rerum gestarum Francisci Sphortiae commentarii *di Giovanni Simonetta. Edizione critica della* Sforziada *di Cristoforo Landino* (Milano: Ledizioni, 2021).
Scrivano, R., 'Bernardo Bellincioni', in *Dizionario biografico degli italiani*, cit., VII (1965), 687–689.
— 'Dalla letteratura al teatro: Galeotto del Carretto', in *Il modello e l'esecuzione. Studi rinascimentali e manieristici* (Napoli: Liguori, 1993), 181–192.
Seragnoli, D., 'Il Compianto sul Cristo morto e la sacra rappresentazione ferrarese', in Visser Travagli, A. M. (a cura di), *Guido Mazzoni. Il Compianto sul Cristo morto nella chiesa del Gesù a Ferrara* (Firenze: Centro Di, 2003), 23–48.

Signorini, R., '*Opus hoc tenue*': *la camera dipinta di Andrea Mantegna. Lettura storica, iconografica, iconologica* (Mantova: Banca agricola mantovana, 1985).

— *Fortuna dell'astrologia a Mantova: arte, letteratura, carte d'archivio* (Mantova: Sometti, 2007).

Solmi, E., 'La festa del Paradiso di Leonardo da Vinci e Bernardo Bellincione (13 gennaio 1490)', *Archivio storico lombardo*, XXXI (1904), 75–89.

Somaini, F., 'L'uso politico della cultura alla corte di Ludovico il Moro: artisti, umanisti, storiografi', in Marani, P. C. e Piazza, G. M. (a cura di), *Il Codice di Leonardo da Vinci nel Castello Sforzesco* (Milano: Electa, 2006), 31–49.

Stefani, L., 'Sui volgarizzamenti plautini a Ferrara e a Mantova nel tardo Quattrocento', *Paragone*, CCCLVIII (1979), 61–75.

Steinitz, K. T., *Leonardo architetto teatrale e organizzatore di feste* (Firenze: Barbera, 1970).

Stendardo, G., 'L'*Iside* di Francesco Ariosto', *Archivum romanicum*, XX (1936), 114–132.

Stracuzzi, R., 'Una mano pudica. Di alcune rime e della *Silva* di Nicolò da Correggio', *Griseldaonline*, XIII (2013), 1–26.

Tamalio, R., 'Ludovico Gonzaga', in *Dizionario biografico degli italiani*, cit., LVII (2002), 801–803.

— 'Isabella d'Este', in *Dizionario biografico degli italiani*, cit., LXII (2004), 625–633.

Tanda, N., *Pandolfo Collenuccio e il dramma della saviezza* (Roma: Bulzoni, 1988).

Tateo, F., 'Questioni d'amore in teatro: l'esempio di Orfeo nel Poliziano', *Critica letteraria*, XVIII (1990), 169–185.

— 'Guarino Veronese e l'Umanesimo a Ferrara', in *Storia di Ferrara*, cit., 16–55.

Tedeschi, E., 'La *Rappresentazione d'Orfeo* e la *Tragedia d'Orfeo*', *Atti e memorie della Reale Accademia virgiliana di Mantova*, XVII-XVIII (1925), 47–74.

Tissoni Benvenuti, A., 'La fortuna teatrale dell'*Orfeo* del Poliziano e il teatro settentrionale del Quattrocento', in *Culture regionali e letteratura nazionale* (Bari: Adriatica editrice, 1970), 397–416.

— 'Il viaggio d'Isabella d'Este a Mantova nel giugno del 1480 e la datazione dell'*Orfeo* del Poliziano', *Giornale storico della letteratura italiana*, CLVIII (1981), 368–383.

— 'Il teatro volgare della Milano sforzesca', in *Milano nell'età di Ludovico il Moro*, cit., 333–351.

— 'Il mondo cavalleresco e la corte estense', in *I libri di Orlando innamorato* (Modena: Panini, 1987), 13–33.

— 'I modelli fiorentini e la letteratura a Milano all'epoca degli Sforza', in Smyth, H. e Garfagnini, G. C. (a cura di), *Florence and Milan: comparisons and relations. Acts of two conferences at Villa I Tatti in 1982–1984* (Firenze: La Nuova Italia, 1989 a), 41–56.

— *Nicolò da Correggio e la cultura di corte nel Rinascimento padano* (Correggio: Cassa di Risparmio di Reggio Emilia, 1989 b).

— 'La letteratura dinastico-encomiastica a Milano nell'età degli Sforza', in Cauchies, J.-M. e Chittolini. G. (a cura di), *Milano e Borgogna. Due Stati principeschi tra Medioevo e Rinascimento* (Roma: Bulzoni, 1990), 195–205.

— 'Il mito di Ercole. Aspetti della ricezione dell'antico alla corte estense nel primo Quattrocento', in *Omaggio a Gianfranco Folena* (Padova: Programma, 1993), 773–792.

— 'L'antico a corte: da Guarino a Boiardo', in Bertozzi, M. (a cura di), *Alla corte degli Estensi. Filosofia, arte e cultura a Ferrara nei secoli XV e XVI. Atti del convegno internazionale di studi* (Ferrara: Università degli Studi, 1994), 389–404.

— 'Alberti a Ferrara', in Cardini, R. e Regoliosi, M. (a cura di), *Alberti e la cultura del Quattrocento. Atti del Convegno internazionale del Comitato Nazionale VI centenario della nascita di Leon Battista Alberti* (Firenze: Polistampa, 2007), 267–291.

— 'Genere bucolico poesia pastorale. Le metamorfosi dell'egloga nel Quattrocento', *Italique*, XX (2017), 13–31.

Tramontana, A., 'Giovanni Marrasio', in *Dizionario biografico degli italiani*, cit., LXX (2008), 706–711.

Turba, G., 'Galeotto Del Carretto tra Casale e Mantova', *Rinascimento*, XI (1971), 95–169.

Vaglienti, F., 'Galeazzo Maria Sforza, duca di Milano', in *Dizionario biografico degli italiani*, cit., LI (1998), 398–409.

— 'Gian Galeazzo Maria Sforza, duca di Milano', in *Dizionario biografico degli italiani*, cit., LIV (2000), 391–397.

— 'Isabella d'Aragona', in *Dizionario biografico degli italiani*, cit., LXII (2004), 609–615.

Valori, M., 'Venite, dico Athene hoggi Milano ove è il nostro Parnaso Ludovico', in Paganini, C. (a cura di), *Ludovico il Moro. La sua città e la sua corte: 1480–1499* (Como: New Press, 1983), 105–128.

Vasoli, C., 'L'astrologia a Ferrara tra la metà del Quattrocento e la metà del Cinquecento', in *Il Rinascimento nelle corti padane: società e cultura* (Bari: De Donato, 1977), 469–494.

Vecce, C., 'Lo *Stephanium* di Giovanni Armonio Marso', in Oliva, G. e Moretti, V. (a cura di), *La letteratura drammatica in Abruzzo* (Roma: Bulzoni, 1995), 253–264.

Vecchi Calore, M., 'Rappresentazioni sacre a Ferrara ai tempi di Ercole I', *Atti e Memorie della Deputazione provinciale ferrarese di Storia patria*, XXVII (1980 a), 157–185.

— 'Rappresentazioni sacre rinascimentali negli stati estensi: espressione di una collettività o manifestazioni di potere', in *Il teatro italiano del Rinascimento*, cit., 507–519.

Ventrone, P., 'Philosophia. Involucra fabularum: la *Fabula di Orpheo* di Angelo Poliziano', *Comunicazioni sociali*, XIX (1997), 137–180.

— 'Modelli ideologici e culturali nel teatro milanese di età viscontea e sforzesca', in Bellini, E. e Rovetta, A. (a cura di), *Prima di Carlo Borromeo. Lettere e arti a Milano nel primo Cinquecento* (Roma: Bulzoni, 2013), 247–282.

— *Teatro civile e sacra rappresentazione a Firenze nel Rinascimento* (Firenze: Le Lettere, 2016).

Vescovo, P., 'Il teatro del Rinascimento. Il mito e la favola cortigiana', in Alessio, G. C. (a cura di), *Il mito nella letteratura italiana* (Brescia: Morcelliana, 2006), 535–551.

Villa, A., *Istruire e rappresentare Isabella d'Este: il* Libro de natura de amore *di Mario Equicola* (Lucca: Pacini Fazzi, 2006).

Villoresi, M., *Da Guarino a Boiardo: la cultura teatrale a Ferrara nel Quattrocento* (Roma: Bulzoni, 1994).

Vissière, L., 'Capitale malgré elle? Aigueperse au temps des Bourbon-Montpensier (v. 1415–1505)', in *Le duché de Bourbon. Actes du colloque de Moulins* (Saint-Pourçain-sur-Sioule: Bleu autour, 2001), 153–168.

Vitalini, M., 'A proposito della datazione dell'*Orfeo* del Poliziano', *Giornale storico della letteratura italiana*, CXLVI (1969), 245–251.

Weaver, E. B., 'Antonia Pulci e la sacra rappresentazione al femminile', in Bruni, F. (a cura di), *La maschera e il volto*, cit., 3–19.

Zago, G., *Vittorino da Feltre e la rinascita dell'educatore* (Lecce: Pensa, 2008).

Zanato, T., 'Indagini sulle rime di Pietro Bembo', *Studi di filologia italiana*, LX (2002), 141–216.

— *Alberti e Boiardo lirico*, in *Alberti e la cultura del Quattrocento*, cit., II, 719–745.

— *Boiardo* (Roma: Salerno editrice, 2015).

— 'L'occhio sul presente. Varia cultura di due codici riconducibili a Gaspare Ambrogio Visconti', in *Gaspare Ambrogio Visconti e la Milano di fine Quattrocento*, cit., 153–172.

Zapperi, R., 'Carlo Canale', in *Dizionario biografico degli italiani*, cit., XVII (1974), 686–687.

Indice dei nomi

COURT CULTURES OF THE MIDDLE AGES AND RENAISSANCE

SERIES EDITOR

Professor Sarah Alyn Stacey (Trinity College Dublin)

Court Cultures of the Middle Ages and Renaissance is a peer-reviewed series focused on the inter- and multi-disciplinary cultural output of medieval and Renaissance court culture on an international scale. The series invites proposals for single- and multi-authored monographs, edited collections and editions of early works relating to the court.

Prospective authors are encouraged to submit proposals which highlight the central importance of the court to medieval and Renaissance culture, including projects that explore the life and/or works of writers, artists, historiographers, soldiers, composers, diplomats and courtiers, in the East as well as the West. Other areas of particular interest are courtly ritual (e.g. chivalric code, ceremonies, spectacle) and literary and artistic representations of the court. The series also explores the role of the court in shaping national, religious and political identities, as well as its function as an interface between different cultures.

The series is affiliated with the Trinity Centre for Medieval and Renaissance Studies, Trinity College Dublin. Each proposal is vetted by the Editorial Board and Chief Editor and undergoes a comprehensive peer-review process.

Vol. 1 Nicolas Jacobs and Gerald Morgan (eds): 'Truthe is the beste': A Festschrift in Honour of A.V.C. Schmidt. ISBN 978-3-0343-1728-3. 2014

Vol. 2 Paul Gwynne:
Patterns of Patronage in Renaissance Rome: Francesco Sperulo: Poet, Prelate, Soldier, Spy. Volume I.
ISBN 978-3-0343-1774-0. 2015

Vol. 3 Paul Gwynne:
Patterns of Patronage in Renaissance Rome: Francesco Sperulo: Poet, Prelate, Soldier, Spy. Volume II.
ISBN 978-3-0343-1875-4. 2015

Vol. 4 Gregory Hulsman and Caoimhe Whelan (eds):
Occupying Space in Medieval and Early Modern Britain and Ireland.
ISBN 978-3-0343-1840-2. 2016

Vol. 5 Paolo Alei and Max Grossman (eds):
Building Family Identity: The Orsini Castle of Bracciano from Fiefdom to Duchy (1470–1698).
ISBN 978-1-78707-179-7. 2019

Vol. 6 Paul Gwynne and Bernhard Schirg (eds):
The Economics of Poetry: The Efficient Production of Neo-Latin Verse, 1400–1720.
ISBN 978-1-78707-055-4. 2018

Vol. 7 María Díez Yáñez:
Aristóteles en el siglo XV: una ética para príncipes. Liberalidad, magnificencia y magnanimidad.
ISBN 978-1-78707-974-8. 2020

Vol. 8 Roman Bleier, Brian Coleman and Clare Fletcher (eds):
Memory and Identity in the Medieval and Early Modern World.
ISBN 978-1-78874-470-6. 2022

Vol. 9 Matteo Bosisio:
Il teatro 'pre-classicista' nelle corti padane.
ISBN 978-1-78997-721-9. 2022

Vol. 10 Patrizia Piredda and Matthias Roick (eds):
Vera Amicitia: Classical Notions of Friendship in Renaissance Thought and Culture.
ISBN 978-1-80079-207-4. 2022

www.ingramcontent.com/pod-product-compliance
Lightning Source LLC
Chambersburg PA
CBHW071535110726
47908CB00007B/1888

9781789977219